浙江省交通建设行业协会2016年度学术论文集

Jiaotong Jichu Sheshi Jianshe yu Guanli Yanjiu

交通基础设施建设与管理研究

浙江省交通建设行业协会　编著

人民交通出版社股份有限公司
China Communications Press Co.,Ltd.

内 容 提 要

本书为浙江省交通建设行业协会2016年度学术论文集。全书共收录44篇论文，分三篇，分别为：交通工程施工技术篇、交通工程安全技术篇、经营与管理篇。本书反映了当前浙江省交通建设行业的整体科技创新能力和技术研究水平。

本书可供交通基础设施建设的相关工程技术人员、管理人员以及大专院校师生学习和参考。

图书在版编目(CIP)数据

交通基础设施建设与管理研究 / 浙江省交通建设行业协会编著. —北京：人民交通出版社股份有限公司，2017.6

ISBN 978-7-114-13938-3

Ⅰ. ①交… Ⅱ. ①浙… Ⅲ. ①交通运输业—基础设施建设—浙江—文集 Ⅳ. ①F512.755-53

中国版本图书馆CIP数据核字(2017)第133779号

浙江省交通建设行业协会2016年度学术论文集

书　　名：**交通基础设施建设与管理研究**
著 作 者：浙江省交通建设行业协会
责任编辑：黎小东
出版发行：人民交通出版社股份有限公司
地　　址：(100011)北京市朝阳区安定门外外馆斜街3号
网　　址：http://www.ccpress.com.cn
销售电话：(010)59757973
总 经 销：人民交通出版社股份有限公司发行部
经　　销：各地新华书店
印　　刷：北京鑫正大印刷有限公司
开　　本：880×1230　1/16
印　　张：15
字　　数：440千
版　　次：2017年6月　第1版
印　　次：2017年6月　第1次印刷
书　　号：ISBN 978-7-114-13938-3
定　　价：80.00元

《交通基础设施建设与管理研究》

编　委　会

目录

一、交通工程施工技术

二、交通工程安全技术

三、经营与管理

一、交通工程施工技术

CMC 复合泥浆在桥梁大直径超长钻孔灌注桩成孔施工中的应用

何　平

（杭州市交通工程集团有限公司　杭州　310007）

摘　要：本文结合杭州萧山机场公路改建工程西兴互通灌注桩运用 CMC 复合泥浆的成孔施工工艺技术，初步总结了 CMC 复合泥浆的组成、技术特点、主要施工工艺和操作要点，以期为今后类似桩基施工提供参考依据。

关键词：钻孔灌注桩　成孔　CMC 复合泥浆

1　引言

在钻孔灌注桩的成桩施工中，泥浆的制备、净化、循环是非常重要的一个环节。泥浆质量的好坏不仅直接影响钻孔桩的成孔质量和钻进速度，在稳定性差、地层较厚的条件下，泥浆质量的好坏甚至影响到钻孔灌注桩施工的成败。本文结合杭州萧山机场公路改建工程西兴互通桩基的施工，探讨 CMC 复合泥浆在桥梁大直径超长钻孔灌注桩成孔施工中的应用。

杭州萧山机场公路改建工程西兴互通为一般互通式 + 枢纽的混合式立体交叉工程。主线高架桥及匝道桥基础均采用柱式墩桩基础，钻孔灌注桩 908 根，平均孔深 70m，最大钻孔深度 90m，桩径分别为 1.5m、1.6m、2.0m，桩基均为摩擦桩。

互通区浅部地层为灰色、灰黄色粉土、粉砂，一般厚度为 9.2 ~ 18.3m，中部为海积流塑泥质土，厚度为 4.6 ~ 24.9m，具贝壳状层理，夹薄层粉土、粉砂；其下为可塑 ~ 硬塑状灰绿色 ~ 灰黄色粉质黏土；中下部为灰色、灰黄色砾石，中密 ~ 密实，埋深 32.1 ~ 59.4m，厚度大，一般在 1.9 ~ 27.8m。

全线场地浅部地层粉土粉砂层厚度大，易液化、易塌孔、漏浆，工程地质条件较差。中部分布的厚层软土强度低，易缩孔，工程地质条件很差；中下部为冲积粉细砂、圆砾、卵石层，易塌孔、漏浆，厚度较大，局部夹透镜状、层状粉砂和粉质黏土。

深孔经过的地层较多而且复杂，不利因素明显多于浅孔，出现问题也不易处理，因此对泥浆的各项指标更需加以研究和控制。正循环钻机使用的泥浆一般相对密度和稠度都较大，而灌注时混凝土受到的负压越小越好，即混凝土和泥浆的相对密度差越大越好。但随着孔深的增大，下部负压越来越大。泥浆相对密度越大，下部的灌注就越困难，且易形成夹层。

根据场地工程地质条件和周边类似工程的实践，确定了适合该工程的 CMC 复合泥浆施工工艺。

2　CMC 复合泥浆及其特点

泥浆通常由水、黏土和添加剂组成，在地层稳定性较差时可添加纯碱和植物胶等。泥浆的主要功能是：清洗孔底，浮悬钻渣，平衡桩孔内外地层压力和水压力，保护孔壁，防止坍塌，冷却钻具。

CMC 复合泥浆是由黏土（塑性指数在 15 以上）或膨润土（三品级以上）、分散剂 CMC（羧甲基纤维素）和碱等材料配制而成，其比例可根据地质条件而定。其特点是：分散剂高度分散了黏土（膨润土）的颗粒，又因加碱使其成碱性，泥浆中黏土颗粒表面负电荷增加，可吸附外界的正离子，使其表面形成具有较强张力的水化膜，这就保持了较好的胶体率，黏土的颗粒被悬浮在泥浆中。复合泥浆中的各种材料都发挥各自的作用。以黏土、碱、CMC 等材料配制的复合泥浆，钻孔时还可以根据不同土层条件对实用泥浆作适当处理和补充。

如遇造浆层还可以直接用纯碱水钻进在孔中自行造浆。还可将粉煤灰木屑掺入在较疏松、粗砂砾的地层中收到良好的效果。

3 主要施工工艺和操作要点

3.1 泥浆制作

CMC复合泥浆普通配制比例为优质造浆黏土150～200g，水1000mL，纯碱5～10g，CMC6～8g。泥浆相对密度1.07～1.4，黏度25～35g，失水量小于12mL/30min，pH值约10，含砂率<4%。实际工作中根据钻进时不同地质和清孔要求分别调制，泥浆性能可按表1控制。

CMC复合泥浆普通配制泥浆性能指标 表1

施工阶段	泥浆性能指标				
	相对密度	黏度(Pa·s)	含砂率(%)	胶体率%	酸碱度(pH)
钻孔	1.2～1.4	22～25	<8	>96	8～10
清孔	1.07～1.1	17～20	<4	>98	8～10

钻孔泥浆的主要性能有泥浆密度、黏度、静切力、含砂率、胶体率、失水率、酸碱度和塑性指数等。泥浆的性能指标是钻孔灌注桩施工的重要工艺指标，每一个性能指标的变化都直接影响到机械钻速、孔壁稳定、孔内净化、钻头寿命和预防孔内事故等一系列的成孔工艺问题，直接影响孔深、孔径、垂直度、泥皮厚度和孔底沉渣厚度等，特别对超长大直径影响更显著。要充分发挥泥浆的作用，其性能指标的选取非常重要。

在泥浆性能指标中最主要的是密度指标。泥浆密度的大小决定于泥浆中固相的含量和固相的密度。保证灌注桩成孔过程中不塌孔，泥浆要具有适宜的密度。如果泥浆密度过大，虽能维持钻孔和地层间压力的平衡，维护孔壁的稳定，加大悬浮钻渣的能力，但同时也会造成泥浆中无用固相含量较多，附着孔壁的泥皮过厚，而且泥皮疏松，韧性较低，不但会使钻孔缩径，而且会引起孔壁水化崩塌，导致泥皮脱落，致使孔内不能净化造成清孔困难。有时还会使泥浆泵产生堵塞，使混凝土的置换产生困难。而且，泥浆中无用固相含量过高时，也会拖曳钻头的钻进，使得岩屑颗粒重复破碎，导致机械钻速下降，同时对管材、钻头、水泵、叶轮等会产生较大的磨损，降低其使用寿命。如果泥浆密度过小，泥浆护壁就容易推动阻挡孔壁土体坍塌的作用，造成坍塌的作用，造成坍孔也会使清孔困难。

通过对杭州萧山机场公路改建工程西兴互通不同地层情况的分析，最后采用泥浆性能参数如表2所示。

西兴互通工程泥浆性能参数 表2

地层	泥浆指标							
	相对密度(g/cm^3)	黏度(s)	胶体率(%)	失水率(mL/30min)	含砂率(%)	泥皮厚(mm/30min)	静切力(Pa)	酸碱度(pH)
粉砂土	1.20～1.45	19～25	≥96	≤10	≤4	≤2	3～5	8～10
淤泥质亚黏土	1.20～1.35	19～25	≥96	≤10	≤4	≤2	3～5	8～10
亚黏土	1.06～1.1	18～22	≥96	≤15	≤4	≤3	1～2.5	8～10
粉砂土	1.20～1.45	18～25	≥96	≤15	≤4	≤3	1～2.5	8～10
砾石	120～20	20～26	≥96	≤15	≤4	≤4	3～5	8～10

3.2 泥浆循环系统

泥浆循环系统是控制成孔工艺的重要因素之一。要实现CMC优质泥浆的施工，需采用集中制浆，具有大体积泥浆池和完善的泥浆循环系统。CMC复合泥浆循环系统由循环沉淀池、泥浆净化机等几部分组成。

CMC复合泥浆循环系统中泥浆净化机的作用，在于将钻进过程中形成的含砂石泥浆泵入泥浆净化机，并使絮凝池中CMC含量高的新浆流入钻孔内供钻进使用。泵入泥浆净化机的泥浆钻屑含量较高一般为4%以上，泥浆净化机将粒径在0.075mm以上的颗粒清除，粒径小于0.075mm的颗粒随泥浆流入循环沉淀池中沉淀上(其中包括絮凝的小粒径颗粒,一般而言粒径为0.04~0.075mm的颗粒因絮凝作用而被泥浆净化机清除),为了增强沉淀效果循环沉淀池可做成几个隔仓,或增大泥浆流动路径。

经过循环沉淀池后泥浆流入絮凝池,在絮凝池中浆液可以通过基浆来调节其浓度和酸碱度,其主要性能指标通过加入膨润土和纯碱来实现浓度和酸碱控制,若使之成为CMC含量高的优质泥浆,需要在其中加入CMC含量高的新浆以增加其黏度。粗颗粒含量高的泥浆通过净化、循环、絮凝及稀释等过程后,其中大颗粒沉淀,然后往泥浆里加入CMC含量高的新浆增加其黏度,减小其失水率,调整其性能指标,从而使之重新成为满足钻进需要的泥浆。

必须注意的是泥浆的黏度与其pH值的调节是整个过程的关键步骤之一,泥浆pH值的调节是通过添加制备过程中的NaOH浓度的控制来实现的。泥浆池储备量宜按单个钻孔桩实际混凝土量2倍设置。

为了充分利用化学泥浆(膨润土浆和复合泥浆),尽量不浪费,施工中配备足够的循环池和储浆池,循环池的大小应相当于两个钻孔的体积。在灌注混凝土前,必须准备好能容纳排出孔中泥浆的储浆池。同时还要特别重视排渣过程,一个深孔在连续钻井中要排出大量的钻渣,及时用抓斗或振动筛排掉,或采用泥浆净化机进行泥浆和碎屑的分离。

3.3 泥浆现场控制

钻进过程中要随时不断补充泥浆,使孔内始终保持高于地下水位及砂层1~1.5m的水头高度,同时应根据土质情况调整泥浆相对密度,松散砂层厚度较大的地质情况,以往的实际施工经验,钻进过程中的泥浆相对密度控制在1.4~1.45之间,粗碎屑岩土甚至大于2.0以上。钻至设计高程时用带有活门的筒形钻头清理沉渣,同时将孔内泥浆用泥浆净化机将砂土分离出泥浆,使清孔后的泥浆指标达到规范要求。清孔完毕立即检孔,当孔径、孔深及垂直度等验收合格后,方可钻机移位。

4 应用效果

杭州萧山机场公路改建工程西兴互通908根桩基的实际应用效果表明,CMC复合泥浆具有质优价廉环保等优点,可以提高钻孔速度约20%,泥浆回收率可达70%~80%,并且在施工中泥皮薄不塌孔,桩底沉渣少,减少二次清孔时间,保证成孔质量,提高工效,节省成孔时间。桩基完成后经第三方检测全部为Ⅰ类桩。

5 结语

当桩基处于粉土粉砂层、冲积粉细砂、圆砾、卵石层等易液化、易塌孔、漏浆、易缩孔等工程地质较差的条件下,采用CMC复合泥浆施工工艺,使其表面形成具有较强张力的水化膜,这就保持了较好的胶体率,黏土的颗粒被悬浮在泥浆中。复合泥浆中的各种材料都发挥各自的作用。效果是明显的。本文希望通过杭州萧山机场公路改建工程西兴互通灌注桩运用CMC复合泥浆的成孔施工工艺技术成功经验的总结,为今后类似桩基施工提供参考。

参考文献

[1] 中华人民共和国行业标准. JTG/T F50—2011 公路桥涵施工技术规范[S]. 北京:人民交通出版社,2011.

[2] 浙江省交通规划设计研究院. 杭州萧山机场公路改建工程西兴互通两阶段施工图设计[R]. 2012.

[3] 浙江省交通规划设计研究院. 杭州萧山机场公路改建工程西兴互通施工图设计阶段工程地质勘察报告[R]. 2012.

高速公路顺层滑坡工程治理技术与工程应用

何　平

（杭州市交通工程集团有限公司　杭州　310007）

摘　要：本文通过杭千高速公路顺层滑坡相关资料的分析，对顺层滑坡的特征和处治技术进行了初步探讨，以期为类似顺层滑坡治理工程提供参考。

关键词：高速公路　顺层滑坡　加固处理

1　引言

滑坡是山区公路工程建设中经常遇到的一个问题。它经常导致工程投资经费的不断追加，若处理不当，将危及高速公路的正常运营安全。顺层滑坡是山区公路滑坡的一种常见形式。本文结合杭千高速公路顺层钙质泥岩滑坡资料的分析，探讨该类滑坡的治理技术。

杭千高速公路是浙江省公路网主骨架建设规划中杭新景高速公路之一段，是连通杭州与金华、衢州及江西和皖南地区经济联系的重要通道。其中建德安仁至洋溪段路线总长33.87km，分布在浙西丘陵区，地形条件比较复杂，沿线超过30m的路堑边坡有30多处，最高的近60m。路线所处钙质泥岩为软质岩，强度低，易软化、风化，节理、裂隙较发育，岩体破碎，开挖时会出现崩塌、掉块等现象，如防护不当则易造成塌落和滑移。本区域岩层多为单斜构造，不少路段路线走向大致与岩层走向平行，路堑左侧坡体易呈顺坡结构。在施工期间，全线发生了多次边坡滑移破坏，基本上为路堑左侧坡体的顺层滑塌，较大规模的有10多次，对工程施工造成了很大影响。个别滑坡发展到自然山顶甚至越过山顶，放坡后边坡的坡率一般为1:1.25～1:2，局部甚至达到1:3。放坡坡高由原设计的30多米发展到60多米，有些边坡甚至出现了多次放坡。

2　高速公路顺层滑坡主要的处理技术

对于顺层路堑边坡来说，其稳定性主要受边坡岩体特性、岩层走向与线路间夹角、岩层倾角、不利结构面的位置和性质、地下水、层间充填物类型、厚度、开挖方式等诸多因素的影响。而且，从大量的工程实践来看，绝大多数顺层边坡的变形失稳具有渐变性，因此顺层滑坡多滞后发生，使人难以防范。如何保持顺层路堑边坡的稳定、预防顺层滑坡的发生，到目前为止仍然是路基设计工程师面临的一道难题。

杭千高速公路顺层滑坡工程治理设计总体原则为“下挡上缓”，加强下部支挡，在有条件的地方尽量放缓上边坡，对坡面风化、裂隙发育、局部有崩塌可能的坡面进行加固；对边坡放缓受限制、坡面又要确保安全的路段（如坡顶有高压铁塔处），采用预应力锚索及钢筋混凝土框格梁加固，确保安全。

2.1　放缓边坡

清除松动岩土体，削顶减荷，放缓边坡，使边坡达到稳定状态。这种方法施工技术上简单易行，工期较短，成本较低，所以在工程实践中被广泛应用。

在杭千高速公路，放缓边坡也被大量采用。由于原设计边坡坡率较陡，大部分仅为1:0.75和1:1，在施工期间，发现地质较差，为了确保边坡的长久稳定，在重新踏勘的基础上，对有条件的路堑边坡进行了放坡处理。放坡后边坡的坡率一般为1:1.25～1:2，个别坡体甚至达到了1:3。

从处理后的效果看，放缓边坡对小型的顺层滑坡从总体上效果是不错的。但是存在如下缺点：

（1）放缓边坡时，合理坡率的确定还存在一定的盲目性，个别边坡出现了多次放坡的情况。

（2）需要增加不少建设用地，由于滑坡不断向上发展，不得不多次征地，不仅增加了不少征地拆迁的工作,而且对本身耕地很少的山区来说存在一定的影响。

(3)放坡产生的弃方场地对沿线的环境造成一定的影响。

2.2 排水

水是路堑边坡产生滑动的主要原因之一。特别像暴雨,更是顺层岩质边坡产生滑坡的重要触发因素。出现暴雨时,滑动层易受水侵,同时在层间又具供水条件,如下卧层顶面为地下洼槽,易受水侵、聚水,下卧的钙质泥岩及层间软弱夹层受水软化,具隔水作用,形成滑动面。同时,降雨引起边坡中的含水层水量猛增,地下水位迅速升高,增大了静水压力、空隙(或裂隙)水压力和浮托力,改变了暴雨前边坡的应力状态,降低了坡体中软弱层的抗滑力,增大了下滑力,进而引起边坡变形,产生滑坡。

要防止岩(土)体抗剪强度降低,就必须控制地表水和地下水,所以排水工程是路堑边坡防治滑坡中一项非常重要的内容。

对于地表水,可采用多种形式的排水沟、截水沟、急流槽来拦截和排引。地表排水以其技术简单易行、加固效果好、工程造价低而应用广泛,几乎所有路堑边坡都包括地表排水工程。滑坡体以外的地表水,应予拦截引离,滑坡体上的地表水要注意防渗,并尽快汇集引出。

对地下水则用渗沟、渗井、平孔排水、垂直钻孔群、汇水隧洞等排水措施来疏干和排引。由于地下排水能大大降低孔隙水压力,增加有效正应力从而提高抗滑力,故加固效果较佳,工程造价也较低,所以应用也很广泛。

2.3 支挡结构

常用的抗滑支挡工程主要有抗滑挡土墙和抗滑桩。

抗滑挡土墙是目前整治中小型滑坡中应用最为广泛而且较为有效的措施之一。根据滑坡的性质、类型和抗滑挡土墙的受力特点、材料和结构不同,抗滑挡土墙又有多种类型,如重力式抗滑挡土墙、锚杆式抗滑挡土墙、加筋土抗滑挡土墙、板桩式抗滑挡土墙、竖向预应力锚杆式抗滑挡土墙等。

抗滑桩是承受荷载用以整治滑坡的支撑建筑物。它穿过滑体在滑床的一定深度处锚固,抵抗滑坡推力的作用。工程实践表明,抗滑桩能迅速、安全、经济地解决一些比较困难的工程,因此在大中型顺层滑坡处治中应用较多。

2.4 边坡内部加固

外因是变化的条件,内因是变化的根据。杭千高速公路发生顺层滑坡,主要还是沿线地质条件较差。首先是岩性较差,路堑边坡岩层主要是以奥陶系钙质泥岩为主,其对边坡稳定性有两个不利影响,一是钙质泥岩抗风化能力特别是抗温差风化能力差,边坡开挖后岩石暴露,在温差作用下很容易破碎;二是岩石遇水软化现象明显,由于钙溶于水,开挖条件下岩石遇水后胶结物被溶解破坏,导致岩石强度显著降低。其次是岩体较破碎,路线走向大致与岩层走向平行,路堑易呈顺坡结构,岩层倾角多为20°~50°,节理裂隙十分发育。由块体理论分析可知,由层理和节理将边坡岩体切割成空间镶嵌块体(有限块体),天然状态下这些空间镶嵌块体处于静力平衡状态,边坡开挖再次切割有限块体,形成可动块体。由于岩层层面走向与边坡走向一致,且倾向坡外,边坡开挖使岩层面直接在开挖面出露,边坡岩体中的可动块体能否转化成关键块体,取决于岩层层理沿倾向方向的抗剪强度。另外,岩体风化强烈,风化带厚度较大,部分路段仅全、强风化带就厚约20m。杭千高速公路在顺层滑坡治理中,采取了锚杆、预应力锚索等加固边坡,也结合抗滑桩、钢筋混凝土框架支撑、喷锚网等支护结构来提高边坡的稳定性。

2.4.1 锚杆加固

对于岩质边坡的顺层滑动,可采用楔缝式锚杆进行加固。它是利用锚杆的抗拔力或抗剪力以及滑动岩层间的摩擦阻力来阻止岩体的下滑。

锚杆插入岩层后,施加轴向压力迫使锚固端的楔子使楔缝张开,致使锚固端被紧固在锚孔的岩体中,以达到锚固的目的。锚杆打入后,孔内应压注水泥砂浆,以提高锚杆的抗拔力,并防止钢筋锈蚀。

2.4.2　预应力锚索

锚索是一种主要承受拉力的杆状构件,它是通过钻孔将钢绞线或高强度钢丝固定于深部稳定的岩层中,并在被加固体表面通过张拉产生预应力,从而达到使被加固体稳定和限制其变形的目的。

采用预应力锚索加固边坡主要有以下功能:

(1)抑制和调整边坡岩体的变形。对不稳定边坡施加预应力锚固后,明显减缓边坡位移速率,抑制岩体滑动,由于预应力锚索的作用,还使边坡各部位变形趋于平稳。

(2)提高滑动面的抗剪能力。对不稳定边坡施加锚固力后,可使结构面咬合紧密,从而提高其抗剪能力,同时由于预应力锚索对滑动面施加了法向应力,也使滑动面的阻滑力增加,进一步保证了边坡的稳定。

(3)改善岩体质量增强整体效应。预压应力改变了岩体的应力状态,由于节理裂隙被压合,岩体的弹性抗力增强。还由于预应力锚索的交错布置,使不同层位的节理裂隙紧密连接,进一步提高了围岩的完整性,防止了卸荷裂隙的发展,增强了围岩的整体效应。

2.4.3　混凝土框格梁加固

锚杆框架梁是通过锚固在坡体深部稳定岩体上的锚杆将力传给框格梁,再经框格梁将不稳定坡体连成一体,使岩体间的正压力和摩阻力大大提高,增大抗滑力,限制不稳定坡体的发育,从而起到了加固边坡稳定坡体的作用。

2.4.4　锚喷加固

锚喷支护是指在边坡围岩中成孔并在孔内放置钢筋或锚杆并注浆,形成锚杆体,坡面安装钢筋网,喷射混凝土,使围岩、锚杆体和混凝土面板形成整体,充分利用围岩的自承能力,通过锚杆补强边坡,形成一种稳定结构的轻型主动支护体系,提高边坡围岩的结构强度和抗变形刚度,减少其侧向变形,增强边坡的整体稳定性。

3　典型的顺层钙质泥岩滑坡实例(垭口滑坡)分析

杭千高速公路路线 K77 + 120 ~ K77 + 270 位于一丘陵垭口,东侧的自然山坡坡度 20° ~ 26°,相对高差 60 多米,西侧自然山坡坡度 30° ~ 35°,相对高差 30 多米,自然山坡植被覆盖良好,垭口南端和北端各为一个小水库。设计路线以挖方路堑通过垭口。原设计坡高约 38.5m,分四级边坡开挖,一级边坡 1:0.5 框格植草,其余边坡 1:0.75 ~ 1:1,采用 TBS 防护。

2004 年 3 月初,施工项目部进场对坡体进行清表,并为施工做宽约 3m 的施工便道,对垭口部位(即坡脚)进行了部分开挖,左侧自然山坡不久出现局部滑塌,后经 4 月下旬两场暴雨,滑塌范围不断扩大,坡体出现多处张拉地裂缝,最远处离路线中心约 80m,裂缝宽度在 20 ~ 30cm 之间,可见深度 0.2 ~ 0.5m,滑移面积约 2000m^2,滑移深度估计 6 ~ 8m,滑移体积 12000 ~ 16000m^3。

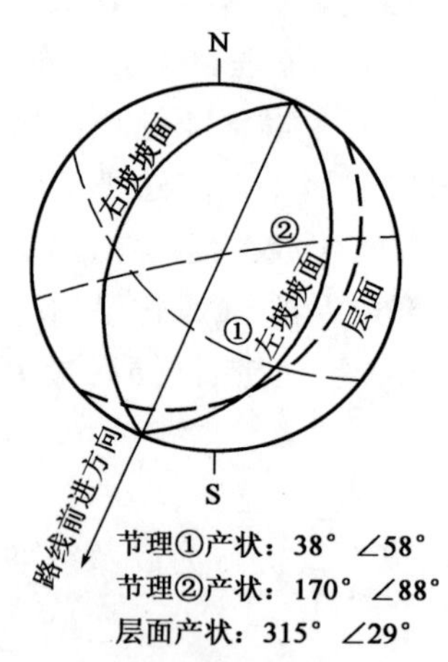

图 1　赤平投影图

据现场勘察,滑坡体主要为第四系残坡积层和全、强风化以及部分中风化基岩。第四系残坡积层成分以粉质黏土为主,含 20% ~ 30% 碎石,分布不均匀,厚 1.0 ~ 5.0m,结构松散 ~ 稍密。全、强风化基岩成分以碎石为主,含粉质岩土,厚度不均匀,结构较松散。中风化基岩主要为奥陶系钙质泥岩,中厚层状,呈单斜构造,岩层产状 300° ~ 315° ∠22° ~ ∠33°,与路堑左侧边坡倾向基本一致,如图 1 所示。岩体节理发育,主要的两组节理(节理①产状:38° ∠58°;节理②产状:170° ∠85°)将岩体切割成大量的"楔形岩块",层面和裂隙面发育有大量黄褐色的次生泥化夹层。岩体较松散,局部发育一些小溶洞,洞壁光滑,洞内不规则。滑坡的主要滑床为下部层间胶结较好的中风化钙质泥岩。

边坡变形破坏的主要表现特征是裂隙面的拉张变形和层面错动变形,以及开挖过程中产生的局部塌滑破坏。坡体表面结构松散,裂隙拉张变形强烈,虽然边坡岩体的层状结构保留，但裂隙面和层面均有大量的次生夹泥发育，显示边坡表层岩体在地质历史过程中出现过较强烈的变形。

经比较计算，该滑坡治理方案如下：在坡脚平台设22根9m长锚索抗滑桩，间距5m，桩间为抗滑挡墙，二级坡开始以1∶1.75坡率分级开挖，坡高10m，每级平台宽度2m，坡面用6组预应力锚索框格单元及锚杆框格梁防护。边坡加固处理施工现场如图2所示。

图2　边坡加固处理施工现场

4　结语

本文通过杭千高速公路十多个顺层滑坡工程治理实践，系统探讨了顺层路堑边坡加固防护技术。从处理后多年来的营运效果来看，杭千高速公路顺层滑坡治理是成功的，通车十年来没有发生一起滑塌现象。在今后这类顺层泥岩边坡的支护设计和顺层滑坡治理中，可以此为参考，并因地制宜地选择实用、合理、经济的工程措施和防护方式，确保高速公路边坡的稳定和行车的安全。

参考文献

[1] 浙江省交通规划设计研究院. 杭千高速公路建德（安仁—洋溪）段两阶段施工图设计[R]. 2003.

[2] 浙江省浙中地质工程勘察院. 杭千高速公路建德（安仁—洋溪）段施工图设计阶段工程地质勘察报告[R]. 2003.

泡沫混凝土在西兴互通路桥过渡段的应用

陈华俊

(杭州市交通工程集团有限公司　杭州　310007)

摘　要:本文以杭州西兴互通桥头泡沫混凝土施工为基础,详细介绍泡沫混凝土施工工艺流程、操作要点,可为今后类似工程施工提供参考借鉴作用。

关键词:桥头　泡沫混凝土　施工

1　引言

桥头跳车是城市道路中的常见病害,轻则使车辆通过时产生跳动,对桥梁和路面造成附加冲击,使驾乘人员感到不适。严重的桥头跳车,尤其是在刚性路面中,不仅使行车的不适感大大增加,车速大幅降低,甚至发生交通事故。泡沫混凝土作为一种改善桥头跳车问题的新方法,具有轻质高强、填充自密实、固化后的直立性、未成型前的高流动性、施工便捷性、冲击能量吸收性能好、密度和强度可调节性、保温隔热防腐性等特点。本文通过杭州萧山机场公路改建工程西兴互通施工实例介绍泡沫混凝土在路桥过渡段的施工方法。

2　工程概况

杭州萧山机场公路改建工程西兴互通主线桥长1782.021m、A匝道桥长598m、B匝道桥长240m、C匝道桥长634m、D匝道桥长303m、E匝道桥长706m、F匝道长834m。其中A匝道、E匝道起点及F匝道终点与地面道路相接。

西兴互通立交整个互通区地形简单、地势平坦,较开阔,平原区地面高程一般在5.1~7.1m,其浅部地层为粉土、粉砂层,厚度大、易液化、易坍塌,工程地质条件差、承载力低,路桥过渡段易发生不均匀沉降。

3　桥头跳车的成因分析

3.1　桥头填筑过高等自身原因

普通桥头路基填料重度大,一般为18~23kN/m^3。路基填筑时,填料自重应力随高度的增加呈线性加大,作用在软基顶面上的附加应力为填料重度与填土高度的乘积,该附加应力通过软基进行扩散,使得软基产生压缩变形。根据土的力学理论可知,土的压缩模量与压缩变形成反比,对压缩模量较小的软土地基而言将产生较大的压缩变形,从而使得路基整体沉降较大,出现桥头跳车现象。

3.2　施工原因

压缩沉陷主要取决于填料性质、施工条件及台前台背的防护排水工程的设置等情况。为了减少台背自身的工后沉降,一般采用渗透性好的填料,但由于桥台处耳背墙的限制,施工时不能选用重型压实机具亦不能采用振动压实,仅能采用小型机具进行压实,因此填筑的压实度达不到设计要求和规范标准。公路成型后,在公路自重及车辆的垂直与振动荷载作用下,填料会不可避免地产生压缩沉陷,造成跳车。根据有关资料调查研究:当路堤压实度为96%时,每米填土高度的工后沉降约为1cm。

4　泡沫混凝土应用

近年来,泡沫混凝土应用越来越广泛。泡沫混凝土具有以下特性:

(1)压缩性低。泡沫混凝土压缩模量大,抵抗变形的能力强,因而填料自身有很好的抗压缩性,减少填料压缩变形。

(2)自重轻。泡沫混凝土重度一般为6kN/m³,为普通道路填料的25%左右,可以有效地降低地基的附加应力,减少地基沉降。

(3)固化自立性。泡沫混凝土浇筑后可固化自立,对挡土结构物无推挤作用,可垂直填筑。

(4)施工简便。作业面小,施工不需振捣和碾压,自密实性好,对地基扰动小,施工扰动引起的地基沉降少。

根据以上特性可知,泡沫混凝土自重轻、外观密实的特点可大大减少路堤和地基沉降,另外泡沫混凝土的强度较一般填料要高,在路堤填筑高度范围内,与水泥混凝土路面结构形成一个整体,消减行车荷载作用下的应力,进一步减少地基沉降,保证台背路堤与桥台的沉降差在容许控制范围内,另外泡沫混凝土的刚度要比桥台小,比路堤填土大,也符合桥头沉降病害解决思路中提出的"刚柔过渡"的思想,路桥过渡段填料使用泡沫混凝土可以缓解桥头沉降病害的问题。因此,杭州萧山机场公路改建工程西兴互通路桥过渡段也采用了泡沫混凝土填筑工艺(图1、图2)。

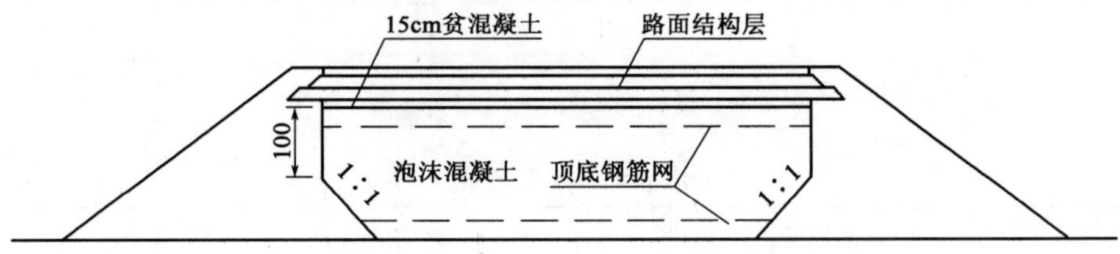

图1　西兴互通路桥过渡段泡沫混凝土横断面图(尺寸单位:cm)

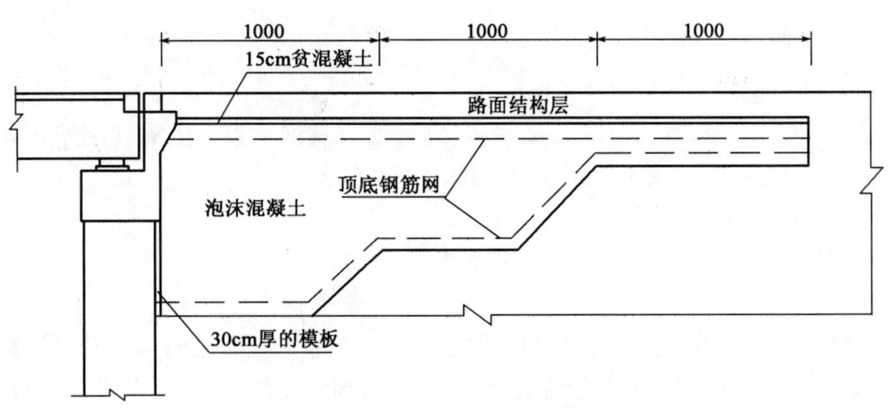

图2　西兴互通路桥过渡段泡沫混凝土纵断面图(尺寸单位:cm)

5　泡沫混凝土的施工

5.1　施工工艺流程

泡沫混凝土施工工艺流程如图3所示。

5.2　配合比设计

根据设计图纸要求,路面底面以下0~80cm,湿重度6.5kN/m³,泡沫混凝土28d抗压强度≥0.8MPa;路面底面以下80cm以下,湿重度6.0kN/m³,泡沫混凝土28d抗压强度≥0.6MPa。材料组成主要为水泥、水、发泡剂。

配合比如表1所示。

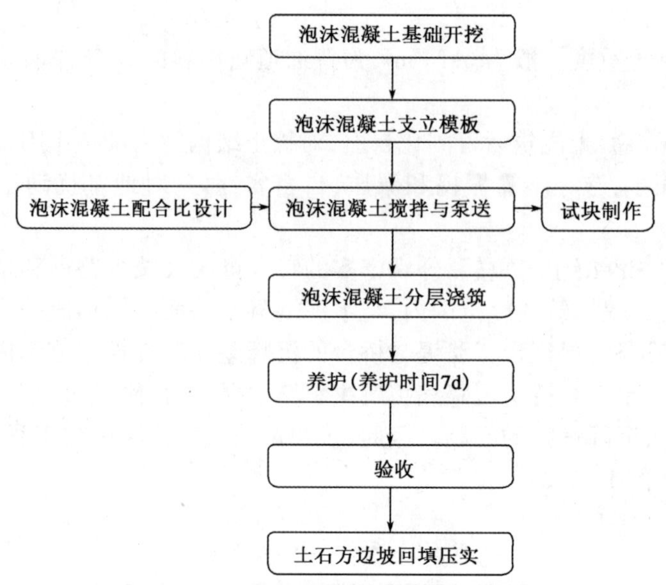

图3　泡沫混凝土施工工艺流程

泡沫混凝土配合比　　表1

水泥用量(kg/m³)	水用量(kg/m³)	发泡剂(kg/m³)	28d 抗压强度(MPa)
330	198	2.8	0.78
365	219	2.6	0.99

5.3　施工工艺控制

5.3.1　气泡和搅拌

泡沫混凝土的施工即在水泥、水充分混合成浆状之后,通过发泡装置产生的气泡加入其中而成。保证浆泡混合均匀,并尽量做到迅速混合,杜绝使用超过发泡时间的气泡群。

5.3.2　泡沫混凝土的泵送

泡沫混凝土采用泵管输送,最大水平泵送距离500m。

5.3.3　浇筑准备

(1)先将浇筑管的浇筑口放置在浇筑区以外,观察出口出现泡沫混凝土时,将浇筑管移入浇筑区。

(2)先沿着模板的边沿浇筑一圈泡沫混凝土,特别是浇筑高度比较高时,必须进行此准备工作。

(3)预留浇筑完整块作业区的浇筑管长度,将管直放于地面或浇筑平面上。

(4)浇筑管必须埋在里面。

5.3.4　浇筑顺序

(1)先从一端开始浇筑,如采用一条以上浇筑管浇筑时,则可以并排地从一端开始浇筑。如浇筑高度较高时,可采用从中间往四周浇筑的方式。

(2)待差不多浇筑到预定高度时,采用人工提起泵送管的方式,平扫泡沫混凝土表面,直到扫平浇筑高度为止。

(3)再慢慢地往后拖泵送管,重复上述(1)、(2)项操作。

5.3.5　浇筑方法

(1)浇筑管一定要埋在气泡混凝土里面进行浇筑。

(2)浇筑口应基本跟气泡混凝土相水平方向浇筑。

(3)进行扫平表面时,应尽量使浇筑口保持水平,并保持浇筑口离轻质土最低。

5.4 施工技术要求

(1)当填筑体长度超过15m时,应按5~15m设置一道变形缝,在断面突变处加设变形缝,变形缝材料为10~20mm模板。顶层泡沫混凝土做成小台阶以适应纵横向坡度,并通过底基层调平。

(2)泡沫混凝土单层浇筑厚度,除狭小面积可按≤1.0m控制外,其他按0.3~0.8m控制。

(3)泡沫混凝土的单块浇筑面积应根据设备能力、浇筑厚度确定,确保浇筑工作在泡沫混凝土初凝以前完成,上层浇筑层应待下层浇筑层终凝后方可进行。

(4)在浇筑完填筑体的顶层时,及时覆盖塑料薄膜或土工布,养生时间不少于7d。

(5)当遇到大雨或长时间持续小雨天气时,对未固化的表层应采取遮雨措施。重新浇筑上层时,对已被雨水消泡的表层进行铲除处理。

(6)施工前应先清除浇筑区基底杂物,检查基底宽度与高程及压实度,要求基底密实,无积水,做好防、排水工作。遇到大雨应停止泡沫混凝土浇筑,冬季施工时必须0℃以上,并用毛毯或塑料薄膜进行养护,夏季施工应避免在中午高温时段施工。浇筑完成后7d内不允许任何机械在上面直接行走。

(7)浇筑过程中停留时间不宜过长,否则容易引起堵管,中间等待时间超过10min,宜及时洗管,清洗输送管时必须检查出水口情况,清洗时间宜不小于30min。

(8)顶底面以下50~100cm位置设置一层网眼为5cm×5cm的钢丝网片,钢丝直径3mm,抗拉强度≥300MPa,焊点抗剪力≥2.1kN,断裂伸长率≥2.5%。钢丝网铺设前,应检查其外观,有明显锈迹的钢丝网,不应采用。相邻幅的钢丝网,应重叠铺设20cm,重叠部位宜用铁丝绑扎,相邻绑扎点间距不应超过10倍网眼边长。在变形缝位置,金属网应断开铺设。

(9)浇筑混凝土期间,应设专人检查支架、模板的稳固情况,当发现有松动、变形、移位时,应及时处理。

(10)混凝土浇筑完毕后加盖养护,开始养生。

5.5 检测要求

5.5.1 试验检测

相同配合比连续浇筑少于400m^{3}时,按每200m^{3}取一组试件,但每个构造单元应至少取一组试件;相同配合比连续浇筑多于400m^{3}时,按每400m^{3}取一组试件。分层分段浇筑按段落层次制作试件。

5.5.2 浇筑检测

(1)开始浇筑时,应及时检测泡沫混凝土的湿重度,并及时反馈到机手进行调整。

(2)正常浇筑时,每100m^{3}检测一次湿重度和流动度,并做好记录。

5.5.3 现场质量控制指标

现场质量控制指标见表2。

现场质量控制指标　　表2

指　　标	距路面底面以下0~80cm范围	距路面底面以下>80cm范围
湿重度(kN/m^3)	6.5±0.65	6.0±0.60
流动度(mm)	180±20	180±20

6 结语

泡沫混凝土填充具有密度小、强度大于常规回填土、整体性好、耐冲击性能好、无侧向压力等特性。使用泡沫混凝土填筑后,桥台背处于超固结状态,从而减少沉降和不均匀沉降、彻底消除台背路堤填料本身的工后沉降、避免桥头跳车病害,具有明显的技术优势。由于泡沫混凝土的轻质性,填充后对地基荷载小,大幅降低地基处理强度,节约地基处理工期与成本。泡沫混凝土浇筑后初凝前,具有很好的流动性,填充自密实,可避免常规填料充填不饱满的缺陷,施工性强;材料具有自立性,可垂直进行浇筑,浇筑完成后无需强夯、无需碾压,可直接铺设路面结构层。施工速度快,可有效节约路桥过渡段处理工期。

参考文献

[1] 中华人民共和国行业标准. JG/T 266—2011　泡沫混凝土[S]. 北京:中国标准出版社,2011.
[2] 中华人民共和国行业标准. GJJ/T 177—2012　气泡混合轻质土填筑工程技术规程[S]. 北京:中国建筑工业出版社,2012.
[3] 公路工程泡沫混凝土设计与施工指南(试行)[R].

浙江省高速公路沥青路面养护维修平整度控制

张中平　王涛利

（浙江交通资源投资有限公司　杭州　310007）

摘　要：本文针对浙江省高速公路沥青路面平整度指标相对较差情况，从高速公路养护从业者角度分析了影响沥青路面维修平整度的因素，提出了沥青路面养护工程提高维修平整度的对策与方法，对浙江省高速公路养护维修工程路面平整度控制有一定指导意义。

关键词：高速公路　沥青路面　养护维修　平整度

1　引言

从交通运输部办公厅2015年度国家干线公路网监测情况的通报中来看，浙江省高速公路在全国高速公路路况抽检结果中路面行驶质量指数（RQI）排名靠后，检测结果RQI为92.16（对应国际平整度指数IRI为1.82m/km），全国均值路面行驶质量指数（RQI）为93.73（对应国际平整度指数IRI为1.45m/km），全国最高值江苏省路面行驶质量指数（RQI）为95.31（对应国际平整度指数IRI为0.98m/km）。浙江省路面行驶质量指数（RQI）虽然达到了优良等级，但是与江苏省差距仍然较大。作为高速公路养护工作者，需要分析路面维修平整度相对较差的原因，提出措施，以利后续迎头赶上。

2　影响平整度因素分析

影响沥青路面维修平整度的因素很多，每一个环节甚至微小失误都会造成平整度指标降低。下面主要从原路面平整度、沥青混合料配合比、沥青混合料拌和、路面摊铺机械及施工工艺、碾压、横向接缝等几个方面进行分析。

2.1　原路面平整度对路面维修平整度的影响

沥青路面的平整度并不是由最后一道面层完全决定的。如果原路面存在桥头沉陷、不均匀沉降现象，实施如果不采取调平层等手段，就会导致不平整。浙江省地处东南沿海，软基路段较多，桥头沉陷等不均匀沉陷等现象较为严重。病害处理一般采用摊铺机接触式平衡梁找平，以原路面为基准面也就是顶面进行基准控制，原路面的平整度也就决定了病害处理的平整度。罩面一般采用非接触式平衡梁进行找平，虽然自动找平装置在一定程度上消除了部分误差，但在不均匀沉降路段，无论面层摊铺如何平整，压实后也会因为松铺厚度不同仍产生不平整。比如：不均匀沉降处采用3m直尺测量最大间隙为20mm，当用沥青混合料摊铺平整后，该处多出的20mm松铺经压实后仍会出现低洼现象，其深度为$20-20\div1.2=3.33$mm（1.2为松铺系数）。如不均匀沉降更严重，此处平整度将会更差。

2.2　沥青混合料配合比对路面平整度的影响

沥青混合料配合比设计与沥青路面使用性能、材料用量、工程造价关系密切，路面平整度与混合料配合比有着一定关联。

油石比偏大，路面会发生拥包、车辙、泛油等病害；油石比偏小，路面会出现坑槽等病害，容易出现各种病害，影响路面平整度。

2.3　沥青混合料拌和对路面平整度的影响

沥青混合料离析是影响平整度的因素之一，分为温度离析和矿料离析两种情况。温度离析是指有些部位的沥青混合料已经冷却，造成温度过低，使整个摊铺面的混合料温度不均匀。将导致冷却部位的沥青混合料难以压实，影响路面平整度；矿料离析是指摊铺的沥青混合料粗细分离，摊铺面有的部分分布混合料较粗，有的部分分布混合料过细。将使沥青混合料级配遭到破坏，粗集料集中的部位路面易于渗水、松散，细集料集中的部位易于泛油、拥包和波浪，导致路面不平整。

当拌和设备出现意外情况，刚开机或料温低、含水率大时，会出现料温不均匀现象；当筛分系统出现问题时，会造成矿料级配发生较大变化；有时也会出现花白料，路面难以摊铺成型；温度过高造成沥青老化，沥青路面出现质量问题；拌和能力过小，出现停机待料现象，停机处混合料温度下降不能压实，造成平整度下降。

2.4　路面摊铺机械及施工工艺

沥青混合料摊铺是影响沥青路面的直接因素。摊铺机是沥青路面施工的主要设备，其本身的性能及操作水平对平整度影响很大。摊铺机结构参数不稳定、行走装置打滑、摊铺速度快慢不匀、猛起步、紧急制动以及供料系统速度忽快忽慢都会造成沥青路面的不平整。主要体现在以下几个方面。

2.4.1　摊铺机结构参数选择不当

(1)熨平板组合宽度不对称

熨平板组合宽度不对称，设备易走偏。在混合料的惯性作用下使熨平板前后的混合料压力不一致，造成同一横断面摊铺厚度不同。组合后的熨平板底面若不在同一个水平面，也将形成摊铺厚度不均匀。

(2)熨平板初始工作角不一致

熨平板初始工作角不一致将造成同一横断面内厚度不一致或出现台阶，直接影响平整度。

(3)振捣夯锤的频率影响

振捣夯锤的频率与摊铺速度、混合料级配、温度和厚度等有很大的关系，应认真选择合适的频率。如果摊铺层较薄，振捣器、夯锤频率过大会造成熨平板共振，使摊铺机找平装置处于不稳定状态而影响平整度。

2.4.2　摊铺机基准面控制不当

沥青路面病害维修主要分为罩面(含桥头加铺)、病害处理两种作业类型。罩面时摊铺机一般在接头处采用拉钢丝绳方式找平，行进过程中一般采用非接触式平衡梁找平。病害处理一般采用接触式平衡梁方式找平。如钢丝绳拉力不足、桩间距过大造成钢丝绳绕度大，路面出现波浪；非接触式平衡梁如受重物压制或者探头被遮挡将会影响摊铺厚度不均匀；接触式平衡梁如在行进路线上遇到杂物未清除，也会导致摊铺厚度变化，造成平整度差。

2.4.3　摊铺速度改变

在正常摊铺过程中，摊铺机的行进速度与熨平板的重量及夯锤之间形成了相对的平衡，一旦其中一项参数改变，都会立即影响熨平板的悬浮，在未改变后两者的情况下，改变摊铺速度将影响摊铺层的预压实度，当压路机压实后，会形成不同的密实度，导致摊铺层的高低差异。此外，当摊铺机中途停顿(停机待料)时，因混合料温度下降会引起局部不平整，而且纵向调平系统在每次启动后，自动找平装置仍需行驶一段距离后才能恢复正常，也易造成摊铺厚度不均匀，导致不平整。

2.4.4　摊铺机操作不正确

(1)摊铺机操作手不熟练，导致摊铺机未能沿路线方向前进，一旦纠偏过猛就会出现凸楞导致局部不平整。

(2)在正式摊铺前，熨平板未充分预热，造成混合料黏结熨平板，有明显刮痕。

(3)运料车在倒料时撞击摊铺机，会引起摊铺机扭曲前进，使路面出现凸楞。料车卸料过猛或者卸料过程中使用制动增加了摊铺机的牵引负荷，导致摊铺机速度发生变化，使路面形成波浪或搓板。

(4)在摊铺过程中，熨平板处于浮动状态(由已铺筑的沥青混合料支撑)，如果供料系统失灵，料位高度不稳定，就会使进入熨平板全宽范围的沥青混合料密度发生变化。密度变小，厚度减小；密度变大，厚度加大。

(5)摊铺过程中，摊铺机履带行走位置有混合料撒落，抬高了履带行走高度，导致摊铺层厚度的改变，影响平整度。

(6)作业中应随时调整保证两边存料均衡,出现空料会造成摊铺机螺旋布料器挤出的混合料形成带状离析从而影响平整度。

2.5 沥青混合料碾压

路面平整度的好坏关键在摊铺,但压路机的碾压也是一个重要的环节,切记不可牺牲压实度来争取平整度,合理的碾压工艺与正确的碾压操作是保证沥青路面的压实度和平整度的重要手段。

2.5.1 碾压温度对平整度的影响

摊铺好的沥青混合料在何种温度下碾压,直接影响着沥青路面的平整度和压实度。温度太高容易使沥青混合料产生推移,温度太低会导致沥青混合料颗粒之间摩阻力加大,使沥青路面压实度不均匀,且容易形成局部松散和开裂,以及日后渗水导致路面的损坏,影响路面的平整度。

2.5.2 碾压路线、碾压次数、速度对平整度的影响

碾压行进路线不当,未按照由低处向高处碾压,不注意错轮碾压,每次在同一横断面处折返,会引起路面不平。碾压遍数不够,压实度不足,易形成车辙;碾压速度不均匀、紧急制动、猛起动、随意停置、掉头转向等都会引起路面不平整。

2.5.3 压路机使用状况对平整度的影响

如果钢轮压路机滚筒不圆或者是初压压路机吨位过重会使摊铺好的路面产生推挤变形。使用轮胎压路机时,若轮胎的新旧程度和压力不一致,轮胎软硬不一,在碾压过程中会形成轮迹。在驱动轮和从动轮的前后问题上,如果是从动轮在前,由于从动轮本身无驱动力,靠后轮推动,因而会发生混合料推移,倒退时在轮前留下波浪。

2.6 横向裂缝处理不当影响平整度

横缝处理不好容易产生的缺陷是接缝处下凹或者凸起,以及由于接缝处压实度不够而容易产生水损坏,将导致路面不平整。

3 提高平整度的对策与方法

现根据平整度影响因素分析结合浙江省高速公路养护实际,在技术、管理两个层面制定以下对策,以期通过对策的实施,切实提升路面平整度,真正达到质量与服务品质的提升,提高浙江省高速公路形象。

3.1 技术层面对策

影响沥青路面维修平整度的因素很多,在此不一一对应制订对策。本文主要是从几个影响平整度的关键因素方面提出对策与方法,其他影响因素只要严格执行现行《公路沥青路面施工技术规范》(JTG F40—2004)之相关规定,路面平整度即可达到预期效果。

3.1.1 原路面不平整问题(罩面、桥头跳车)

针对不均匀沉降、桥头沉陷路段处理方案在施工图设计时必须予以高度重视。设计单位(或联合施工单位)要进行准确的纵断面测量,设计单位根据测量结果进行拉坡设计。施工单位要根据拉坡设计结果制订施工方案,需要调平的路段必须实施调平层,禁止为加快施工进度而一次性摊铺施工。

3.1.2 沥青混合料摊铺

沥青混凝土路面摊铺施工对路面的平整度影响很大,主要体现在摊铺机械和摊铺工艺上。

(1)合理选择和调整摊铺机结构参数,保证路面平整度

①摊铺机熨平板宽度的选定原则。

组合后的熨平板要与机械本身左右对称,即对称原则。

②熨平板初始工作角的选择。

熨平板初始工作角主要根据摊铺厚度选择。即在同一沥青混合料的条件下,对较大的摊铺厚度应选用较大的初始工作角。在摊铺过程中,不应频繁地调整摊铺厚度控制器,否则将使工作角不断变化,而工作角的恢复需要一定时间,在此时间内,面层的平整度将受到影响。

③摊铺机振捣器、夯锤的控制。

摊铺层振动梁振幅调整的主要依据是摊铺层厚度和预压实度。振动压实时，大振幅较小振幅有较高压实能力，但沥青混凝土面层属于薄层，一般采用小振幅，以避免面层松散和整体强度下降。在摊铺前，应检查振捣器、夯锤皮带使用性能，尤其是皮带是否过于松弛，避免振捣频率和夯实次数快慢不一。

④沥青路面正式摊铺前，应检查组合后熨平板的底面不平整度和基本熨平板与附加熨平板底面的高度差，以保证平整度。

(2)摊铺机的基准线控制

摊铺机基准线控制的基本原则是：以不均匀沉降处置（含桥头沉陷）为代表的高程控制采用走钢丝为宜；以病害处理、罩面（原路面平整度较好）为代表的厚度控制应采用平衡梁法。

①走钢丝法。

不均匀沉降处置、桥头沉陷以及罩面路段的起始 20m 左右应采用走钢丝法。支持钢丝绳的钢筋桩间距不能过大，为 5 ~ 10m。一般使用 $\phi2 \sim \phi3$mm 的高强度钢绞线，用紧线器拉紧安放在钢筋桩的调整横杆上，张紧钢丝绳的拉力一般在 800N 左右。

②接触式平衡梁。

病害处理一般采用接触式平衡梁找平，以原路面为基准面进行厚度控制。主要注意事项是沿线路方向杂物及时清除，以免影响平整度，另外应减少调整控制器次数，因每次调整达到目标值需要一定时间，在此时间内，面层的平整度将受到影响。

③非接触式平衡梁。

罩面（原路面平整度较好，且除罩面起始段落外）一般采用非接触式平衡梁进行找平。要求非接触式平衡梁探头照射部位无杂物，施工人员减少在探射范围内走动，以减少误差，平衡梁上禁止挂衣服及其他任何物品或倚靠，每年开工前应对平衡梁进行一次标定。

(3)摊铺进度控制

摊铺机必须缓慢、均匀、连续不间断地摊铺，不得随意变换速度或中途停顿，以提高平整度，减少混合料的离析。需要拌和设备产量与摊铺速度有较好的匹配。摊铺过程尽量避免停机，在中途万一出现停机，在气温较高停顿时间较短时，应使摊铺机熨平板锁紧不下沉；在停顿时间超过 30min 或混合料温度较低时，要按照冷接缝的方法重新接缝。

(4)摊铺厚度控制

①在线控制。

摊铺机操作人员作业时应每隔 10 ~ 20m 用厚度尺插入摊铺层测量松铺厚度；随时通过边缘观察摊铺厚度，发现厚度变化时，及时测量松铺厚度；随时观察摊铺厚度自动调平装置的显示灯，发现指示信号灯连续控制朝一个方向变化时，说明自动控制在调整摊铺厚度，应及时测量松铺厚度；调整摊铺厚度前要查清原因，方可调整；调整时应循序渐进，如调整过猛、反复调整，会严重影响铺筑的平整度。

②总量检查。

摊铺一段距离后，如达到 500m 后，要根据运料车运到现场摊铺使用的混合料总量与摊铺面积核算摊铺厚度。不符合要求时应根据实际铺筑情况及时进行调整。每一天施工完成后，要利用拌和场沥青混合料生产总量与实际摊铺的面积计算平均厚度进行总量检查。

3.1.3 压路机碾压

根据各种机械的施工能力相匹配的原则，确定适宜的施工机械，按生产能力决定机械数量与组合方式。碾压原则为“紧跟、慢压、高频、低幅”；做到均匀碾压，行驶过程中杜绝大角度的转弯变线；进一步确定其压实功，避免过压、漏压。

(1)沥青混合料的压实是保证沥青面层质量的重要环节，应选择合理的压路机组合方式及碾压步骤。为保证压实度和平整度，初压应在混合料不产生推移、开裂等情况下尽量在摊铺后较高温度下进行。初压严禁使用轮胎压路机，以确保面层横向平整度。在石料易于压碎的情况下，原则上钢轮压路机不开振，以轮胎压路机碾压为主。

(2)压路机应以缓慢而均匀的速度碾压，压路机的适宜碾压速度随初压、复压、终压及压路机的类型而别。

(3)为避免碾压时混合料推挤产生拥包，碾压时应将驱动轮朝向摊铺机；碾压路线及方向不应突然改变；压路机起动、停止必须减速缓行，不准紧急制动。压路机折回不应处在同一横断面上。

(4)在当天碾压的尚未冷却的沥青混凝土层面上，不得停放压路机（压路机严禁停在未冷却的铺面上加水）或其他车辆，并防止矿料、油料和杂物散落在沥青层面上。

(5)对松铺厚度、碾压顺序、压路机组合、碾压遍数、碾压速度及碾压温度应设专岗管理和检查，使面层做到既不漏压也不超压。

(6)应向压路机轮上喷洒或涂刷含有隔离剂的水溶液，喷洒应呈雾状，数量以不粘轮为度。

(7)开工前，应检查钢轮压路机的滚轮是否为圆形，如为椭圆形应予以更换滚轮；轮胎压路机要检查轮胎新旧程度，轮胎压力是否一致，若存在问题，应及时采取措施。

3.1.4　防止沥青混合料离析的措施

沥青混合料矿料离析将会影响平整度，因此要做好矿料离析预防措施。

(1)运输车装料时，车辆要前后移动，分后前中三次装料，以减少离析。

(2)现场合理调配卸车顺序，按照先到先卸的顺序卸车，防止混合料在运输车上时间太久，混合料温度降低。

(3)自卸车在向摊铺机接料斗卸料时，翻斗应徐徐升起，避免造成混合料卸料过快，使粗集料快速滑落集中，造成离析。

(4)摊铺机工要观察料斗内的混合料，随时调整接料斗翼板，使接料斗处刮板输送器上的混合料始终保持饱满。不要等刮板输送带上的混合料不足时，猛抬翼板，这样会造成离析。

(5)摊铺机摊铺宽度不宜超过7.5m，过大的摊铺宽度很难控制边缘处混合料不出现离析。

(6)摊铺机工要观察熨平板前摊铺仓内混合料，使其始终保持饱满，混合料不足会使熨平板螺旋布料器驱动处、支架熨平板边缘处产生离析，还会造成该部分混合料变冷，造成温度离析。

(7)用低而稳定的速度调整螺旋布料器输料量，过猛的调整，时转时停都会造成离析。

(8)作业人员在施工过程中要随时观察铺筑层是否有离析现象，发现离析应及时挖除并填补符合要求的混合料。

3.1.5　横向接缝问题

横向接缝处理不当在一定程度上影响路面平整度，应注意以下几个方面：

(1)横缝方式确定

横缝分为斜接缝和平接缝。一般情况下，建议罩面路段的病害处理的横缝、非罩面路面病害处理的中下面层横缝采用斜接缝，有利于新旧沥青混合料的黏结；建议罩面层以及非罩面路段病害处理的上面层横缝采用平接缝，利于平整度控制。

(2)横缝切割

针对连续罩面路段施工缝切割问题，一般情况下在次日开工前进行，采用3m直尺检查平整度后，确定切割线。坚决杜绝不平整路面保留的情况发生。

碾压横缝时，应先用压路机沿横接缝方向碾压一遍（有工作面的前提下）。先使压路机主要重量位于已压实的路面上，伸入新铺层的宽度15cm左右，每压一遍，向新混合料移动15～20cm，直至压路机全部侧移过接缝。

接缝处经过初步碾压后，立即用3m直尺检查平整度，如平整度差，应采用人工的方法找平，然后用压路机压实。

接缝处理完毕后，将压路机顺直，开始纵向碾压。

3.1.6 重视试验段施工指导作用

现行《公路沥青路面施工技术规范》(JTG F40—2004)明确要求在正式开工前,应先做试验段,以确定拌和温度、拌和时间、摊铺温度、摊铺速度、碾压工艺等满足要求。试验段结束后应及时检测平整度等指标,相关指标符合要求才能正式开工。

3.2 管理方面措施

(1)加大检查考核力度,促进养护作业规范化

一是养护施工单位要把沥青路面维修平整度目标纳入公司综合绩效考核体系,激励养护项目部提高养护项目沥青路面维修平整度;二是养护单位在完成常规养护质量检查的同时,开展路面维修平整度专项检查评比,突出路面平整度控制;三是行业部门(业主单位)组织养护单位经常性检查沥青路面维修平整度,掌握平整度动态,查找平整度控制存在问题,制订针对性解决方案,不断提升平整度。

(2)组织教育培训,实现人才队伍专业化

举办沥青路面平整度控制专题培训。邀请专家为工程技术人员、摊铺机等设备操作工讲解沥青路面维修平整度控制的影响因素以及对策,培训结束后组织考试,合格后发证,切实提高人员专业化水平。

(3)强化过程管控,实行养护作业标准化

在路面大中修工程实施性施工组织设计中单设平整度控制措施章节,并加强审核把关,不断修改完善施工组织设计,提高施组指导施工作业能力。加强技术交底、现场质检,实现全过程管控。编制沥青路面维修平整度控制作业指导书,进一步提升养护作业标准化。

(4)开展 QC 攻关,推进平整度控制群众化

开展 QC 小组活动,积极探索改善路面维修平整度技术攻关活动。通过 QC 活动,提升平整度控制水平,并在省内推广应用优秀的路面平整度控制 QC 成果,促进浙江省沥青路面维修平整度控制水平整体提升。

4 结语

提高路面维修的平整度,要从下承层的平整度、混合料的质量、施工工艺、机具配置以及施工人员素质等方面着手,重点抓住摊铺、碾压、横向接缝处理三个方面的施工质量。同时要强化管理手段,加强施组审核把关,积极开展 QC 公关,充分发挥施工人员的主动性、积极性,加强学习培训,提高施工人员专业素质,从而达到提高路面维修平整度的目的。

参考文献

[1] 中华人民共和国行业标准. JTG H20—2007 公路技术状况评定标准[S]. 北京:人民交通出版社,2008.

[2] 中华人民共和国行业标准. JTG H10—2009 公路养护技术规范[S]. 北京:人民交通出版社,2010.

[3] 中华人民共和国行业标准. JTJ 073. 2—2001 公路沥青路面养护技术规范[S]. 北京:人民交通出版社,2001.

[4] 中华人民共和国行业标准. JTG F40—2004 公路沥青路面施工技术规范[S]. 北京:人民交通出版社,2004.

浅谈超薄磨耗层罩面施工质量控制和管理心得

郑忠洪

（浙江顺畅高等级公路养护有限公司　杭州　310051）

摘　要：超薄磨耗层是一种新型路面结构层，是一种高黏改性乳化沥青、开级配沥青混凝土同步喷洒、摊铺的工艺，其乳化沥青起到层间黏结、封水作用，因其较大的孔隙率和表面构造，能达到良好的层间横向排水和防滑效果。其良好的抗滑、排水、降噪等性能，得到了公路业主、驾乘人员各方的一致认可。我公司自2009年在浙江省内首次引入了超薄磨耗层技术，分别在高速公路、省国道等各等级公路上进行了大范围的推广应用。本文对常规的工序质量控制不作赘述，就超薄罩面平整度及质量控制进行经验交流。

关键词：超薄磨耗层　同步施工　平整度　质量控制

1　概述

1.1　工艺简介

超薄磨耗层是采用专用机械设备将间断级配的热拌沥青混合料直接铺筑在喷洒的改性乳化沥青黏层上，厚度一般为10～25mm，可快速开放交通的薄层沥青路面结构。在超薄磨耗层路面施工中，乳化沥青喷洒与热沥青混合料摊铺同步进行，经压路机压实以后路面一次成型。由于热拌混合料引起乳化沥青水分蒸发，促使其快速破乳，从而使新旧沥青层之间快速形成一层黏结性非常强的油膜。其工艺原理如图1所示。

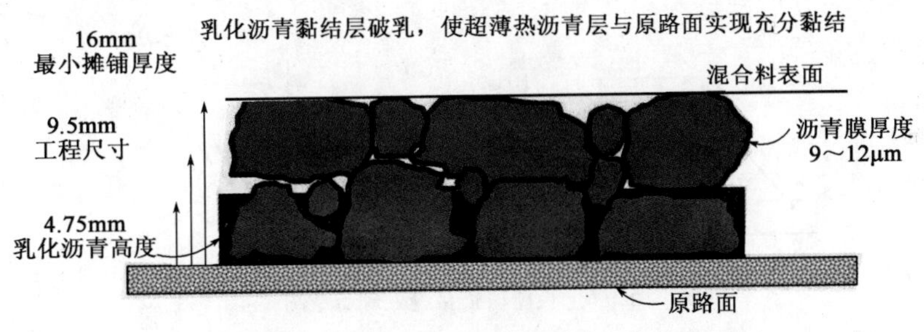

图1　工艺原理图

1.2　完成情况

2009年，我公司在浙江省内首次引入了超薄磨耗层技术，选取了杭金衢高速公路金华段的部分路面进行实践性应用研究，取得成功经验后并于“十二五”期间进行了大范围的推广应用。2009—2016年，分别在杭金衢高速公路、金丽温高速公路、甬金高速公路、龙丽丽龙高速公路、G320国道桐庐段、205国道衢州段等各等级公路上铺筑面积达370万m^2。

2　施工质量控制心得

2.1　下层面平整度控制

超薄磨耗层技术主要用于预防性养护和有限的矫正性养护，其本身结构补强和路面调平等功能较弱，对施工路段下承面的质量和平整度要求较高。下承层路面的路面病害必须根据不同的病害的类型处治彻底，严格控制下承面病害处理的平整度，而且在下承面的病害处理过程中都以单点小面积坑洞居多。下面就单点小面积坑洞的摊铺、碾压控制进行总结。

2.1.1　条块状小面积坑洞摊铺控制

(1)遵循“人机协同”“精控松铺”的原则。

(2)单个两层的坑洞,经业主、监理工程师同意,使用同一种回填料一次摊铺。

(3)摊铺机就位后,在熨平板下面垫放2.3cm左右厚的木板(根据摊铺厚度计算出的松铺厚度)。

(4)首先,摊铺机操作工根据坑洞大小精确控制下料数量[例:2.4×4×0.09×2.42=2(t)];然后,把混合料用螺旋送料器尽量输送到边,再开始行走摊铺。

(5)机械摊铺完成后,人工对摊铺机摊铺不到位的边角进行修补、整平,要区分机械摊铺和人工摊铺的松铺系数。

(6)整平完成后,根据坑洞所处的纵坡,针对两条横向接缝进行防推挤处理,具体方法如下,具体的处理情况,视现场碾压情况再做相应的调整:

①纵坡为平缓路段时,碾压首条横缝,按松铺修整平整后,接缝处向内处以5~10cm的斜坡;碾压终止横缝,按松铺修整平整后,接缝处向内处以10~20cm的斜坡,如图2所示。

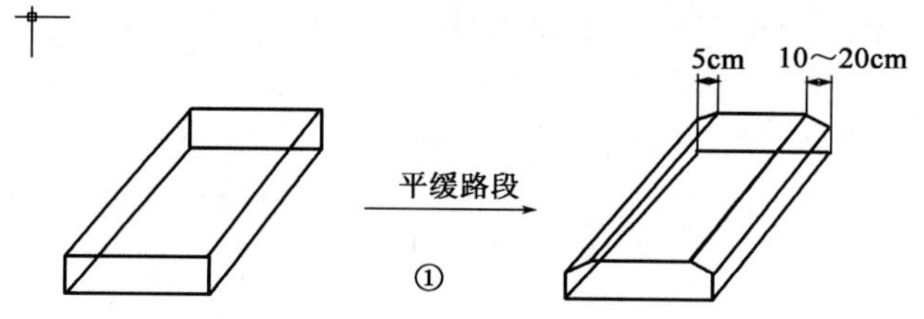

图2　平缓路段横接缝处理示意图

②纵坡为上坡路段时,碾压首条、终止两条横缝,按松铺修整平整后,接缝处向内处以10~20cm的斜坡,如图3所示。

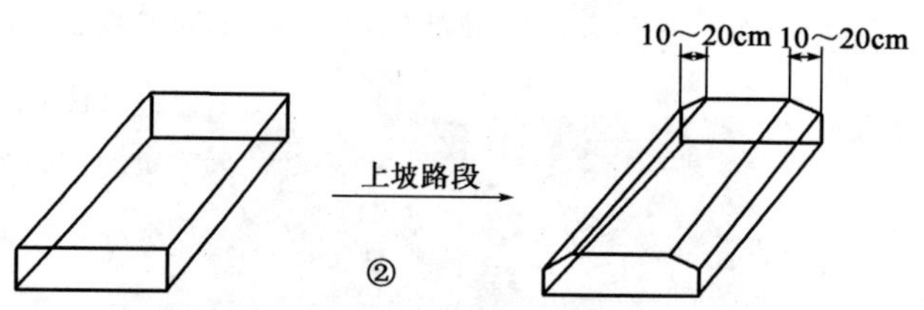

图3　上坡路段横接缝处理示意图

③纵坡为下坡路段时,碾压首条横缝,按松铺修整平整后不再作处理,碾压终止横缝,按松铺修整平整后,接缝处向内处以20~30cm的斜坡,如图4所示。

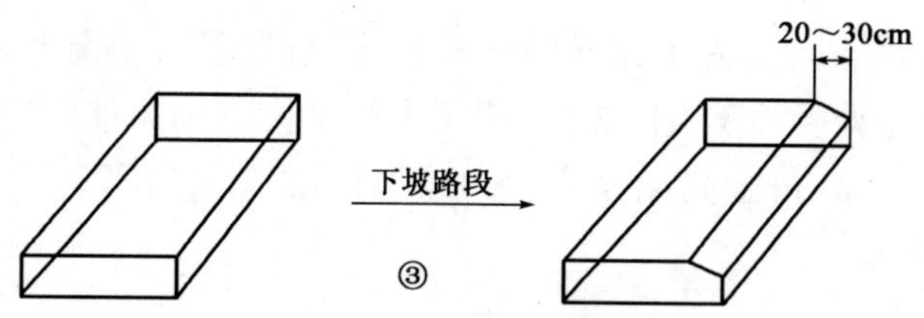

图4　下坡路段横接缝处理示意图

2.1.2　条块状小面积坑洞碾压控制

(1)遵循“紧跟缓振”“慢上慢下”“测压同步”的原则。

(2)碾压必须紧跟摊铺,遵循“慢上慢下”的原则,碾压时速度不得过快。

(3)在静压后,技术员和辅助工必须及时跟紧测量,如有松铺不到位应及时进行修整。

(4)钢轮碾压按照“前静压,回振动”的方式进行,第一遍振动时,在临近横向接缝20~30cm时停止振动;第二遍振动视接缝平整度控制振动长度;振动不以遍数为要求,以振平为原则。

(5)碾压过程中,技术员和辅助工及时关注碾压情况,指挥压路机操作工进行有针对性的碾压,以保证平整度。

(6)复压过程中,皮轮碾压必须及时跟进,保证碾压的遍数,确保压实度。

(7)复压完成后,钢轮及时进行光面。

2.2 超薄磨耗层摊铺、碾压控制

超薄磨耗层摊铺采用装备喷洒模块的快速摊铺设备进行施工,将聚合物改性乳化沥青喷洒和沥青混合料摊铺同步进行,一次成型;碾压必须在路面温度降至120℃之前进行,用9~12t的双钢轮压路机静态碾压两遍。具体控制要点如下:

2.2.1 摊铺准备工作

(1)开始摊铺前对熨平板拱度进行精细校正,确保其拱度正常。

(2)对熨平板进行预热,将熨平板预热到100℃以上才能进行摊铺。

(3)对受料斗、螺旋送料器等涂防黏剂。

(4)对聚合物改性乳化沥青进行加热,加热温度控制在60~80℃。

(5)加注乳化沥青后,对自动喷洒装置进行预热循环。

(6)进行乳化沥青试洒,检查是否有堵塞的喷嘴;对喷嘴的角度进行调整,确保喷洒效果。

(7)对安装橡胶刮板的悬臂进行定位校正,确保其竖直方向保持固定角度,刮板安装后与路面保持1~2cm的接触面。

(8)施划间距为10cm的双线形式摊铺分幅线,左线为第一幅混合料摊铺控制线,右线为乳化沥青喷洒控制线。

2.2.2 乳化沥青喷洒控制

(1)摊铺时必须严格控制聚合物改性乳化沥青喷洒量,喷洒量控制在0.9L/m^2;摊铺过程中,技术员应根据喷洒面的表观感觉和喷洒量的计算及时调整摊铺机的数显喷洒量。

(2)摊铺时必须安排专人对乳化沥青喷洒情况进行巡视。

(3)摊铺过程中,巡视人员必须时刻关注喷嘴的喷洒情况,如有堵塞情况,应及时进行清堵或更换喷嘴。

(4)摊铺过程中,巡视人员必须根据喷洒面的喷洒情况,根据喷洒情况及时调整喷嘴角度和刮板与路面的接触面,保证乳化沥青喷洒均匀,避免乳化沥青横向流动汇聚。

(5)摊铺过程中,巡视人员必须对乳化沥青喷洒范围进行巡视。第一幅摊铺过程时,必须按照划定的双线进行喷洒控制,以乳化沥青控制线内侧进行控制,发现喷洒不到位的情况,及时采取人工补涂的方式,达到乳化沥青均匀覆盖的效果;第二幅摊铺过程中,调整行进左侧的喷头,喷洒范围以乳化沥青控制线外侧控制,避免接缝范围二次喷洒。

(6)对摊铺路段的起始点,进行人工洒布,喷洒范围以行进方向正交控制。

2.2.3 摊铺控制

(1)超薄磨耗层摊铺采用一台摊铺机分幅摊铺,摊铺速度控制在12~18m/min,松铺系数一般为1.1,摊铺温度160~170℃。

(2)摊铺过程中,由技术人员对熨平板拱度进行行进校正,确保其拱度正常,避免了因熨平板拱度下挠等因素导致混合料厚度拉薄的情况。

(3)摊铺过程中,安排专人根据划定的摊铺控制线控制摊铺边线,保证摊铺边线的顺直度。

(4)摊铺过程中,安排专人对铺面上的一些缺陷及时进行修补。

(5)由于纵向接缝采用冷接缝处理,摊铺过程中必须严格控制接缝松铺,保证接缝饱满、平整。

(6)摊铺过程中,准确地确定加注乳化沥青的位置,提前做好加注准备工作,尽量缩短加注时间,降低由于乳化沥青加注工作造成对路面平整度的影响。

2.2.4　碾压控制

碾压采用两台双钢轮压路机，吨位10～13t，碾压必须在路面温度降至120℃之前进行，碾压过程中不需振动，静态碾压1～2遍。

(1)摊铺后有一定作业面即可开始碾压，压路机紧跟摊铺机向前匀速推进地进行碾压。

(2)碾压过程中，严禁使用轮胎式压路机和振动压实方式。

(3)碾压过程中，调节自动洒水装置，洒水量不得过大，保持轮子湿润即可。

(4)压路机的折回处都不得发生在同一横断面上，压路机不得随意停顿和掉头。

2.3　质量管理心得

整个工程的运行都是围绕在"人、机、料、法、环、测"六个要素进行的，总结起来可以分三句话"基础在机料，重点在过程，关键在人心"，只有各方都控制得到位，质量才可以有稳步的提升。

2.3.1　基础在机料

"工欲善其事，必先利其器。"这句话用在工程施工过程中也是非常恰当的，更体现出机料管理在质量控制中的重要位置。合格的原材料是工程质量的首要基础；性能良好的配套设备是工程顺利实施和质量提升的有力保障；合理的计划为工程顺利实施树立了正确的目标方向。

2.3.2　重点在过程

有了合格的原材料，有了性能良好的设备，有了合理的计划和严格的工序控制措施，重点就在施工过程中的严格控制和落实执行。只有通过对原材料的合理配置，设备的正确使用，计划的顺利落实，制度措施的严格执行，才能保证我们合格工程质量的体现。

2.3.3　关键在人心

任何机械的操作、措施的落实都离不开人，只有人具有了孜孜不倦的"匠心"、事无巨细的"责任心"，才能把质量控制落实到实处；只有在每一位工程参与者的心中树立了正确的质量关和品牌意识，在施工过程中始终以质量为核心，积极主动地参与到质量控制中来，才能保证工程质量的提升。

3　结语

工程的质量管理是一个系统工程，只有认真负责地做好各个环节的工作，才能真正搞好工程的质量管理，而在过程管理中质量管理显得尤为重要。只有加强质量管理，才能实现向管理要效益，向质量要效益，使企业走上质量效益的轨道。

参考文献

[1] 中华人民共和国行业标准. JTG F40—2004　公路沥青路面施工技术规范[S]. 北京：人民交通出版社，2004.

[2] 中华人民共和国行业标准. JTG F80/1—2004　公路工程质量检验评定标准[S]. 北京：人民交通出版社，2004.

浅谈沥青路面智能化施工技术在高速公路养护工程中的应用

郑忠洪　胡恩深

（浙江顺畅高等级公路养护有限公司　杭州　310051）

摘　要：随着我国公路建设的迅猛发展，各种新材料、新工艺、新技术在沥青路面施工中得到广泛应用，但是工程质量管理中，由于缺乏必要的技术管控手段，以至于一些高速公路出现了较为明显的早期破坏，路面的实际使用寿命远远低于设计年限。我公司在浙江省范围内的高速公路养护工程上，率先应用施工质量管控一体化系统，通过对沥青路面施工质量关键参数的实时采集、传输、分析、预警、评价，并形成相关决策，实现预防为主、生产施工全过程控制的质量保证体系，有效保证了路面施工质量。

关键词：物联网　沥青路面　养护工程　智能化　质量控制

1　概述

沥青路面施工质量管控系统，主要以现行《公路沥青路面施工技术规范》、《公路工程质量检验评定标准》、施工标准招标文件等相关规范标准为依据，以沥青混合料从拌和生产到施工现场管理的全过程作为管理对象，运用质量动态管理的方法，采用软硬件结合的手段，通过改造或利用现有的各类设备，充分利用基于物联网架构的传感技术和基于2G和3G的传输技术，将沥青混合料的生产过程、施工过程等数据信息进行实时采集，并采用无线网络传输，通过通信模块及时上报到服务器，动态、真实地反映工程质量状况，有效防范假数据、假资料等弄虚作假行为，实现各方对工程质量的动态控制。

另外，管控系统提供分析预警机制，能够及时分析质量问题，发现质量波动状况，形成质量追溯档案，确保工程质量目标实现。其思想是对过程进行跟踪观测，并将观测结果与计划值进行比较，若发现偏差，及时进行纠偏，做到防患于未然，真正达到全面质量管理的要求，确保工程质量。

质量管控系统工作原理主要为：通过数据采集、分析及决策，最终形成施工质量管控一体化。工艺流程如图1所示。

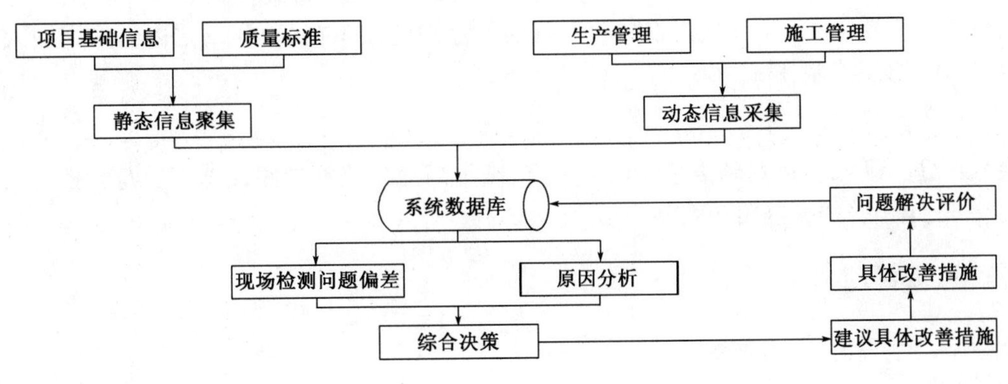

图1　工艺流程图

2　安装配置

为了保证本质量管控工艺的正常运行以及系统采集数据的准确性，在管控系统传感设备安装之前，需要对沥青路面相关的生产、施工机械的型号、操作系统进行调研，检查其是否满足管控的安装应用的要求；同时根据生产、施工机械的实际情况，确定管控系统硬件设备的安装位置，安装位置应能够快捷、准确地采集数据。在沥青路面施工质量管控系统实施应用过程中，为了保证采集数据的真实性与准确性，应事先对拌和楼集料、矿粉、沥青计量系统分别进行校核工作。

本管控系统的安装及应用对生产、施工机械的配置要求如下。

2.1 拌和楼软硬件要求

(1)必须具备工控机，具有独立的操作系统，最好为 XP 系统以上。

(2)内存 1G 以上，有 2 个空余 USB 接口及以上。

(3)拌和楼具有逐盘打印功能。

若设备不具备以上要求，也可根据实际情况对设备系统进行一定的改造后再进行安装。

2.2 施工机械硬件要求

摊铺机和压路机：具备电源接口，满足施工现场管控系统传感设备供电要求即可。

3 设备安装、调试

3.1 生产管理功能硬件设备安装

拌和楼操作室数据采集设备安装，DTU 数据采集单元以黑匣子的形式安装于拌和楼操作室，并安装保护箱，避免拌和楼操作人员触碰或恶意损坏。拌和楼出料口温度监测设备安装，出料口红外测温设备都安装于拌和楼出口，红外测温探头距离沥青混合料出料口大概 1m 的距离，同时显示屏安装合适的位置，便于现场人员随时观察出料温度。

3.2 施工管理功能硬件设备安装

摊铺机红外测温设备探头安装位置一般正对螺旋布料器中央位置，距离沥青混合料 1m 范围内，且安装稳固，不易被工作人员触碰；GPS 定位测速设备安装于摊铺机驾驶室内；LED 屏幕应安装在不遮挡驾驶员视线、现场人员容易辨认、不易雨淋的施工机械侧面位置。压路机测温设备探头安装位置一般在钢轮、胶轮的右前方边缘位置，距离地面高度 2m 范围内，且安装稳固，不妨碍施工作业刷油及洒水，不易被工作人员触碰；GPS 定位测速设备安装于摊铺机驾驶室内；LED 屏幕应安装在不遮挡驾驶员视线、现场人员容易辨认、不易雨淋的施工机械侧面位置。

3.3 设备校核调试

为了保证采集数据的真实性与准确性，采用标准砝码对拌和楼集料、矿粉、沥青计量系统分别进行校核工作，集料误差范围应控制在 ±1kg 之内，矿粉、沥青误差范围应控制在 ±0.1kg 之内。采用插入式温度计对温度采集进行校核，温差控制在 ±2℃ 以内。

3.4 建立数据库

建立后台数据库，录入项目基础信息和质量标准，确定高速公路沥青路面施工质量管控的关键参数和关键参数所对应的三级预警的控制“阈值”。

4 拌和、施工管控

4.1 拌和生产实时监控预警

在沥青混合料的生产过程中，通过设备数据采集装置采集级配、油石比、拌和温度、产量等实时数据，利用采用无线网络传输，通过通信模块及时上报到服务器，动态、真实地反映工程质量状况；当发现问题时，立即进行短信等手段的报警，做到生产问题的快速纠偏，同时提供未来的问题追溯功能。

4.2 施工实时监控预警

(1)安装的摊铺监控设备。将采集到的实时摊铺温度、摊铺速度显示在安装于摊铺机顶棚下方的 LED 屏幕上，当发现问题时，立即蜂鸣报警，做到生产问题的快速纠偏。

(2)安装的碾压监控设备。将采集到的实时摊铺温度、摊铺速度显示在安装于操作工前下方挡风玻璃的 LED 屏幕上,当发现问题时,立即蜂鸣报警,做到生产问题的快速纠偏。

5 预警处治

5.1 预警形式

在沥青混合料施工出现预警时,以蜂鸣的形式提醒现场的操作工和技术人员;在沥青混合料拌和生产出现预警时,以预警短信的形式发送到相关人员的手机上。

5.2 预警情况的核实验证

在预警出现后,首先应核实验证预警的准确性,排除预警错误的问题。以油石比为例,对所预警的混合料取料进行室内抽提试验,核实预警油石比的真实性。

5.3 预警原因的查找分析

在预警出现后,第二步应及时查找预警原因,如:拌和楼操作手在将粉罐调整过程中,出现手动控制拌和楼的情况,导致矿粉用量偏大(小),导致喷粉时间偏长(短),在拌和周期不变的情况下,从而影响了沥青喷入时间,导致沥青用量偏少(大)等。

5.4 预警解决方案

当沥青混合料生产出现高级预警时,应及时处理。一旦核实预警数据真实存在,为了保证沥青路面的施工质量,避免早期病害的产生,应及时按废料处理。

对沥青混合料施工,如摊铺速度出现蜂鸣预警时,应及时调整机械参数,实时动态跟踪作业;如碾压温度出现蜂鸣预警时,使用温度计及时测量碾压温度,确实存在偏差时,应及时调整碾压方案,使碾压机械紧跟快速碾压,以保证路面压实度达到规定值。

6 数据分析

采用无线网络传输,通过通信模块及时将采集到的生产、施工实时数据上报到服务器,动态、真实地反映工程质量状况。

登录管控系统网址后,可以进行每天、每周、每月和每季度的生产量查询、产能分析、材料用量核算等。

另外管控系统提供分析预警机制,能够及时分析质量问题,发现质量波动状况,形成质量追溯档案,并将观测结果与计划值进行比较,若发现偏差,及时进行纠偏,做到防患于未然,实现各方对工程质量的动态控制,真正达到全面质量管理的要求。

7 应用情况

在应用过程中,累计监测沥青混合料总产量为 40891.9t,总生产盘数 10249 盘,其中预警盘数 41 盘,整体预警率 0.40%。

拌和楼生产整体预警率较低,拌和楼混合料生产总体质量控制相对较好。材料用量方面,通过数据查询,集料仓误差波动较小,误差基本控制在 1% 范围之内,质量控制相对较好。矿粉仓误差波动较小,质量控制相对较好,且都在初级预警范围之内。沥青用量有时会出现超出初级预警的情况。拌和温度控制方面,集料温度基本控制在 170 ~ 180℃;沥青加热温度控制相对较好,波动较小,基本保持在 160℃以上;出料温度基本保持在 170 ~ 175℃。

8 结语

随着高速公路事业的飞速发展,物联网技术在沥青路面施工质量控制中的应用必将越来越广泛,通过建立施工质量管控平台,利用相关传感设备,可实现沥青路面施工质量关键参数的实时采集、传输、分析、预警、评价,并形成相关决策;还可实现预防为主、生产施工全过程控制的质量保证体系,达到沥青路面质量智能监管的目的,以及把沥青路面的施工质量从事后把关转向事前控制,进一步提高工程质量监管水平,降低后期运营养护成本。从而更好地提升养护工程的质量,从根本上解决高速公路养护中的路面质量无法控制这个难题。

参考文献

[1] 中华人民共和国行业标准. JTG F40—2004 公路沥青路面施工技术规范[S]. 北京:人民交通出版社,2004.

[2] 中华人民共和国行业标准. JTG F80/1—2004 公路工程质量检验评定标准[S]. 北京:人民交通出版社,2004.

[3] 中华人民共和国国家标准. GB 50231—2009 机械设备安装工程施工及验收通用规范[S]. 北京:中国计划出版社,2009.

[4] 中华人民共和国行业标准. JTG E20—2011 公路工程沥青及沥青混合料试验规程[S]. 北京:人民交通出版社,2011.

浅谈 PAC-13 排水路面在浙江省山区高速公路的应用

杨尔军

（浙江顺畅高等级公路养护有限公司　杭州　310051）

摘　要：排水路面起源于欧洲，是一种新型高科技生态环保路面结构，我国对这类路面的研究起源于 20 世纪 90 年代初期。江苏省在盐通高速公路、宁杭高速公路二期铺筑了 PAC-13 排水路面，使用性能良好。2016 年浙江省引入了该技术，并在金丽温高速公路上铺筑了试验段。本文根据金丽温高速公路试验段情况，介绍了 PAC-13 排水性路面在浙江省山区高速公路的应用要点。

关键词：PAC-13 排水路面　山区高速公路　应用

1　工程概况

金丽温高速公路自 2005 年 12 月 23 日建成通车以来，已运营 10 余年。金丽温高速公路是典型的山区高速公路，地形主要以长上坡、弯道为主。随着交通量逐年增长，货车比例不断升高，超载、超限现象严重，路面长期处于超负荷的运营状态，部分路段路面的结构性和功能性出现了一定程度的损坏，同时局部路段存在积水现象。为此，我公司经综合考虑，决定尝试采用 1cm 厚防水黏结层加 4cm 厚 PAC-13 排水沥青路面的结构方式来提高该路段的排水、降噪、抗滑等性能，期望延长路面使用寿命，提高道路服务功能。

2　技术原理

2.1　配合比设计原理

PAC-13 排水性沥青混合料主要的检测指标是空隙率，因此其配合比设计采用马歇尔试件的体积设计方法，并以空隙率作为配合比设计的主要指标。配合比主要以各项功能检验为主，选择较高空隙率又具有较高耐久性的最大容许沥青膜厚度来确定沥青含量，其特殊性是油石比主要由析漏试验结果选定。排水性沥青混合料配合比设计后，必须对设计沥青用量进行析漏试验和肯特堡试验，并对混合料高温性、水稳性等进行试验。

2.2　试验段配合比使用情况

(1)最佳油石比为 4.8%(SBS 改性沥青：HVA 高黏度添加剂 =92：8)，聚酯纤维掺量为沥青混合料质量的 0.1%。

(2)沥青混合料各相关参数：理论最大相对密度为 2.644，塑封法毛体积相对密度为 2.122，体积法毛体积相对密度为 2.089，塑封法空隙率为 20.1%，体积法空隙率为 21.0%，沥青混合料残留稳定度、冻融劈裂强度比、动稳定度、飞散损失、析漏损失、渗水系数等均满足要求。

(3)确定生产配合比设计结果为：矿粉：0～3mm：5～10mm：10～16mm =4.5：10.5：40：45，油石比为 4.8%，聚酯纤维掺量为 0.1%。

3　排水路面施工

3.1　主要施工机械设备

主要施工机械设备见表 1。

主要施工机械表 表1

序 号	设备名称	规格型号	数 量	技术状况	拟用何处	备 注
1	沥青混凝土拌和楼	4000 型	1 台	良好	罩面工程	
2	铣刨机	维特根 W1900	1 台	良好	罩面工程	
3	摊铺机	戴纳帕克 F141C	2 台	良好	罩面工程	
4	双钢轮振动压路机	BW202	3 台	良好	罩面工程	
5	轮胎压路机	徐工 XP261	2 台	良好	罩面工程	
6	同步碎石封层车	HGY5250TLS	1 辆	良好	罩面工程	
7	装载机	ZLM50-2	1 台	良好	罩面工程	

3.2 材料准备

主要材料一般采用玄武岩、矿粉、聚酯纤维、HVA 高黏剂、埃索改性沥青等,其中聚酯纤维和 HVA 高黏剂需在使用前根据每锅混合料的重量进行拆解称量。

3.3 施工工艺

3.3.1 桥头铣刨接坡及吹风清扫

位于相邻罩面路段的桥梁结构物,原则上采用桥头铣刨接顺处理。为避免桥头搭板处出现三角夹层,采用搭板位置全幅面铣刨 4cm,铣刨共计 8m,再以 4.0cm 厚度均匀渐变至 0cm,铣刨长度共计 30m;铣刨后发现有明显的夹层或松散,对夹层或松散局部做深处理,确保病害处理彻底。铣刨后采用凯斯清扫车、人工及空压机相组合的方式对下承层表面尘土进行清扫,保持下承层表面整洁而无灰尘。

3.3.2 防水黏结层施工

为保证排水沥青路面与旧路面层位间的防水和黏结效果,本项目部采用 SBS 改性沥青同步碎石封层,施工方案为:SBS 改性沥青的洒布量为 $1.5kg/m^2 \pm 0.2kg/m^2$,碎石规格为 4.75 ~ 9.5mm,预裹覆 0.5% 的沥青用量,碎石撒铺量为满铺量的 60% ~ 70%。按照施工组织设计,共分三幅逐次进行,顺序为:超车道—主车道—硬路肩。

为了加强施工后桥头及伸缩缝的保护,需采用帆布铺垫措施,避免沥青洒布时的污染;洒布不均匀处的采用人工补洒;胶轮压路机紧跟预裹覆沥青碎石撒布车碾压成型,确保后续 PAC-13 沥青混合料摊铺后黏结质量。在防水黏结层洒布结束后,胶轮压路机紧跟碾压 2 遍,使碎石嵌入到热沥青中,提高防水黏结层的整体黏结效果。

3.3.3 沥青混合料拌和

沥青混合料的拌和工艺为:“集料 + 纤维”干拌 15s,随后喷洒沥青,同时投入 HVA 拌和 10s,3 ~ 5s 后投放矿粉,矿粉投放完后湿拌 35s,整个循环周期 65 ~ 67s。

4000 型拌和楼一般建议每盘沥青混合料的拌和质量固定为 3.5t,通过纤维外掺比例(0.1%)、SBS 改性沥青和高黏度添加剂内掺比例(92:8)以及油石比(4.8%)大小,精确每盘沥青混合料纤维和高黏度添加剂的质量。经计算得到,每盘沥青混合料纤维掺量为 3.5kg,高黏度添加剂的掺量为 12.5kg。

温度控制:SBS 改性沥青加热温度 160 ~ 165℃,集料加热温度 185 ~ 220℃,沥青混合料出料温度 180 ~ 185℃。

3.3.4 沥青混合料的运输

运送沥青混合料车辆的车箱底板面及侧板须清洁,在车箱底板涂刷一薄层非石油基质混合液。拌和楼向运输车上装混合料时,应多次移动汽车位置,平衡装料,以减少混合料离析。运料车上均需覆盖棉被和油布,确保运到现场的混合料温度满足要求。

3.3.5　沥青混合料摊铺

采用两台自动伸缩摊铺机成梯队、联合摊铺，摊铺时靠中分带侧摊铺机在前；采用非接触式平衡梁控制的方法进行厚度、高程、横坡、平整度的控制，后面一台摊铺机靠护栏侧采用非接触式平衡梁控制，与前面摊铺机搭接处在摊铺好的面上走滑橇。沥青混凝土的摊铺温度不得低于155℃，并尽量缩短摊铺长度，以保证碾压时的混合料温度。

沥青混合料必须缓慢、均匀、连续不间断地摊铺，摊铺中不得随意变换速度或中途停顿，摊铺机速度按3m/min控制。摊铺机摊铺的混合料，尽量避免用人工反复修整，以免影响路面质量。

为防止施工车辆黏轮，采取对进入摊铺现场运料车直喷色拉油及铺垫喷油后帆布双控防黏轮措施。

3.3.6　碾压

碾压方案需结合施工环境及原材料的实际情况通过试验段确定，一般当施工气温在25℃时，碾压工艺流程具体为：摊铺机摊铺成型混合料→初压采用12t双钢轮压路机2台紧跟静压5遍→复压采用30t胶轮压路机2台碾压3遍，复压温度控制在(70～90℃)→终压采用12t双钢轮压路机1台静压1遍。

要求初压应紧跟摊铺进行，胶轮压路机碾压温度控制在70～90℃。压路机行驶速度保持均匀一致(人步行速度为宜)，不得在未碾压成型的混合料和刚碾压成型的路面上转向，也不得停留在高于80℃且已压实成型的路面上。同时，压路机在操作或静止时，要采取有效措施防止油料、润滑脂或其他杂质落于路面。当胶轮压路机碾压黏轮，可向压路机碾压轮喷少量水，以不黏轮为原则。

3.4　附属设施

3.4.1　排水设施

桥头伸缩缝位置由于伸缩缝构筑物的阻水，雨天在伸缩缝位置形成了积水带，而桥梁两侧一般高程均较低，积水无法及时排除，只能依靠蒸发作用，造成积水时间较长，从而易使路面发生水损害现象。因此在伸缩缝边上设置排水槽，当桥头伸缩缝位置高程较低时，需在导水槽中通过砂浆抹面调整高程，使雨水可以自由流出桥面。

3.4.2　透水标线

透水标线技术基于可排水、高防滑和全天候反光性能而发明，采用树脂类标线材料经喷涂造型等复杂工艺，可解决普通标线积水、堵塞孔隙的技术难题，并增加了标线的黏结力、雨夜反光效果及路面抗滑值。

本项目采用絮状透水标线，由MMA类白色双组分结构型标线涂料经内混喷涂，并自动喷洒玻璃珠，与涂料在地面上混合，从而增加路面抗滑的效果。

3.5　养生

(1)对于摊铺碾压较早的施工路段，如果路面温度下降较快，可根据实际温度变化情况，采取不洒水、自然降温的措施。

(2)对于摊铺碾压路段的中间位置，建议洒水次数为两遍，洒水车先行驶于硬路肩半幅洒水，再行驶于行车道半幅洒水。

4　PAC-13排水性路面的特点

4.1　良好的排水性能

排水沥青路面可以通过横向排水和内部储存水实现排水功能，在雨天路表面不会积水，路面基本无水膜存在，有效减少了高速行车车辆形成“水漂”的可能性。

4.2　粗糙的表面特性

排水沥青路面表面粗糙，构造深度大，抗滑性能高。雨天车辆行驶时不会产生水雾、水溅现象，车辆行驶视线好，大大提高雨天行车的安全性。

4.3　低噪声

排水沥青路面是一种低噪声路面，与普通密级配路面相比，可以降低噪声3～5dB左右；而且在雨天条件下，排水沥青路面的降噪效果更加明显。

5 结语

排水沥青路面一般适用于降雨丰富地区的高速公路，PAC-13 路面具有雨天路面不滞水、无水膜、防滑安全以及吸音减噪等优良特点，有较好的安全效益。

参考文献

[1] 中华人民共和国行业标准. JTG E20—2011 公路工程沥青及沥青混合料试验规程[S]. 北京：人民交通出版社，2011.

[2] 中华人民共和国行业标准. JT/T 860.2—2013 沥青混合料改性添加剂 第2部分：高黏度添加剂[S]. 北京：人民交通出版社，2013.

[3] 中华人民共和国行业标准. JTG E42—2005 公路工程集料试验规程[S]. 北京：人民交通出版社，2005.

[4] 中华人民共和国行业标准. JTG E40—2007 公路土工试验规程[S]. 北京：人民交通出版社，2007.

[5] 中华人民共和国行业标准. JTG F40—2004 公路沥青路面施工技术规范[S]. 北京：人民交通出版社，2004.

采用直接罩面技术处治高速公路车辙病害

唐惠新

（浙江顺畅高等级公路养护有限公司　杭州　310051）

摘　要：根据沥青路面最大剪应力分布理论及通过对杭金衢高速公路衢州段二期路面产生车辙病害的原因分析，罩面后可以将荷载的最大剪应力由原路面的中面层转移至原路面的上面层（最大剪应力分布在由上至下4～10cm范围），并利用原路面上面层是改性沥青的结构特点来提高罩面后路面的抗车辙能力。本文结合杭金衢高速公路衢州段采用直接罩面技术的施工实例，探析采用直接罩面技术处治车辙病害的应用。

关键词：车辙成因　沥青路面剪应力分布　直接罩面技术实施　应用效果

1　概述

随着经济的发展，营运高速公路车流量的不断增长，频繁超重载车辆的渠化交通作用，以及受浙江省近几年连续高温气候的影响，路面车辙病害日益突出，成为杭金衢高速衢州段二期路面主要病害之一，也是当前省内养护行业难以有效解决的一大难题。

为了探寻科学有效的车辙病害处治方法，进一步提高高速公路路面养护决策水平，提升路面的抗车辙能力及延长沥青路面耐用性能，提高路面养护质量。浙江顺畅高等级公路养护有限公司提出对原路面车辙病害局部严重的铣刨1cm后直接采用SMA进行罩面处治高速公路车辙病害的施工方法，取得了良好的效果。

2　车辙原因分析

2.1　外部因素

2.1.1　地形特征

衢州位于浙江省西部，金衢盆地西段，杭金衢衢州段二期路面从衢州西K404＋332至浙赣广场K457＋283为山岭重丘地形，该路段上弯道较多，且包含长上、下坡等特殊路段，车辆行驶受力较为复杂。

2.1.2　气候特征

衢州地区属亚热带季风气候区，最热月是7月，历年极端最高气温40.5℃。近年来衢州地区年平均、月平均气温与20世纪90年代比有了不小的变化，特别是高温天气的发生更频繁，持续时间更长。

2.1.3　交通量特征

作为浙江省东西交通大动脉，杭金衢高速公路衢州段由于地处浙赣两省接合部，是浙赣两省物流的集中路段，超载、超限车辆在高速公路运营车辆中占有很大比例。尤其是主车道上行驶的超载、超限大货车、集装箱车所占比例高达70%以上。还有，白天江西境内治理超载，导致衢州段二期的过往大货车在某一时间段内集中通行，造成了二期部分路段的瞬间流量较大、路面在渠化交通和大超负荷的轴载集中频繁作用下，其对沥青混凝土路面的永久变形起到推波助澜的作用，加快了沥青混凝土路面车辙的形成。

2.2　内部因素

2.2.1　中面层问题

根据研究，沥青路面行车荷载最大剪应力主要分布由上至下4～10cm之间，即原路面的中面层受力最大（原路面由上至下结构厚度为4cm＋6cm＋7cm），而中面层结构采用普通沥青，其高温稳定性相对较差，因此，在高温和车辆荷载作用中面层产生变形，引起路面的车辙发生。

2.2.2 沥青混合料级配问题

通过对车辙路面取芯进行抽提和级配组成分析表明，中下面层局部沥青用量偏高和细集料含量偏高，造成高温稳定性不足，具有流动性（可塑性）。

综上所述，二期路面车辙的发生、发展，与中、下面层级配偏细，用油量偏高、结构层类型、高温、超载有直接关系。在高温条件下，路面承受着各种车辆荷载的直接作用，特别是在行车车速慢、流量大、重荷载多的路段，沥青路面处于复杂应力应变状态，在水平力、竖向力共同反复作用下，沥青路面在高温状态下就很容易产生流动变形，产生永久变形和塑性流动，从而出现了沿轮迹带的纵向凹陷或中间隆起等现象，导致了路面不可恢复的疲劳变形。通过典型路段车辙断面切割或取芯分析，大部分车辙中、下面层的变形量较大，上面层变形轻微，基层相对完好，没有发生松散，属失稳型车辙。

3 技术原理

基于路面行车荷载最大剪应力分布机理，最大剪应力主要分布在由上至下 4～10cm 之间，即原路面的中面层受剪应力最大（原路面由上至下结构厚度为 4cm + 6cm + 7cm），如图 1 所示。通过在原路面车辙上直接罩面，将荷载最大剪应力转移至原路面的上面层，通过原路面上面层改性沥青高温稳定性高的特点来提高路面的抗车辙能力。

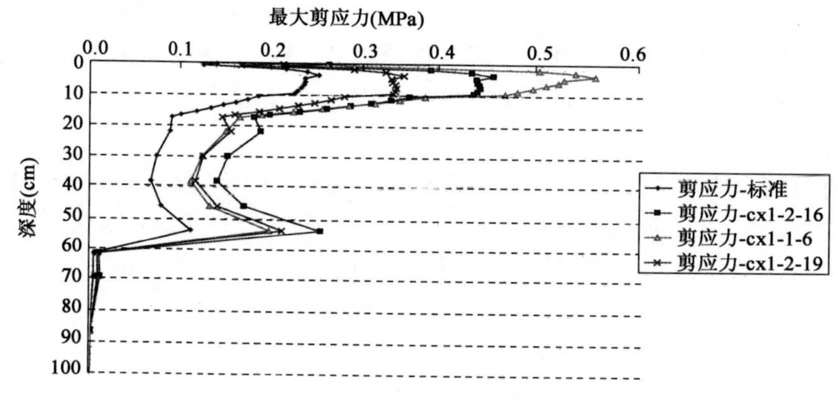

图 1 路面行车荷载最大剪应力分布图

4 直接罩面技术的实施

4.1 实施准备

4.1.1 确定方案

鉴于衢州段二期路面大部分为单一车辙病害，较为符合采用“直接罩面处治车辙病害”的实施条件，因此，确定在衢州段二期选取一段车辙深度平均在 2cm 左右的路段进行直接罩面技术的施工。

4.1.2 原材料的选取

鉴于 SMA 玛蹄脂改性沥青混凝土具有良好的路面使用性能，直接罩面确定采用 SMA 玛蹄脂改性沥青混凝土。粗集料采用辉绿岩或玄武岩，细集料为石灰岩，沥青采用改性沥青，SMA 路面稳定剂为木质素纤维。

4.1.3 罩面厚度的分析

原路面每 200m 一断面在车辙凹、凸位置进行取芯，并对沥青各层厚度尤其是上面层厚度进行统计分析，计算其平均值；假定上面层平均厚度设定为 h，根据荷载最大剪应力分布，则直接罩面层厚度 = 10cm − h，确保直接罩面后最大剪应力作用于改性沥青层，罩面厚度一般为 5～6cm。

4.1.4 原始路况数据采集

在施工前对原路面的原始路况进行调查、统计、实地标记及路况拍摄留存，精确测量了原路面车辙深度，建立了车辙检测数据统计台账。

4.2 施工工艺

4.2.1 铣刨、清扫

为确保直接罩面的平整度，在罩面前对局部不规则车辙带进行铣刨刮平处理，其铣刨深度根据车辙大小情况而定，一般不超过1cm。再用带钢丝刷的多功能清扫车对原路面表面进行清扫，再用空压机吹除浮土。

4.2.2 喷洒黏层油

在吹净的路面上，均匀地喷洒黏层油，黏层油采用快裂的洒布型改性乳化沥青PC-3型，用量为0.3～0.6L/m^2。

4.2.3 沥青混合料的拌和

SMA沥青混合料出厂温度控制在170～185℃；超过195℃则废弃。

4.2.4 运输

运送沥青混合料车辆的车箱底板面及侧板须清洁，在车箱底板涂刷一薄层非石油基质混合液。拌和楼向运输车上装混合料时，应多次移动汽车位置，平衡装料，以减少混合料离析。运料车上均需覆盖棉被和油布，确保运到现场的混合料温度满足要求。

4.2.5 摊铺

采用两台自动伸缩摊铺机成梯队、联合摊铺，相邻两幅的摊铺有20cm左右宽度的搭接。靠中分带侧摊铺机在前，采用非接触式平衡梁控制的方法进行厚度、高程、横坡、平整度的控制。摊铺沥青混合料保证缓慢、均匀、连续不间断地摊铺，本次罩面的摊铺机速度控制在3m/min。

4.2.6 碾压

为防止胶轮压路机将SMA沥青混凝土中的沥青和纤维“泵吸”到路表面，SMA直接罩面全部采用带有高频低幅功能的钢轮压路机碾压，数量为5台，碾压时按照“紧跟、慢压、高频、低幅”碾压八字方针进行碾压；碾压重点控制碾压速度、遍数、温度等。

4.2.7 养生

碾压结束后，根据实际需要进行洒水降温，待路表温度降至50℃以下方后可开放交通。

5 技术特点

5.1 路面承载力高、耐久性好

与传统的罩面厚度比较，直接罩面的厚度增加了1～2cm，使得沥青路面结构层总厚度得到提高，从而提高了路面的承载力。同时采用SMA沥青混凝土作为罩面层，提高了路面的高温稳定性，使路面保持良好的抗滑能力、耐久性。

5.2 养护质量有保证

原路面不需处理，避免了铣刨回填产生的冷接缝渗水大、层间黏结差等问题，减少了罩面后可能出现二次病害的几率。

5.3 环保、节约自然资源

与传统处治方法比，省略了病害铣刨处理环节，避免了废料对环境的污染，同时无需回填，减少了石料的需求，节约了自然资源。

5.4 养护费用低、工期短

虽然直接罩面厚度的增加，但其不需病害处理，综合养护费用明显下降；在适合的路段上能直接进行罩面，养护效率大大提高，从而缩短施工工期。

5.5 工艺简易、养护施工方便

该技术不需要特殊的施工机具，施工工序基本相同。

6 适用范围

6.1 原路面病害范围

该技术适用于原路面只存在单一车辙病害,无纵、横裂缝、坑槽、网裂、翻浆等其他病害。

6.2 车辙深度范围

该技术适用于车辙深度基本在2cm以内的路段;如车辙深度太大,一方面不利于罩面平整度和厚度的控制,另一方面由于铣刨刮平深度较大,削减了原路面的结构厚度,导致罩面后达不到利用原路面改性沥青抗车辙的目的。

6.3 地形特征范围

对于长上坡、弯道路段车辙处治,由于其路面行车荷载作用较为严重和受力复杂,不适合采用该技术进行处治。

7 应用效果

7.1 路用效果

从2011年实施至今,经过5年多通车运营和夏季高温天气的作用,该路段无车辙、裂缝、坑洞等病害的产生,整体路况较好。

7.2 经济效果

直接罩面方案与传统的先处理车辙再罩面的方案比较能节约养护费用约30%。

7.3 社会、环境效益

直接罩面技术省略了车辙铣刨回填的施工环节,不但减少了铣刨产生的大量废料,而且也大大减少了对石料的需求,具有显著的社会、环境效益。

8 结语

直接罩面技术是在现有工作基础上的技术升华,通过该技术的研究和应用,为日后道路养护维修中提供了一种新的思路;尤其是在以单一车辙病害为主的路段罩面施工,该方案在缩短工期、降低养护费用、增加效益等方面都有较大的优势,充分体现了资源节约、环境友好及高速公路安全畅通等良好的社会效益,促进养护事业的可持续发展。

参 考 文 献

[1] 徐伟,张肖宁,韩大建.高速公路早期车辙病害调查及处治试验分析[J].公路,2004(3):113-117.

[2] 中华人民共和国国家标准.GB 50092—1996 沥青路面施工及验收规范[S].北京:中国标准出版社,1996.

[3] 中华人民共和国行业标准.JTG F40—2004 公路沥青路面施工技术规范[S].北京:人民交通出版社,2004.

浅谈橡胶沥青罩面施工碾压机具组合及控制要点

水小平　袁科钧　庞露林

（浙江顺畅高等级公路养护有限公司　杭州　310051）

摘　要：随着社会经济的快速发展，高速公路里程的不断增长，高速公路罩面施工新工艺、新材料的研究应用也越来越广泛。橡胶沥青路面作为一种新型的路面结构，具有良好的抗裂性能、耐久性、抗滑降噪等性能。橡胶沥青路面施工对温度要求较高，尤其是胶轮碾压温度控制，碾压温度过高，易引起玛蹄脂上浮，路面出现泛油；碾压温度过低，路面不易压实，压实度难以保证。本文主要介绍橡胶沥青路面施工碾压机具组合及质量控制要点。

关键词：橡胶沥青　罩面　机具组合　控制要点

1　引言

橡胶沥青是指将橡胶粉作为改性剂，在界面改性的作用下，提高重交通基质沥青的路面性能形成改性沥青。橡胶沥青的应用，所使用的橡胶粉为废旧轮胎制品，不但可以提高沥青路面的路用性能，同时还可以节约社会资源，促进生态环境保护。

总结近几年来的路面养护情况，公路沥青路面广泛采用 SBS-I-D 改性沥青和普通 AH-70 沥青存在温度敏感性强，长期高温下易出现车辙；低温抗裂性能不明显，裂缝发生情况相当普遍、密集；沥青质量不稳定、指标变化较大等缺陷。这类沥青路面在重荷载的作用下和气候变化影响下，车辙、裂缝成为沥青路面的典型病害。随着车辆迅猛增加，大量废旧轮胎给环境和资源带来了极大的压力，应充分利用废旧轮胎，再生利用资源，发展循环经济。

2　工程概况

甬金高速公路是浙江省高速公路网络的重要组成部分，起于宁波鄞州区里仁堂，与宁波绕城高速公路西线相接，途经宁波、绍兴、金华等七个县（市）区，终于傅村枢纽，接杭金衢高速公路。甬金高速公路横贯浙江省中东部，是宁波—舟山港集疏运体系的主通道，也是宁波连接浙江省中西部地区的一条黄金通道。甬金高速公路绍兴段（K42 + 250 ~ K115 + 400，共 73.15km）起自奉化与新昌交界处剡界岭，止于嵊州与东阳交界处白峰岭，于 2005 年 12 月 28 日建成通车。甬金高速公路自通车以来，至今已运营十年余，车流量达到了 1.5 万辆/日，集装箱车的比例较大，占到总车流量的 60% 以上，加上高温、雨水等天气影响，削弱了路面使用性能，路面出现了不同程度的病害。

本次实施橡胶沥青罩面路段为甬金高速公路金向 K87 + 760 ~ K90 + 689 及甬向 K62 + 000 ~ K59 + 894，长度总计 4807m，面积 55544m^2。其病害主要以横向裂缝和车辙为主。

3　产品介绍

3.1　橡胶沥青

橡胶沥青是在基质沥青中掺入了橡胶粉经溶胀反应而成。橡胶沥青湿拌法工艺，是将橡胶粉作为一种沥青改性剂与基质沥青在高温状态下混合、反应，形成高黏度、高软化点及高弹性、高恢复性的沥青胶结料。而复合橡胶沥青是在基质沥青中加入 SBS，加工成 SBS 改性沥青，稳定后再加入橡胶粉，再经过 1h（ >45min）左右的溶胀，成为复合改性橡胶沥青。

3.2 橡胶沥青反应机理

橡胶沥青反应分为溶胀反应、物理分散、化学反应三个部分，分别如图 1 ~ 图 3 所示。

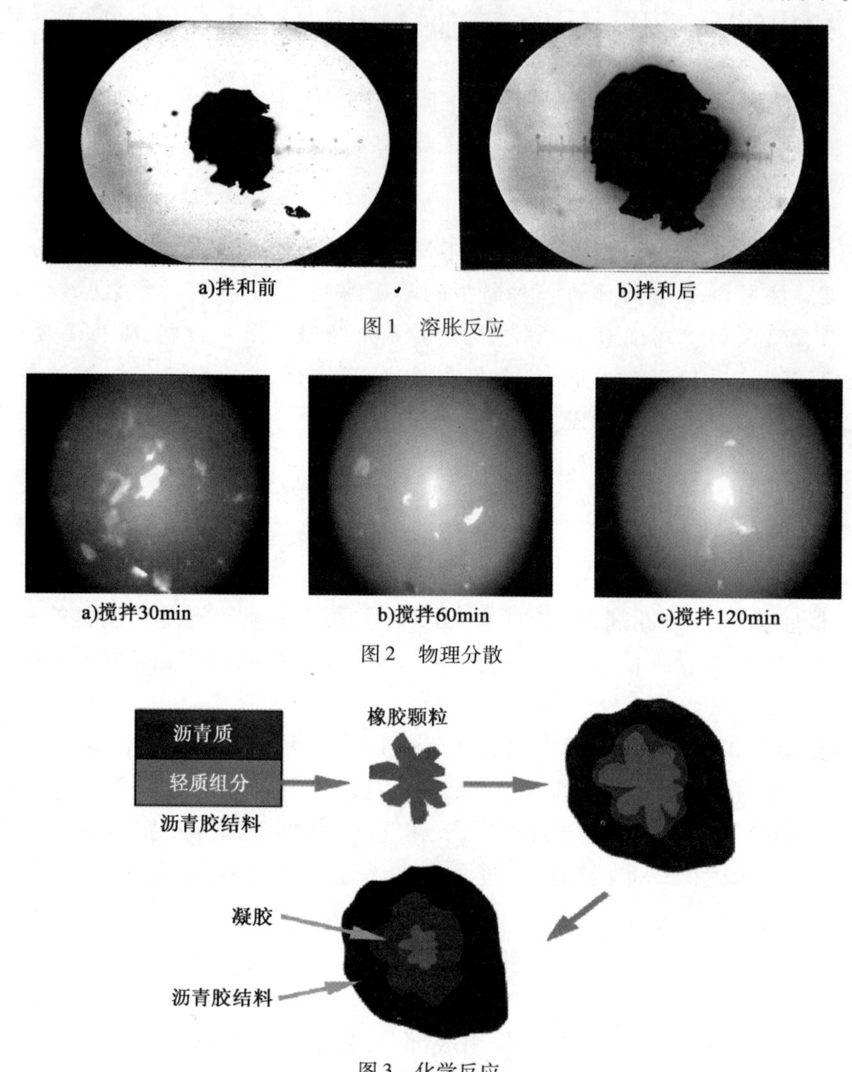

图 1　溶胀反应

图 2　物理分散

图 3　化学反应

3.3 橡胶沥青温度敏感性

橡胶沥青黏度随温度变化曲线如图 4 所示。

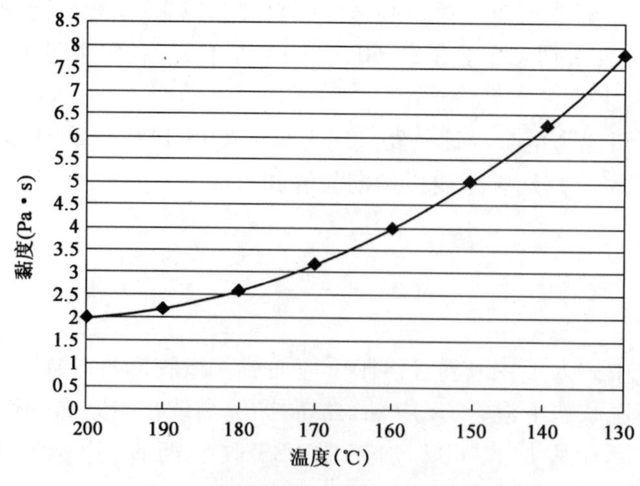

图 4　橡胶沥青黏度随温度变化曲线

4 橡胶沥青混合料(AR-13AC)施工工艺流程

橡胶沥青混合料的施工工艺基本与其他类型沥青混合料相同,其总体施工工序如下:橡胶沥青混合料原材料试验→配合比设计→橡胶沥青加工→橡胶沥青混合料试拌、试铺→成果指导施工→设置交通标志及安全作业区→测量放样→清理、检查下承层→洒布黏层油(或应力吸收层)→橡胶沥青混合料拌和→保温运输→摊铺→温度检测→初压、复压、终压→封闭交通→待温度低于50℃后撤除封道标志→恢复交通(图5)。

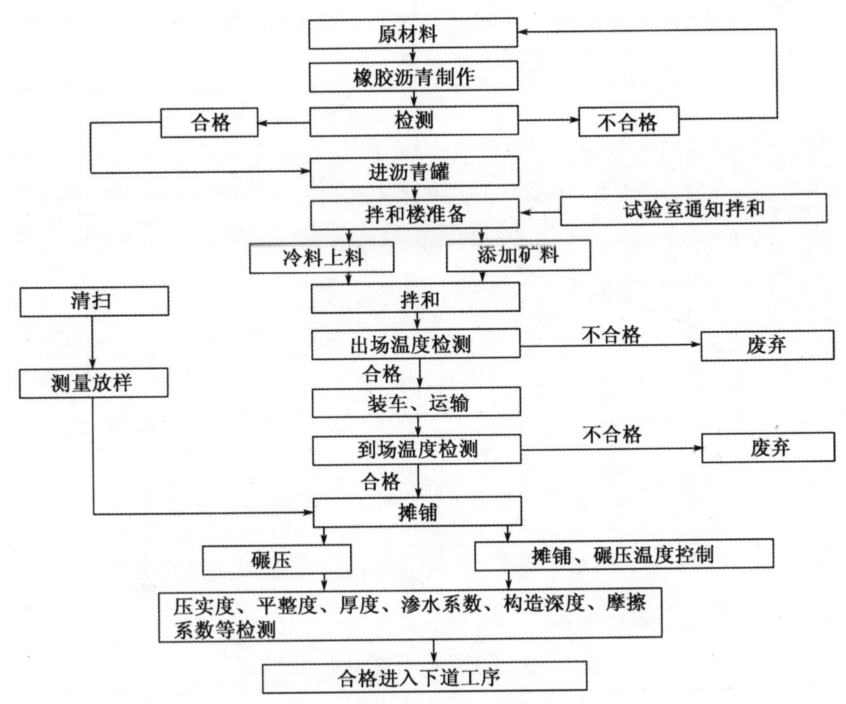

图5 橡胶沥青混合料施工工艺流程示意图

5 不同配合比下罩面施工采用碾压机具组合及控制要点

从杭金衢(2007年)、杭金衢(2009年)和甬金绍兴(2016年)三年的橡胶沥青罩面施工对碾压机具组合及控制要点进行分析。

5.1 不同级配及油石比下橡胶沥青混合料(AR-13AC)罩面施工

表1和图6分别为AR-13AC生产配合比通过率及配合比曲线图。从表1和图6中分析:杭金衢油石比最大,但是其级配也最粗,且呈现的是一种间断级配;杭金衢和甬金绍兴级配相同,为连续级配,但是油石比相差较大。

AR-13AC生产配合比通过率 表1

路段	油石比(%)	下列筛孔(方孔筛,mm)通过百分率(%)									
		16.0	13.2	9.5	4.75	2.36	1.18	0.6	0.3	0.15	0.075
杭金衢	7.2	100	93.7	72.0	31.5	21.0	17.4	13.8	10.4	8.3	6.8
杭金衢	8.2	100	94.0	63.4	26.2	16.4	11.4	7.6	4.3	3.5	2.8
甬金绍兴	6.4	100	95.2	67.8	31.2	23.8	17.4	12.2	9.2	8.1	7.1

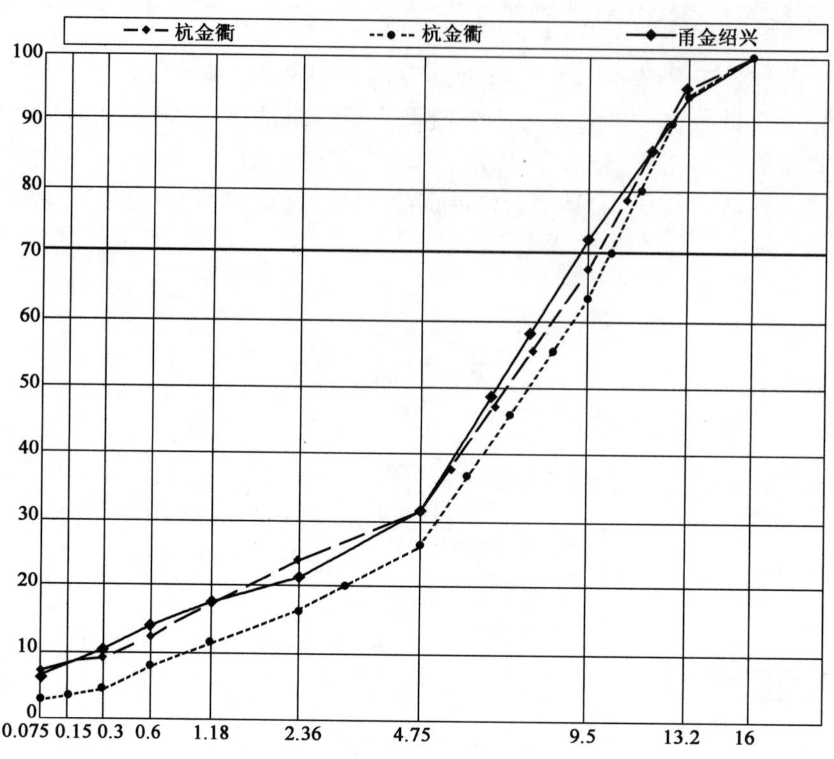

图6 AR-13AC 生产配合比曲线图

5.2 橡胶沥青混合料(AR-13AC)不同配合比碾压机具组合及方案

表2为碾压机具组合及碾压方案。

碾压机具组合及方案 表2

路段	杭金衢	杭金衢	甬金绍兴
机具组合	4台钢轮压路机(13t)	4台钢轮压路机(13t)和2台胶轮压路机(30t)	4台钢轮压路机(13t)和2台胶轮压路机(30t)
初压	钢轮振动1遍	钢轮振动1遍	钢轮静压1遍
复压1	钢轮振动3遍	钢轮振动3遍	钢轮振动3遍
复压2	钢轮振动2遍	胶轮碾压2遍	胶轮碾压2遍
终压	钢轮静压1~2遍	钢轮静压1~2遍	钢轮静压1~2遍

碾压机具组合方式:杭金衢压实机具是4台钢轮压路机(13t),而杭金衢和甬金绍兴压实机具采用的是4台钢轮压路机(13t)和2台胶轮压路机(30t)组合的方式。

碾压方案:总体碾压遍数是相同的;在对复压2中杭金衢采用钢轮压路机振动2遍,而杭金衢和甬金绍兴采用胶轮压路机碾压2遍。

5.3 橡胶沥青混合料(AR-13AC)不同配合比下碾压温度控制

表3为碾压温度控制。从表中可以看出,各路段对初压温度控制都是相同的,均为≥160℃;在对复压1温度控制中杭金衢和杭金衢采用的是≥140℃,而甬金绍兴采用的是≥140℃(内部温度);在对复压2温度控制中杭金衢和杭金衢采用的是≥120℃,而甬金绍兴采用的是90~100℃(表面温度);在对终压温度控制中杭金衢和杭金衢采用的是≥90℃,而甬金绍兴采用的是≥70℃。

碾压温度控制(单位:℃)　　表3

碾压工序＼路段	杭金衢	杭金衢	甬金绍兴
初压	≥160	≥160	≥160
复压1	≥140	≥140	不低于140(内部温度)
复压2	≥120	≥120	90~100(表面温度)
终压	≥90	≥90	≥70

5.4 现场检测结果统计分析

针对上述不同配合比下罩面施工采用的碾压机具组合及控制要点成果分析,见表4。

现场检查统计表　　表4

技术指标		杭金衢	杭金衢	甬金绍兴
压实度(%)	≥98	99.2	99.6	99.3
渗水系数(mL/min)	≤120	45	67	18
构造深度(mm)	≥0.55	0.81	0.99	1.05
摩擦系数(BPN)	≥54	60	66	78

6 橡胶沥青混合料(AR-13AC)罩面施工实例分析

6.1 2016年甬金绍兴段橡胶沥青混合料(AR-13AC)罩面施工

2016年甬金绍兴段AR-13AC橡胶沥青罩面施工压实机具采用两台宝马203(13t)、两台悍马128(13t)和两台徐工XP303S胶轮压路机(30t)相结合的方式,初压1遍(静压)→复压3遍(振动)→复压2遍(胶轮)→终压静压2遍(共8遍)。胶轮碾压温度控制在90~100℃。现场数据记录见表5~表8。

橡胶沥青混合料(AR-13AC)罩面施工温度记录表　　表5

时间	桩号	车道	摊铺时间/温度		初压时间/温度		胶轮碾压时间/温度		终压时间/温度		表观检测
			时间	温度(℃)	时间	温度(℃)	时间	温度(℃)	时间	温度(℃)	
10:10	K87+760	超	10:10	181.1	10:21	163.2	11:41	67.4	12:03	60.6	表面构造大
		主	10:10	181.1	10:21	163.2	10:42	120.3	12:04	60.7	表面泛油
		硬	10:27	173.1	10:34	162.4	11:41	77.6	12:02	69.3	表面构造大
10:36	K87+786	超	10:38	171.7	10:41	163.3	11:49	72.3	12:06	70.4	表面构造大
		主	10:38	171.7	10:41	163.3	11:42	78.0	12:01	70.1	表面构造大
		硬	10:44	170.4	10:47	162.7	11:41	71.6	12:06	69.9	表面构造大
10:55	K87+838	超	10:55	168.7	10:59	166.1	11:49	78.6	12:05	71.3	表面构造大
		主	10:55	168.7	10:59	166.1	11:48	76.4	12:11	72.4	表面构造大
		硬	11:02	175.7	11:04	167.3	11:52	73.7	12:34	69.4	表面构造大
11:08	K87+893	超	11:08	178.4	11:11	171.8	12:13	75.9	12:35	68.7	表面构造大
		主	11:08	178.4	11:11	171.8	12:15	79.3	12:38	66.6	表面构造大
		硬	11:15	177.5	11:17	175.8	12:19	110.7	12:45	67.9	表面泛油
11:25	K87+944	超	11:25	175.3	11:26	174.8	12:38	82.6	12:57	70.1	表面密实
		主	11:25	171.4	11:26	174.8	12:40	85.4	12:58	71.3	表面密实
		硬	11:32	173.5	11:35	165.5	12:42	85.6	13:04	69.6	表面密实
12:27	K88+111	超	12:27	173.5	12:28	168.4	13:25	91.6	13:09	74.6	表面密实
		主	12:27	173.5	12:28	168.4	12:27	93.4	13:16	76.2	表面密实
		硬	12:33	174.3	12:35	167.8	12:41	95.5	13:22	76.4	表面密实

2016 年 10 月 30 日现场试验检测数据 表 6

桩 号	胶轮压路机碾压时路表温度(℃)	渗水系数(mL/min)	构造深度(mm)	摩擦系数	压实度(%)
K87 +760 主	120.3	不渗	0.40	56	100
K87 +838 主	78.6	65	1.12	88	98.4
K88 +111 超	91.6	18	1.02	75	99.3

橡胶沥青混合料(AR-13AC)罩面施工温度记录表 表 7

时间	桩号	车道	摊铺时间/温度		初压时间/温度		胶轮碾压时间/温度		终压时间/温度		表观检测
			时间	温度(℃)	时间	温度(℃)	时间	温度(℃)	时间	温度(℃)	
10:51	K88 +332	超	11:02	184.0	11:06	173.0	11:46	83.0	12:11	58.5	表面密实
		主	10:51	182.5	10:55	169.0	11:47	72.9	12:12	51.5	表面构造大
		硬	10:51	183.5	10:55	167.5	11:45	65.8	12:16	54.0	表面构造大
11:15	K88 +396	超	11:22	180.5	11:23	173.0	11:54	91.0	12:19	61.5	表面密实
		主	11:15	181.0	11:19	168.0	11:58	73.0	12:20	57.8	表面构造大
		硬	11:15	181.5	11:19	171.0	11:54	72.0	12:22	72.6	表面构造大
11:34	K88 +440	超	11:37	179.0	11:42	168.5	11:27	98.0	13:02	61.0	表面密实
		主	11:34	181.0	11:39	170.5	11:26	94.0	12:57	64.0	表面密实
		硬	11:34	181.0	11:39	167.5	11:25	97.0	12:55	55.6	表面密实
12:00	K88 +503	超	12:06	182.6	12:10	171.2	12:50	95.4	13:20	76.5	表面密实
		主	12:00	182.3	12:05	168.0	12:45	94.3	13:18	75.3	表面密实
		硬	12:00	183.1	12:05	162.1	12:43	90.7	13:16	73.8	表面密实
12:31	K88 +580	超	12:38	182.1	12:42	170.7	13:20	93.6	14:05	75.6	表面密实
		主	12:31	181.7	12:35	173.3	13:15	94.7	13:58	73.9	表面密实
		硬	12:31	183.0	12:35	171.5	13:13	93.6	13:56	75.3	表面密实
13:05	K88 +655	超	13:11	182.1	13:15	164.1	13:58	93.7	14:43	75.6	表面密实
		主	13:05	181.7	13:10	165.1	13:55	95.6	14:40	77.6	表面密实
		硬	13:05	182.0	13:10	174.6	13:54	92.9	14:38	76.2	表面密实

2016 年 11 月 1 日现场试验检测数据 表 8

桩 号	胶轮压路机碾压时路标温度(℃)	渗水系数(mL/min)	构造深度(mm)	摩擦系数	压实度(%)
K88 +332 主	72.9	85	1.10	84	98.5
K88 +503 超	95.4	40	0.98	76	99.4
K88 +655 主	95.6	24	1.00	76	99.0

对上述碾压温度控制表及现场检测数据分析可得：在摊铺、初压温度相同的条件下，对路面外观及现场质量起决定性因素的是胶轮压路机碾压的温度控制，碾压温度 >100℃，表面有泛油现象；碾压温度 <80℃，表面构造大，压实度难以保证。胶轮压路机碾压最佳温度控制在 90 ~ 100℃。

6.2 橡胶沥青混合料(AR-13AC)碾压后路面表观特征分析

针对甬金绍兴段橡胶沥青混合料罩面碾压机具组合和碾压要点控制进行工后路表观测，确定合理的碾压温度(图 7 ~ 图 9)。

图7　路面表观泛油（>120℃胶轮压路机碾压）

图8　路面表观粗糙（<80℃胶轮压路机碾压）

图9　路面表观密实（90～100℃胶轮压路机碾压）

根据现场检测及路表工后观测可得：在甬金绍兴段年橡胶沥青混合料（AR-13AC）罩面施工中在其确定的配合比及油石比下，罩面施工碾压机具组合采用两台宝马203（13t）、两台悍马128（13t）和两台徐工XP303S胶轮压路机（30t）相结合的方式，碾压方案采用初压钢轮压路机静压1遍→复压钢轮压路机振压3遍，胶轮压路机碾压2遍（90～100℃）→终压钢轮压路机静压2遍。

7　结语

橡胶沥青路面基于良好的抗裂性能、耐久性、抗滑降噪等性能。在高速公路罩面施工应用越来越广泛，在不同级配和油石比情况下，选择合理的碾压机具组合和压实方案显得尤为重要，尤其在连续级配的橡胶沥青混合料罩面施工中，控制好复压时胶轮压路机的碾压温度，既能使路面压实度得以保证，又能保证表面无泛油现象，提高橡胶沥青路面的施工质量。

参考文献

[1] 中华人民共和国行业标准. JTG F40—2004　公路沥青路面施工技术规范[S]. 北京：人民交通出版社，2004.

[2] 中华人民共和国国家标准. GB 50092—1996　沥青路面施工及验收规范[S]. 北京：中国标准出版社，1997.

[3] 黄卫东，李彦伟，杜群乐，等. 橡胶沥青及其混合料的研究与应用[M]. 北京：人民交通出版社，2013.

ECA-10 超薄罩面技术在高速公路预养护中的应用

斯潞汀　郝金海　裘秋波

（浙江顺畅高等级公路养护有限公司　杭州　310051）

摘　要：预防性养护是在周期性路面大中修养护之前，在最佳的时间合适的路面采取有效的养护措施，处治沥青路面裂缝、轻微车辙、松散等表面损坏和改善路面使用性能。ECA-10 易密实超薄罩面作为一种新型的预防性养护技术，有着较好的路用性能和较高的经济性，是一种具有很大推广价值的路面养护施工技术。本文根据杭瑞高速公路景婺黄段预防性养护工程实践，介绍了 ECA-10 主要施工工艺关键技术和试验检测控制措施，对加强该技术质量控制具有一定的参考意义。

关键词：ECA-10 超薄罩面　工艺控制　试验检测控制

1　ECA-10 简介

高速公路的沥青路面在建成投入使用后不久，其表面层常常在基层未出现结构性损坏的情况下，由于车辆荷载、气温、降水等外部因素和材料特性、质量缺陷等内部因素共同影响下出现裂缝、车辙、坑槽、剥落等不同程度早期病害。这些病害不仅影响道路通行能力，更重要的是大大缩短了道路的使用寿命。若对其采取灌缝、局部铣刨重铺等日常小修养护措施比较被动，常常顾此失彼，养护效果不好；若采取传统的铣刨重铺大中修维修措施，由于病害主要发生在面层或者是表面层，成本角度看，修复成本相对较高，经济效益差。

ECA-10 超薄沥青混凝土罩面是由高黏改性乳化沥青和高性能的断级配改性沥青混合料组成，通过加入易密实添加剂和特定的施工工艺实施，对经过处理的路面形成 25mm 的薄层罩面，是当前颇具潜力的前沿公路养护技术之一。

ECA 的级配设计理念与 SMA 类似，均为骨架密实结构，目的都是为了提高路面的抗车辙性能和抗滑性能，减少行车时路面产生的胎噪，ECA 设计沥青油石比为 5.5% 左右，矿粉掺量为 5% 左右，相比 SMA 更具成本优势。

2　ECA-10 主要施工工艺关键技术

杭瑞高速公路景婺黄段预防性养护工程中 ECA-10 超薄罩面实施证明，ECA 沥青混凝土在拌和、摊铺、碾压工艺上与 SMA 相差无几，大部分的摊铺、拌和设备可直接用于 ECA 超薄罩面施工，但是其施工工艺更注重各个关键点上的细节控制：

2.1　原材料方面的控制

2.1.1　集料

为了提高细粒式沥青混凝土的构造深度，保证路面的抗滑性能，其粗集料占集料总质量的 60% 以上，而 ECA-10 所用的特制粗集料规格为 7.5 ~ 10.5mm 的辉绿岩，产量比常规的 5 ~ 10mm 更小，这对石料生产厂家的生产能力提出了更高的要求，在开工前需要大量备料，以满足后期大批量生产要求。

为能有效控制沥青混合料的矿料级配，日常筛分检测过程中，需要增加 6.7mm 的筛网，以保证不同粒径范围的集料能够满足级配要求。虽然使用的特制石料价格较高，但是比用普通 5 ~ 10mm 的料产生更少的溢料，具有更高的性价比。在石料供需关系不紧张的时候，有条件的话也可将生产的 5 ~ 10mm 筛分为 5 ~ 7.5mm和 7.5 ~ 10mm 两档，便于级配控制。

粗、细集料生产加工时，需派遣专职人员前往料场监督破碎，保证加工中石料母材质地均匀、密实、不含泥土、方解石和其他杂物,集料作为沥青混凝土的主要材料,必须从源头上控制集料加工,不让不合格的集料流入料仓。

到场的粗细集料须分开堆放,细集料必须囤放料仓,粗集料有条件的情况下尽量囤放于料仓,减少集料的含水率,提高拌和效率。

2.1.2 沥青及乳化沥青

ECA-10 所用的沥青为厦门华特的 PG76-22 SBS 改性沥青。沥青作为沥青混合料的重要材料,沥青的好坏直接决定了沥青混合料的技术性能。

黏结层所用的高黏度改性乳化沥青,蒸发残留物含量需要达到63%以上,这样的黏结层不仅与老路面的黏结性更好,不容易被来往的现场施工设备黏掉,还能防止水下渗破坏路面,具有更好的抗水损坏性能。

2.1.3 添加剂

易密实剂——温拌剂的添加使沥青混合料具有较宽的碾压温度区间,让混合料更容易密实,确保了超薄沥青混合料的压实效果,改善施工和易性和降低施工温度。

聚酯纤维添加入混合料中,能够提高沥青的柔韧性,增强沥青混合料的抗裂性能,从而提高路面的高温抗车辙能力、低温抗裂性以及抗水损害性能。

2.2 现场施工工艺控制

2.2.1 原路面准备

由于 ECA-10 结构层厚度薄,在路面体系中只能作为路面的保护层和磨耗层,而不具备补强作用,所以对路基路面整体强度不足而引起的路面龟裂、严重车辙、坑槽等较为严重的病害,必须在铣刨挖补后才能进行罩面。

对轻微车辙路段进行排查,在施工前确定车辙深度≥15mm 的路段。建议在摊铺前对车辙深度≥15mm 的路段进行精铣刨处理,提高路面面层横向的均匀性,减少沥青混合料的浪费。

施工路段遇到桥梁,应从伸缩缝处开始进行 30mm 的渐变精铣刨,提高路面平整度,防止施工造成桥头跳车现象。

对摊铺路面上存在的裂缝,必须将裂缝上的灌封胶加热后铲除,防止摊铺后灌封胶软化沿着裂缝产生条状泛油现象。

清理路表的杂物和浮灰,确保施工前路面的清洁。

2.2.2 黏结层施工

喷洒黏层油前应清扫路面,遮挡防护路缘石及人工构造物避免污染,黏层油宜采用乳化沥青专用洒布车一次喷洒均匀,喷洒量控制在 0.3 ~ 0.5L/m^2,有花白遗漏时应人工补洒。

黏结层完全破乳后才能进行沥青混合料的施工,以洒布隔夜后摊铺施工为宜。

2.2.3 ECA-10 沥青混合料的拌和

在拌和楼原有的热料筛 6mm 和 11mm 两道筛网中间添加一道 8mm 的筛网,将 6 ~ 11mm 热料筛分为两档,并根据 ECA-10 目标配合比进行生产配合比设计,保证沥青混合料的矿料级配中 6.7mm 的通过率,使生产的混合料符合设计规范要求。

易密实剂必须按设计掺量添加到改性沥青中,以确保沥青混合料的整体质量。

聚酯纤维采用人工投入方式投放,在拌和前,对投放人员讲解投放时机并对投放过程中可能出现的状况进行安全交底,防止被溅出的热料烫伤。

混合料单盘拌和周期不低于 60s。其中加聚酯纤维干拌 3s,然后湿拌 6s 后添加矿粉,再继续湿拌 40s,确保添加了聚酯纤维的沥青混合料拌和均匀,无花白料。

2.2.4 ECA-10 沥青混合料的运输及摊铺

对运输车辆车箱增设保温层,并在混合料上覆盖双层防水保温油布(油布夹层中为保温棉),能够大大减少在运输过程中的热量损失,减少到达现场的沥青混合料存在结块现象。

每天的施工位置都在前一天提前告知路线并发送位置,让每位驾驶员都知道自己的卸料目的地,减少运输车跑错概率。在有条件的情况下,运输车辆可以加装 GPS,让现场的施工员和车队长能够实时掌握车辆位置,便于协调调度;也可在车辆上安装倒车影像,施工现场倒车时能实时观察车辆后方情况,确保现场施工人员的安全。

摊铺机作业前应提前 0.5 ~ 1h 预热烫平板不低于 100℃。摊铺机必须缓慢、均匀、连续不间断地摊铺,不得随意变换速度或中途停顿,以提高平整度,减少混合料的离析。摊铺速度宜控制在 2.0 ~ 4.0m/min 的范围内。

超薄罩面初期采用两台摊铺机成梯队施工,但是摊铺后的料温散发很快,对施工缝和碾压有很大的影响。后根据实际情况,调整摊铺方案,采用一台福格勒 2000-3 型摊铺机,进行全幅摊铺,避免了施工缝的处理,增加了压路机的碾压空间,保证压路机能够及时跟进碾压,整体施工效果显著。

2.2.5 ECA-10 沥青混合料的碾压

ECA-10 沥青混凝土的现场碾压工艺为:

①双钢轮压路机初压 2 遍,第 1 遍前静后振,第 2 遍振动,压实速度宜为 2 ~ 3km/h。

②胶轮复压 4 遍,压实速度宜为 2 ~ 4km/h。

③终压 2 遍,终压钢轮收光压实速度可为3 ~ 5km/h。

ECA-10 罩面施工需要三台双钢轮和两台胶轮压路机,实际在施工中胶轮压路机的碾压来不及,会造成漏压和碾压不到位的情况。为了保证压实度,施工单位又增加了一台胶轮压路机,采用紧跟慢压的方式,确保压实度能够达到要求。

施工现场设置专人负责检测风速,如遇大风天气或者施工作业面进入山的阴面,需要初压的双钢轮压路机减少振动遍数,第一遍前静后振结束,胶轮压路机直接跟进碾压,以保证沥青路面的碾压温度。

3 ECA-10 试验检测控制

道路工程试验检测工作是工程质量控制中的一个重要组成部分,同时也是公路工程质量控制评定验收的一个主要环节。一项工程质量的好坏必须依靠试验检测这种手段得以控制和实现。而试验反馈结果的准确程度,将会直接影响后续的路面施工质量。

(1)在施工期间,路面存在不同程度的车辙且未进行处理,导致现场取芯厚度厚薄不匀的问题,路面随机取芯也不能反映路面的实际摊铺情况,且无法追溯原始松铺厚度。为了保证试验结果的准确性,试验室根据现场实际情况,设定 6 个厚度控制点,根据现场施工人员记录对应控制点的松铺厚度取芯,通过控制点取芯和随机选点取芯相结合,所得的平均厚度与拌和楼沥青混合料总生产量除以实际铺筑面积计算所得的平均厚度相对比,确定出每天实际的平均松铺系数并测得压实度,为后期施工提供可溯源的试验数据。

(2)在每次转场或者摊铺机拼装后,对断面的 6 个控制点全部用 ϕ50mm 的取芯筒取出芯样并检测面层厚度,确定摊铺调整的拱度是否能够满足路面施工设计要求,提高了 ECA-10 超薄路面的整体质量。

(3)施工中,ECA-10 在渗水试验时普遍存在侧向渗水,渗水系数一般为 80 ~ 150mL/min。根据设计级配结合现场施工,发现其侧向渗水的原因:ECA 使用了大量的粗集料,在 25mm 沥青混合料摊铺时,初压双钢轮上的水使摊铺表面的沥青混合料降温,形成了具有较大构造深度的表面,在胶轮压路机复压的时候,ECA 没有 SMA 那么多的沥青胶结料能够挤到路表,导致面层中间形成横向联通的空隙,而面层底层又是密实的情况。在做渗水试验的时候,水没有下渗通道或者还没来得及下渗时,一部分水通过横向空隙又返回路表形成侧向渗水。如果渗水系数较大,首先要紧跟碾压,再调整碾压工艺,效果如不明显,则需对生产配合比进行微调,满足设计要求。

(4)强化细化日常试验检测:

在完成常规的试验检测任务后,对拌和楼结束生产排出的各档热料进行筛分试验,根据生产配合比比例所得的合成级配和抽提筛分后的矿料级配对照,确定拌和楼的生产误差并及时对生产配合比进行微调,保证拌和楼的生产处于可控状态。

因为 ECA-10 超薄路面设计厚度为 25mm,且下方的黏结层为高黏乳化沥青,黏结性能相当好,ϕ100mm 的取芯筒无法将 25mm 厚的面层芯样单独取出,需要将原路面的面层和新铺筑的超薄路面面层一同取出。

单独取出面层芯样容易产生变形、破坏，所测得压实度会略微偏低。

取芯时会产生较多的泥浆，如不及时冲洗，将会在新路面形成一道道泥浆痕迹，影响路面美观。所以取芯结束后需要水车高压冲洗路面，再对取芯点补洞，必须填补密实并用乳化沥青均匀涂布表面，防止取芯点渗水破坏后形成路面的一个个薄弱环节。

4 结语

ECA 超薄磨耗层非常适用于高速公路预防性养护，其本身具有抗滑、抗磨耗、工期短、施工温度低、易压实、提高路面平整度等许多优点，能够快速改善道路的行驶状况，符合现代高速公路养护发展的方向，具有较好的发展应用前景。

参 考 文 献

[1] 倪富健. 超薄沥青混凝土的研究与工程实践[R]. 南京：东南大学，2010.

[2] 白洪亮. ECA-10 易密实超薄磨耗层在新建道路的应用[J]. 商品与质量，2013：66-67.

[3] 中华人民共和国行业标准. JTG F40—2004 公路沥青路面施工技术规范[S]. 北京：人民交通出版社，2004.

无剪力筋桥面铺装层“区域划分”凿除技术

何建明　余　华　温　腾

（浙江交工高等级公路养护有限公司　杭州　310051）

摘　要：本文通过对无剪力筋桥面铺装层特性进行分析试验，结合桥面实际情况，以及机械设备性能，打破传统桥面铺装层凿除方法，对桥面进行合理化区域划分，实现了桥面凿除效率的极大提高，同时提高了机械设备利用效率，经济效益显著，可作为今后同类混凝土桥面铺装层凿除工程的借鉴依据。

关键词：桥面铺装层　无剪力筋　区域划分　凿除技术

1　工程概况

富春江第一大桥位于富阳市大桥南路段，横跨富春江，是连接富阳城区至大源的交通要道。本次桥梁加固要求对原桥面铺装凿除重新浇筑。其中左幅桥面长929m，宽12.1m，凿除工程量11240.9m^2；右幅桥面长869m，宽11.7m，凿除工程量10167.3m^2。合计21141.5m^2。

2　传统凿除方法及实施情况

2.1　传统凿除方法

由于存在钢筋网片的关系，破碎方法采用人工使用风镐破除，单个风镐每次仅破除20cm×20cm（图1），破碎原理为暴力破碎，即在单块区域钻开若干个点，然后用大锤敲碎。

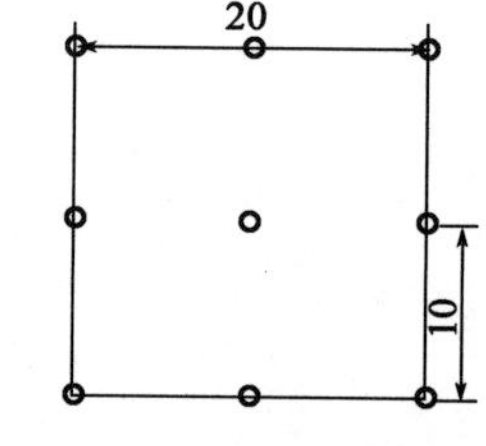

图1　风镐每单元破碎示意图（尺寸单位：cm）

2.2　实施情况及存在问题

2.2.1　桥面凿除

桥面凿除工程量巨大，为尽快恢复交通，业主要求将原有8个月工期压缩至6个月，工期压力巨大，桥面施工主要包括桥面凿除和桥面铺装两道工序，对传统风镐凿除桥面施工情况做了3天的进度调查，具体见表1。

现状凿除情况表　　表1

右幅桥面凿除	时间（d）	完成面积（m^2）	日进度（m^2）	费用（元）	综合单价（元/m^2）	备注（是否损伤梁板）
人工凿除	3	655.2	218.3	39364.4	60.8	不损伤

2.2.2　存在问题

由于业主已于开工前制订好工期计划，30d内必须完成右幅凿除。根据前期统计结果，桥面破碎进度仅为218.3m^2/d，右幅总工程量为10167.3m^2，依照此进度，至少需要47d才可以完成右幅凿除，这还是考虑天气条件较好的情况下完成目标。

3　桥面铺装层凿除效率目标及可行性分析

3.1　提高凿除效率目标

业主所给的右幅桥面凿除工期为30d，项目部已经落后于进度，如要按期完成，进度需要提高至459.4m^2/d，考虑到其他因素的影响，需要一定的富余量，因此将目标定为550m^2/d以上（图2）。

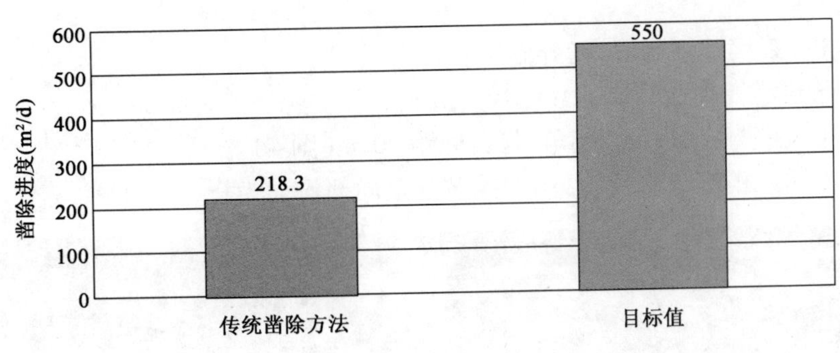

图2　凿除进度目标设定图

3.2　可行性分析

(1)业主方面大力支持,避免了资金不到位、协调困难等影响施工进度的因素。

(2)根据公司其他类似项目的数据资料显示,其桥面铺装层破碎的日进度已达到602m^2/d,相应的成功经验可以借鉴和参考。数据资料见表2。

表2

数据资料

日期	第一天	第二天	第三天	第四天	第五天	第六天
日进度(m^2/d)	602	610	623	588	592	597
日平均进度(m^2/d)	602					

4　“区域划分”凿除技术

4.1　“区域划分”凿除技术的确定

考虑到桥面无剪力筋,梁板和桥面铺装属于无黏结状态,如果对桥面铺装层进行剥离处理,使其与梁板分离,改点破碎为面破碎,即可大大提高效率。采用风镐和分离片分离,风镐打孔,然后插入分离片和大锤敲击,通过剪切应力分离铺装层。

4.2　具体措施

4.2.1　区域划分

考虑如果采用标准块,确定固定尺寸,由于单片梁尺寸不同,可能导致边缘铺装层小块残留,增加分离片数,降低机械使用效率。所以根据现场情况对梁板进行等分处理,控制分离片数。

考虑到钢筋网片和机械功率的因素,单块板尺寸应该控制在合理的范围之内。板块过大会导致无法分离或板块断裂,板块过小则无法充分发挥机械性能以致效率低下,经工艺试验验证,单块板横向尺寸应该在5~6m之间,纵向尺寸应该在3~4m之间。边缘风镐打孔间距定于20cm左右。

以35m T梁为例,将T梁横向11.7m分为2片,纵向35m分为9片,即划分为5.85m×3.89m的小板,单块板边缘打孔间距取20cm,打孔斜角为30°(图3)。

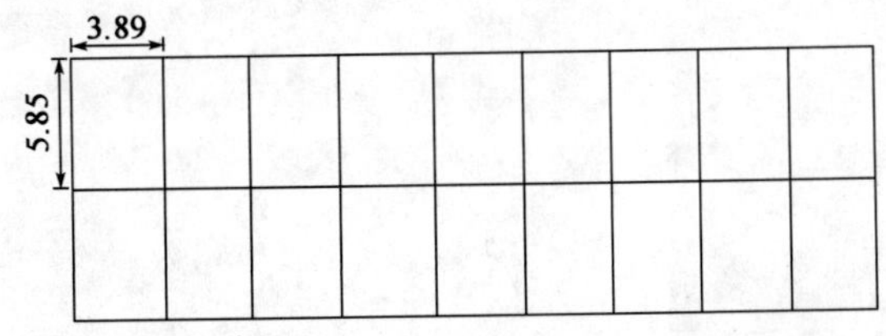

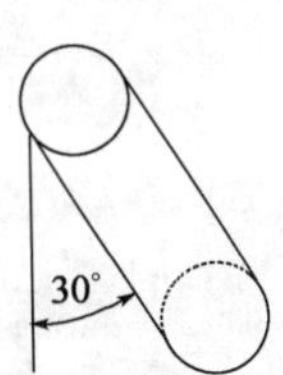

图3　T梁分片处理图及打孔示意图(尺寸单位:m)

4.2.2　技术交底

施工前对班组进行交底工作,告知板块划分尺寸及原理,取孔间距和角度。

4.2.3 现场实施

安排技术人员跟进，观察现场情况，指导施工。

（1）根据实际情况制定板块划分，并做好边缘标记。

（2）板块边缘采用风镐打孔，取30°斜角，打孔间距20cm（图4）。

（3）在打好的孔内插入楔形分离片，再用大锤敲击至局部松动为止（图5）。

图4 边缘打孔示意图

图5 大锤敲击分离示意图

（4）所有孔敲击完成后，取出分离片，使用挖掘机从板块边缘插入，将板块整片翻起（图6）。

图6 机械翻起示意图

4.2.4 效果检查

经现场确认，5.85m×3.89m单元板可以通过小挖掘整片翻起，分离了梁板和铺装层，增大了单次破碎面积。现场图片如图7所示。

图7 现场图片

4.3 效益分析

4.3.1 社会效益

通过合理划分区域,桥面凿除进度有了明显的提升,日进度由原来的 218.3m^2/d 提高至 562m^2/d,如图 8 所示。右幅凿除在 27d 内完成,提前了 3d,赢得了高度评价,社会效益明显。

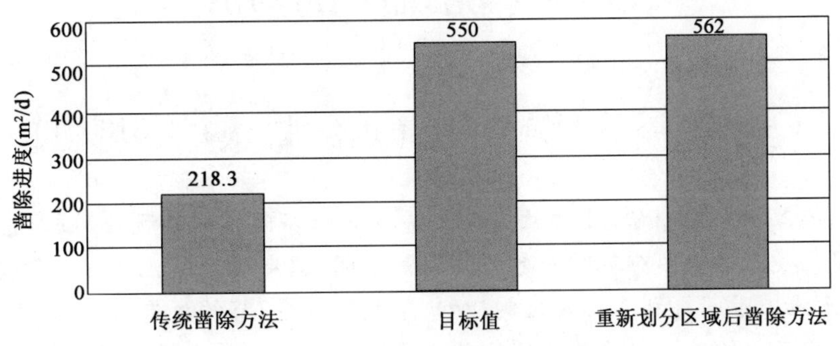

图 8 重新划分区域前后凿除进度对比图

4.3.2 经济效益

重新划分区域前后的成本表见表 3、表 4。

重新划分区域前成本表 表 3

右幅划分前 15d(3276m^2)						
序号	项目	单价	数量	工日(h)数量	合计(元)	每平方米投入(元)
1	风镐钻孔	200 元/工日	24	15	72000	21.98
2	120 挖机	200 元/h	3	120	72000	21.98
3	200 挖机	360 元/h	1	120	43200	13.19
4	运渣车	120 元/h	1	80	9600	2.93
合计						60.08

重新划分区域后成本表 表 4

右幅划分后 12d(6891.3m^2)						
序号	项目	单价	数量	工日(h)数量	合计(元)	每平方米投入(元)
1	风镐钻孔	200 元/工日	20	12	48000	6.97
2	分离铺装层	200 元/工日	4	12	9600	1.39
3	120 挖机	200 元/h	3	96	57600	8.34
4	200 挖机	360 元/h	1	96	86400	12.54
5	运渣车	120 元/h	2	84	20160	2.93
合计						32.11

由上表可以看出,每平方米单价由 60.08 元降低至 32.11 元,说明该技术经济效益显著。

5 结语

通过采用区域划分凿除技术,右幅 27d 完成(提前了 3d),左幅 18d 完成(提前了 12d),进度共提前 12d,证明了该方法的适用性,可以为类似工程提供借鉴。

参 考 文 献

[1] 杨东. 浅析桥面铺装病害的产生及预防措施[J]. 山西建筑,2010,(22).
[2] 方艳红. 浅析桥面混凝土铺装层凿除方案[J]. 科技传播,2011(1).
[3] 张东华. 简析公路桥梁桥面铺装施工技术[J]. 技术与市场,2012(05).

“引流入模”法在体外预应力转向隔板混凝土浇筑中的应用

汤 焕 余 华 陈国瑞

（浙江交工高等级公路养护有限公司 杭州 310051）

摘 要：本文通过“引流入模”浇筑混凝土方法在某大桥箱梁内部顶板体外预应力转向隔板混凝土浇筑的实施，避免了因混凝土运输困难耗时而导致的浇筑时间长、浇筑质量无法保障的情况，使体外预应力转向隔板混凝土施工时间得到了有效控制，加快了施工进度，节约成本；同时也保证了转向隔板混凝土整体浇筑质量，可为体外预应力加固锚块施工等类似施工项目提供参考。

关键词：体外预应力 转向隔板 引流入模

1 工程概况

富春江第一大桥位于杭州市富阳区大桥南路段，主桥为五跨变截面连续箱梁，全长 52m + 3 × 80m + 52m = 344m，桥梁体外预应力加固中，要求在箱梁内部增设 16 个转向隔板，其中，每个边跨 2 个，每个中跨 4 个，混凝土用量为 117.36m^3（表 1）。

转向隔板工程数量统计表 表 1

转向隔板类型	混凝土用量（m^3）	边跨	中跨	中跨	中跨	边跨
A	6.52	1	0	0	0	1
B	7.76	1	2	2	2	1
C	7.04	0	2	2	2	0

2 人工浇筑方法及存在问题

2.1 人工浇筑方法

体外预应力施工交叉作业多，施工工序环环相扣。而转向隔板是传递体外预应力束预加力的重要构件，转向隔板定位技术、浇筑施工等精度要求高，直接影响整个体外预应力施工质量。

通过现场统计的方法，对富春江第一大桥边跨转向隔板 A、B 混凝土施工时间进行了调查汇总，见表 2。人工浇筑转向隔板如图 1 所示。

边跨转向隔板 A、B 混凝土施工时间基本情况调查表 表 2

位 置	类型	混凝土运输用时	混凝土罐车就位用时	混凝土释放用时	浇筑用时	总耗时
第一孔	A	0:45	0:15	0:53	7:18	9:11
	B	0:50	0:13	0:58	8:28	10:29
第五孔	A	0:48	0:15	0:50	6:55	8:48
	B	0:52	0:14	0:55	8:00	10:01
平均用时		0:48	0:14	0:54	7:40	9:37
用时比例		8%	2%	9%	80%	100%

2.2 存在问题

(1)转向隔板是传递体外预应力束预加力的重要构件。如果混凝土施工时间过长,不仅会增加施工难度,而且会影响混凝土整体质量。

(2)桥梁地处居民生活区,业主明确要求不允许夜间施工(20:00~6:00);同时严禁早晚交通高峰时段(上午7:30~8:30,下午17:00~18:00)施工车辆通行。

从表2中可以明显看出,人工浇筑转向隔板平均耗时大约在7小时40分,耗时过长是当前的主要问题,导致一天只能浇筑一个转向隔板。因此,必须采用新的混凝土浇筑方法,解决转向隔板混凝土浇筑耗时过长的问题。

图1 人工浇筑转向隔板

为了加快施工进度,充分利用可允许的施工时间,要将现有隔板浇筑进度提高一倍,即一天浇筑两个转向隔板,每个转向隔板的浇筑耗时减少至4小时30分以内,才能够实现,如图2所示。

3 影响混凝土浇筑时间原因分析及解决对策

3.1 影响混凝土浇筑时间原因分析

通过查阅资料和文献,结合两个边跨箱梁内转向隔板混凝土浇筑过程,对转向隔板混凝土浇筑耗时过长的原因进行仔细分析,发现浇筑边跨转向隔板时,混凝土输送起点都设在人孔位置,人孔距离转向隔板位置距离大约有20.5m,示意图如图3所示。

同时由于箱梁内部有较多型钢支撑(图4),且无法拆除,导致输送更加困难。每盘混凝土从起点输送至浇筑的转向隔板位置的时间远远超出浇筑的时间,根据现场浇筑工人反映,基本上都是人在等输送的混凝土。输送起点与浇筑位置距离较远,输送时间明显大于浇筑时间。

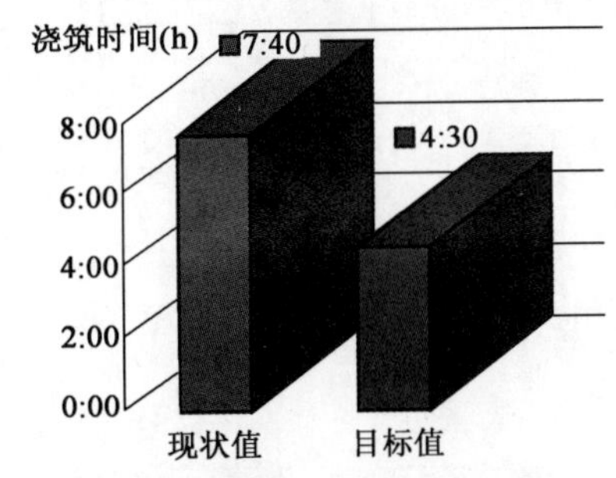

图2 混凝土浇筑时间目标控制图

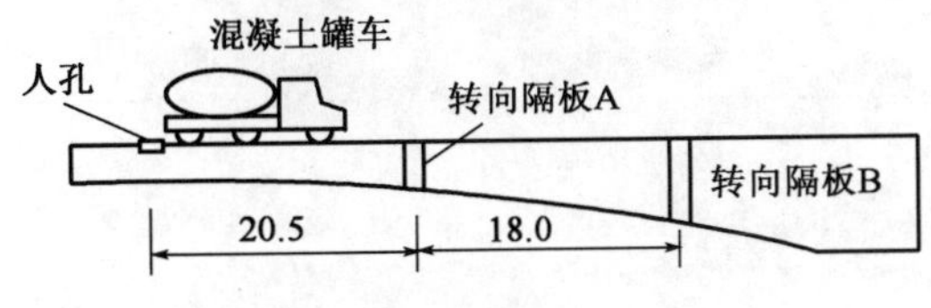

图3 混凝土运输示意图(尺寸单位:m)

图4 箱梁中布置的型钢支撑

3.2 措施方案比选

3.2.1 方案一:滑槽入模

通过在转向隔板位置的箱梁顶板增设人孔,缩短混凝土输送起点到转向隔板浇筑位置的距离。混凝土从人孔通过溜槽滑落至转向隔板内,实现“及送及浇”,如图5所示。

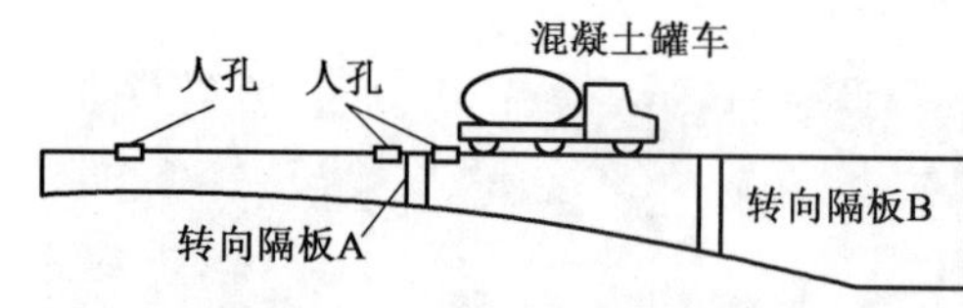

图5　转向隔板位置开人孔示意图

此方法实施起来难度不大，直观有效，可以明显缩短混凝土输送距离，实现“及送及浇”。但是全桥有16个转向隔板，在对应箱梁顶板位置开设16×2=32个人孔，一方面不能满足设计要求，另一方面也会损伤老桥结构。

3.2.2　方案二：引流入模

如果能采用一种既能缩短混凝土输送距离，又能确保老桥结构受力安全的方法，将混凝土引流到转向隔板内就能较好地解决此难题。但需自行设计、复核，具有一定的难度。引流入模孔满足一定的直径要求的情况下，对混凝土配比、流动性等无特殊要求。

从结构安全角度出发，最终选定“引流入模”施工方案。

4　引流入模方法实施

4.1　实施流程图

引流入模工艺流程如图6所示。

图6　工艺流程图

4.2　实施具体措施

4.2.1　方案设计

第一步：箱梁顶板增设引流孔。

经与设计沟通，在转向隔板对应箱梁顶板位置开设两个直径15cm的引流孔，不影响老桥结构安全，见图7。

引流槽设计见图8，采用竹胶板制作形成。

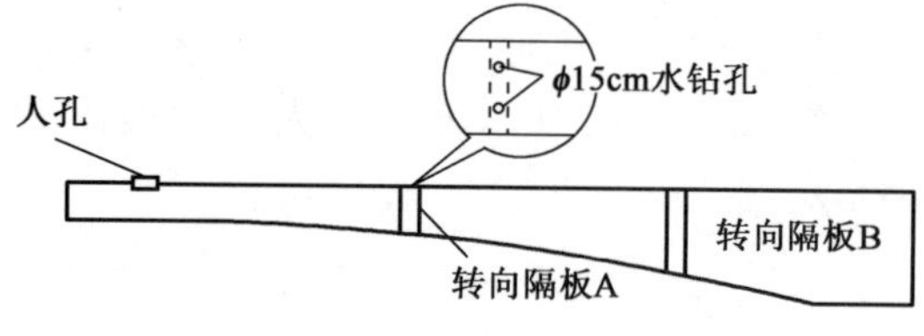

图7　箱梁顶板开孔布置示意图

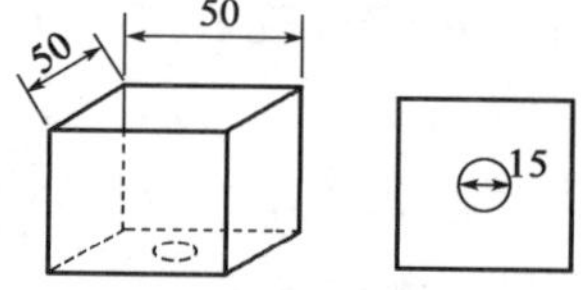

图8　引流槽设计示意图(尺寸单位：cm)

4.2.2　现场实施

按照引流孔位置在箱梁顶板采用水钻开设两个ϕ15cm的引流孔(图9)。

利用竹胶板按照引流槽设计尺寸现场制作拼装(图10)。

图9　开设好的引流孔

图10　制作完成的引流槽

4.2.3 检查效果

小组将制作好的引流槽安放到引流孔上，将混凝土直接浇筑到引流槽内，明显缩短了混凝土到转向隔板的距离，经过多次现场测试，混凝土能够通畅地流到转向隔板内，最终实现"即送即浇"（图 11）。

图 11 引流浇筑现场照片

4.3 效果检查

在第一批 4 个转向隔板浇筑完成后，对剩下的 12 个转向隔板混凝土浇筑全部采用"将混凝土引流至转向隔板内"的对策实施，小组对剩余转向隔板混凝土浇筑都进行了时间统计，见表 3。

转向隔板混凝土浇筑耗时统计表 表 3

隔板编号	混凝土用量（m^3）	浇筑日期	浇筑开始	浇筑结束	浇筑耗时	平均耗时
2# - B1	7.76	10 月 4 日	7:00	11:13	4 小时 13 分钟	4 小时 14 分钟
2# - B2	7.76	10 月 4 日	13:00	17:15	4 小时 15 分钟	
2# - C1	7.04	10 月 5 日	6:50	11:02	4 小时 12 分钟	4 小时 03 分钟
2# - C2	7.04	10 月 5 日	13:05	17:00	3 小时 55 分钟	
3# - B1	7.76	10 月 7 日	7:05	11:02	3 小时 57 分钟	4 小时 11 分钟
3# - B2	7.76	10 月 7 日	12:50	17:16	4 小时 26 分钟	
3# - C1	7.04	10 月 8 日	7:15	11:00	3 小时 45 分钟	3 小时 57 分钟
3# - C2	7.04	10 月 8 日	12:45	16:55	4 小时 10 分钟	
4# - B1	7.76	10 月 10 日	7:08	11:20	4 小时 12 分钟	4 小时 22 分钟
4# - B2	7.76	10 月 10 日	13:02	17:35	4 小时 33 分钟	
4# - C1	7.04	10 月 11 日	6:48	10:52	4 小时 04 分钟	4 小时 00 分钟
4# - C2	7.04	10 月 11 日	12:30	16:26	3 小时 56 分钟	

绘制成混凝土浇筑耗时统计图如图 12 所示。

通过采用"引流入模"浇筑方法，剩余 12 个转向隔板浇筑耗时均降到 4.5h 以内，实现了缩短浇筑混凝土时间的目标（图 13）。

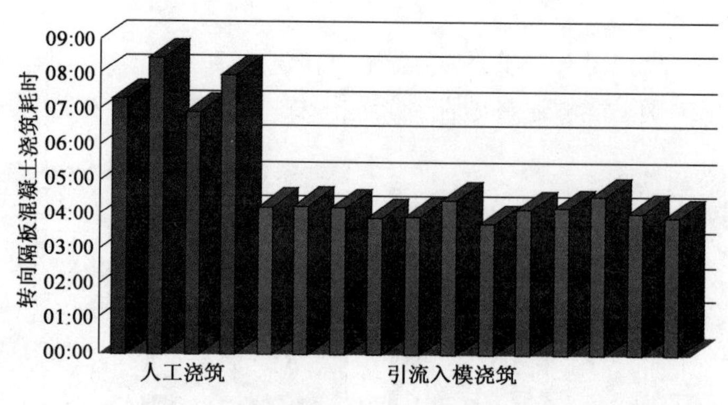

图12　转向隔板混凝土浇筑耗时统计图

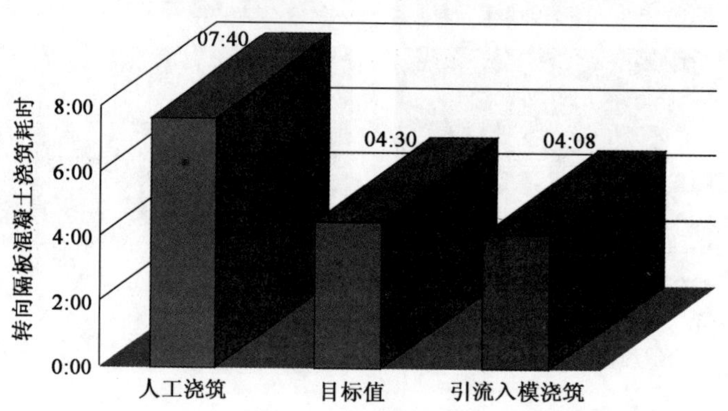

图13　活动前后转向隔板混凝土浇筑耗时对比图

5　结语

(1)通过"引流入模"浇筑混凝土方法的实施,体外预应力转向隔板混凝土施工时间得到了有效控制,加快了施工进度,节约成本;同时也保证了转向隔板混凝土整体浇筑质量。

(2)在"引流入模"箱梁体外预应力加固转向隔板混凝土施工上积累了丰富的经验,形成了一套较为完善和成熟的施工工艺,可应用在体外预应力加固锚块施工中,为同类施工项目提供参考。

参 考 文 献

[1] 中华人民共和国行业标准. JTG/T J23—2008　公路桥梁加固施工技术规范[S]. 北京:人民交通出版社,2008.

[2] 赵英爽. 混凝土箱梁体外预应力施工技术[J]. 铁道标准设计,2008(1):71-73.

热固性环氧沥青防水黏结层施工技术

沈　剑　何建明

（浙江交工高等级公路养护有限公司　杭州　310051）

摘　要：为提高 ERS 铺装结构中热固性材料 RA05 层与热塑性材料 SMA 层之间黏结强度，在充分掌握现有 ERS 铺装结构组成及特点的基础上，对两层之间的防水黏结层的黏结强度、防水性能、抗剪强度等进行深入研究，结合实际工程从材料特性、施工工艺、施工要求等多方面进行介绍。通过工程实例，发现热固性环氧沥青作为 RA05 及 SMA 之间的防水黏结层材料，其黏结强度、抗剪强度和防水性能满足设计要求，改善了高温环境下热固性材料与热塑性材料之间抗剪能力不足的问题。

关键词：热固性　热塑性　黏结强度　防水性能

1　引言

树脂沥青组合体系（ERS）钢桥面铺装由 EBCL + RA05 + SMA 三层组成，EBCL（Epoxy Bonding Chips Layer）为防水抗滑黏结层；RA05（Resin Asphalt）为铺装整体化及刚度过渡层；SMA 为表面功能层。据类似工程应用情况统计，RA05 与 SMA 之间的防水黏结层多为热熔型黏结材料，作为目前国内运用最广泛的防水黏结层材料，它具有一定的变形能力，也具有良好的防水封闭作用，但是在高温下容易变软，黏结力下降，在剪切应力作用下容易产生推移。而 RA05 是一种热固性材料，SMA 是一种热塑性材料，两者的模量和强度差距较大，上述铺装结构的钢桥面在运营几年后表面均出现了不同程度的推移和拥包。由此可见，RA05 与 SMA 之间有效黏结是提高 ERS 铺装结构层寿命的关键因素之一。

2　热熔型黏结材料特点及性能试验

热熔型黏结材料以 SBS 改性沥青最常见，该材料常温下具有一定的变形能力，能够适应在交通荷载下由于局部变形而引起的拉应力的反复作用，也具有良好的防水封闭作用。但是在高温下容易产生较大的塑性变形，甚至流淌，导致黏结力下降。为了验证高温对层间黏结强度的影响，作者模拟现场操作施工，首先对钢板表面进行清洁除锈处理，然后均匀涂刷 EBCL 环氧树脂 1.0kg/m^2，同时撒布 3 ~ 5mm 粒径的碎石。EBCL 层固化后，成型厚 2.5cm RA05 层。在 RA05 层固化后在其表面均匀涂布 1.0kg/m^2 的热喷改性沥青并碾压成型一层厚 5.0cm 的 SMA10 沥青混合料。在 25℃ 和 70℃ 下进行拉拔试验，试验结果见表 1 和表 2。

黏结强度试验（EBCL + RA05 + SMA10）　表 1

编　号	试验温度（℃）	拉拔强度（MPa）	平均值（MPa）	界面破坏类型
1	25	0.56	0.570	RA05 层与 SMA 层间脱离
2		0.598		
3		0.522		
4		0.598		
1	70	0.038	0.034	RA05 层与 SMA 层间脱离
2		0.025		
3		0.038		

RA05 与 SMA10 界面剪切强度　　表 2

序号	试验温度(℃)	力值(N)	剪切面积(mm^2)	剪切强度(MPa)	剪切强度平均值(MPa)	备注、
1-1	25	4777	7854	0.61	0.62	界面撒布碎石
1-2		4773		0.61		
1-3		4950		0.63		
2-1	70	339	7854	0.04	0.04	界面撒布碎石
2-2		275		0.04		
2-3		274		0.03		
2-4		287		0.04		
4-2		506		0.06		
4-3		332		0.04		

由 EBCL + RA05 + SMA10 复合件拉拔强度试验结果看出，使用热熔型黏结材料时 RA05 与 SMA10 之间的 70℃拉、剪强度接近 0。可见在夏季高温环境下，SMA 层在车辆行驶的剪切力影响下，容易出现局部推移造成路面病害发生，影响铺装层寿命。

3　热固性环氧黏结材料特点及性能试验

热固性环氧黏结材料是指环氧树脂改性沥青（简称环氧沥青）黏结剂，它通过沥青中掺入一定比例的环氧树脂及固化剂和其他改性剂后，在加热条件下发生固化反应成为热固性的交联结构。由于沥青被束缚在环氧树脂交联网络中，从根本上改变了沥青的热塑性行为，提高了沥青的力学性能和耐温能力。它的特点主要为固结强度高，抗剪切能力优越；具有良好的变形随从性；热稳定性强，在 300℃高温下，仍然呈现固态形式而不流淌。在取得材料后本人所在项目部对其进行了高温稳定性和抗剪强度试验（图 1、图 2），验证期材料性能完全满足施工要求。

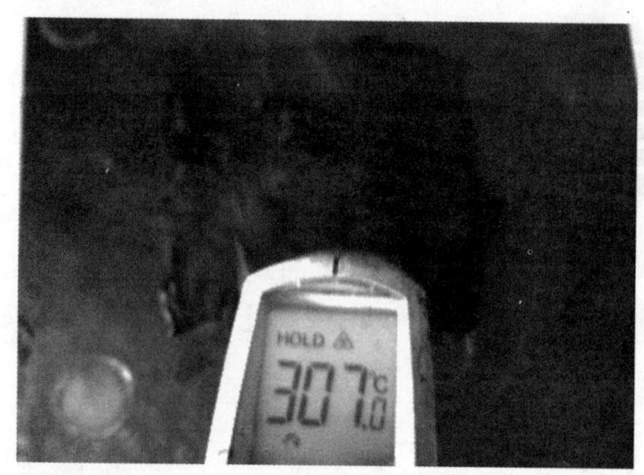

图 1　热固性检测

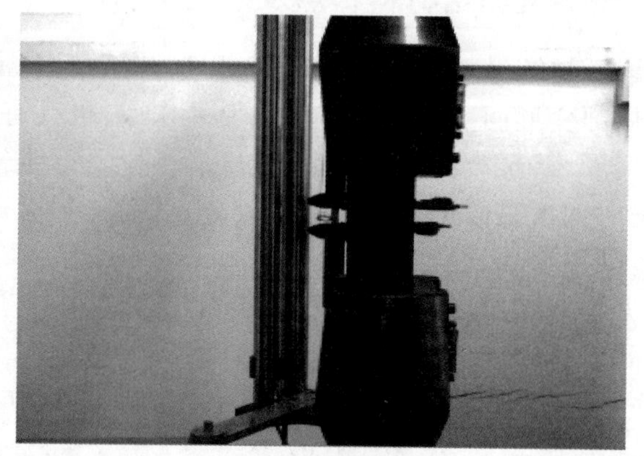

图 2　剪切强度检测

4　施工工艺及质量控制

4.1　RA05 表面抛丸处理

为增加 RA05 表面构造深度和粗糙度，使得喷洒其上的防水黏结材料更好地渗透进界面内部，增加材料的黏附性，使用戴纳派克 80 型抛丸机进行 RA05 顶面抛丸处理，施工时安排专职质检员适时检测抛丸机行走速度，保证抛丸机行走速度控制在 10m/min（图 3），抛丸后的界面采用铺砂法检测构造深度（图 4），并及时将表面清理干净。

图3　抛丸处理

图4　检测构造深度

4.2　喷洒热固性环氧沥青

施工前对设备进行调试，调整洒布车的纵向精度及横向精度，纵向精度的控制包括设备的行走速度及沥青泵的出口流量，根据喷洒面积适时做出调整（图5）；横向精度的控制包括洒布杆离地高度、沥青洒布扇面角度等，调整完成后待加热温度在120℃后方能进行施工（图6）。

图5　调试洒布杆

图6　沥青加热

4.3　撒布碎石

热固性环氧沥青施工完成后，立即采用碎石撒布机进行石料的撒布（图7），撒布方向为车辆行驶方向的反方向，以此避免热固性环氧沥青黏附在车轮上，撒布量按满布的80%控制，过程中安排质检员实时对撒布后的界面进行观测，保证碎石撒布的均匀性，无堆积、重叠（图8）。

图7　碎石撒布

图8　成型界面

4.4 封闭养护

施工完成后,对施工路段采取封闭养护,待达到规定要求后,由实验室技术人员进行相关技术指标的检测。

5 结语

通过三天养生后的现场检测,防水层界面的拉拔强度 >1.5MPa。同时现场取样材料并模拟实际施工对比改性沥青与环氧沥青在70℃下的拉拔、剪切强度。70℃时热固性环氧沥青的拉拔剪切强度 >0.5MPa,有效提高了层间界面的抗剪能力,降低了界面高温环境下发生推移的风险。在国内,热固性环氧沥青应用于钢桥面的铺装体系中较为少见,需要后续做进一步的效果验证及施工方面的总结,而在依托工程中也出现了几个问题需要解决:

(1)热固性环氧沥青为 A、B 组分加热混合而成,加热时间过长影响施工整体进度,需要进一步调整混合比例和加热时间,缩短整体施工进度。

(2)碎石撒布量受车速和撒布机出料影响,撒布均匀性需要进一步提高。

参 考 文 献

[1] 卞钧霈,陆耀忠,卢亮,等.高等级公路沥青路面设计、施工与养护技术[M].北京:人民交通出版社,2012.

[2] 潘友强,郭忠印.大纵坡小半径钢桥面沥青铺装设计研究[J].同济大学学报(自然科学版),2012,40(9):1333-1337.

[3] 黄坤,夏建陵,丁海阳.改性环氧树脂制备的热固性环氧沥青材料性能[J].热固性树脂,2010,25(25):35-39.

[4] 谢鸿峰,戴杰,刘承果,等.环氧沥青的热分析[J].高分子材料科学与工程,2009,25(11):115-117.

高速公路路基工程施工技术探讨

张　妍　杨荣辰　石　静　张继宇

（浙江交工宏途交通建设有限公司　杭州　310000）

摘　要：本文对不同情况的高速公路路基施工技术进行了明确、详细的分类。主要总结了高速公路路基施工技术的发展历程，阐述了高速公路路基施工技术中的相关技术，提出路基填筑技术、铺平技术和压实技术等施工技术，综述了不同类型的路基处理方法以及路基防护措施。

关键词：高速公路　路基施工　技术探讨

1　引言

随着我国经济的快速发展，我国在高速公路建设方面取得了巨大的突破。路基作为高速公路必不可少的重要基础，它能够承受车辆荷载，并且将承载力分散到大地。尽管我国已掌握了较为完善的高速公路路基施工技术，但我们不应满足于此，应寻求更成熟、稳定、有效的技术。

2　高速公路路基施工技术的发展

随着改革开放的脚步，高速公路路基施工技术不断成熟进步，表1详细列举了高速公路路基施工方法的发展历程。由于高速公路路基处理技术发生的巨大变化，快速推动了我国高速公路的发展，使我国高速公路的工程质量和建设速度稳步提高。

高速公路路基施工方法的发展历程　　表1

时　间	主要方法
20世纪50年代	普通沙井法、土桩法、砂桩法、石灰桩法
20世纪60年代	掏土纠偏法、灰土桩法等
20世纪70年代	强夯法、振冲法、高压喷射注浆法、袋装沙井法、浆液深层搅拌法、土工合成材料法等
20世纪80年代	强夯置换法、刚性桩复合地基法、塑料排水带法、粉体深层搅拌法、锚杆静压桩法、树根桩法和顶升纠偏法等
20世纪90年代	低强度桩复合地基法、EPS超轻质填料法等
21世纪	IFCO强制固结法、DDC灰土挤密桩法、爆炸法处理路基法等

3　高速公路路基施工技术

3.1　相关技术的掌握

3.1.1　路基填料

基础施工是对路基进行填料。应严格根据规定的标准数值选择填料，保证必要的路基强度。如果路基在填料过程中无法达到规定数值时可选择掺合粗粒料或添加石灰等性能较为稳定的材料。水平分层填筑法通常被用于高速公路路基的填料施工。

3.1.2　路基铺平施工

（1）路基初平

路基初平是进行初次推平地面，用平地机与推土机对地面进行多次粗平，从而使路面变得平整。在使用机械前，应根据作业要求和土质情况对机械进行调整，比如平地机的倾斜角与平面角的角度。

（2）路基精平

在进行初平路基后，使用压路机再对路基静压一次。进行精平之前，应复测高程，依据测试的结果按照桩位标注挂线或减土或添土，必须符合路面要求。测量工程师与施工人员要相互配合好，按规定将高程桩打好，并调整好平地机刮刀的角度。在进行精平工作时，应选择中桩为切入点，每刀切入约2cm，侧移或直移土料。精平过程中，测量人员应进行跟踪检查，从检查的结果对高程桩采取其他措施，如不够的应在桩和桩间进行挂线添土，若是超出厚度，就应采取用平地机割平的手法或是人工削平的手段进行补救。

3.1.3 路基压实

高速公路路基施工过程中重要的一个工序是路基压实。路基承载力和稳定性经压实后得到了明显提升。大吨位碾压机、压路机和振动压路机通常用于路基压实施工中。目前，路基压实技术一般是采取压路机碾压，与以前相比其效果有了显著提升。在进行对高速公路路基压实的过程中，要做到无偏压和死角且均匀压实，必须按照国家规定达到指定的压实度，其他各级公路的压实度也应该符合高速公路的压实标准。

(1)黄土路基压实

在黄土路基的压实过程中，如果黄土的含水率过低，应先均匀加水混合使黄土容易被压实。如果黄土的含水率过高时，降低黄土含水率主要是通过添加适量的石灰或者翻松晾干黄土。在实际施工中如遇到大块土料粉碎困难时，应当设计相应的碾压方案。

(2)石方及土石混填路基压实

石料的松铺厚薄程度和石料的最大粒径对于这类路基的压实过程来说必须控制好。这种路基施工的方法是先利用推土机推出一个相对平整的面，然后用小石料将孔隙铺平，然后用压路机同时进行石屑对孔隙的填补和用重轮压碾过程，此过程持续到路面相对均匀平整且石料稳固为止。

3.2 对路堤路基处理

3.2.1 湿陷性黄土路基处理

湿陷性黄土路基主要在我国的西北地区。当黄土路基湿陷时，采取的主要措施是防水。通常湿陷性黄土路基的处理主要采用主防水、辅处理的方法。在特殊情况下，则采用多种措施综合运用的方法。同时，应当设置完善的路基排水系统。

3.2.2 软土路基处理

地基施工经常会遇到我国南方高速公路软土地基的修建这类问题。由于南方地区存在众多的河流湖泊，存在大量因冲积、沉积等外力地质作用形成的松软土质，因此，软土地基已成为影响高速公路工程质量的关键因素之一。

对于软土地基的处理，起初采用抛石挤淤、木桩加固等方法，逐渐进步到利用排水固结原理，采用袋装砂井以及塑料排水板等技术。由于施工周期较长的排水固结影响着整个工程进度，水泥搅拌复合地基桩施工技术逐渐被运用，包括水泥浆深层搅拌桩施工技术和水泥粉喷桩施工技术等。

3.2.3 多年冻土路基处理

一般受海拔高度和地理纬度控制。主要分布在黑龙江省大小兴安岭一带、青藏高原和甘肃、新疆等高山地区。由于多年冻土受到地下水、冰丘和冻土沼泽等因素的影响，设置相应的保温护道或者通过铺设基底隔温层是主要处理多年冻土路基的方法，也是保护路基施工的关键。

为了能够起到降低公路基底地温和增加地层冷储量，保护高速公路路基不受多年冻土的影响，目前采用片通风管路基、石通风路基、热棒技术、片碎石护坡等措施，能够有效地抵御由于全球变暖影响带来的气温升高对路基的不利影响。

3.2.4 膨胀土路基处理

考虑到土的施工工艺、胀缩等级等因素，一般进行膨胀土路基处理的主要有换土垫层法、桩基础法、砂石垫层法等。主要掺入石灰等活性材料对膨胀土进行改良，经过改良的技术其掺量、拌和和压实工艺得到了良好的解决。在设计路基高度时，膨胀土路堤一般不宜过高，若设计高度大于3m，在施工设计过程中必须考虑路基沉降稳定等问题，所以通常情况是控制在3m内。目前，我国对于膨胀破坏机理和膨胀土的特性的研究已经比较成熟，并形成了一套成熟的施工方法和处理技术。

3.2.5 液化沙土路基处理

对于这种路基的处理，一般采用沙砾垫层再加铺土料进行对液化沙土路基的预压处理。

4 高速公路路基防护施工技术

4.1 排水技术

路面积水对于高速公路路基的整体结构包括强度和稳定性影响极大。为了避免路面积水给施工造成影响，进行施工排水是公路路基施工的必要工序。根据路拱横坡的设计进行建设施工，按照高速公路周边的环境，加强建设地下排水系统，并通过各种排水控制来确保高速公路路基的施工质量。

在路基建设施工中，从地面排水、路面排水和地下排水三个方面着手，确保路基排水系统的通畅性和有效性，从而保证路基的稳定性。

4.1.1 地面排水

为了避免地表水给路基的施工质量造成影响，通常路基排水用边沟和截水排除施工现场的地面水。一般采用边沟、截水沟、跌水、急流槽及地表的排水管作为地面排水设施。通常要求对高速公路的排水沟渠进行铺砌防护。一般采用浆砌片石加固技术，但也逐渐开始使用水泥混凝土预制板块。

4.1.2 路面排水

快速排除路面范围内的降水、积水并且减少水渗入路基是路面排水的主要任务，路拱横坡的设计应大于2%，从而使路基边坡不被雨水冲刷。分散排水和集中排水是雨水排出路面常见的两种方式。

地势平坦的西北地区一般使用分散排水的方式。绿洲和湿地的地下水位较高，道路边坡上方的植草不断向上生长，因此要防止其覆盖横向排水通道，防止造成道路表面积水。通过硬化路肩、增大沟坡排水、设置路肩排水沟等方法进行改进排水施工。

集中排水主要通过设置在中央带的雨水井或者圆形开口排水沟进行对超高路段积水的排除。在中央分隔带设过水槽排水的方法通常被用于降水量较低的西部地区。

4.1.3 地下排水

通常采用盲沟、暗沟、渗沟、渗井等进行路基地下排水，以渗透力式排水。为了避免排水流量过高，一般常设置带渗水管的渗沟。目前多改用有反滤功能的土工织物，以及带有钢圈、滤布和增强合成纤维构成的加劲软式透水管替换传统的砂砾料反滤层，其直径为8~30cm，十分适用于地下排水。

4.2 坡面防护

高速公路两旁坡面的防护主要有两大类，分别为工程防护和植物防护。具体防护内容见表2。

坡面防护施工 表2

防护类型	防护材料	坡面类型	作用
工程防护	采用砂石、水泥、石灰等矿物质材料	一般坡面	防止滑坡，加固坡面
植物防护	主要有铺草皮、种草、植树等	边坡比较平缓、坡高不大的土质坡面	绿化路容，固结和稳定边坡

4.3 路基加固

路基加固一般有两种施工方法，一种是排水固结法，对于软弱路基和天然沉积层类似沼泽土、淤泥等，排水固结是在饱和软土的作用下进行的，从而使路基的抗剪度得到了明显的提升。另一种是换填土层法，将路基下面的湿软土层挖除，换成强度较大的灰土或砂石等，然后进行压实、加固。

4.4 堤岸防护

主要是针对沿河滨海路堤、水泽区路堤、河滩路堤、桥头引道和路基旁边的防护堤岸等进行的防护与加固，分为直接和间接两类防护设施。直接防护与加固设施主要有工程防护和植物防护两种，具体方法包括铺石、植树等。间接防护主要有拦水坝和丁坝等，必要时通过疏浚河床来改变河道，防止高速公路损坏。

4.5 支挡防护

通常采用挡土墙进行高速公路的支挡防护,常见的钢筋混凝土挡土墙有板柱式、扶壁式和悬臂式。由于挡土墙的受力结构较为合理且占地体积小,能够充分将承受的压力进行均匀分散,可以有效地对高速公路路基进行支挡防护。

5 结语

通过以上综述可知,自1950年以来,我国高速公路路基的发展逐渐走向成熟,不同的高速公路路基施工技术不断被提出。不同差异的高速公路路基施工技术不尽相同。在保证车辆行驶安全的情况下,高速公路路基施工的技术以公路的使用寿命和建设质量为首要任务,改进传统的路基施工技术,引进国外先进的施工材料、设备等,加强新技术和新材料的使用,不断提高施工技术。根据实际地质情况采用最有效、经济的路基施工技术,从而进一步促进我国高速公路交通运输业健康、快速的发展。未来的高速公路路基施工技术仍需要我们不断总结,不断完善,勇于提出新的方案。

参考文献

[1] 王向华.高速公路路基施工技术[J].山西建筑,2007,33(28):307-308.
[2] 卢子正.浅谈深层水泥搅拌桩复合地基施工技术的分析[J].工程技术,2015(11):30-31.
[3] 傅洪尧,于大江.公路路基施工中相关技术问题探讨[J].科技创新与应用,2014(12):179.
[4] 林奎君.高速公路路基施工技术研究[J].黑龙江交通科技,2014(12):39-40.
[5] 闫强,支喜兰,刘保健.高速公路路基差异沉降标准[J].长安大学学报(自然科学版),2013(2):16-21.
[6] 龙勇.高速公路路基的施工质量控制技术研究[J].科技信息(科学教研),2007(11):188.

复合式衬砌隧道二衬拆换处治技术探讨及实例分析

叶继清[1]　叶　奂[2]

(1. 龙泉市住房和城乡建设局　龙泉　323700;
2. 浙江省嘉维交通科技发展有限公司　杭州　310000)

摘　要: 复合式衬砌是由初期支护和二次衬砌及中间夹防水层组合而成的衬砌形式,在我国隧道工程中得到了广泛的应用。随着隧道数量的不断增多,施工技术参差不齐,以及前期修建的隧道使用年限不断增加,隧道病害开始显现,衬砌缺陷是其中的主要病害之一。为确保隧道工程的安全、畅通运营,及时检查、发现病害,分析病害成因,采用合理的整治和维护方法,是隧道运营养护阶段的重要环节。本文结合项目实例对复合式衬砌隧道二衬病害整治进行阐述,为其他类似工程提供参考和借鉴。

关键词: 衬砌病害　加固设计　二衬套拱　二衬拆换

1　引言

隧道是交通线路穿越山岭的主要手段,现有隧道经过多年运营,由于种种原因,呈现出不同程度的裂缝、渗漏水、衬砌缺陷等病害,对隧道安全运营造成较大威胁。隧道二衬可以直接观察到的表观病害主要为裂缝和渗水,通过地质雷达、超声检测等手段可以进一步发现衬背脱空、二衬厚度不足及混凝土强度不够等病害。隧道病害通常由多项因素联合作用导致,病害成因也并非彼此独立、分离,而是互相作用和影响的,一类病害的产生往往会诱发另一种病害。比如,空洞的产生会使衬砌受力不均并产生应力集中,使荷载超过衬砌的抗拉强度,从而形成裂缝。而空洞、裂缝等病害都会造成隧道内部的渗漏水,尤其是衬砌裂缝的存在,会使得围岩内地下水在水头压力的作用下渗入隧道内部。反过来,隧道的渗漏水以及排水设备不完善等情况会使围岩浸泡在水中,降低了围岩的强度,从而使隧道产生裂缝。

根据新奥法理论,隧道采用复合式支护结构形式,初期支护以锚杆、钢筋网、钢拱架及喷射混凝土组成联合支护体系,二次衬砌采用模筑混凝土结构,初期支护与二次衬砌结构之间设防水排水夹层。其中,初期支护承载围岩70%左右的松散压力,二次衬砌仅是用作安全储备和满足净空尺寸等方面的需求。当围岩的收敛和下沉结束后进行二次衬砌的施工,在初期支护外围形成抗荷环,只要混凝土的厚度、强度达到设计及规范要求,就能基本保证隧道结构的安全。

因此,本文结合典型工程实例就隧道裂缝、二衬厚度、混凝土强度不足,以及衬背大面积脱空等综合缺陷处治展开分析,与同仁们做进一步探讨,为其他类似工程提供参考和借鉴。

2　主要缺陷情况

案例隧道位于浙江境内某库区公路,全长448m。隧道采用对向双车道,设计速度为40km/h,建筑限界净宽为9.0m、净高5.0m。隧道明洞结构为现浇钢筋混凝土衬砌结构;暗洞衬砌结构按新奥法原理施工。

隧道衬砌表观缺陷主要表现为拱顶纵向裂缝、隧道拱顶至拱腰位置发育的竖向裂缝、隧道两侧边墙衬砌横向开裂,裂缝走向较为复杂,局部位置较为密集,裂缝交叉延续,有时同时出现三种裂缝类型,以致外观上衬砌被切割成闭合块状(图1、图2)。

通过地质雷达、取芯、钻孔等手段进一步发现二衬厚度、强度及衬背后脱空等一系列综合病害情况。按照检测间隔≤5m标准,选取一个衬砌厚度的实测值发现隧道二衬厚度大部分未达到设计值,且实际厚度严重小于设计值。三条测线实测厚度不足处占测线总测点的75.8%。实测二衬厚度最薄处为9cm,最厚处也小于设计值35cm,厚度小于设计值10cm以上占厚度不足总数的44.5%。二次衬砌背后不密实及二次衬砌背后脱空,缺陷范围占比37.7%,缺陷深度5~40cm,平均16.9cm。检测成果如图3~图5所示。

图1　二衬裂缝(一)

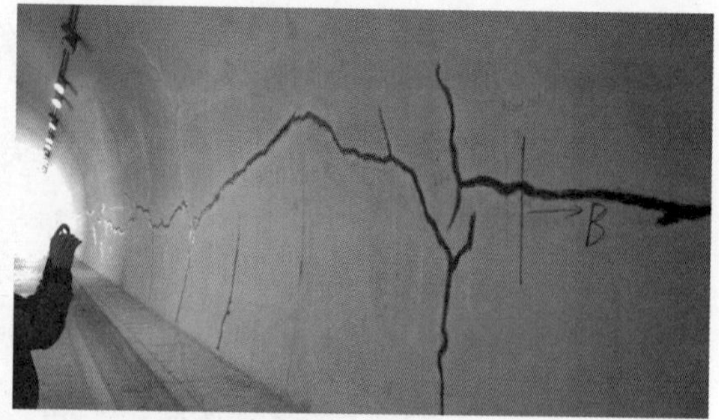

图2　二衬裂缝(二)

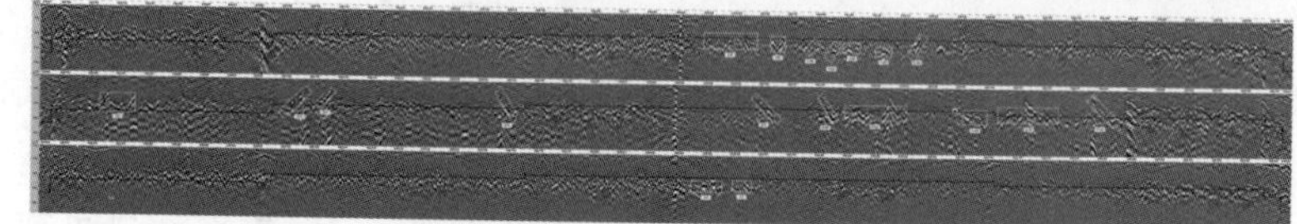

图3　二衬地质雷达检测成果图

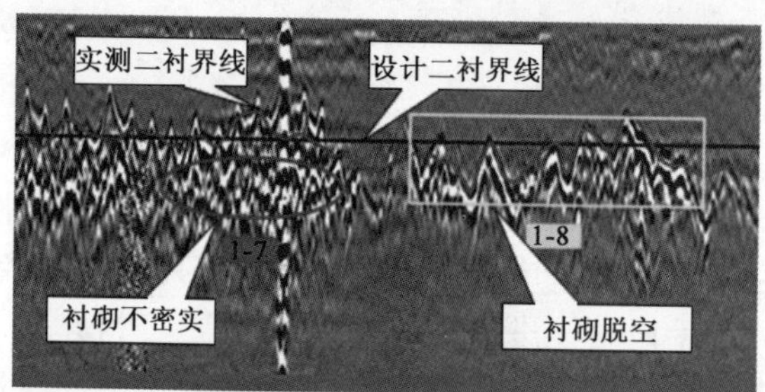

图4　地质雷达检测成果图示

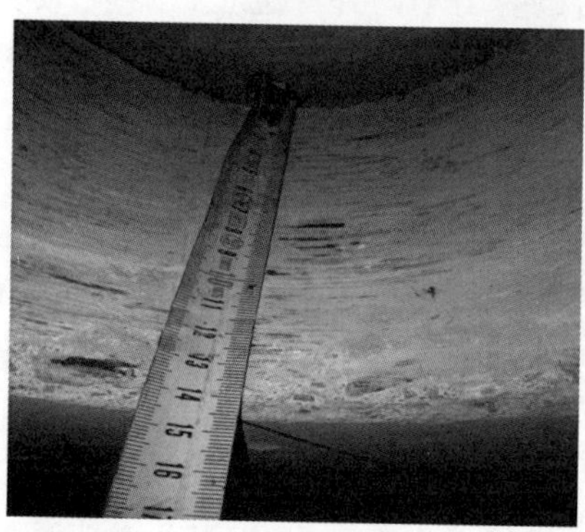

图5　钻孔实测值

通过取芯孔位进行窥视,发现隧道衬背脱空情况比较严重(图6);取芯样品出现松散破损现象,对较完整取芯样品进行抗压试验(图7),发现隧道二衬混凝土强度严重不足,芯样实测抗压强度全部不足设计强度的一半(表1)。

图6　衬背脱空情况

图7 取芯样品

隧道二衬混凝土抗压强度(取芯法) 表1

桩 号	混凝土抗压强度			构件强度状态
	围岩类别	设计值	实测值(MPa)	
K28 +379.5	Ⅲ	C30	9.4	强度不足1/3
K28 +379.5	Ⅲ	C30	9.8	强度不足1/3
K28 +095	Ⅲ	C30	8.2	强度不足1/3
K28 +437.8	Ⅱ	C30	12.4	强度不足1/2
K28 +285.1	Ⅳ	C25	9.3	强度不足1/2
K28 +061	Ⅱ	C30	12.7	强度不足1/2

隧道二次衬砌存在大范围脱空、不密实,二衬厚度及强度严重不足,已经对结构的稳定性及行车安全带来严重威胁,及时采取加固措施非常必要。

3 病害处治方案

通过该隧道病害现状分析可以得出结论:施工过程不规范导致的衬砌厚度不足、强度不够以及衬背大面积脱空三者共同作用,诱使隧道二衬产生较多裂缝。不但使二衬失去了安全储备功能,而且将二衬自身变成一种威胁,随时都存在局部掉落的风险,给隧道运营带来了较大的安全隐患。根据国内外隧道养护经验及隧道养护技术规范,针对隧道衬砌厚度不足,一般采用喷射混凝土、套拱、更换衬砌三个方案进行处治;衬砌强度不足,一般采用防护网、喷射混凝土、套拱、更换衬砌四个方案。结合该隧道衬砌裂缝较多、空洞密集、衬砌厚度不足和混凝土强度不足设计强度的一半等较为突出的缺陷情况,充分考虑技术可行性、效果可靠性、经济合理性等,最终选定二衬套拱和二衬拆换的处治方案进行分析比较(表2)。

处治方案选择比较表 表2

项 目	方案一(二衬套拱)	方案二(二衬拆换)
方案概述	1. 在病害突出、围岩较差段打锚杆挂扁钢带的形式设置永久支护系统; 2. 对衬背脱空进行注浆; 3. 在原衬砌表面增设25cm厚钢筋混凝土套拱	1. 根据二衬自身结构及病害分布情况有针对性分段处治; 2. 对缺陷突出的暗洞部分二衬分节段进行拆换; 3. 对现状较好的明洞及洞口工程进行常规病害处理,并用涂装修饰
净空	1. 净空压缩25cm; 2. 人行道受压缩,但行车道满足《公路隧道设计规范》(JTG D70—2004)的要求	1. 净空保持不变; 2. 满足原设计(40km/h)的限界要求
安全可靠性	1. 能解决衬砌掉块的安全隐患; 2. 一定程度改善二衬强度,提高现有承载力; 3. 外形美观	1. 针对性解决二衬缺陷问题,达到原设计要求; 2. 加固效果有保证; 3. 外形美观

续上表

项目	方案一(二衬套拱)	方案二(二衬拆换)
技术可行性	1. 可对隧道原结构进行补强; 2. 隧道建筑限界无法完全满足规范要求,存在一定不足	1. 暗洞部分拆换可以针对性解决现有缺陷; 2. 明洞及洞门工程不做大规模整治,社会影响性较小
施工方便性	1. 不改造原结构,在二衬外部进行加强,施工风险小; 2. 施工顺畅,工期较短	1. 分节段拆换,施工需进行临时支护; 2. 施工进度慢,工期较长

单从二衬结构安全角度考虑,不论是新增套拱还是整体拆换,都能解决该隧道二衬缺陷问题。其中,由于隧道原有净空局限,新增25cm套拱将对隧道净空产生一定压缩,虽然行车道净空仍满足要求,但人行道受压缩后无法满足《公路隧道设计规范》(JTG D70—2004)的要求。综合考虑通行需要及社会影响性,最终确定采取二衬拆换的方案进行处治,即对缺陷突出的暗洞部分全部进行拆换,对现状较好的明洞及洞口工程进行保留并在常规病害处理后实施涂装修饰。

4 不中断交通情况下进行二衬拆换

为进一步弥补隧道缺陷,针对衬砌裂缝、脱空等分布范围和缺陷严重程度,结合相应的围岩等级进行综合分析,采用有针对性的分段拆换处治作为本次处治方案,确保隧道结构和行车安全,具体处治过程如下:

(1)拆除原有机电照明设施,根据现场病害情况标记分段凿除长度(每段不超过3m)。

(2)结合病害情况对拆除节段及其两侧一定范围进行临时支撑加固,并按标记范围凿除二衬混凝土;凿除断面应按照由上到下、先拱后墙的顺序进行,同时加强围岩及两侧二衬监控量测,时刻关注变化情况。

(3)拆除某节段二衬混凝土后,检测初支情况,如有欠挖需进行凿除;必要时采取新的支护和加固措施后方可拆除下一节段的二衬混凝土。

(4)当连续拆除节段长度达到模筑二衬混凝土施工条件时,及时跟进二衬混凝土浇筑,边拆除边更换,及时封闭成环。

(5)拆换完成后,恢复电缆槽(侧水沟)及修复破损路面,并在二衬表面涂刷外墙乳胶漆涂料。

(6)根据现行相关标准更新隧道照明等机电设施及交通标志标线。

4.1 隧道衬砌结构

4.1.1 明洞

原明洞结构为现浇65cm厚C30的钢筋混凝土衬砌结构,从检测数据分析厚度基本满足原设计要求,且明洞段裂缝较少。故结合明洞自身情况及社会影响综合考虑,本次根据分段处治的原则,未将明洞和洞门工程列为拆换改造段,仅对表观病害进行常规处理,并涂刷统一的合成树脂乳液外墙涂料。

4.1.2 暗洞衬砌结构

暗洞衬砌结构按新奥法原理,采用复合式支护结构形式,初期支护以锚杆、钢筋网及喷射混凝土组成联合支护体系,二次衬砌采用模筑混凝土结构,初期支护与二次衬砌结构之间设防水排水夹层。本次主要考虑对病害较为突出的二次衬砌全部进行分段拆换处理,如过程中发现初支及防水层存在缺陷的,则结合原设计标准进一步补强、完善。

二次衬砌厚度,结合隧道原结构厚度与现行《公路隧道设计规范》(JTG D70—2004)中表8.4.2-1设计参数进行对比分析,二衬拆除后重做厚度与原结构厚度保持一致:

①Ⅱ类(Ⅴ级)围岩段:二次衬砌厚度为45cm。

②Ⅲ类(Ⅳ级)围岩段:二次衬砌厚度为35cm。

③Ⅳ类(Ⅲ级)围岩段:二次衬砌厚度为30cm。

二次衬砌采用C30泵送自防水混凝土结构,混凝土抗渗标号达P8。衬砌混凝土应采用低碱含量骨料,并严格控制水胶比≤0.55，最大氯离子含量≤0.2%，最大碱含量≤3.0kg/m³。

4.2 拆换施工

4.2.1 拆除二衬混凝土

二衬拆除根据现场病害情况划分的节段，考虑从围岩较好的大桩号往小桩号方向推进，如因工期等原因，可细化施工组织后两端同时推进。二衬混凝土每拆除循环长度严格控制在3m以内，环向共分五次拆除，先拆除拱顶二衬混凝土，再分别拆除左拱腰和右拱腰，最后拆除左边墙和右边墙。拆除施工时对拆除节段及其两侧一定范围进行临时支撑加固，临时支撑可利用平台设置或独立设置。同时，为保证作业平台下方的通行安全，平台纵向长度两端各超出拆除作业范围3m。作业平台如图8所示。

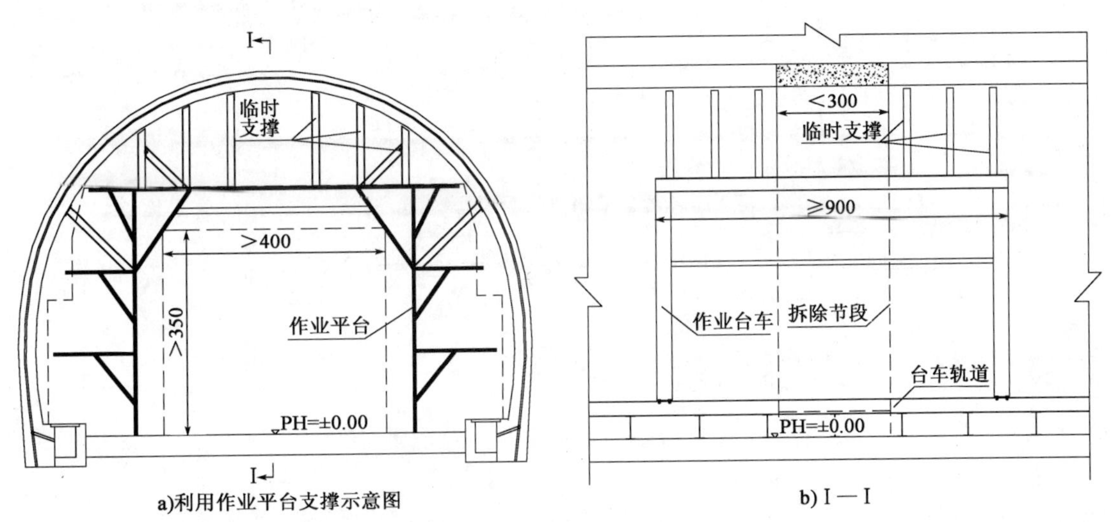

图8 作业平台示意图(尺寸单位:cm)

本隧道二衬混凝土原有强度较低，拆除时采用人工配合风镐凿除混凝土并切除衬砌钢筋，施工时避免大动静施工破坏防水系统、围岩等原有结构及围岩的稳定。

4.2.2 对变形侵限地段进行观测和标识

在每一循环二衬混凝土拆除完毕后，对已拆除二衬混凝土的初支沿线路方向间隔0.5m采用断面测量仪进行断面测量，局部突出位置需加密。将实测数据断面与设计断面进行对比，确定出侵限段的位置及其具体侵限数据，然后用红油漆在初支表面进行划圈标识。对比测量数据的同时，还要观察初支混凝土是否破坏，钢架是否扭曲变形。对钢架扭曲变形、初支混凝土破坏的部位要结合拆换进行补强处理。

4.2.3 二衬混凝土施工

当初支情况较好、围岩稳定且拆除节段长度满足施工条件时，应及时跟进二衬混凝土浇筑，边拆除边更换，及时封闭成环，尽可能缩短二衬与拆换工作面之间的距离，一般控制在10m以内。必要时停止拆换面的施工，待拆换后的二衬混凝土紧跟时再开始进行拆换作业。

浇筑模板采用钢模板拼装，模板使用前进行打磨并涂脱模剂，采用C30自防水混凝土进行二衬混凝土施工。为保证新浇混凝土与旧混凝土颜色一致，脱模养生后重新按原设计要求对处理部位进行涂料装饰，保证二衬处理部位与周边非处理部位衔接平顺，无明显色差。

4.3 隧道局部欠挖的处理

根据对欠挖范围的标识，对局部侵入二衬厚度1/3的缺陷进行相应凿除，保证初支、二衬的设计厚度，防止二衬拆换后出现二次侵限而导致衬砌厚度不足。实施时，利用钢筋台车作为工作平台人工配风镐对欠挖区域进行复测并在欠挖点上标识出欠挖范围和厚度，然后用人工配风镐和铁钎对欠挖围岩进行处理，处理完成后进行测量复检直到合格为止。欠挖处理完成后，按照施工工序依次进行初期支护、修复防水板施工、二衬混凝土施工。

4.4 交通组织

该隧道位于库区公路，是居民进出库区的重要通道，且库区附近没有可绕行道路。为满足不中断交通的要求，隧道二衬拆换施工，作业平台下方净空需预留一定空间，并在隧道口设置限高门架，允许库区居民日常出行小客车及客运中巴能通过；施工期间，结合施工工艺特点及现场实际情况，利用交通信号灯及现场专员指挥，对车流实行错时交替放行，关键施工工序及节点可短时间封闭交通。交通组织示意图如图9所示。

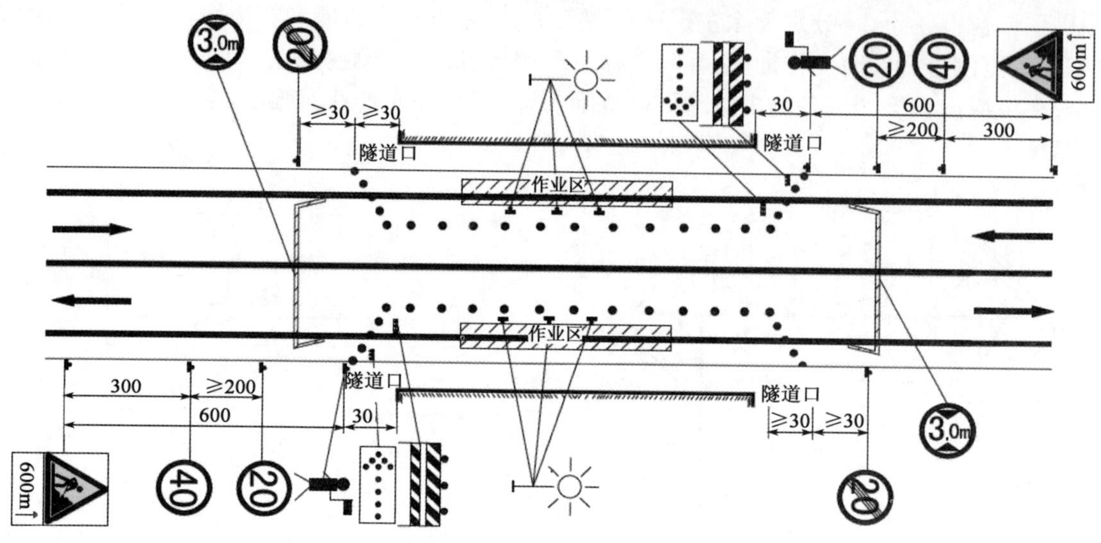

图9 交通组织示意图(尺寸单位:m)

5 结语

本例通过分析衬砌病害的具体加固手段，确保既有隧道在现有交通形势下的正常、安全运营，为当前国内大量类似缺陷的加固维修设计、施工提供技术参考。如果二衬混凝土质量差，厚度不够，或受机车煤烟侵蚀，掉块剥落严重，且隧道净空有富余时，可根据实际情况对衬砌拱部加筑套拱或全断面加筑套拱；当新增套拱造成压缩后净空无法满足规范要求，且明洞现浇钢筋混凝土衬砌结构技术状况较好的，则可采取对暗洞部分进行分节段拆换的处治方法，进一步为隧道二衬缺陷处治提供了思路，为某些无法中断交通的特殊路段隧道二衬整治找到了办法。

参考文献

[1] 中华人民共和国行业标准. JTG H12—2015 公路隧道养护技术规范[S]. 北京:人民交通出版社,2015.

[2] 中华人民共和国行业标准. JTG D70—2004 公路隧道设计规范 [S]. 北京:人民交通出版社,2004.

[3] 杨坚. 不良地质隧道二衬及初支变形破坏拆换施工技术[J]. 施工技术,2015(6).

[4] 李春奎. 浅谈复合式衬砌施工技术在公路隧道中的应用[J]. 公路隧道,2012(1).

[5] 王庆国. 既有隧道衬砌病害处治技术探讨[J]. 北方交通,2010(10).

钢板梁在桥梁提升改造方案中的探讨

袁波波

（浙江省嘉维交通科技发展有限公司　杭州　310000）

摘　要：钢混叠合梁桥兼具钢结构桥梁和混凝土桥梁的优良力学特性，且在实际工程中具有工厂化预制、快捷化施工的优点，在桥梁加固维修及保通项目中因其对交通影响较小而被大力推广。本文以浙江省某国道桥梁改建工程方案设计为例，分析钢板梁桥在桥梁方案比选中的优势。

关键词：钢板梁　桥梁加固维修　航道改造

1　引言

随着我国经济的不断发展，钢产量的显著提升，钢结构桥梁在结构性能上、工厂预制化、节能环保、后期养护费用方面明显优于传统混凝土结构，钢结构桥梁作为我国正在大力推广的桥梁结构形式，正在逐步成为桥梁的主要发展方向。钢混叠合梁桥是钢结构桥梁和混凝土桥梁组合起来的一种新型桥梁，它兼具了钢结构和混凝土的优点。

2　钢板梁的发展

20 世纪 20 年代起，欧洲对组合钢板梁开始研究并不断发展。1985 年正式颁布的欧洲规范是目前世界上最完整的一部关于组合结构的规范。国内对组合钢板梁的研究始于 20 世纪 50 年代。1957 年建成的武汉长江大桥上层公路桥纵梁采用组合梁形式，后续国内多所高校对组合梁进行多方面的研究和分析。

早期的组合钢板梁通过并排纵向钢梁之间设置大量横梁、水平和竖向横撑及斜向横撑，而且并排纵梁间距很小（图 1）。这一时期的组合钢板梁构件数量较多，焊接工程量巨大，建造成本较高，维护难度较大。后续对组合钢板梁进一步研究和改进，通过将桥面板设计成承重结构，使钢板梁和桥面板组合成一个整体，并加大纵梁之间的间距，优化横梁、水平及竖向横撑。改进后的组合钢板梁相对于早期组合钢板梁具有较少的构件数量及焊接工程量，较低的建造成本，且易于维护。改进后组合钢板梁桥如图 2 所示。

图 1　早期组合钢板梁桥

图 2　改进后组合钢板梁桥

3　工程概况

浙江省某国道桥梁位于湖州市境内，桥梁全长 319.2m。桥梁设计荷载等级：汽—20，挂—100。全桥跨径组合为:11×16m+1×25m+7×16m;桥梁分两幅布置,单幅断面布置为:0.25m(栏杆)+2.75m(非机动车道)+0.5m(防撞护栏)+8m(行车道)+0.5m(防撞护栏)。主跨按六级航道标准设计(净空22×4.5m)。

上部结构:每跨11片预应力钢筋混凝土空心板。下部结构:组合式桥台、双柱式墩;桩基础。桥面系:水泥混凝土面层,防撞护栏等。设计荷载:汽车—20,挂—100,目前通行载重:27t。

根据检测报告结论,本桥技术状况评定为3类。但上部结构病害情况较为严重,技术状况等级为4类,梁板存在普遍的腹板斜向裂缝,且发展较快。考虑到空心板结构对此类病害加固较为困难,该桥梁作为当地重要的交通运输通道,且该桥位置处于市区,在日常生产生活中发挥了积极的作用,因此保证桥梁结构安全,延长桥梁使用寿命尤为重要。

同时改造需结合该航道的五级航道规划(净空45×5m),对桥梁主跨进行调整,以满足通航净空的要求。

4 桥梁方案

4.1 方案一

本工程为桥梁提升改造工程,考虑到最大限度地利用原桥下部结构,主桥的配跨尽量与原桥已有的联长一致,因此采用35.5m+50m+35.5m三跨连续钢板组合梁的形式(图3)。桥下航道为五级航道,净空45×5m,主墩为新建,过渡墩可利用原桥墩立柱,并适当改造盖梁及增设桩基承台。

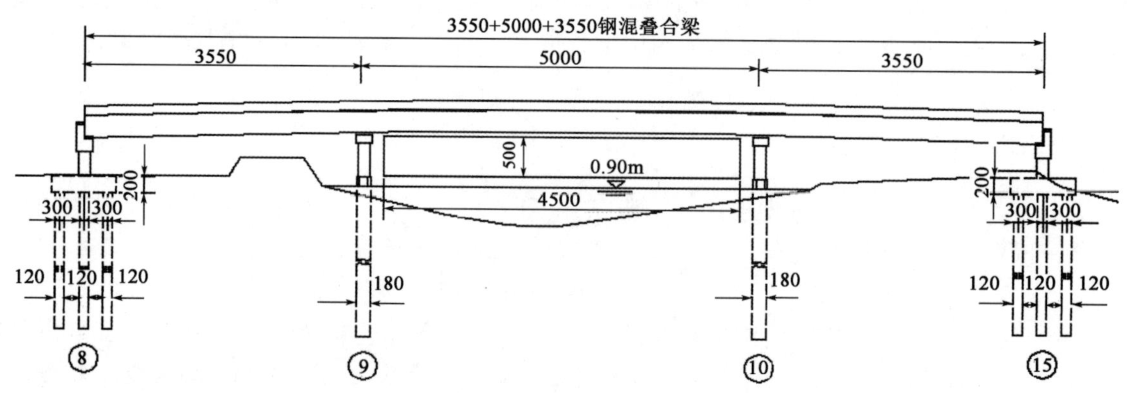

图3 桥梁主桥纵向布置图(方案一)(尺寸单位:cm)

主桥主梁采用双工字钢板组合梁,单幅桥面宽为12m,钢板梁中心线处梁高2.5m,主梁间距为6.4m。钢主梁采用Q345D工字形直腹板钢梁,混凝土桥面板和钢主梁通过剪力钉连接,跨内横梁为大横梁,支点横梁为加强大横梁,横梁标准间距4m。钢主梁采用预制拼装施工,主梁节段采用栓接,主梁与横梁之间采用栓接。桥面板采用现浇C50钢筋混凝土结构,板厚0.25m,连续墩顶两侧10m范围内采用C50超高韧性混凝土。主桥标准横断面如图4所示。

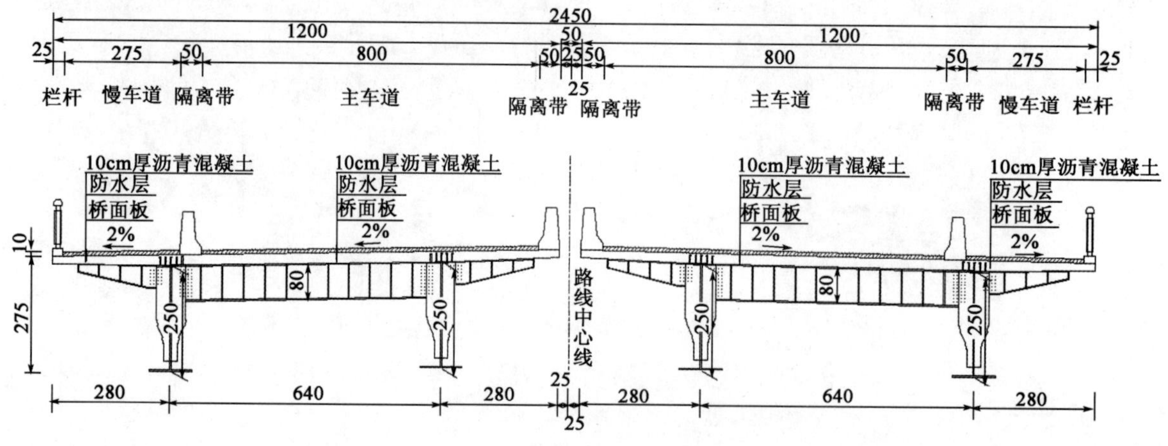

图4 主桥标准横断面图(方案一)(尺寸单位:cm)

下部结构主墩为新建双柱式墩，立柱直径1.5m，桩基直径1.8m，过渡墩为利用原桥8号、15号墩进行改造，改造原桥盖梁，增设承台及桩基。原桥9～14号墩废弃，其中11、12号墩凿除。

由于航道等级的提高及主桥梁高变高，现有桥梁的纵断面已不能满足通航净空的要求，因此方案改造需要对桥梁纵面进行调整。经计算航道位置高程需抬升2.25m，由此纵面影响距离单侧约为250m，扣除桥梁长度，总计接线需改造长度约为180m。

本方案主梁采用工厂预制，现场拼装的方式进行施工，施工过程中能保证不中断交通，采用半幅通车半幅施工，待半幅施工完毕通车后施工另半幅的方式进行，预计工期10个月。

4.2 方案二

本方案与方案一的设计原则相同，主桥的配跨尽量与原桥已有的联长一致，在满足五级通航净宽45m及前后衔接跨与引桥跨径的协调性的前提下，采用57m二榀系杆钢拱桥。由于现状老桥中央分隔带宽度不足，因此采用主桥左右幅整幅布置。桥下航道为五级航道，净空45×5m，主墩为新建柱式墩。主桥纵向布置如图5所示。

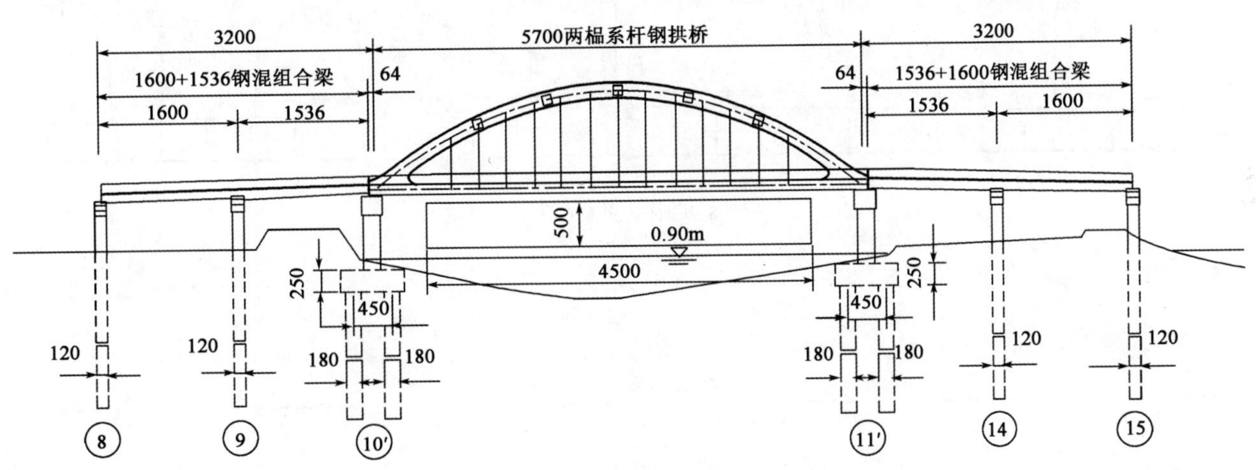

图5 桥梁主桥纵向布置图(方案二)(尺寸单位:cm)

主桥上部结构为钢拱—组合梁组合结构，主拱肋为钢结构，主梁为钢混组合梁。主拱结构为钢箱拱，横向设置两片拱肋，钢材材质为Q345D。主拱支承跨径为57m，立面矢高11.4m，矢跨比为1/5。

主梁为等截面钢—混凝土组合梁结构，梁高1.5m，主梁全宽27.1m。组合梁钢梁为主纵梁(闭口边箱梁)、中横梁、端横梁、小纵梁组成的双主梁梁格体系，钢材材质为Q345D。组合梁方案桥面采用钢筋混凝土面板，板厚0.26m。混凝土强度等级为C50，通过剪力钉与钢梁连接。主桥标准横断面如图6所示。

梁拱间布设吊杆，4.0m间距。吊杆采用镀锌钢绞线，钢绞线整束挤压锚具。平衡拱肋推力的系杆采用环氧涂层钢绞线，主梁单侧箱内布置2根水平系杆。

下部结构主墩避开原桥墩桩基位置新建，采用桩基接承台的形式，桩径1.8m，主墩两侧设置16m调整跨，与9号、14号桥墩相接。

由于航道等级的提高及主桥梁高变高，现有桥梁的纵断面已不能满足通航净空的要求，因此方案改造需要对桥梁纵面进行调整。经计算航道位置高程需抬升1m，纵面影响距离单侧约为100m，扣除桥梁长度，总计接线需改造长度约为50m。

本方案主桥由于为整幅布置，因此施工期间需要完全封闭交通，交通组织采用绕行或者架设便桥的方案。考虑到桥址位置整体吊装条件有限，主桥采用工厂预制，现场拼装，多点顶推的施工方式，预计工期14个月。

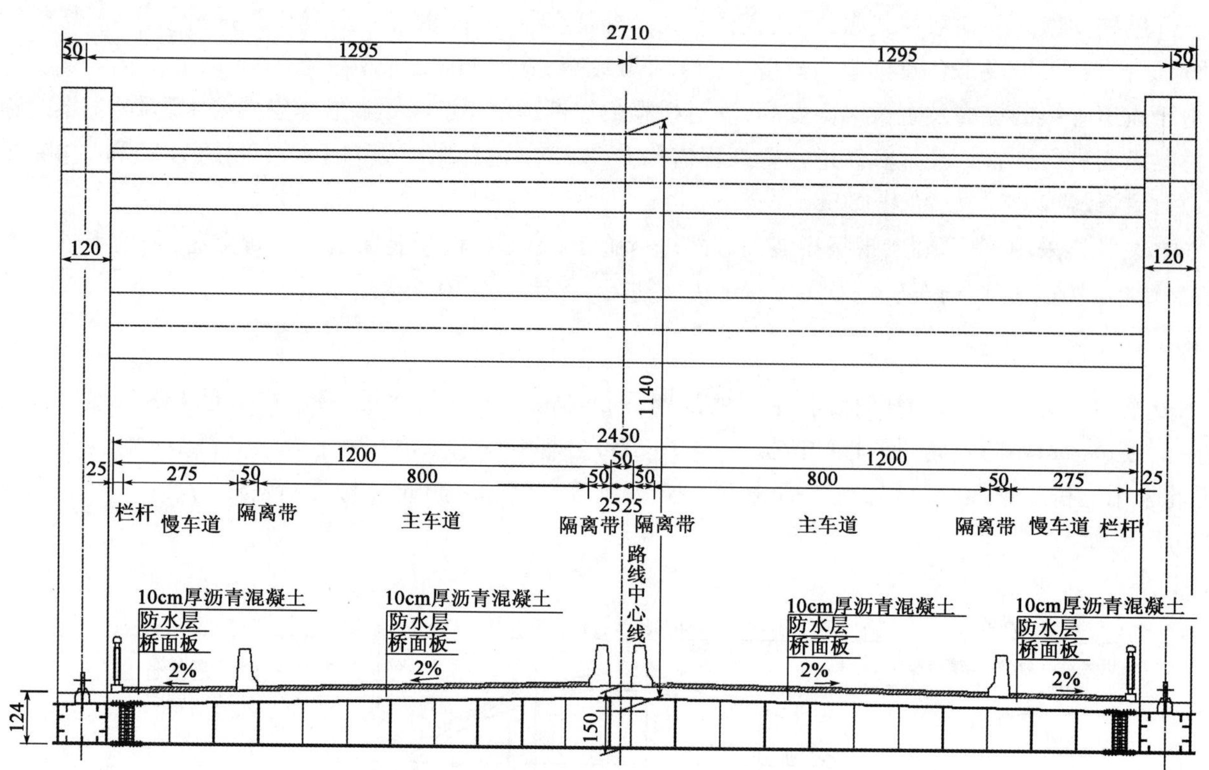

图6　主桥标准横断面图(方案二)(尺寸单位:cm)

5　方案比较

桥梁方案比较见表1。

桥梁方案比较表　　表1

比较项目	方案一	方案二
主桥上部结构	钢板组合梁	二榀系杆钢拱桥
梁高全高(含桥面板)	2.75m	1.5m
优点	1. 结构简单,新颖,受力明确; 2. 自重轻,结构可靠度高; 3. 工厂预制现场拼装工期短;施工质量有保证; 4. 主要结构检测便捷,病害少	1. 建筑高度低,接坡改造少; 2. 外形美观,视觉效果好; 3. 一跨过河对航道影响小
缺点	1. 架设稳定性要求高; 2. 梁高较高,接线改造长度较长; 3. 防腐要求高	1. 后期养护费用大; 2. 用钢量大,经济性差; 3. 施工难度大,交通影响大; 4. 工期较长
主桥上部结构建安费(元/m^2)	5400	16000
引桥上部结构	钢板组合梁	
桥梁改造建安费	4060万元	5470万元
接线改造长度	约180m	约50m
接线估算费用	320万元	90万元
防撞墩	150万元(共4个)	
估算建安费	4530万元	5710万元
结论	推荐	不推荐

6 结语

以上两种桥型方案均能满足使用要求，方案比选主要从结构合理性、施工便利性、整体经济性等方面进行比较。钢板叠合梁方案虽然梁高稍高，但从施工工期、结构质量、经济性等方面均具有较大优势。方案二改造需要中断交通，对于交通组织较为不利，若要求保通，则需要建设便桥，总投资将进一步增加。综合目前国内钢结构的发展趋势，将方案一作为推荐方案。

参考文献

[1] 徐彬. 钢板连续梁设计研究[J]. 价值工程,2016,35(12).

[2] 中华人民共和国国家标准. GB 50917—2013 钢—混凝土组合梁桥设计规范[S]. 北京：中国建筑工业出版社,2014.

[3] 刘玉擎. 组合结构梁桥[M]. 北京：人民交通出版社,2005.

[4] 刘效尧,徐岳. 梁桥[M]. 2 版. 北京：人民交通出版社,2011.

[5] 陈智俊,席先华,胡胜利. 组合钢板梁桥在山区高速公路上的应用[J]. 公路,2008(1).

火灾后桥梁应急加固技术研究

商雪枫

（浙江省嘉维交通科技发展有限公司　杭州　310000）

摘　要：近年来，接连不断地出现桥梁下堆积物失火造成桥梁损伤的事故。火灾不仅造成一定的经济损失，而且对桥梁结构造成不同程度的破坏，甚至削弱桥梁自身的承载能力，严重时导致局部交通瘫痪，必须加固补强才可投入运营。本文结合某高速公路立交桥火灾工程实例，介绍火烧梁体的装配式体外预应力应急加固技术，实现对火烧桥的快速可靠加固，为其他类似工程提供参考和借鉴。

关键词：火灾　体外预应力　应急加固　装配式

1　引言

火灾不仅对桥梁结构本身造成破坏，而且危及公路尤其是高速公路网的正常运营。火灾后，必须及时、科学地对受损构件进行损伤识别，合理地进行损伤评估，有效地采取加固措施。目前，传统的粘贴钢板、碳纤维布等措施，只能维持结构受损现状不再恶化，无法主动对结构进行补强加固。预应力加固方法是一种人为主动的加固改造和修复技术，具有加固、卸荷、改变结构内力的三重效果。本文结合某大桥火灾后加固内容，阐述一种装配式体外预应力加固技术，从工厂定制生产到现场组装施工一气呵成。整个施工过程力求快速、准确、牢靠、安全，真正实现对火害桥梁的应急加固。

2　桥梁概况

本次火害桥梁全长503.7m，纵向布置为：5×(4×25)m。桥梁横向全宽12m，横向布置为：11m（行车道）+2×0.5m（防撞护栏）。桥梁上部结构采用现浇预应力混凝土连续箱梁，单箱双室截面，梁高140cm；下部结构采用桩柱式墩，肋式台，基础均采用桩基础。设计车辆荷载为：汽车—超20级；挂车—120。

3　桥梁主要病害

根据《火灾后建筑结构鉴定标准》(CECS 252:2009)，按局部最严重部位偏安全考虑，本桥最终评定为Ⅲ级，即中度烧灼尚未破坏，但已显著影响结构材料和结构性能，对结构安全及正常使用产生不利的较严重影响。

(1)该桥受火灾影响较大的第1跨和第2跨箱梁底板、腹板均不同程度受大火影响，混凝土呈现灰白色，灰白色与烟熏过渡区呈现粉红色，混凝土表面约40%面积存在粗裂缝网，局部混凝土严重剥落，有不同程度的露筋现象，其他桥跨则烟熏现象明显（图1～图3）。对腹板进行了混凝土取芯和在火烧影响较严重区域凿出一截预应力钢束波纹管进行检测。根据现场凿出的右侧腹板最底缘预应力钢束波纹管外观分析，未见波纹管有明显的融化，外观较为正常（图4）。

(2)与本次火灾相关联的4个立柱均存在不同程度的烟熏痕迹（图5），部分存在混凝土但粉红色转灰白色，甚至局部有混凝土脱落现象（图6）。立柱表面存在粗裂缝网，表面混凝土局部颜色呈现淡粉红色，混凝土表面敲击痕迹明显。

(3)根据支座钢盆油漆脱皮及火灾时桥位处温度推测，火灾现场支座附近温度达到100～300℃，且钢材传热性能较好，分析认为0号台、1号墩、2号墩顶部的支座，内部橡胶应受到较大影响（图7、图8）。

图1　大面积粗裂缝网

图2　大面积混凝土剥落

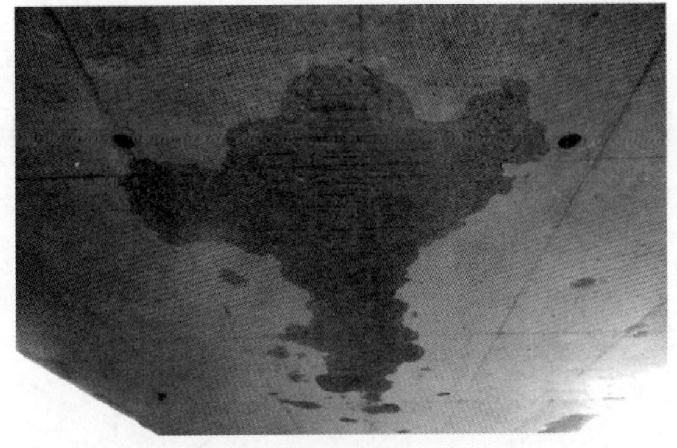

图3　冲洗后大面积露筋

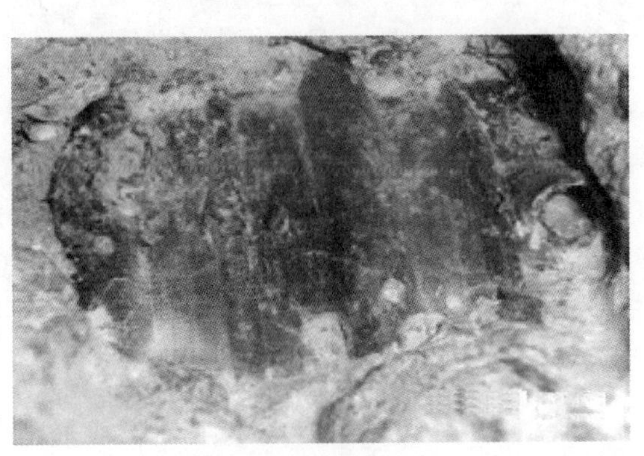

图4　波纹管检查

图5　立柱表面熏黑

图6　立柱混凝土剥落

图7　支座受热破坏

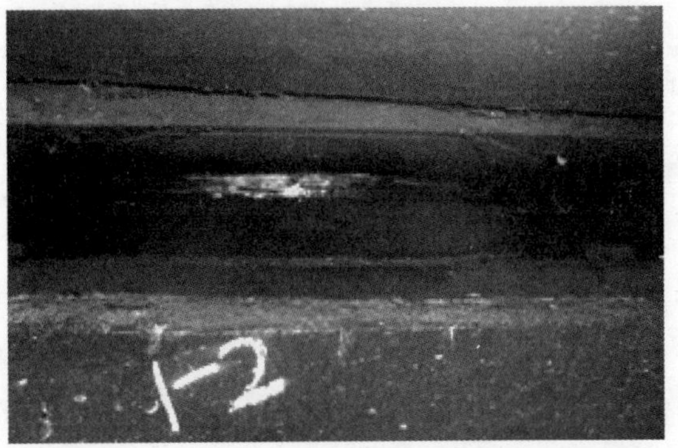

图8　支座熏黑

4 桥梁检测试验

4.1 混凝土强度测试

本次对立柱和箱梁的过火面和正常面均做了混凝土回弹强度测试,并考虑到被大火烧灼后混凝土表里性能不一,对腹板和立柱进行了进一步取芯,在室内采用微机控制全自动压力试验机试验,结果表明:箱梁底板、腹板混凝土强度处于危险状态,立柱、桥台相对较好。

4.2 普通钢筋材料性能测试

经过分析,该火烧钢筋屈服强度最小值为348.3MPa,满足规范限值335MPa,抗拉强度也合格。但与正常的及用于本桥同批次钢筋的试验值相比较可知,相对同批次钢筋屈服强度下降15%左右,与规范限值也比较接近,从拉伸曲线上看,屈服台阶明显缩短,钢材的延性有所降低,按工程结构可靠度设计标准,钢筋取1.2的安全系数,则屈服强度接近设计临界值。

4.3 荷载试验主要结论

(1)本桥未直接受火灾影响的第4跨跨中最大正弯矩工况中载和偏载作用下的挠度校验系数介于0.82~0.89,应变校验系数介于0.67~0.95,均小于1,满足设计要求。

(2)直接受火灾影响的第1、2跨跨中最大正弯矩工况中载和偏载作用下的挠度校验系数介于1.08~1.17,均大于1,不满足设计要求。

(3)活载效应约占荷载组合的30%,第1跨的活载效应极值比第4跨小30%,认为承载能力下降约10%。

5 病害分析

5.1 火场温度分析

根据构件表面颜色、开裂情况、起皮脱落情况、钢筋外露情况、疏松层厚度等将构件表观缺损划分为A级(基本完好)、B级(轻度损伤)、C级(中度损伤)、D级(严重破坏)四种类型。

A级基本完好区域:火焰未接触混凝土表面;或火焰辐射、温度扩散未使混凝土表面产生明显变化;表面光洁且没有任何龟裂现象。

B级轻度损伤区域:火焰已接触混凝土表面;或火焰辐射、温度扩散到混凝土表面,产生明显变化;混凝土表面有黑烟或轻微黑点或麻点,表面产生细小但不是很密集网状龟裂现象;表面损伤轻微,结构本身完好。

C级中度损伤区域:火焰直接接触混凝土表面或高温直接扩散到混凝土表面;表面呈淡黑色,局部浅黄色;表面产生密集网状龟裂,局部有爆裂破损现象,损伤深度达到混凝土保护层,但主筋未受损伤。

D级严重破坏区域:火焰集中区或高温集中区(残留物的正上方);混凝土表面密集网状龟裂,有爆裂现象;同时出现混凝土保护层大面积剥落、破损,手捏混凝土表面时可将砂浆捏成粉末,可见火灾温度极高;混凝土表面呈浅黄色。

根据混凝土表面病害情况及燃烧残留物分析,本桥火灾时混凝土表面最高温度达800℃左右,内部温度减弱到200℃的混凝土深度为5~8cm。受火烧损伤严重处因离燃烧点较近,当局部燃烧物较集中时,构件表面受火处温度升高较快,混凝土又具有热惰性大的特点,从而导致混凝土构件表面灼热温度高,沿构件截面的温度梯度大,使内部混凝土膨胀速率差过大而造成混凝土开裂、起皮、崩落,严重处更使箱梁钢筋外露。

5.2 结构计算分析

鉴于腹板底部预应力钢束与受火混凝土表面距离较近,高温对预应力钢束存在一定影响。但根据目前掌握的本桥信息及行业现在技术,火灾后的桥梁预应力损失较难进行定量测试分析。本方案从安全、适用角度出发,设定连续箱梁在有效预应力70%为初始状态,采用桥梁有限元分析软件MIDAS CIVIl进行结构计算分析,其模型如图9所示。应力计算如图10~图13、表1所示。

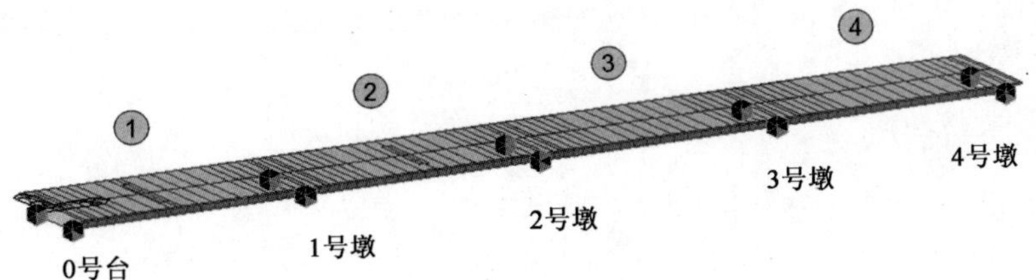

图9　第一联结构模型

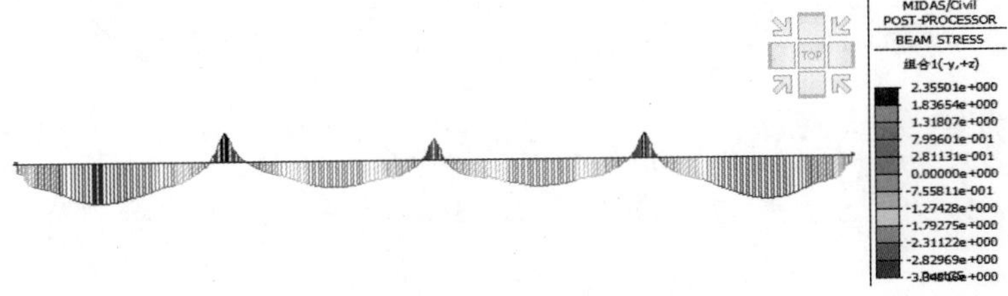

图10　上缘最大正应力

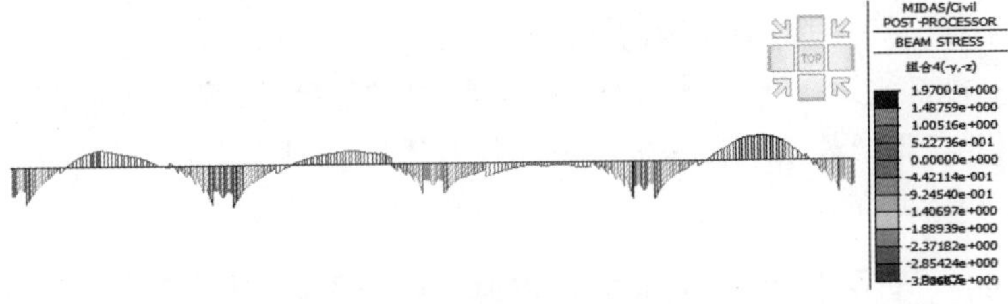

图11　下缘最大正应力

图12　最大主拉应力

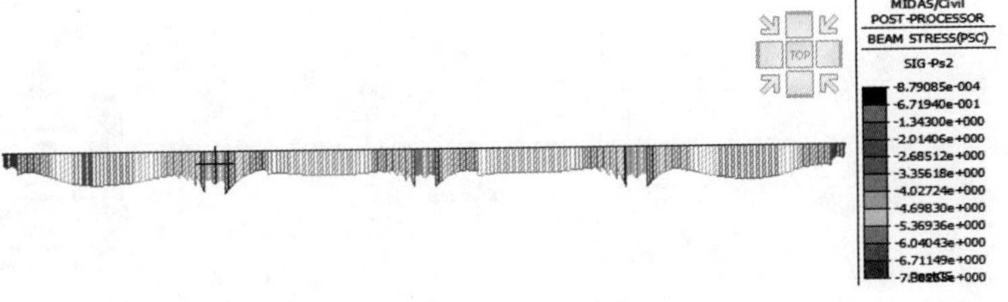

图13　最大主压应力

正常使用状态应力计算(单位:MPa)　　　表1

截面位置	规范值	第1跨跨中	1号墩顶附近(最大值)	第2跨跨中	2号墩顶附近(最大值)
上缘(最大值)	2.7	-3.4	0.9	-2.6	0.5
下缘(最大值)	2.7	-0.9	-3.0	-1.0	-2.7
主拉应力	2.7	0.2	2.2	0.3	2.1
主压应力	-22.75	-6.0	-6.8	-4.9	-6.9

根据计算结果，结构在火灾高温影响下，预应力钢束有效预应力损失，导致结构墩顶截面拉应力值变大，跨中截面压应力储备减小。

6 桥梁加固

6.1 加固措施

根据特殊检查报告，通过现场外观检查，火作用调查，线形测试，原材料试验，有限元计算分析等，桥梁火烧已显著影响结构材料和结构性能，对结构安全及正常使用产生不利的较严重影响，因此本次加固综合考虑火烧损伤对结构的影响，根据计算分析，采用腹板增设体外预应力钢束的方案对箱梁进行加固，具体措施如下：

(1)用高压水枪对第1跨和第2跨箱梁烟熏部位进行冲洗清理。

(2)凿除梁底过火混凝土(各部位过火深度在2~8cm不等)，采用聚合物砂浆修复至与原设计板底齐平。

(3)为改善原箱梁受力，在跨中、墩顶减小拉应力值，增加结构安全储备。对火烧桥跨所在整联(4×25m)增设体外预应力加固，在箱梁腹板相应位置安装钢锚箱，两侧布设共4束$12\phi^{s}15.2$的体外预应力钢束加固。锚固块、转向器、减震装置采用特制钢构件。

(4)采用丙烯酸聚氨酯漆对第1跨和第2跨箱梁外露面进行涂装，提高其耐久性。

(5)此次加固对1号墩、2号墩盆式支座采取整体顶升措施予以更换。

6.2 加固效果计算

本次结构加固后效果计算结合特殊检查报告中混凝土强度检测、钢筋锈蚀、承载能力检算分析等内容，对第一联(4×25m)预应力混凝土等截面连续梁加固后的正常使用应力状况进行计算分析，判断其加固后的应力状况，以此作为加固效果的理论分析评估依据。应力计算如图14~图17、表2所示。

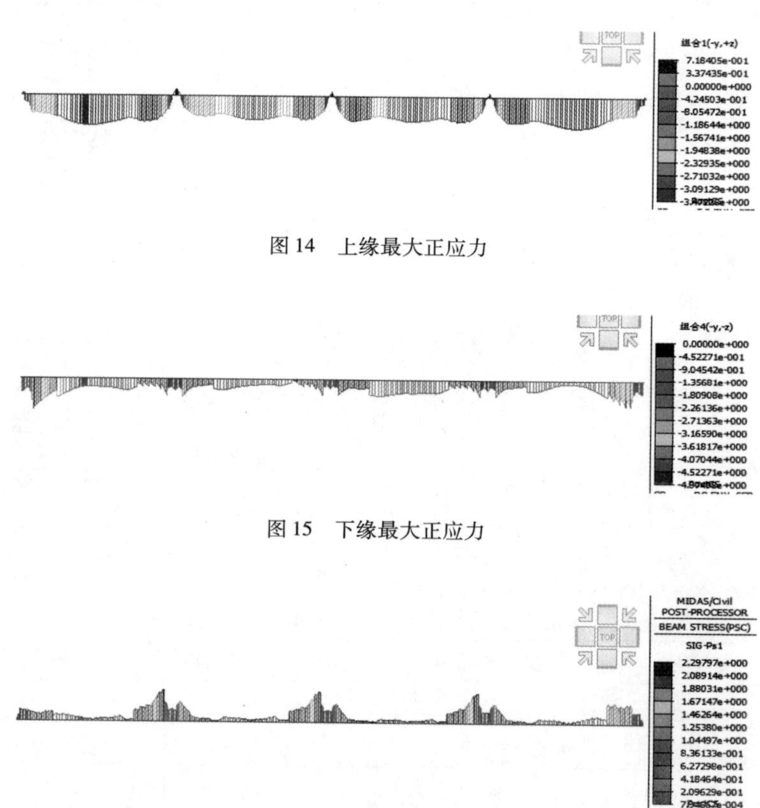

图14 上缘最大正应力

图15 下缘最大正应力

图16 最大主拉应力

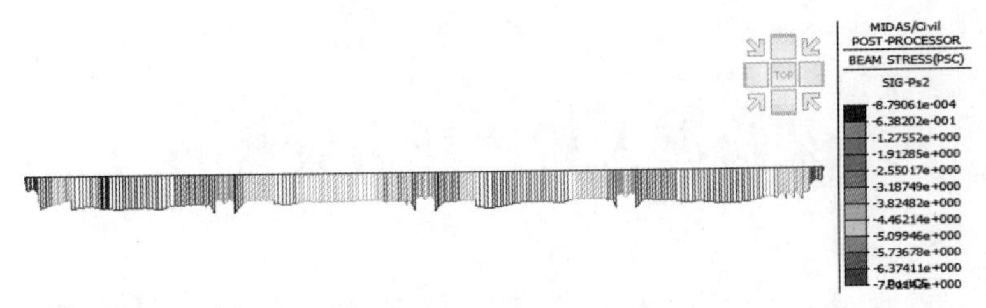

图17　最大主压应力

正常使用状态应力计算(单位:MPa)　表2

截面位置	规范值	第1跨跨中	1号墩顶附近(最大值)	第2跨跨中	2号墩顶附近(最大值)
上缘(最大值)	2.7	-3.3	0.7	-2.7	0.5
下缘(最大值)	2.7	-1.9	-3.5	-1.8	-2.8
主拉应力	2.7	0.2	2.3	0.3	2.2
主压应力	-22.75	-6.0	-7.0	-4.9	-6.8

通过验算分析,桥梁火害引起有效预应力损失,对箱梁的正常使用影响较大,故本次加固采用在箱梁两侧腹板增设体外预应力进行加固。加固后改善了主桥原箱梁受力,在墩顶减小拉应力值,跨中受拉区域增加压应力储备,增加结构刚度,提高了结构安全储备。

7　结语

桥梁火灾事故,一般都会造成梁板、盖梁、墩柱的混凝土剥落,致使其截面变小,严重时,钢筋裸露,预应力钢筋的有效预应力损失,梁板挠度增加,从而出现受拉裂缝等。事故发生后,首先需要根据现场实际情况,分析火灾事件、温度等情况,对桥梁受损及承载力降低程度做出判断,从而有针对性地进行加固,将火灾造成的损失降到最低。本文的装配式钢结构体外预应力应急加固体系,切实恢复结构的承载能力和使用性能,达到桥梁安全运营,路网通畅的目的。

参考文献

[1] 许宏元,侯旭,刘士林.火灾后混凝土桥梁的损伤识别与状态评估[J].现代交通技术,2009(01).
[2] 邓水源.浅谈TYFO芳玻韧布在琴桥火灾后加固施工中的应用[J].施工技术,2008(S1).
[3] 郑继光,王兴,刘忠固.意外火灾对预应力混凝土桥梁结构的损伤分析[J].北方交通,2007(12).
[4] 陈石,温天宇.某先张法空心板梁桥火灾后的检测与损伤评估[J].公路交通技术,2007(06).
[5] 奚勇.火灾受损桥梁的检测与评估[J].世界桥梁,2007(04).
[6] 谭力武,王良波.联星立交桥火灾后的结构受损鉴定[J].广东土木与建筑,2007(10).
[7] 孙大松,缪长青,李枝军.预应力混凝土板桥火灾后的试验与评价[J].市政技术,2007(03).
[8] 李毅,项贻强,王建江.火灾后桥梁结构的损伤检测及安全性评估[J].中国市政工程,2006(05).
[9] 杨芳国,朱劲秋,邓昌宁,等.火灾后的公路混凝土桥梁检测浅议[J].北方交通,2006(04).

某跨海大桥改建方案探讨

李　渊

（浙江省嘉维交通科技发展有限公司　杭州　310000）

摘　要：本文针对跨海大桥路幅等级改造的要求，通过计算分析，提出了采用合理的改造方案，以保证桥梁结构的整体安全。

关键词：跨海大桥　公路等级提升　桥梁改造　结构计算

1　引言

随着我国经济的腾飞和交通事业的快速发展，一些公路桥梁特别是20世纪90年代修建的桥梁，其路幅宽度已不能满足日益增长的交通量要求，加之原设计的公路等级较低，桥梁安全设施的设计也较为落后，存在一定的安全隐患。虽然原结构在受力性能上仍能满足荷载等级的要求，但随着使用过程中受活载及环境侵蚀的影响，桥梁结构仍然会产生结构病害，对交通运营安全构成了隐患，因此对其进行改造维修就显得十分必要。

2　概述

2.1　工程概况

朱家尖大桥是华东地区第一座特大型跨海大桥，大桥西起舟山东港开发区应家湾，东至朱家尖民航机场，大桥全长2706m，设计桥梁总宽12.5m。主桥为76m+138m+76m预应力连续刚构，截面形式为单箱单室，海上主桥两侧设置的54孔引桥为跨径40m的预应力混凝土简支T梁，两岸陆上部分引桥为1孔16m和12孔20m跨径预应力混凝土空心板。主跨下部主墩为双肢薄壁墩，过渡墩为矩形空心墩，其余桥跨为桩柱接盖梁式桥墩。大桥于1999年5月建成通车，2008年12月进行了扩建。大桥扩建工程线位，位于老桥线位的北侧，与老桥桥梁净距3~10m。

2.2　改造背景

朱家尖大桥（新桥）改扩建完成后，由原来双向两车道变为双向四车道，即单向各两车道。旧桥由改扩建前的单幅双向两车道变为改扩建后的单向两车道。旧的朱家尖大桥运营时间已十年有余，车辆行驶的安全性及舒适性与新建朱家尖大桥相比，存在诸多不足。主要表现在以下几个方面：

（1）新建朱家尖大桥按一级公路设计，而旧桥仍维持二级公路设计标准，同一路线上双幅桥通行等级不同。

（2）在朱家尖新桥建成前，车辆在旧桥上双向两车道通行，原桥面横坡为双向横坡。新桥建成后，旧桥的双向通行改为单向通行，原桥面仍为双向横坡行车舒适性差及存在安全隐患。

（3）旧桥护栏采用混凝土人行栏杆，与新桥护栏不协调，而且人行道栏杆防撞能力较差，存在极大的安全隐患。

3　改造方案

3.1　方案拟定

方案主要以减少桥面恒载，保证结构安全为原则，桥面改造主要考虑单向横坡和双向横坡两方案。横坡考虑单向2%与1.5%比较，调平层考虑C50混凝土和LC50轻质混凝土比较，面层均采用3cm厚薄层沥青

(空心板考虑到减少自重,采用顶升9cm后施工桥面系的方案)。计算采用以下四种工况进行比较:

工况1——桥面横坡2%,C50混凝土调平层+薄层沥青。

工况2——桥面横坡2%,LC50轻质混凝土调平层+薄层沥青。

工况3——桥面横坡1.5%,C50混凝土调平层+薄层沥青。

工况4——桥面横坡1.5%,LC50轻质混凝土调平层+薄层沥青。

3.2 计算模型

计算采用MIDAS/Civil 2011进行,主桥为全预应力,引桥为A类部分预应力,下部结构为钢筋混凝土构件。

3.3 变截面连续梁计算

3.3.1 桥面横坡2%(普通混凝土)

桥面混凝土调平层采用9~29cm C50混凝土,面层采用3cm厚薄层沥青混凝土,其计算结果如表1所示,应力方向拉正压负:计算可知承载能力极限状态下主桥满足规范要求,且富余较多,由于本方案为方案比选中的最不利工况,因此可推得其他方案承载能力均能满足规范要求。

桥面铺装采用C50混凝土能满足正常使用的要求,但主梁最小压应力仅为0.14MPa,压应力富余量较少。

3.3.2 桥面横坡2%(轻质混凝土)

桥面混凝土调平层采用9~29cm LC50轻质混凝土,面层采用3cm厚薄层沥青混凝土,主梁最小压应力为0.63MPa,压应力相对于普通混凝土有明显提高。

3.3.3 桥面横坡1.5%(普通混凝土)

桥面混凝土调平层采用9~24cm C50混凝土,面层采用3cm厚薄层沥青混凝土,主梁最小压应力为0.49MPa,满足规范要求。

3.3.4 桥面横坡1.5%(轻质混凝土)

桥面混凝土调平层采用9~24cm LC50轻质混凝土,面层采用3cm厚薄层沥青混凝土,主梁最小压应力为0.76MPa,已接近原设计的应力状况,总体受力情况较好。

四种工况下的应力验算汇总见表1。

变截面连续梁正常使用状态下应力验算汇总表(单位:MPa) 表1

项　目	最大正应力	最小正应力	最大主拉应力	最小主压应力
工况1	-0.14	-15.00	0.60	-15.10
工况2	-0.63	-14.81	0.56	-14.82
工况3	-0.49	-14.89	0.57	-14.90
工况4	-0.76	-14.74	0.55	-14.74
规范容许值	0	-21	2.7	-22.75

3.4 T梁计算

3.4.1 桥面横坡2%(普通混凝土)

边梁的横向分布系数:汽车0.685,挂车0.397。中梁的横向分别系数最大值为:汽车0.595,挂车0.335,桥面横坡采用2%,桥面混凝土调平层采用8~28cm C50混凝土,面层采用3cm厚薄层沥青混凝土。计算可知承载能力极限状态下T梁的抗弯承载力满足规范要求,由于本方案为方案比选中的最不利工况,因此可推得其他方案承载能力均能满足规范要求。

边梁最大正应力达到3.3MPa,不满足规范容许的2.34MPa的要求。

3.4.2 桥面横坡2%(轻质混凝土)

桥面混凝土调平层采用8~28cm的LC50轻质混凝土,面层采用3cm厚薄层沥青混凝土,边梁最大正应力为2.46MPa,不满足规范要求。

3.4.3　桥面横坡 1.5%（普通混凝土）

桥面混凝土调平层采用 8～23cm C50 混凝土，面层采用 3cm 厚薄层沥青混凝土，边梁最大正应力达到 3.0MPa，不满足规范容许的 2.34MPa 的要求。

3.4.4　桥面横坡 1.5%（轻质混凝土）

桥面混凝土调平层采用 8～23cm LC50 轻质混凝土，面层采用 3cm 厚薄层沥青混凝土，满足规范要求。

四种工况下的应力验算汇总见表 2。

T 梁正常使用状态下应力验算汇总表（单位：MPa）　　表 2

项　目	最大正应力	最小正应力	最大主拉应力	最小主压应力
工况 1	3.30	－13.3	3.30	－13.3
工况 2	2.46	－12.6	2.46	－12.6
工况 3	3.0	－13.0	3.0	－13.0
工况 4	1.80	－12.1	1.80	－12.1
规范容许值	2.34	－16.8	2.34	－18.2

由以上四种工况计算可知，T 梁的桥面改造，仅在桥面横坡采用 1.5% 并采用轻质混凝土的情况下能满足规范要求。

3.5　空心板计算

16m 空心板计算均能满足规范要求，因此暂不列入比较。

3.5.1　桥面横坡 2%（普通混凝土）

边板的横向分布系数：汽车 0.320，挂车 0.171。中板的横向分别系数最大值为：汽车 0.281，挂车 0.153，桥面横坡采用 2%，桥面混凝土调平层采用 8～29.5cm 的 C50 混凝土，面层采用 3cm 厚薄层沥青混凝土。

桥梁的抗弯承载力在最不利工况下均能满足规范要求，因此其他工况就不做验算。桥面铺装采用 C50 普通混凝土不能满足正常使用的要求。

3.5.2　桥面横坡 2%（轻质混凝土）

桥面横坡采用 2%，桥面混凝土调平层采用 8～29.5cm 的 LC50 轻质混凝土，面层采用 3cm 厚薄层沥青混凝土，均满足规范要求，但边梁拉应力已经接近规范限值。

3.5.3　桥面横坡 1.5%（普通混凝土）

桥面横坡采用 1.5%，桥面混凝土调平层采用 8.2～24.3cm C50 混凝土，面层采用 3cm 厚薄层沥青混凝土，计算满足正常使用的要求，但边梁拉应力已经接近规范限值。

3.5.4　桥面横坡 1.5%（轻质混凝土）

桥面横坡采用 1.5%，桥面混凝土调平层采用 8.2～24.3cm C50 混凝土，面层采用 3cm 厚薄层沥青混凝土，满足规范要求。而且相比于前三种方案，梁板的应力状况最佳。

四种工况下的应力验算见表 3。

空心板正常使用状态下应力验算汇总表（单位：MPa）　　表 3

项　目	最大正应力	最小正应力	最大主拉应力	最小主压应力
工况 1	2.80	－12.3	2.80	－12.3
工况 2	2.28	－11.7	2.30	－11.7
工况 3	2.33	－11.7	2.33	－11.7
工况 4	1.92	－11.2	1.92	－11.2
规范容许值	2.34	－16.8	2.34	－18.2

3.6 沥青面层加厚计算

根据以上计算结果可知，仅工况 4 能满足所有构件的承载能力及使用阶段要求。因此在方案阶段以此工况为基础，进行沥青面层的加厚计算，以满足规范关于最小沥青铺装层的要求。计算按下列工况取值：

工况 5——桥面横坡 1.5%，LC50 轻质混凝土调平层 +5cm 厚沥青。

桥面铺装自重比较见表 4。

桥面铺装自重比较表(单位:kN/m)　　表 4

项　目		连续梁	T 梁	空心板(顶升后)	
				11.75m	10.5m
原设计		36.4	46.9	55.1	51.1
2%横坡	普通混凝土	54.9	65.1	56.4	49.3
	轻质混凝土	43.7	50.7	44.9	39.6
1.5%横坡	普通混凝土	47.8	57.9	48.7	42.6
	轻质混凝土	38.6	45.5	39.4	34.8
	5cm 沥青	43.4	50.3	44.6	39.4

3.6.1 主桥

根据改建方案，桥面横坡采用 1.5%，桥面混凝土调平层采用 9 ~ 24cm LC50 轻质混凝土，面层采用 5cm 厚沥青混凝土，应力验算结果见表 5。

主桥正常使用状态下应力验算汇总表(单位:MPa)　　表 5

项　目	最大正应力	最小正应力	最大主拉应力	最小主压应力
计算最大值	-0.66	-14.65	0.54	-14.66
规范容许值	0	-21	2.7	-22.75

由上表可知，主梁满足规范要求。

3.6.2 40m T 梁

桥面横坡采用 1.5%，桥面混凝土调平层采用 8 ~ 23cm 的 LC50 轻质混凝土，面层采用 5cm 厚沥青混凝土。应力验算结果见表 6。

正常使用状态下应力验算汇总表(单位:MPa)　　表 6

项　目	最大正应力	最小正应力	最大主拉应力	最小主压应力
计算最大值	2.41	-12.4	2.41	-12.4
规范容许值	2.34	-16.8	2.34	-18.2

由上表可知，边梁最大正应力为 2.41MPa，不满足规范要求，因此桥面铺装采用 5cm 厚沥青混凝土不能满足正常使用的要求。

3.6.3 空心板

根据前面的计算结果可知，空心板在工况 1 ~ 3 均能满足规范要求，而工况 5 所增加的恒载小于工况1 ~ 3 所产生的恒载，因此可推得空心板上部结构在工况 5 下均能满足规范要求。

3.7 双向横坡计算比较

本次桥面改造另一大方案就是维持原双向横坡，其最大的优点就是改造后的二期恒载较单向横坡有很大的降低，而且能保证必要的铺装层厚度。连续刚构和 T 梁混凝土调平层最小厚度与原设计一致，空心板考虑到减少自重，采用顶升 2cm 后施工桥面系的方案。材料选取时也以减少桥面恒载、保证结构安全为原则，尽量选用自重轻，技术先进，性能好的铺装材料。

根据以上原则，桥面双向横坡方案按以下工况计算：

工况6——桥面横坡双向2%，LC50轻质混凝土调平层+5cm厚沥青。

桥面铺装自重比较见表7。

桥面铺装自重比较表(单位:kN/m)　　表7

项目		连续梁	T梁	空心板(顶升后)	
				11.75m	10.5m
原设计		36.4	46.9	55.1	51.1
2%横坡	普通混凝土	54.9	65.1	56.4	49.3
	轻质混凝土	43.7	50.7	44.9	39.6
1.5%横坡	普通混凝土	47.8	57.9	48.7	42.6
	轻质混凝土	38.6	45.5	39.4	34.8
	5cm沥青	43.4	50.3	44.6	39.4
双向2%横坡		37.3	43.8	40.1	34.6

由上表可知，采用工况6计算时二期恒载除连续梁略比原设计大外，其余结构均小于原设计。通过连续梁二恒比较可知，虽然工况6大于原设计，但其仍小于单向横坡最小自重的工况4，根据工况4的计算结果可推得其上部结构和下部结构的承载能力及使用阶段应力满足规范要求。

3.8 下部结构计算

下部结构计算方式与上部结构基本一致，本次只列出最终结构供参考。40m简支T梁改造后承载能力在各工况下均能满足规范要求，正常使用阶段工况1、工况2、工况3、工况5不满足规范要求，工况4、工况6满足规范要求。

T梁桥墩盖梁所有工况抗弯及抗剪均满足规范要求，工况1、工况2、工况3、工况5抗裂不满足要求，工况4、工况6满足规范要求。空心板盖梁所有工况抗弯、抗剪及抗裂均满足规范要求。

4 方案比选

由于本桥结构种类多，而待选的改建方案也多，因此本阶段考虑了不同结构多种方案的组合进行比较。

4.1 主桥

主桥刚构为全预应力构件，整体受力情况较好，各个工况均能满足规范要求。但根据检测报告，主跨的挠度校验系数平均为0.94，已接近正常值的上限，说明桥梁的刚度储备不足。为保证结构的整体安全，方案选取的时候以不增加二期恒载作为首要条件。根据比较，工况6最接近于原桥恒载，而且正常使用阶段计算结果表明主桥应力状况最接近原设计，而且沥青层也能满足规范最小厚度的要求，因此推荐采用工况6进行改建。

4.2 T梁

从计算结果来看，T梁受力情况较为不利，上部梁板与下部盖梁在工况1、工况2、工况3、工况5均不能满足规范要求。因此改建方案从两方面着手考虑，若要采用前四种工况的方案进行改建，势必要对T梁和下部盖梁进行加固；另一种方式是按工况4、工况6进行改建，就不需要对桥梁结构进行加固。

根据计算结果，T梁使用阶段应力不满足规范要求，只能通过施加体外预应力进行加固，而盖梁需要通过粘贴钢板加固。考虑到大桥位于海上，加固施工具有较大的难度，工期较长，体外预应力又会对梁体的应力状况有较大改变，反而会增加结构潜在的不安全性。从结构安全、降低施工难度、缩短工期等方面综合考虑，认为按工况6方案实施改建最为合理，对结构的损伤最小。

4.3 空心板

空心板主要考虑顶升后进行改造，这样能大大降低恒载的影响。空心板的结构特性决定了其很难通过体外预应力来改善其应力状况，根据计算结果，选取恒载最小、压应力富余最为充足的工况6实施改造。

5 实施方案

(1)采用桥面双向2%横坡的改建方案,路拱顶位于车道中心。

(2)设计速度采用80km/h,以保证朱家尖大桥的通行能力。

(3)为保证车辆最大的通行能力,改建路幅布置按照《公路工程技术标准》(JTG B01—2014)的规定,按80km/h设计,车道采用客货分离布置,客车道宽度为3.50m,货车道宽度为3.75m,左侧硬路肩0.75m,右侧硬路肩2.25m,桥面总宽度10.25m。

(4)考虑到本次改造5cm厚沥青面层为规范建议的最小值,选用SMA-10沥青混凝土作为面层材料,以保证改造后桥面的抗裂性及耐久性。

改建前后桥面横断面如图1、图2所示。

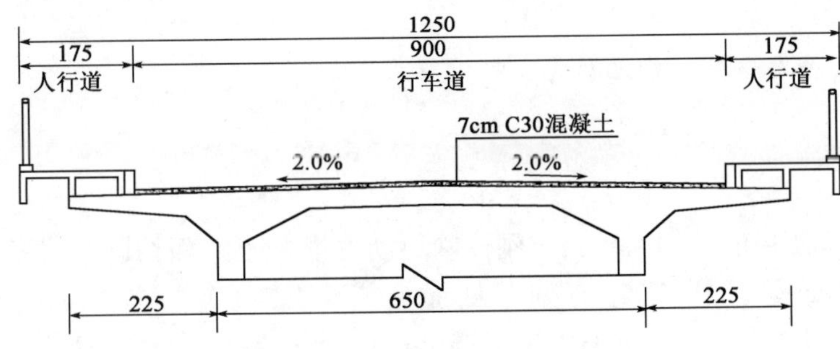

图1 原桥典型横断面(尺寸单位:cm)

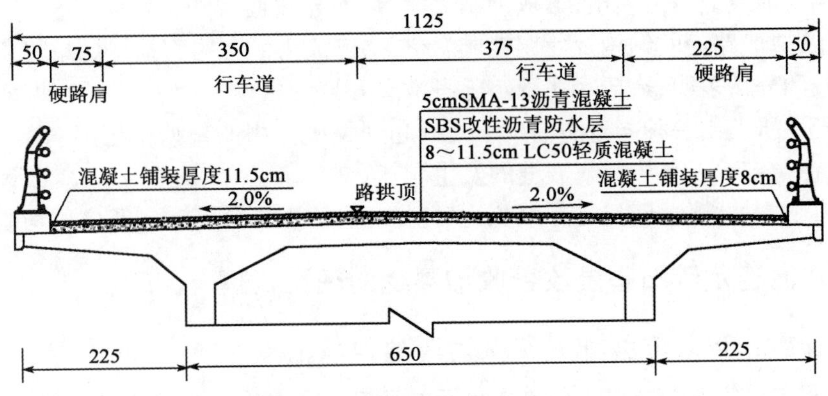

图2 改建后典型横断面(尺寸单位:cm)

6 结语

本文针对朱家尖大桥改造工程实例,通过计算分析及工况对比,确定最优设计方案,确保公路的正常、安全运营,在为本工程提供指导的同时,也可为其他同类工程的改造处理提供参考。

参考文献

[1] 蒙云,卢波.桥梁加固与改造[M].北京:人民交通出版社,2004.

[2] 郭健.跨海大桥建设的主要技术现状与面临的挑战[J].桥梁建设,2010(6).

[3] 杨红日.陶粒混凝土应用于路面施工中的试验检测分析[J].中国科技财富,2012(14).

乳化沥青水泥稳定碎石基层温湿收缩特性研究

林　智　成水武　石　敏　裘松立　周一勤

（宁波交通工程建设集团有限公司　宁波　315000）

摘　要：本文通过室内试验和试验路段的实际应用，对比分析了乳化沥青水泥稳定碎石基层与水泥稳定碎石基层收缩应力和裂缝数量，提出水泥稳定碎石混合料掺加乳化沥青的合适比例。理论和应用证明，乳化沥青水泥稳定碎石基层可有效缓解温度收缩和干燥收缩，增强抗裂能力，提高沥青混凝土路面的工程质量。

关键词：路面　水泥稳定碎石基层　乳化沥青　收缩应力　裂缝

1　引言

我国高等级公路普遍使用的结构类型是半刚性基层沥青混凝土路面，其中水泥稳定碎石半刚性基层占了很大比例，水泥稳定碎石具有强度较高、承载力大、抗疲劳性能良好等特点。但是，水泥稳定碎石基层材料的缺点是抗变形能力低、脆性大，施工期间，温度或湿度过量变化会产生开裂，且要反射到沥青面层，造成沥青路面出现对应的反射裂缝。反射裂缝在重车的反复作用下，积滞的渗水在基层顶面高速流动，将细颗粒拽离基层顶面并由面层反射裂缝通道喷出，形成冲刷唧泥，从而导致面层局部脱空，进一步导致网裂、龟裂、坑槽及其他病害的产生，造成路面的结构及使用性能恶化，这已成为沥青路面损坏的重要原因之一。

大量的路况调查和分析表明，造成水泥稳定碎石基层开裂的根本原因在于施工期间基层材料干燥收缩和温度收缩。因此亟须研发出一种能对防治反射裂缝起到关键作用的新型基层混合料，同时配以相应的施工方法，起到防止水泥稳定碎石基层反射裂缝的发生。

在水泥稳定碎石中掺加乳化沥青，能有效防止反射裂缝，从理论分析和实践应用均能起到良好的效果。

2　乳化沥青水泥稳定碎石基层改善收缩裂缝的理论机理

2.1　乳化沥青的作用可有效地减缓基层收缩裂缝的发生

如图1所示，碎石矿质集料颗粒对于包裹在表面的沥青分子具有一定的化学吸附作用，对于碱性石料，这种化学吸附比矿料与沥青间的分子力吸附（即物理吸附）要强得多，并使矿料表面吸附沥青组分重新分布，形成一层吸附溶化膜。这层膜也称为“结构沥青”，膜层较薄，黏度较高，与矿料之间有着较强的黏结力。在“结构沥青”层之外未与矿料发生交互作用的是“自由沥青”，保持着沥青的初始内聚力。由于集料被沥青膜包裹，可以有效地减少混合料孔隙中水分的蒸发，从而降低基层材料的干缩应变，起到防止裂缝的发生。

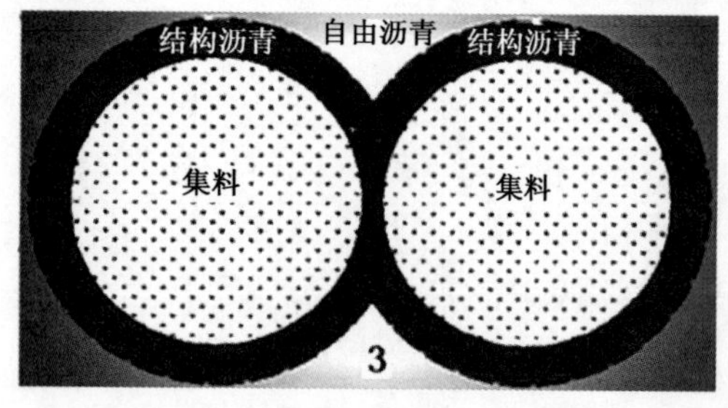

a)乳化沥青膜包裹集料结构示意图

b)试验路段试件（纯沥青掺量λ_a=1.5%）

c)试验室内试件（纯沥青掺量λ_a=1.28%）

图1　乳化沥青膜包裹集料结构示意和乳化沥青混合料剖面图

2.2 乳化沥青水泥稳定碎石基层收缩应力分析

2.2.1 计算模型的基本假定

(1)基层与下承层竖向连续,基层与下承层之间的水平位移约束力符合 Goodman 假设,即简化成平均摩擦力,下承层与基层沿水平方向产生相对位移时,摩擦应力与该水平位移成正比,即:

$$\tau_x = -C_x u_x \tag{1}$$

式中:τ_x——层底剪应力(MPa);

C_x——水平阻力系数(MPa/mm),随下承层的变形模量增加而增加,随下承层的塑性变形增加而减少,一般偏安全地取:土基 0.06MPa/mm,石灰土 0.06 ~ 0.10MPa/mm,水泥稳定类材料 0.10 ~ 0.60MPa/mm;

u_x——基层内 x 处水平位移(mm),负号表示摩擦应力与位移相反。

(2)基层厚度范围内,温度和湿度均匀。

(3)不计下承层因层间摩阻力引起的水平位移。

(4)不计基层弯曲效应(即不计下承层竖向位移)。

2.2.2 基层收缩应力计算公式

根据上述基本假定,将 x 坐标原点设于基层的横向裂缝间距的中点,如图 2 所示。在任意点 x 处,截取一段长 dx 的微元体,建立微分方程,由边界条件求得基层最大收缩应力为:

$$\sigma_{\mathrm{M}} = -(E\alpha_{\mathrm{t}}\Delta T + E\alpha_{\mathrm{d}}\Delta w)\left(1 - \frac{1}{\cosh\left(\frac{\beta L}{2}\right)}\right) \tag{2}$$

其中

$$\beta = \sqrt{\frac{C_x}{HE}}$$

式中:L——横向裂缝间距(mm);

H——基层厚度(mm);

E——材料的弹性模量(MPa);

α_{t}——材料的温度收缩系数($\times 10^{-6}$/℃);

ΔT——基层的温度下降值(℃);

α_{d}——干缩系数($\times 10^{-6}$);

Δw——含水率变化量(%),以失水为负。

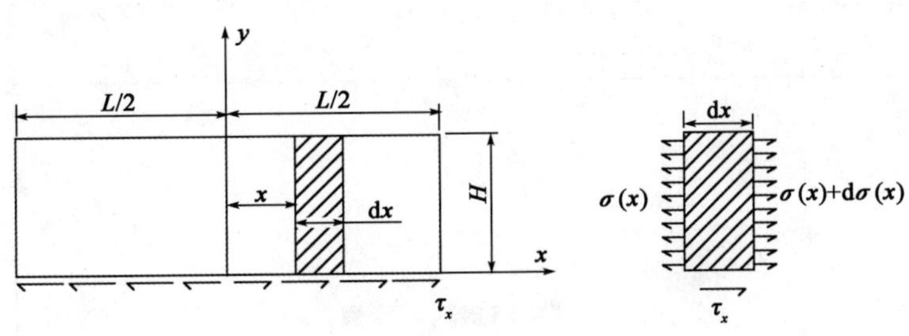

图 2 基层受力模型图

2.3 乳化沥青水泥稳定碎石基层与水泥稳定碎石基层收缩应力比较

若基层不产生收缩开裂,即裂缝间距 L 趋向无穷,基层的温缩和干缩应力均为最大,则式(1)可简化为:

$$\sigma_{\mathrm{M}}^{\infty} = \sigma_{\mathrm{tM}}^{\infty} + \sigma_{\mathrm{dM}}^{\infty} = -(E\alpha_{\mathrm{t}}\Delta T + E\alpha_{\mathrm{d}}\Delta w) \tag{3}$$

式中:$\sigma_{\mathrm{tM}}^{\infty}$、$\sigma_{\mathrm{dM}}^{\infty}$——裂缝间距 L 无限大的温缩、干缩应力。

可将式(2)中的干缩应力等效为温缩应力,即:

$$\sigma_{M}^{\infty} = -E\alpha_{t}(\Delta T + \Delta \tilde{T}) \tag{4}$$

其中,等效温度下降值 $\Delta \tilde{T}(t) = \frac{\alpha_{d}\Delta w}{\alpha_{t}} = \frac{\Delta \varepsilon_{d}}{\alpha_{t}}$,即将基层的干缩应变值 $\Delta \varepsilon_{d}$ 等效为基层的温度下降值。

乳化沥青水泥稳定碎石基层与水泥稳定碎石基层在裂缝间距 L 无限大时的收缩应力之比 φ_{σ} 可表示为:

$$\varphi_{\sigma} = \frac{\sigma_{Ma}^{\infty}}{\sigma_{Mc}^{\infty}} = \frac{E_{a}\alpha_{ta}(\Delta T + \Delta \tilde{T}_{a})}{E_{c}\alpha_{tc}(\Delta T + \Delta \tilde{T}_{c})} = \varphi_{E}\varphi_{\alpha t}\frac{\Delta T + \Delta \tilde{T}_{a}}{\Delta T + \Delta \tilde{T}_{c}} \tag{5}$$

其中,$\varphi_{E} = \frac{E_{a}}{E_{c}}$,$\varphi_{\alpha t} = \frac{\alpha_{ta}}{\alpha_{tc}}$,下标为“a”的变量为乳化沥青水泥稳定碎石的参数,下标为“c”的变量为水泥稳定碎石的参数。

2.4 每公里收缩裂缝数

将 $\Delta \tilde{T}(t) = \frac{\alpha_{d}\Delta w}{\alpha_{t}}$ 代入式(1),则 σ_{M} 可表示为:

$$\sigma_{M} = -E\alpha_{t}(\Delta T + \Delta \tilde{T})\left[1 - \frac{1}{\cosh\left(\frac{\beta L}{2}\right)}\right] \tag{6}$$

当长度为 L 的基层的最大收缩应力 $\sigma_{M} \geqslant R$(基层抗拉强度)时,基层即产生收缩裂缝,收缩应力在基层长度 L 的中间最大,则收缩裂缝从基层中间 $L/2$ 处开始产生,即每发生一次断裂基层长度减半。

3 实验室和实体工程试验分析

3.1 乳化沥青水泥稳定碎石基层试验路

2013 年 10 月至 11 月于宁波市高速公路江北连接线工程(二期)南北向段(以下简称江北段)1700m 及杭甬高速慈溪连接线横河段(以下简称慈溪段)6620m 两处铺筑了试验路进行对比试验,两段试验路均为一级公路,试验路路面结构如表 1 所示。

乳化沥青水泥稳定碎石试验路路面对比表 表 1

试验路段	路面结构	
	左幅	右幅(对比试验段)
江北段	路基 +32cm 4.0% 水泥稳定碎石底基层 +18cm 乳化沥青水泥稳定碎石基层(4.5% 水泥 +2% 纯沥青)	路基 +32cm 4.0% 水泥稳定碎石底基层 +18cm 4.5% 水泥稳定碎石基层
慈溪段	路基 +18cm 3.5% 水泥稳定碎石底基层 +18cm 乳化沥青水泥稳定碎石基层(4.2% 水泥 +2% 纯沥青)	路基 +18cm 3.5% 水泥稳定碎石底基层 +18cm 4.2% 水泥稳定碎石基层

3.2 试验路基层材料配合比

3.2.1 集料级配

试验路集料级配见表 2。

试验路集料级配表 表 2

筛孔尺寸(mm)		31.5	19	9.5	4.75	2.36	0.6	0.075
设计级配范围(%)		100	75~85	42~54	25~35	16~26	8~15	0~5
通过百分率(%)	江北段	100	80.0	44.1	30.1	20.4	9.5	1.1
	慈溪段	100	77.8	49.2	30.1	20.1	9.8	1.9
级配范围中值(%)		100	80.0	48.0	30.0	21.0	11.5	2.5

3.2.2 混合料含水率、干密度

试验路段最佳含水率、干密度表见表3。

试验路段最佳含水率、干密度表 表3

试验路段	λ_a(%)	振动压实		击实	
		w_d(%)	ρ_d(g/cm³)	w_d(%)	ρ_d(g/cm³)
江北段	0	6.0	2.214	7.0	2.145
	1.5	6.4	2.241	6.4	2.159
	2.0	7.0	2.248	6.2	2.185
慈溪段	0	6.5	2.256	—	—
	2.0	6.8	2.287	—	—

注：λ_a 为纯沥青掺量，w_d(%)为含水率，ρ_d 为干密度。

从表3中得出，振动压实得到的最大干密度要比击实试验得到的值大，说明振动压实使得混合料更加密实。在振动压实试验中，水起到润滑的作用，由于加入乳化沥青后，混合料之间的摩阻力变大，因而需要更多的水来减小摩阻以使混合料密实。

3.3 乳化沥青水泥稳定碎石基层与水泥稳定碎石基层收缩应力比较

理论与实验室和实体工程试验表明：当基层铺筑时的温度与冬季温度相差20℃时，乳化沥青水泥稳定碎石基层较水泥稳定碎石基层收缩应力约能减少22%（$\lambda_a=2\%$）~35%（$\lambda_a=4\%$）；若基层冬季温度与铺筑时的温度相比降低30℃，则掺入乳化沥青后，收缩应力下降幅度在19%（$\lambda_a=2\%$）~31%（$\lambda_a=4\%$）左右。可见，乳化沥青水泥稳定碎石基层与水泥稳定碎石基层相比，收缩应力较小，可有效地减缓基层收缩裂缝的发生（图3）。

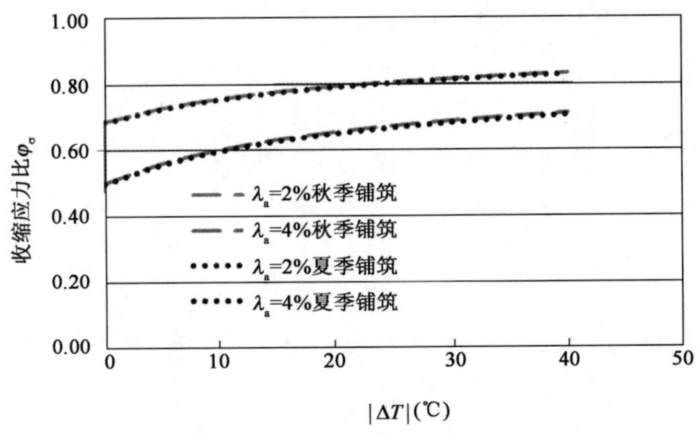

图3 乳化沥青水泥稳定碎石与水稳碎石基层收缩应力之比图

3.4 收缩裂缝

慈溪段试验路铺筑时间为11月，此时宁波地区白天最高气温约在18℃，基层顶面的冬季最低温度在3℃左右，底基层底面的冬季最低温度则高于6℃。掺入乳化沥青后，基层的收缩应力有显著下降，并且低温下乳化沥青水泥稳定碎石基层的抗拉强度更高，当结构层抗拉强度为2MPa时，不掺乳化沥青的水泥稳定碎石基层将产生收缩裂缝，且每公里裂缝数在63条左右；而掺入2%纯沥青后没有收缩裂缝产生，可见乳化沥青的掺入对减少水泥稳定碎石基层收缩开裂效果明显。

4 结语

(1)乳化沥青水泥稳定碎石基层施工需改装现有的水泥稳定碎石拌和机械，增加乳化沥青添加设备，并增加碾压次数1~2次，可提高混合料的密实程度，增强抗裂能力；摊铺和养生过程中温度和湿度控制适宜，可防止混合料干燥收缩和温度收缩发生。

(2)虽然掺加乳化沥青造价比未掺加乳化沥青造价有所提高,经分析测算,这部分增加的造价在日常养护节约费用中冲销。在水泥稳定碎石基层中采用掺加乳化沥青后,各项性能技术指标得到大幅提高,缓解了水泥稳定碎石基层反射裂缝的发生,沥青混凝土路面的水损现象和耐久性得到了明显提高,经济效益和社会效益显著。

(3)乳化沥青水泥稳定碎石基层上铺设沥青混凝土路面后,经过半年多的观察,使用情况良好。目前正在继续跟踪观察,进一步了解和验证乳化沥青水泥稳定碎石基层的长期抵抗温度收缩和干燥收缩裂缝发生的效果。

参考文献

[1] 杨旲礼,张旭东,等.乳化沥青水泥稳定碎石基层开裂控制与路用性能研究[R].宁波交通工程建设集团有限公司,2016.

[2] 王铁梦.工程结构裂缝控制[M].北京:中国建筑工业出版社,1997.

[3] 光同文.半刚性基层温缩裂缝控制措施的研究[J].合肥工业大学学报, 2003, 26(1): 127-132.

石灰土公路路基施工质量控制

成水武　石　敏　柳淑波

（宁波交通工程建设集团有限公司　宁波　315000）

摘　要：在缺乏宕渣材料作路基的地区，利用就地取材的土中掺入石灰材料形成石灰土，使石灰与土之间发生化学物理作用，从而改变土的特性和结构，增强强度和稳定性。与宕渣路基相比，石灰土路基更生态环保，而且能够较好地缓解道路沉降不均、路面平整度差、桥头跳车严重等问题。

关键词：公路路基　石灰土　质量控制

1　引言

20世纪90年代后期，浙江省公路路基填筑基本上不再使用石灰土，而采用开山选取的宕渣材料。随着国家环境保护政策的进一步实施落实，杭州湾地区宕渣材料来源严重缺乏，远运运费昂贵，工程造价居高不下。而钱塘江沿岸拥有丰富的粉土，应用钱塘江沿岸的粉土填筑公路路基的研究应用便应运而生。2007年，中南大学以浙北某高速公路K44+400~K44+550段采用石灰改良土方案进行低路堤路设计研究，试验结果表明，通过掺灰6%的灰土改良，可以有效提高软土强度和水稳定性，回弹模量提高6~7倍。同年，桐乡市过境公路及高桥连接线工程第五合同等标段对石灰土路基施工进行的室内和工地现场试验研究，从路基填筑一年多来的观测，证明其质量良好，效果明显。

08省道浙江海宁马桥至尖山段改建工程按一级公路双向四车道设计，路基宽24.5m，桥梁按六车道建设。在工程施工期间，针对环境保护、宕渣取料困难的问题，采用了杭州湾沿岸丰富的粉土掺加石灰改良技术，就地取材，在试验路成功填筑的基础上，推广运用近8km石灰土公路路基，节约了投资成本，提高了工程质量。

2　施工现场粉土的工程特性

钱塘江是浙江省第一大河，钱塘江全流域面积为48887km²，干流长为605km。主干流新安江发源于安徽省休宁县境的怀玉山主峰六股尖。流向自西向东，经新安江水库后在浙江省建德市梅城镇与兰江汇合成富春江，经富春江水库后向东北流经桐庐县、富阳市至杭州市和嘉兴市的杭州湾，再注入东海。钱塘江及两岸上部分布粉土层，厚度0.3~24.4m不等，性质以松散为主，部分稍密，成因属冲海积，受河流冲积和海洋淤积双重影响。

2.1　天然粉土的物理性质

粉土中的粉粒对工程性质起着控制作用。其粒径一般在0.005~0.075mm之间，多由含量≥60%的石英、长石、云母组成，表面活动性弱，但有一定的结构性。工程现场天然粉土的物理指标见表1。

工程现场天然粉土的物理指标表　　表1

指标	含水率（%）	密度（g/cm³）	土粒相对密度	孔隙比（%）	液限（%）	塑限（%）	塑性指数	相对密度	颗粒（mm）组成（%）			
									>0.25	>0.075	>0.005	>0
数值	27.0~33.7	1.87~1.93	2.70	0.780~0.937	29.6~35.1	20.2~26.1	7.3~9.4	0.68~0.99	0.4	18.3	59.2	22.1

2.2　天然粉土的力学性质

粉土压缩性指标压缩系数0.16~0.36MPa^{-1}，压缩模量为5.12~11.87MPa。粉土的构成特点是粒间的连接很弱,主要表现为物理连接,它对含水率非常敏感。土的抗剪强度指土在外力作用下抵抗剪切滑动的极限强度。天然粉土的抗剪强度指标见表2。

天然粉土抗剪强度表 表2

指　标	直剪快剪		直剪固剪	
	内聚力(kPa)	内摩擦角(°)	内聚力(kPa)	内摩擦角(°)
数值	13.0~15.4	22.1~33.6	14.0~16.0	26.0~34.5

粉土的透水性指标以垂直渗透系数和水平渗透系数表示,物理意义为当水力梯度等于1时的渗透速度。采用室内试验方法测定。天然粉土的渗透性指标见表3。

天然粉土的渗透性指标表 表3

指　标	垂直渗透系数(cm/s)	水平渗透系数(cm/s)
数值	$2.6\times10^{-6}\sim9.0\times10^{-5}$	$9.2\times10^{-6}\sim1.2\times10^{-4}$

3　石灰土的凝结机理

石灰和水加入土中后,会和土发生一系列的物理、化学反应,从而使土的根本性质发生变化。石灰的主要成分是 CaO,首先,CaO 和水作用生成 $Ca(OH)_2$,之后主要通过以下四个方面的作用使土的性质发生变化。

3.1　离子交换及凝聚作用

土表面吸附着一定数量的 Na^+、H^+、K^+等一价电离子,$Ca(OH)_2$ 在水中会电离出一部分二价的 Ca^{2+},Ca^{2+}与土中的 Na^+、H^+、K^+发生离子交换作用。离子交换的结果,改变了扩散层的离子成分,引起动电电位的变化,从而改变了土的物理力学性质。离子交换作用还引起了土颗粒的凝聚作用,当动电电位降低到临界值时,黏土颗粒间的引力将起主要作用,作用半径小的引力将使黏土颗粒紧密排列而凝聚,团聚作用的结果,使土颗粒在结构上发生根本变化,土颗粒团聚在一起,形成颗粒较大的"聚集体",使土的强度和稳定性增加。

3.2　结晶作用

CaO 水作用生成的一部分 $Ca(OH)_2$ 发生离子交换作用,绝大部分 $Ca(OH)_2$ 会与水继续作用而形成坚硬的结晶网络,从而使土的强度增加,其化学反应式为:$Ca(OH)_2 + nH_2O = Ca(OH)_2 \cdot nH_2O$。

3.3　火山灰作用

$Ca(OH)_2$ 会跟土中的活性物质氧化硅 SiO_2 和氧化铝 Al_2O_3 作用形成硅酸钙和铝酸钙的结晶水化物:

$$xCa(OH)_2 + SiO_2 + nH_2O = xCaO \cdot SiO_2(n+1)H_2O$$

$$xCa(OH)_2 + Al_2O_3 + nH_2O = xCaO \cdot Al_2O_3(n+1)H_2O$$

结晶水化物能够在土微粒外围形成一层稳定保护膜并填充颗粒空隙,从而在由离子交换作用、凝聚作用形成的团聚结构中间产生稳定的联接强度,减少颗粒间的空隙与透水性。

3.4　碳酸化作用

$Ca(OH)_2$ 跟空气中的 CO_2 接触,会发生碳酸化作用,化学反应式为:$Ca(OH)_2 + CO_2 = CaCO_3 + H_2O$,生成的产物 $CaCO_3$ 是一种坚硬的结晶体,它和其生成的复杂盐类把土粒黏结起来,从而大大提高了土的强度和稳定性。

石灰土强度主要来源是火山灰反应,石灰自身的电解、离子交换、团聚作用,产生结晶和碳酸化经碾压后形成石灰土稳定结构和强度,满足路基的强度和稳定性要求。

4 质量控制措施

4.1 质量控制标准

质量控制标准包括：交通运输行业标准《公路路面基层施工技术细则》(JTG/T F20—2015)和《公路工程质量检验评定标准》(JTG F80/1—2004)、建材行业标准《建筑生石灰》(JC/T 479—2013)、吉林省地方标准《石灰粉煤灰稳定材料路面基层底基层技术规范》(DB 22/T 470—2009)。

4.2 原材料要求

4.2.1 土料

粉土内的有机质含量不得超过5%。

4.2.2 石灰

(1)生石灰的技术指标见表4。

生石灰的技术指标表 表4

指标	钙质生石灰			镁质生石灰			试验方法
	Ⅰ	Ⅱ	Ⅲ	Ⅰ	Ⅱ	Ⅲ	
有效钙+氧化镁含量(%)	≥85	≥80	≥70	≥80	≥75	≥65	T0813
未消化残渣含量(%)	≤4	≤4	≤4	≤4	≤4	≤4	T0815
钙镁石灰的分类界限，氧化镁含量(%)	≤5%			>5%			T0812

(2)消石灰的技术指标见表5。

消石灰技术指标表 表5

指标		钙质生石灰			镁质生石灰			试验方法
		Ⅰ	Ⅱ	Ⅲ	Ⅰ	Ⅱ	Ⅲ	
有效钙+氧化镁含量(%)		≥65	≥60	≥55	≥60	≥55	≥50	T0813
含水率(%)		≤4	≤4	≤4	≤4	≤4	≤4	T0801
细皮	0.6mm方孔筛筛余(%)	0	≤1	≤1	0	≤1	≤1	T0814
	0.15mm方孔筛筛余(%)	≤13	≤20	—	≤13	≤20	—	T0814
钙镁石灰的分类界限，氧化镁含量(%)		≤4			>4			T0812

(3)高速公路和一级公路石灰应不低于Ⅱ级技术要求，且采用磨细消石灰，二级公路应不低于Ⅲ级技术要求。

(4)二级以下公路使用等外石灰时，有效钙镁含量应在20%以上，且混合料强度应满足要求。

4.3 石灰土7d无侧限抗压强度和压实度

石灰土7d无侧限抗压强度和压实度标准见表6。

石灰土7d无侧限抗压强度和压实标准表 表6

结构层	高速公路和一级公路		二级及二级以下公路	
	7d无侧限抗压强度(MPa)	压实度(%)	7d无侧限抗压强度(MPa)	压实度(%)
基层	—	—	≥8	≥97
底基层	≥0.8	≥97	0.5～0.7MPa	≥95
填方	符合设计要求			

4.4 质量控制措施

(1)石灰质量对石灰土强度影响很大,所以在施工中尽量选用等级高的石灰,本合同在施工中选取不低于Ⅱ级的石灰。采用袋装磨细石灰粉,磨细生石灰 CaO + MgO 有效含量大于等于 70%,最大粒径小于 0.2mm,石灰设计掺量为 7%。

(2)石灰存放时间不能长,否则会降低石灰中有效钙和氧化镁含量;石灰消解要完成,否则会引起路基局部爆裂,造成灰土层裂缝、松散,影响灰土层的强度和平整度。

(3)用铧犁翻、旋耕机初拌、稳定土拌和机拌,确保石灰和土拌和均匀。

(4)翻晒的同时试验人员不定期测定含水率和灰剂量,若中途测得灰剂量不够就进行补灰,重复铧犁翻均匀。

(5)严格控制碾压时的含水率,碾压时灰土的含水率略大于最佳含水率 0.5% ~1%,这是为了弥补碾压过程中水分的损失,确保石灰土是在最佳含水率时碾压完成。

(6)石灰的布置采用打格布灰,以保证石灰均匀布置。

(7)在远离民房处设置专门的石灰堆场进行石灰的堆放和消解工作。施工便道安排专人定期清扫,以减小扬尘。

4.5 质量通病防治措施

4.5.1 石灰土起皮、弹簧、拥包

控制好原材料及混合料含水率,石灰土最后一次拌和前应及时检测含水率,含水率不够时应及时洒水补充,然后拌和均匀,含水率过大则晾晒。接近施工最佳含水率时再进行碾压,控制好含水率可杜绝湿弹或干弹现象,亦可避免石灰稳定土起皮。

4.5.2 石灰土的开裂和龟裂改善土质

对于塑性指数大于 20 的土,一是加砂土或煤灰降低塑性指数;二是采用两次拌,第一次在土内先加入 4% ~6% 的石灰进行拌和闷料,2 ~3 个月后摊开,加入剩余剂量石灰,拌和碾压成型。第一次加灰起到了降低含水率、使土质发生变化的作用,达到了“砂化”效果。及时保湿养生:石灰土养生期间应保持一定的湿度,每次洒水后,应用两轮压路机将表层压实,养生期不应少于 7d,并封闭交通。

4.5.3 石灰土的横向裂缝

混合料碾压完毕后,应及时养生,并保持一定的湿度。不应过干、过湿或忽干忽湿,采用塑料薄膜覆盖。产生横向裂缝时,用沥青封缝,以防止渗水和恶化。

4.6 路基和基层质量检查和验收标准

加强石灰土路基质量检测是保证工程质量的主要手段,按照设计要求对石灰土进行压实度、弯沉试验,须满足标准规定(图 1)。

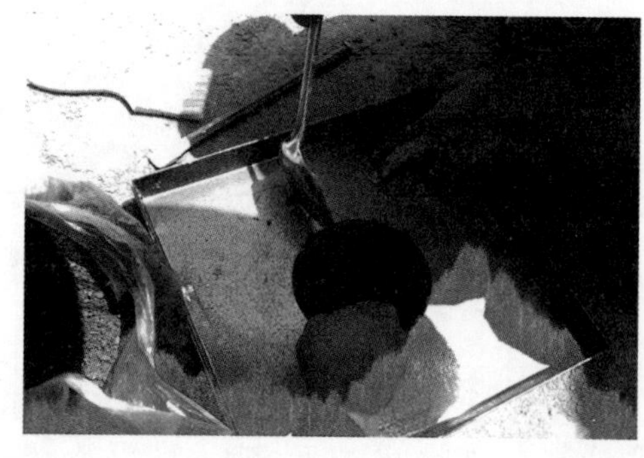

图 1　质量检测图

路基和基层质量检查和验收标准见表7。

石灰土公路路基实测项目表

表7

项　次	检　查　项　目	规定值或允许偏差		检查频率和方法
1	弯沉(0.01mm)	不大于设计要求值		按 JTG F80/1 附录 I 检查
2	纵断高程(mm)	+10，-15	+10，-20	水准仪：每200m 测4 断面
3	中线偏位(mm)	50	100	经纬仪：每200m 测4 点，弯道加 HY、YH 两点
4	宽度(mm)	符合设计要求		米尺：每200m 测4 处
5	平整度(mm)	15	20	3m 直尺：每200m 测2 处×10 尺
6	横坡(%)	±0.3	±0.5	水准仪：每200m 测4 断面
7	边坡	符合设计要求		尺量：每200m 测4 处

5 结语

在缺乏宕渣材料的地区，利用现有的土中掺入石灰材料后，石灰与土之间发生强烈的作用，从而使土的性质发生根本性的改变。相比宕渣路基，石灰土路基更生态环保，而且能够较好地缓解道路沉降不均、路面平整度差、桥头跳车严重等问题。

在土中掺加石灰，此项研究已经取得了阶段性成果，并在实践中得到了成果应用，具有非常好的推广应用前景。

参考文献

[1] 易勇.长株高速公路台背回填石灰土工程应用研究[D].长沙：长沙理工大学，2008.
[2] 付强.南方多雨地区石灰土施工实践研究[J].城市道桥与防洪，2012(5)：184-187.
[3] 刘海霞，等.石灰土的强度与施工质量的关系[J].交通科技与经济，2008(3)：26-27.

山区公路隧道盖挖套拱混凝土对拉式土拱和型钢骨架的设计与施工

冉　平　谢瑜军　陈海圣　陈兴艾

（宁波交通工程建设集团有限公司　宁波　315000）

摘　要：通过理论分析和工程实例，提出山区公路隧道盖挖套拱混凝土对拉式土拱和型钢骨架设计与施工方法，解决了土拱胎变形沉降和套拱的水平位移和稳定性问题，边坡土体变形得到了有效控制，避免了隧道两侧放坡开挖对周围生态环境破坏，减少了开土石方工程量，保护了隧道进出口的自然环境，节约了工程造价，施工简单，安全保障，优势明显，经济效益和社会效益明显。

关键词：浅埋隧道　套拱　拉式土拱和型钢骨架　设计施工

1　引言

公路隧道盖挖法是由地面向下开挖至一定深度后，将顶部封闭，其余的下部工程在封闭的套拱顶盖下进行施工。山区公路隧道需穿越谷地和山岭底下，谷地由于覆盖层较浅，地质条件变化较大，故谷地隧道施工难度一般比山岭底下隧道要大。工程中常遇到的谷地覆盖层较薄，隧道部分高度为地质较差的土层，以下为地质稍好的风化岩层，可采用明挖法和盖挖法施工。若采用明挖法进行施工，隧道两侧放坡开挖对周围环境破坏较大，且土方工程量巨大；若采用盖挖法施工，土拱胎模板套拱支护施工是常用的方法，但必须解决土拱胎变形沉降和套拱的水平位移和稳定性问题，一般可采用预留拱度方法解决土拱胎变形沉降，在开挖的边坡两侧用钢构件支撑土拱胎的套拱模板，由于边坡土体变形不易控制，土拱胎、套拱钢模板和套拱混凝土的整体稳定也难以保证，存在安全隐患。

在宁波奉化309省道（江拔线）大张至沙堤段改道工程杜鹃谷隧道浅埋段施工中，上盖套拱混凝土采用拉式土拱和型钢骨架施工，取得了良好效果。

2　设计计算

盖挖法施工的浅埋隧道从地面开始开挖至地质稍好的风化岩层时，预留套拱混凝土施工范围内的土体，作为套拱混凝土的拱架，套拱基础的地基垂直承载力满足盖挖法套拱混凝土和套拱模板的荷载要求，型钢骨架底部与套拱基础顶部固定连接，每模套拱混凝土型钢骨架内穿入数组对拉式预应力精轧螺纹钢筋拉杆，利用精轧螺纹钢拉杆预先施加的预应力，限制土拱胎、型钢骨架和套拱混凝土侧向变形，提高土拱胎、钢拱架和套拱混凝土承载能力。

土拱胎与隧道拱轴线为三圆组合拱，将型钢骨架、套拱模板、套拱混凝土和数对上、下拉杆简化作为拉杆二铰圆弧拱计算（图1～图4），数对上、下拉杆的平均高度作为等效拉杆，即等效拉杆轴线位置，在套拱混凝土和套拱模板的荷载作用下的套拱基础垂直反力、水平反力和数对上、下拉杆等效拉力由下式计算：

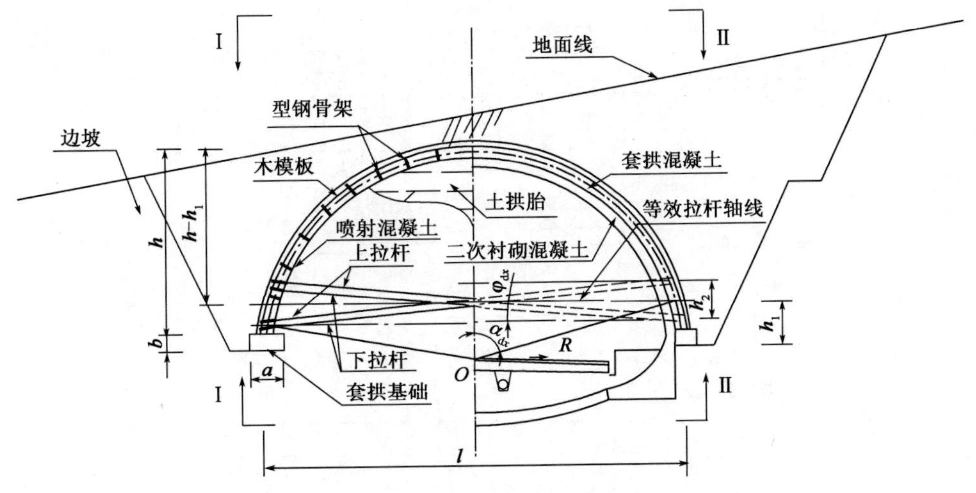

图1　型钢骨架、套拱模板、套拱混凝土盖挖施工立面图

（左）-施工套拱示意图；（右）-工程完成示意图

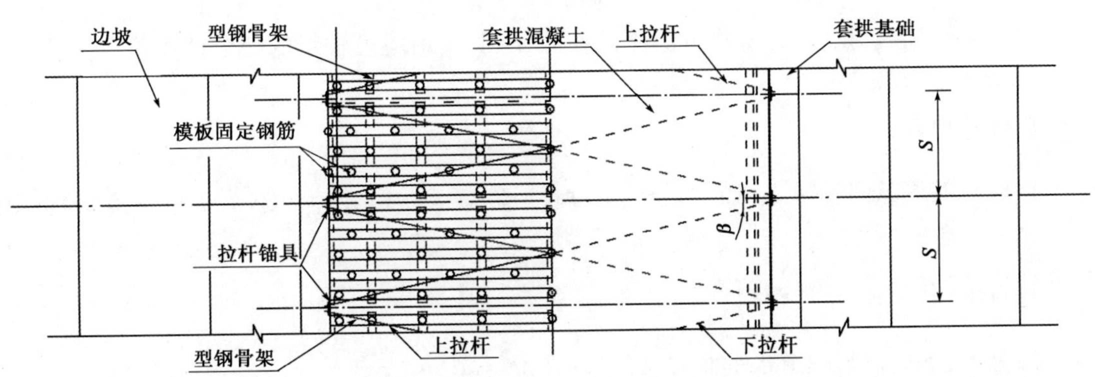

图2　型钢骨架、套拱模板、套拱混凝土盖挖施工平面图

（左）-施工套拱示意图；（右）-工程完成示意图

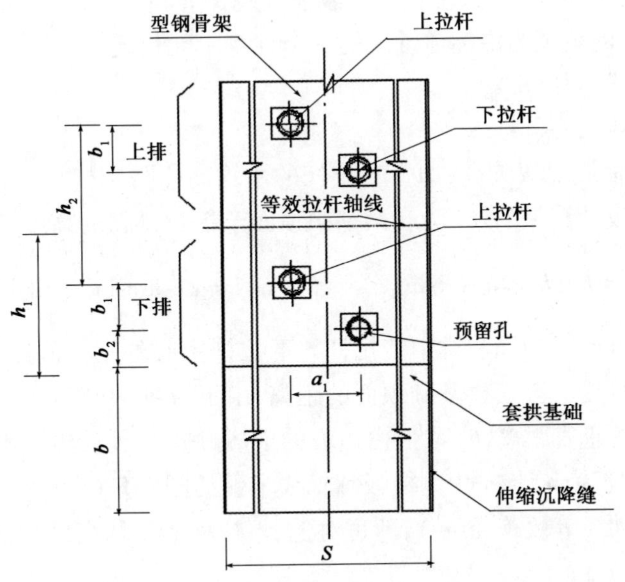

图3　Ⅰ—Ⅰ、Ⅱ—Ⅱ拉杆锚固剖面图

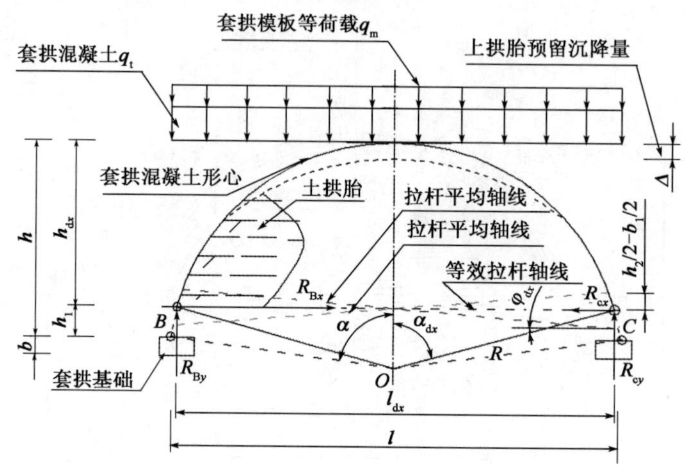

图4 拉杆受力计算图式

$$F_1 = \frac{\eta S(q_t + q_m) l_{dx}}{n\sqrt{\cos^2\beta + \cos^2\varphi}} K \leqslant \sigma_k A_1 \tag{1}$$

式中：F_1——在型钢骨架、套拱模板、套拱混凝土的荷载作用下，沿隧道轴线的一个计算单元 S 长度每根拉杆分担的拉力(kN)；

n——拉杆的根数；

β——拉杆与隧道纵向轴线之间的水平夹角(rad)，$\beta = \arctan(\frac{S - a_1}{2R\sin\alpha_{dx}})$，当拉杆与隧道轴线的无夹角时，$\beta = 0$；

a_1——每对拉杆之间的水平距离(m)；

φ——每对上、下拉杆与隧道水平面的夹角(rad)，$\varphi = \arctan(\frac{h_2 - b_1}{2R\sin\alpha_{dx}})$；

A_1——拉杆的截面积(m^2)；

σ_k——预应力螺纹钢筋拉杆控制应力(kPa)；

q_t、q_m——套拱混凝土(含型钢)和套拱模板的荷载强度(kN/m)；

S——每对上、下拉杆的范围为沿隧道轴线的一个计算单元长度(m)；

R——钢模板的圆轴线半径(m)；

h——钢模板的圆轴线矢高(m)；

h_{dx}——套拱混凝土圆轴线等效矢高，即每对拉杆的平均高度与钢模板连接处节点 C，作为拉杆和钢模板圆轴线的等效计算矢高，h_1 为套拱基础顶面至等效拱脚的高度，$h_1 = R\sin(\alpha - \alpha_{dx})$，于是等效计算矢高为 $h_{dx} = h - h_1 = h - R\sin(\alpha - \alpha_{dx})$，$\alpha_{dx} = \alpha - \arcsin\frac{h_1}{R}$，$\alpha_{dx}$ 为套拱混凝土圆轴线半弧的等效圆心角(rad)；b_1 为同一排中上拉杆与下拉杆中心的垂直间距，取值视土拱胎的土性而定，b_2 为下排下拉杆中心至套拱基础顶面的距离，由下拉杆的倾斜情况和施工便利确定；h_2 为两排拉杆中心之间的垂直距离，h_2 取值由边坡的土质、施工环境、施工设备和施工技术确定，b_1、b_2、h_{dx}、h_1、h_2 单位均为 m 计，α 为钢模板圆轴线半弧的圆心角(rad)；

l_{dx}——套拱混凝土圆轴线等效跨径(m)，即每对上、下拉杆的平均高度与钢模板连接处节点 BC 之间的距离，$l_{dx} = 2R\sin\alpha_{dx}$；

l——套拱基础与钢模板连接处拱脚的跨径(m)；

ρ_{dx}——等效矢跨比，即钢模板圆轴线等效矢高 h_{dx} 与钢模板圆轴线等效跨径 l_{dx} 的比，$\rho_{dx}=\frac{h_{dx}}{l_{dx}}=\frac{h-h_1}{2R\sin\alpha_{dx}}=\frac{h-R\sin(\alpha-\alpha_{dx})}{2R\sin\alpha_{dx}}$；

K——每对上、下拉杆分担距离的钢模板轴向变形影响的修正系数，即：

$$K=\frac{1}{1+\frac{In_1}{Ah_{dx}^2}+\frac{EIn_2}{E_{ldx}A_{ldx}h_{dx}^2}} \tag{2}$$

式中的系数为：

$$n_1=\frac{64\rho_{dx}^4}{(1+4\rho_{dx}^2)^2}\cdot\frac{\alpha_{dx}(1+4\rho_{dx}^2)^2+4\rho_{dx}(1-4\rho_{dx}^2)}{\alpha_{dx}(3-8\rho_{dx}^2+48\rho_{dx}^4)-12\rho_{dx}(1-4\rho_{dx}^2)} \tag{3}$$

$$n_2=\frac{512\rho_{dx}^5}{(1+4\rho_{dx}^2)[\alpha_{dx}(3-8\rho_{dx}^2+48\rho_{dx}^4)-12\rho_{dx}(1-4\rho_{dx}^2)]} \tag{4}$$

$$\Phi_1=\alpha_{dx}(3-8\rho_{dx}^2+48\rho_{dx}^4)-12\rho_{dx}(1-4\rho_{dx}^2) \tag{5}$$

E——每对上、下拉杆分担距离的钢模板材料的弹性模量(kPa)；

I——每对上、下拉杆分担距离的型钢骨架、套拱模板、套拱混凝土截面惯性矩(m^4)；

A——每对上、下拉杆的范围为沿隧道轴线的一个计算单元长度 S 的型钢骨架、套拱模板、套拱混凝土换算截面积(m^2)；

E_{ldx}——每对上、下拉杆材料的等效弹性模量(kPa)；

A_{ldx}——每对上、下拉杆的等效截面积(m^4)。

为了方便计算，表 1 列出了各矢跨比 ρ_{dx} 的型钢骨架、套拱模板、套拱混凝土的荷载作用下拉杆拉力系数，各档矢跨比 ρ_{dx} 中间数值用内插法计算。

型钢骨架、套拱模板、套拱混凝土的荷载作用下拉杆拉力系数表　　表 1

计算公式	ρ_{dx}	0.2	0.25	0.3	0.35	0.4	0.45	0.5
$F_{lx}=\eta\times\frac{(q_t+q_m)l_{dx}}{h_{dx}}K$	η	0.1221	0.1204	0.1184	0.1159	0.1131	0.1098	0.1061

表中，η 的计算公式如下：

$$\eta=\frac{1}{16\Phi_1}\left[\alpha_{dx}(1-4\rho_{dx}^2)(1-24\rho_{dx}^2+16\rho_{dx}^4)-\frac{4}{3}\rho_{dx}(3-88\rho_{dx}^2+48\rho_{dx}^4)\right] \tag{6}$$

在型钢骨架、套拱模板、套拱混凝土的荷载作用下，套拱基础与地基之间摩阻力承担了部分水平力作为安全储备。

经计算(限于篇幅，计算过程省略)，每模 10m 套拱混凝土需设置 3 对上下拉杆，拉杆与隧道纵向轴线之间的水平夹角 $\beta=0°$，拉杆采用 PSB785 预应力混凝土用螺纹钢筋，要求单根控制张拉力控制在 40t 之内。

3　施工操作要点

3.1　边坡开挖和防护

(1)根据设计图纸资料详细研究工程地质、水文地质情况，制订合理的施工方案和施工安全措施，制订地表沉降和水平位移监控量测方案。

(2)结合现场实际地质情况与设计图纸要求，合理设置地面临时边沟与仰坡截水沟。水沟一般采用梯形排水沟，水沟靠内一侧可以适当加高 30cm 左右，同时水沟侧壁夯实后采用喷射混凝土扫面，将原自然水系通过水沟改移、接顺，保证正常排水，不冲刷坡面。

(3)在边坡坡顶适当位置埋设地表量测点位,做好原始记录,时时监测地表下沉及边坡位移,为基坑开挖做好安全预警。

(4)边坡开挖前先在现场放出边、仰坡开挖线,及土模预留土体范围与土模顶位置(土模范围适当放大1m以利于后期修整),用生石灰做好标记。

(5)用PC200型挖机顺着开挖线开挖边坡,边坡每开挖1.5m深度用全站仪复核一下坡率,边开挖边修整(图5),以保证开挖坡率符合设计要求。开挖弃土可临时堆放在距坡顶1m处,土堆高度不超过1.5m,同时对弃土及时清运至指定弃方场地。

图5 边坡开挖与修整和喷混凝土防护

(6)边坡以1.5m深作为一级开挖,每开挖1.5m后及时对边坡进行修整,施作锚杆,边坡开挖成型后及时挂网然后进行混凝土喷射防护施工,防止坡面被雨水冲刷塌陷,以保证后续施工作业安全(图5)。

(7)两侧边坡和临近盖挖段设置地表沉降和位移监测点,定期定人定时进行检测,检测数据如有异常,立即停止施工,找出原因及时采取应对措施,排除隐患后方可恢复施工。

3.2 土拱胎修筑

(1)边坡开挖时同时根据现场土模轮廓线对土模进行初步开挖(图6)。一节混凝土套拱长度为12m,现场开挖时土拱模长度适当增加1m,作为工作平台。

图6 土拱模机械开挖和人工现场整修土模

(2)开挖边仰坡的时候,土模范围内的土体已经预先保留,此时用PC200挖机对土模范围内土体进行初步修整,挖除土模范围内多余土体,边修整边用测量仪器进行校核,当开挖接近土模范围20~30cm时,停止使用机械开挖,改为人工开挖修整。

(3)对土模进行人工精确修整时,用测量仪器时时监测土拱模轮廓线。实际保留土模轮廓线比设计套拱底轮廓线大5~10cm时停止开挖,进一步采用人工对土模表面进行修整,保证土拱模表面平顺,无明显坑洞、凹凸,对多余土体及时清运、清理,保持现场干净整洁。

(4)土拱模整修成型后使用挖掘机或小型机具夯实,使用测量仪器对土模板轮廓线进行复核验收,确保将来二衬浇筑厚度。

(5)然后对套拱基础浇筑一层10cm厚C25混凝土作为将来套拱施工垫层。混凝土要求喷射均匀,确保成型后的土拱模表面平整、坚实(图7),同时专人洒水养护,保证混凝土强度快速增长。

图7　土拱胎现场喷射混凝土硬化和土拱模硬化成型

3.3　型钢骨架安装

(1)使用型钢预弯机将工字钢按设计要求预弯,其他型钢也在工厂制作。

(2)土拱模表面混凝土硬化2d后即可进行工字钢安装作业,工字钢安装前,在土拱模表面按设计图纸50cm一道准确定出工字钢位置,同时套拱拱脚基础严格按设计图纸要求施工安装小导管与通长连接钢板(图8)。

图8　套拱表面工字钢位置定位和安装工字钢

(3)I18工字钢严格按设计图纸要求进行安装,严格控制安装间距,工字钢节段之间连接钢板对接整齐,螺栓、螺母紧固,同时焊接纵向连接钢筋。

(4)分别在拱顶、拱腰、拱脚处纵向焊接5根14号槽钢 以进一步加强套拱工字钢整体性,同时在工字钢表面预先跳档焊接竖向钢筋作为将来套拱外模固定钢筋。

(5)检测型钢骨架安装尺寸,符合设计要求。

3.4　拉杆施工

(1)在坡面上准确定出拉杆孔位,即钻孔钻进位置与出孔位置,拉杆沿水平面倾斜和沿隧道轴线斜向设置,以达到减少钻机操作空间的目的(图9)。

(2)采用潜孔钻钻孔,在钻机上安设ϕ127mm×50cm(长)导向钢管,导向管焊接固定在工字钢上,钻头采用ϕ100mm合金钻头一次性钻进成孔,清孔后及时对成孔进行临时封堵防止坍孔和异物堵塞。

(3)安装拉杆(图9),拉杆较高一端固定于槽钢上面,另外一端进行张拉并固定于槽钢上面。

图9　潜孔钻钻孔和安装拉杆

(4)拉杆张拉:安装对拉螺杆,使螺杆较高一端通过连接套筒固定于槽钢上面,较低一端采用手持式张拉仪进行张拉作业。张拉时先安装自制张拉套筒,然后安装千斤顶,准备就绪后一人在侧加压,一人看油表控制张拉应力,另留一人在固定端观察固定端槽钢变形情况,张拉力控制在设计张拉力之内,达到设计张拉力后停止张拉,及时人工旋紧连接套筒(图10)。

图10 拉杆张拉和锚固

3.5 套拱模板安装

(1)套拱厚度60cm,套拱外模板采用长4m、宽25cm、厚度5cm的木板进行拼装,木板内面采用跳档焊接直径22cm长度60cm螺纹钢于工字钢上面,钢筋顶牢木板,木板加固采用环向焊接直径22cm螺纹钢于预先焊接钢筋上(图11)。

(2)同时模板拱腰位置预留窗口便于套拱混凝土入模与振捣。

图11 纵向槽钢与竖向钢筋设置和木板搁置于钢筋上

3.6 套拱混凝土浇筑

(1)套拱模板安装加固完成后,经验收合格即可浇筑C30套拱混凝土,混凝土浇筑采用汽车泵从模板预留与振捣窗口通过泵管入模(图12),两侧对称浇筑,边浇筑边振捣,套拱拱脚振捣可采用振动棒附在模板外振动一样可以达到密实混凝土的效果。

(2)套拱拱顶部1m范围内不设外模,混凝土浇筑后直接人工抹面即可。

(3)套拱混凝土配合比和检测套拱混凝土各项指标符合设计要求。

图12 套拱混凝土入模及振捣和完成图

3.7 套拱模板拆除

(1)通过混凝土浇筑12h后即可进行模板拆除及养护,从套拱拱顶逐渐向下拆除木模板。

(2)拆除的木模板清除干净水泥浆,整修后堆放整齐备用。

3.8 套拱拱脚回填

(1)套拱混凝土达到设计强度要求后,宕渣分层回填套拱拱脚部分空间,高度不小于套拱总高度的一半,并用小型压实机械压实或用挖机斗拍实。

(2)回填时做好临时水沟排水。

3.9 盖挖土石挖远

(1)套拱成型后即可进行暗洞开挖,用挖机挖除上台阶套拱范围内土拱胎土体运出洞外。

(2)开挖至拉杆处时,预留部分土拱胎土体,由人工开挖,露出与套拱混凝土相接的两侧拉杆后,用切割机切断拉杆。

(3)套拱基础以下部位软石开挖后,及时用钢拱架和喷射混凝土进行支护,确保围岩稳定。

(4)拱顶和墙身设置围岩沉降和位移检测点,定期检测监控(图13)。

图13 土拱胎开挖、底部支护和变形监测监控

3.10 二次衬砌浇筑

(1)暗洞土拱胎挖除完成后,二衬台车就位。

(2)拌制混凝土运至工作面,浇筑二衬混凝土,拆模后及时养护。

(3)对二衬混凝土进行质量检测,混凝土强度符合设计要求。

(4)达到设计强度要求后,按设计要求进行套拱顶部全部回填及覆绿施工。回填时采用2台挖机对称回填,先对称回填套拱拱脚以上余留部分,再回填拱顶部分,回填土石时挖机斗适当拍紧回填料,回填料要求干燥无泥水,回填离设计顶部50cm范围内采用黏土回填,起隔水作用,最后喷洒草种覆绿。

4 质量控制

4.1 质量控制标准

主要质量控制标准执行《预应力混凝土用螺纹钢》(GB/T 20065—2006)、《锚杆喷射混凝土支护技术规范》(GB 50086—2001)、《热轧H型钢和剖分T型钢》(GB/T 11263—2010)、《公路隧道施工技术规范》(JTG F60—2009)、《公路工程质量检验评定标准》(JTG F80/1—2004)。

4.2 主要质量控制措施

(1)边坡开挖时,边开挖边施工锚杆,边坡开挖成型锚杆施工完毕,这样利于控制锚杆钻孔孔位与锚杆施工质量。

(2)土拱模修整时,要及时挖除较软弱土层,换填密实的碎石土或宕渣;土模板修整完成后及时复核土模轮廓线,保证土模轮廓线放大10cm以上,确保二衬混凝土浇筑余留沉降量。

(3)确保雨水冲刷土模表面不至塌陷。土模两边基坑内要时常抽排水,避免土拱模受水浸泡出现垮塌。

(4)土拱模修整完成后,及时喷射混凝土以防止雨水冲刷土拱模造成土拱模塌陷等病害,对后续施工造成影响。

(5)土拱模喷射混凝土要求均匀,厚薄一致,表面平整。

(6)工字钢安装时,对接要严密、轴线一致,螺栓、螺帽要紧固。

(7)拉杆孔位要严格按设计要求放样,钻孔时要严格控制孔位偏差,成孔后及时清孔安装拉杆,防止坍孔造成安装困难。

(8)系杆对拉时,施加预应力严格控制在设计值以内,防止应力过大造成型钢拉弯变形。

(9)模板拼装时,严格控制模板拼缝,对拼缝过大的部位采取有效措施进行封堵,防止混凝土浇筑时漏浆出现混凝土外观缺陷。

(10)套拱混凝土浇筑时分层对称浇筑,防止混凝土出现偏压而产生胀模;及时振捣混凝土,以保证混凝土密实,避免混凝土外观缺陷。

(11)拆模后及时养护,养护时间不少于7d,以利于混凝土强度的增长。

(12)暗洞开挖时及时切割取出拉杆,以便于后续重复使用。

(13)二衬混凝土强度符合设计要求后,才能进行全面套拱回填,以防止土石压力过大造成套拱破坏。

(14)边坡开挖水平位移监测方案。

在浅埋段两侧距边坡开挖线1m处沿纵向每隔10m设置水平位移监控点,监控点设置要求:设点牢固,位置正确,通视性良好。

在边坡开挖过程中及浅埋段施工作业期间每天对水平位移监控点进行监测,确定边坡的稳定性。

①当位移速率大于1mm/d时,表明边坡处于急剧变形阶段,应密切关注,同时联系设计或采取措施对边坡进行加固处理。

②当位移速率在1~0.2mm/d之间时,表明边坡处于缓慢变形阶段。

③当位移速率小于0.2mm/d时,表明边坡处于稳定状态,边坡基坑内作业安全。

4.3 质量检查和验收标准

4.3.1 型钢骨架

(1)基本要求

型钢支撑的形式、制作和架设应符合设计和规范要求;钢支撑离开土拱模表面混凝土保护层厚度,垫块采用预制块。型钢无污秽、无锈蚀和假焊,安装时基底无虚渣及杂物,接头连接牢靠。

(2)实测项目

型钢骨架检查验收见表2。

型钢骨架检查验收表 表2

项次	检查项目		规定值或允许偏差	检查方法和频率
1△	安装间距(mm)		±10	尺量:每根检查
2	保护层厚度(mm)		≥50	钢筋保护层厚度检测仪检查:每根检查3点
3	倾斜度(°)		±2	尺量:检查每根倾斜度
4	安装偏差(mm)	横向	±10	尺量:每根检查
		纵向	±10	
5	拼装偏差(mm)		±3	尺量:每根检查

4.3.2 套拱混凝土

(1)基本要求

所用材料、规格必须满足规范和设计要求;水泥混凝土粗集料尺寸不应超过规定值;基底承载力应满足设计要求，对基底承载力有怀疑时应做承载力试验。混凝土表面密实，每延米蜂窝麻面和气泡面积不超过0.5%。蜂窝麻面深度超过10mm时应处理；结构轮廓线条顺直美观，混凝土颜色均匀一致；施工缝平顺无错台。

(2)实测项目

套拱混凝土检查验收见表3。

套拱混凝土检查验收表 表3

项次	检查项目		规定值或允许偏差	检查方法和频率
1△	混凝土强度(MPa)		在合格标准内	按《公路工程质量检验评定标准》(JTG F80/1—2004)附录D检查
2△	套拱厚度(mm)		不小于设计值	激光断面仪或地质雷达：每40m检查一个断面
3△	拉杆	强度	在合格标准内	按《预应力混凝土用螺纹钢》(GB/T 20065—2006)检查
		安装误差	±10，倾斜度(°)±1	尺量，每根进口、出口
		张拉力	不小于设计值	张拉仪，每根检查控制
4	平整度(mm)		20	2m直尺：每40m每侧检查5处

5 结语

本设计施工方法经309省道(江拔线)大张至沙堤段改道工程浅埋段应用，现使用情况良好。采用山区公路隧道土拱模板拉杆套拱盖挖施工，避免了隧道两侧放坡开挖对周围生态环境破坏，减少了开土石方工程量，保护了隧道进出口的自然环境，节约了工程造价；同时解决土拱胎变形沉降和套拱的水平位移和稳定性问题，边坡土体变形得到了有效控制，土拱胎、套拱钢模板和套拱混凝土的整体稳定提高，施工简单，安全保障，优势明显，经济效益和社会效益明显。

参考文献

[1] 本书编写组. 建筑结构静力计算手册[M]. 2版. 北京：中国建筑工业出版社，1998.

[2] 田小兵. 高速公路隧道环保型建设技术[J]. 国防交通工程与技术，2012(2)：50-54.

[3] 李福有. 黄土浅埋段超大跨度高速公路隧道开挖施工方法比选[J]. 科技创新导报，2011(12)：115-117.

[4] 孙晓迈. 浅埋偏压、冲沟地质条件下公路隧道进洞方案研究[J]. 石家庄铁道大学学报(自然科学版)，2012(3)：78-80.

近邻地下燃气管道地段公路施工控制措施

柳淑波　于化龙　万永红　蒋常龙　唐林书

（宁波交通工程建设集团有限公司　宁波　315000）

摘　要：应用弹性力学理论分析公路路基路面施工机械振动压实对地下燃气管道的影响，提出工程施工质量和安全控制措施，在具体工程中得到了应用，取得了良好的效果。

关键词：近邻地下燃气管道　公路施工　控制措施

1　引言

随着经济的高速发展，车辆的不断增多，为了方便人们出行及货物的运输，公路拓宽升级改建项目越来越普遍。由于前期规划不适应经济的发展，路基拓宽施工过程中经常涉及先期埋设管线的迁移或保护工作，其中地下燃气管道迁移或在其近邻拓宽施工，因涉及安全和民生，迁移程序繁琐，影响范围较大，如无特殊要求，一般采取相应保护措施后进行施工，虽然施工安全风险概率较小，但是一旦发生安全事故，生命财产损失及影响巨大。

沿海中线北仑春晓段（连接线—太河路）、泰山路改建工程拓宽部分路段近邻地下燃气管道的施工保护和施工安全控制，在拓宽路基路面施工中，采取了严谨、有效的措施，取得了良好的效果。

2　施工机械振动机理和控制实例

2.1　施工机械振动机理

近邻地下燃气管道公路路基路面施工，路基路面振动压实对地下燃气管道的影响为最大的危险源。压路机振动荷载对近邻埋置在地基中的燃气管道产生竖直向与水平向附加作用力，这一附加应力通过管道周围土层逐步传递到管道上，地下管道将产生变形和位移，进而在管道结构中产生附加弯矩和附加剪力，影响燃气管道的安全。

根据弹性力学理论，在荷载—土体—管道荷载传递分析中，假设土体为均匀线弹性半无限体，压路机振动荷载为矩形均匀分布荷载 p（图1），荷载中心 O_p 坐标（x_p,y_p,z_p）即为（$L,0,H$），边长分别为 $2a$ 和 $2b$，管道上任一点的坐标为（$\tau,0,0$）。管道竖向附加应力 q_z 和管道侧向的水平附加应力 q_y 为：

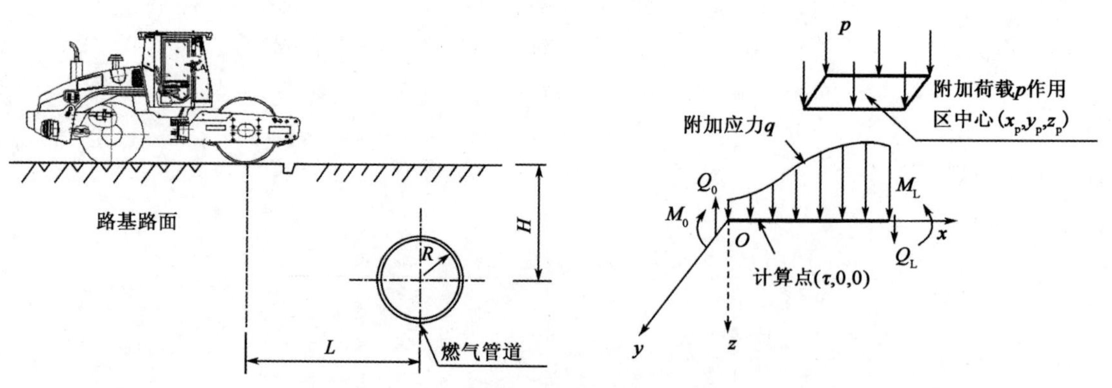

图1　地下燃气管道附加荷载与计算简图

$$
\left.\begin{aligned}
q_z &= -\frac{3z_p^3}{2\pi}\int_{y_p-bx_p-b}^{y_p+bx_p+b}\int\frac{p}{R^5}\mathrm{d}x\mathrm{d}y \\
q_y &= -\int_{y_p-bx_p-b}^{y_p+bx_p+b}\int\frac{p}{2\pi R^2}\cdot\left\{\frac{3y^2z_p}{R^3}-(1-2\nu)\cdot\left[\frac{z_p}{R}-\frac{R}{R+z_p}+\frac{y^2(2R+z_p)}{R(R+z_p)^2}\right]\right\}\mathrm{d}x\mathrm{d}y
\end{aligned}\right\} \tag{1}
$$

$$R=(x-\tau)^2+y^2+z_p^2$$

式中：ν——土体的泊松比；

p——振动压路机的振动荷载(kPa)，其值为：

$$p=\frac{G+F_0\sin\omega t}{BC} \tag{2}$$

$$
\left.\begin{aligned}
p_{\max} &= \frac{G+F_0}{BC} \\
p_{\min} &= \frac{G}{BC}
\end{aligned}\right\} \tag{3}
$$

式中：G——压路机振动钢轮的静重量(kN)；

F_0——压路机钢轮长度(kN)；

B——压路机钢轮长度(m)；

C——压路机钢轮着地宽度(m)；

ω——压路机钢轮振动角速度(rad/s)；

t——压路机钢轮振动压实时间(s)。

以上积分可以利用Matlab软件求解，也可采用二维复合辛普生公式通过编写相应的计算程序求得其数值解。再用结构力学计算燃气管道的内力，要求路基路面压实振动产生的燃气管道附加内力和沉降满足容许强度，以此作为施工机械振动荷载和频率。

2.2 施工机械振动控制实例

宁波市沿海中线北仑段与329国道相连，经郭巨、上阳、昆亭、三山，终点为北仑区与鄞州区交界的印子山，与沿海中线鄞州区段相连，路线全长26.2km。2005年初建成通车，为一级公路，设计车速60km/h，路基宽度22.5m，路基标准横断面布置为2×0.5m(土路肩)+2×2.5m(硬路肩)+2×3.75m(行车道)+2×0.5m(路缘带)+1.5m(中央分隔带)，路面结构采用沥青混凝土路面。沿海中线北仑春晓段(连接线—太河路)拓宽工程全长5.4km，拓宽后的路基宽度为48m，断面布置为2×(2×0.5)m(路缘带)+2×(3×3.75)m(行车道)+2.0m(中央分隔带)+2×5.25m(侧分隔带)+2×5.5m(人非混合行道)，部分路段路基两侧设置2m绿化带与现有绿化接顺，设计80km/h。2015年12月开工，2016年8月建成通车。

拓宽工程有7处近邻地下燃气管道地段公路路基路面施工(图2)，分别距离拓宽路基距离5~10m，为直缝埋弧焊接钢管天然气管道管径1016mm，壁厚18.4mm，设计压力为7.0MPa。工程施工中，与地下燃气管道地段近邻处采取设立醒目的安全保护区域标识，5m警戒区内路基填筑施工过程中采用人工开挖、小吨位压路机(平板振动器)控制碾压或静压(表1)等方法，水泥碎石稳定基层和沥青混凝土施工控制碾压振动，减少对近邻地下燃气管道影响，未出现地下燃气管道损坏或燃气泄漏事故。工程建成后，公路和地下燃气管道运营正常，效果显著(图3)。

近邻地下燃气管道路基填筑控制碾压表 表1

序号	中心桩号/管道长度(m)	管道埋置位置(距离路面边缘距离/深度)(m)	本工法填料粒径/分层厚度(一般填料粒径/分层厚度)(cm)	本工法压实机械吨位/一般压实机械吨位	本工法压实方式/一般压实方式	压实度(%)
1	K22+166.4/44.5	3.5/6.53~6.85	10/15 (15/30)	1.6t/20t	振压6~8/静压1+振压5~6遍	96

续上表

序号	中心桩号/管道长度(m)	管道埋置位置(距离路面边缘距离/深度)(m)	本工法填料粒径/分层厚度(一般填料粒径/分层厚度)(cm)	本工法压实机械吨位/一般压实机械吨位	本工法压实方式/一般压实方式	压实度(%)
2	K22+084/8.8	3/8.5~9.1	10/15 (15/30)	1.6t/20t	振压6~8/ 静压1+振压5~6遍	96
3	K21+578.3/24.1	3/4.2	10/15 (15/30)	1.6t/20t	振压6~8/ 静压1+振压5~6遍	96
4	K21+114.5/12.5	4/4.3~5.45	10/15 (15/30)	1.6t/20t	振压6~8/ 静压1+振压5~6遍	96
5	K19+906.4/36.7	4/2.35~2.7	10/15 (15/30)	平板振动器/20t	振压6~8/ 静压1+振压5~6遍	96
6	K18+766.7/32.1	3/3.6~4.3	10/15 (15/30)	1.6t/20t	振压6~8/ 静压1+振压5~6遍	96
7	K17+354.3/62.4	4/3.05~3.5	10/15 (15/30)	1.6t/20t	振压6~8/ 静压1+振压5~6遍	96

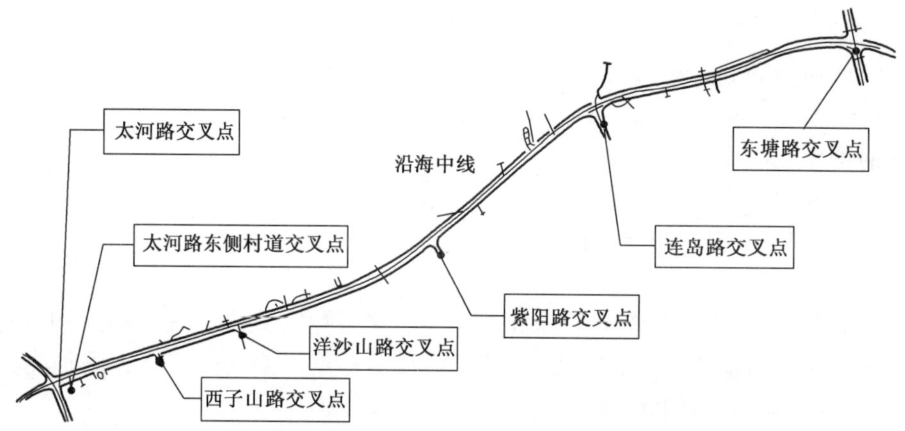

图2　邻地下燃气管道地段公路路基路面施工分布图

图3　地下燃气管道地段公路通车后路面图

3 主要施工质量和安全控制措施

3.1 主要施工质量控制措施

3.1.1 主要质量控制标准

施工质量控制涉及的标准有:《建筑抗震设计规范(附条文说明)》(GB 50011—2010)、《城镇燃气设计规范》(GB 50028—2006)、《油气输送管道穿越工程设计规范》(GB 50423—2013)、《油气输送管道跨越工程施工规范》(GB 50460—2008)、《公路路基施工技术规范》(JTG F10—2006)、《公路路面基层施工技术细则》(JTG/T F20—2015)、《公路沥青路面施工技术规范》(JTG F40—2004)、《城镇燃气设施运行、维护和抢修安全技术规程(CJJ 51—2006)》、《燃气管道设施标识应用规范》(DG/T J08-2012—2007)等国家、行业和地方标准规范。

3.1.2 质量控制措施

(1)严格按照设计断面开挖,如开挖深度影响管道安全时,及时提请设计单位,根据设计意见进行调整。

(2)为确保管道安全保护区域内尽可能采用静压方式,为保证路基压实厚度,应严格控制分层填筑厚度不得大于30cm,一般控制在20cm。安全保护区域内采用细宕渣,并严格控制填料粒径不得大于10cm,卸料完成后及时摊铺碾压成型。

(3)安全保护区域外采用挖掘机进行宕渣摊铺及整平,20t振动压路机碾压,第一遍静压,然后先慢后快,由弱振至强振,碾压要匀速缓慢进行,最大速度不超过4km/h;安全区域内采用人工配合挖掘机整平,完成后采用静载压路机进行碾压,边角位置采用小型压实设备压实。

(4)水泥稳定碎石基层碾压过程中,振动压路机行驶至管线安全保护范围内时,由于只采用静压方式碾压,需增加碾压遍数以达到设计压实度,采用灌砂法检测压实度直到合格。

(5)在碾压过程中,振动压路机行驶至管线安全保护范围内时,由于只采用静压方式碾压,需增加碾压遍数以达到设计压实度。

3.1.3 燃气管道检查、检测标准

燃气管道检查、检测标准见表2。

燃气管道检查、检测标准表 表2

项次	检 查 项 目	规定值或允许偏差	检验方法和频率
1△	管道地表开裂、沉降	无沉降、开裂	施工期内每天不少于2次,全部
2	管道地表环境观察	无燃气气味,植被、水面和积水无变化	《城镇燃气管网泄漏检测技术规程》(CJJ/T 215—2014)
3	燃气泄漏检测	检测液氯离子含量 $\leqslant 25\times10^{-6}$	便携式可燃气体检测报警仪,行进速度1m/s,必要时
4	安全、保护区域标识	符合设计要求	《燃气管道设施标识应用规范》(DG/T J08-2012—2007)

3.2 安全管理措施

3.2.1 主要安全法规

《中华人民共和国安全生产法》(2002)、《中华人民共和国石油天然气管道保护法》(2010)、《燃气系统运行安全评价标准》(GB/T 50811—2012)等国家行业法规。

3.2.2 主要安全管理措施

(1)项目部将在施工前及时与管道主管单位协商确定施工作业方案并签订安全防护协议,明确各自的安全生产管理职责和应当采取的安全措施以及事故应急预案,并将施工方案按规定程序上报相关部门审批,获得许可后方准许施工。施工过程中指定专职安全管理人员进行现场安全监护和协调。

(2)在开工七日前将施工作业时间、地点及施工内容书面通知管道企业,在管道所属单位指派专门人员到现场进行管道保护安全指导情况下,方准许施工。

(3)涉燃气管道施工实施前,项目部将对施工人员进行施工方案和安全防护措施交底,并由被交底人签

字确认。

(4)制定涉燃气管道施工专项安全方案,组织专家评审完善后,严格按照方案实施。

(5)高度重视并积极做好各项应急管理工作,成立事故应急救援指挥部,针对重大危险源编制应急救援预案,并根据施工要求组织应急预案演练。

(6)在项目实施过程中强化日常巡查和安全检查,对检查中发现的问题及时整改,消除安全隐患。

(7)施工准备阶段,会同管道所属单位技术人员进行现场踏勘,实地确认施工区域地下管道埋藏情况及安全保护范围,并在安全保护范围线上设置警示标志及安全围护,以提醒施工人员,并严禁车辆驶入或经过。

(8)如安全保护区域标示物影响施工,项目部要根据开挖断面及管道所属单位技术人员意见对标示物位置进行调整,确保施工过程中标示物不受破坏。

(9)施工过程中必须由管道所属单位进行现场监护指导,否则严禁一切施工活动。

(10)施工过程中如运输车辆或机械设备需进入或通过管道保护范围内,必须在管道上方铺设好厚钢板,做好有效的保护措施后方可进出。车辆或设备通过应匀速缓慢通过,严禁任何车辆在保护范围内急刹。

(11)严禁私自在保护范围内取土、用火、堆放重物、排放腐蚀性物质等一系列危险活动。

(12)对于天然气管道转角桩、标志桩和阴极保护测试桩等"三桩"在施工过程中需临时拆除的,施工前应由管道所属单位指派专门人员到现场对拆除及复位"三桩"进行指导,在施工完成后应及时恢复,特别是阴极保护测试桩应涉及电缆接线,并由管道所属单位指派专门人员做好施工完成后"三桩"的验收工作。

(13)严禁在安全保护区域范围设置施工便道,同时保证施工便道与管道保持必要的水平距离。

(14)道路信号灯、指示牌等设施的立柱基础如根据设计图纸放样后位于管道安全保护范围内的,应及时与设计联系进行迁移至合适位置。

(15)施工过程中应配合管道所属单位做好日常监测工作,尤其在社管位置施工期间,应加强监测频率,确保施工安全。

3.2.3 应急准备和响应组织准备

(1)项目部在公司应急救援指挥中心领导下成立项目部生产安全事故应急救援小组,联合总监办、指挥部应急领导小组及当地政府主管部门配合燃气所属部门等社会救援力量开展事故现场的应急救援工作。

(2)项目部应急救援小组由项目经理担任组长,总工任副组长,下设协调联络组、安全疏散组、现场警戒组、抢险救援组、善后安置组、机动组六个小组。

(3)生产安全事故应急救援组织成员经培训,掌握并且具备现场救援救护的基本技能,施工现场生产安全应急救援小组必须配备相应的急救器材和设备。小组每年进行 1 ~2 次应急救援演习和对急救器材设备的日常维修、保养,从而保证应急救援时正常运转。

4 结语

4.1 近邻地下燃气管道地段公路施工控制措施的主要特点

(1)设立醒目的安全和保护区域标识,划定了近邻地下燃气管道的施工控制范围。

(2)近邻地下燃气管道地段人工开挖地表土,避免机械施工操作损坏地下燃气管道。

(3)小吨位压路机控制碾压或静压等方法碾压路基路面施工,减少对近邻地下燃气管道影响。

(4)制订地下燃气管道施工应急预案并进行演练,防患于未然。

4.2 主要经济效益和社会效益

在公路拓宽施工和建成后运营阶段,确保了地下燃气管道的正常运营,节约了燃气管道迁移补偿费用,加快了施工工期;采取保护性施工,最大限度地保障了燃气管道安全保护范围内道路拓宽施工的施工质量,确保了施工过程的安全性和可靠性,取得了良好的经济效益和社会效益。

参 考 文 献

[1] 唐勇. 承受压实机具施工荷载的地埋浅覆土玻璃钢夹砂管道设计及安装施工规程探讨[J]. 纤维复合材料, 2013(2):49-54.

[2] 邓道明. 穿越公路埋地管道的荷载计算[J]. 油气储运, 1998(4):26-31.

[3] 折学森. 高填土下管道土压力的分析[J]. 西安公路学院学报, 1992(4):27-33.

[4] 侯志庆. 埋地输流管道动力学特性及其影响因素分析[D]. 西安:西北工业大学,2007.

[5] 徐伟. 压路机震动和成孔钻机冲击能对地下浅埋管道影响对比研究[J]. 公路交通科技(应用技术版), 2003(7):145-148.

霍尼韦尔改性沥青路面的特性及其应用

姜晓飞　张　凯　赵启稳　陈艺云

（宁波交通工程建设集团有限公司　宁波　315000）

摘　要：通过宁波机场路霍尼韦尔改性沥青路面的应用，表明仅需在普通沥青混合料的生产温度下便可完成添加拌和、碾压霍尼韦尔改性沥青混合料，其抗车辙、抗水损性能的大幅改善；同时，霍尼韦尔改性剂的成本与SBS相当，节能减排效果显著，优势明显，具有进一步推广应用的价值。

关键词：霍尼韦尔改性剂　沥青路面　混合料　车辙试验　推广应用

1　引言

随着现代交通行业的迅猛发展，重载、交通渠化愈趋明显，为了减缓由此造成的道路病害，对道路材料质量提出了更高要求。同时，SMA、排水沥青混合料OGFC（Open Graded Friction Course）等路面类型，以及钢桥面铺装、机场跑道、气候恶劣地区道路对路面性能的特殊要求，使得对沥青路面材料使用性能的要求也更高，普通沥青混合料很难胜任。目前我国大部分采用SBS、橡胶等聚合物改性沥青，将集料加热到190～220℃高温度进行拌和，不仅消耗大量的燃油能源，而且在拌和、运输与施工的过程中还会排放出大量的CO_2等有害废气和粉尘，严重影响工人健康、污染环境。因此对沥青混合料进行改性提升沥青路面使用性能的同时，节能减排，具有十分重要的意义。

霍尼韦尔（Honeywell）沥青改性剂是由美国Honeywell公司研制的一种新型聚合物改性剂，霍尼韦尔沥青改性剂自2004年开始应用于沥青改性以来，已在美国国内、墨西哥以及法国的沥青改性中得以应用，油耗相应降低了13%，压实次数减少了三分之一，铺路时间相应减少，而道路使用性能丝毫未受到影响。降低压实温度、减少压实次数意味着能耗的减少。在沥青中添加霍尼韦尔沥青改性剂后，在铺路过程中，二氧化硫排放量减少82%，氮氧化物减少43%，挥发性有机化合物减少19%，二氧化碳减少18%，减少能源消耗、降低排放、节约成本。

2016年8月，宁波市机场路快速化改造工程Ⅱ标段，采用霍尼韦尔（Honeywell）改性剂施工沥青混凝土路面，在降低沥青混合料拌和与压实温度的同时提高其使用性能，为宁波地区首次应用，取得了良好的效果。

2　霍尼韦尔添加剂的性能和改性机理

2.1　霍尼韦尔添加剂的性能

霍尼韦尔沥青改性剂（图1）相对分子量在5000～15000之间，常温时为固体，温度高于115℃时呈液体状，140℃时的布氏黏度为0.45Pa·s。霍尼韦尔改性剂基本成分的熔点在110～140℃，与基质沥青基本相同，因此，很容易与基质沥青混溶，进而改善基质沥青性能。

图1　霍尼韦尔沥青改性剂外观和包装图

霍尼韦尔沥青改性剂目前有三种型号，分别为 HON7205、HON7686、HON7376，本次使用 HON7686 型，其主要技术指标见表 1。

霍尼韦尔沥青改性剂 HON7686 技术指标及性质表 表 1

指　　标	要　　求
硬度(25℃)	<0.5dmm
熔滴点	135℃
密度	0.99g/mm^3
黏度(140℃，Brookfield 方法*)	4400cps

注：* 美国 Brookfield 旋转黏度计作为世界通用标准黏度计及检测方法。

2004 年至今美国威斯康星州立大学试验室一直致力于霍尼韦尔改性剂的应用研究，国内研究应用较少，国内长安大学、上海和安徽等地进行了研究和试验应用。国内外的研究结果显示：

(1)沥青中加入霍尼韦尔改性剂可有效提高沥青的高温等级，如在 PG64-22(美国 surperpave 的 PG 分级，表示该沥青可以用于路面最高温 64℃，低温 -22℃的地区)的基质沥青中加入 1% ~2% 的 Hon 改性剂，沥青等级将能提高至 PG70-22，加入 2.5% ~3.5% 的 Hon 改性剂，沥青等级则可提高到 PG76-22。

(2)PG70 的霍尼韦尔改性沥青，老化前其 PG 实际分级富余 2.25 ~4.35℃，老化后其 PG 实际分级富余 1.75 ~4.2℃。

(3)掺配一定剂量的霍尼韦尔改性剂可将 PG64 的基质沥青提高至 PG76，其黏度与同等级的 SBS 改性沥青相比有很大幅度的降低。

(4)同一压实温度下，霍尼韦尔改性剂的加入使得沥青混合料更易于压实，与 SBS 改性沥青混合料相比，霍尼韦尔改性沥青混合料压实至目标空隙率(4%)所需的压实功减少了高达 60%。

2.2　霍尼韦尔添加剂的改性机理

影响沥青黏度的两个重要因素：一是温度，另一个就是沥青本身的分子组成。传统的聚合物沥青改性剂均是大分子以及长链段的高分子聚合物，纤维一般是细而长的材料，具有弹性模量大、塑性变形小、强度高等特点，因此，在提高沥青性能的同时，也大大提高了沥青的高温黏度，在生产时需要远高于普通沥青混合料的生产温度才能保证良好的施工和易性。霍尼韦尔改性剂的结构则有所不同，其相对分子量较高，分子链也比较硬。而且，其分子链短且少，密度较高，具有良好的韧性和弹性，因此，在改善沥青性能的同时并不提高沥青的高温黏度，在生产时无需提高普通沥青混合料的生产温度就能够实现拌和生产。

3　施工操作要点

3.1　施工配合比

混合料可以按照《公路沥青路面施工技术规范》(JTG F40—2004)选择不同的面层级配，常用的级配有 AC-20，AC-16，AC-13，SMA-13，SMA-16 等，本项目采用 AC-20 和 SMA-13 级配(表 2、表 3)。

霍尼韦尔 AC-20 沥青混合料生产配合比 表 2

名称	集　料　(mm)					矿粉	霍尼韦尔	油石比
	16 ~26.5	11 ~16	6 ~11	3 ~6	0 ~3			
级配比例(%)	22	21	16	10	26	5	0.3	4.3

霍尼韦尔 SMA-13 沥青混合料生产配合比 表 3

名称	集　料　(mm)				矿粉	霍尼韦尔	油石比	木质素
	11 ~16	6 ~11	3 ~6	0 ~3				
级配比例(%)	35	40	0	13	12	0.35	5.8	0.3

3.2 混合料拌和

3.2.1 拌和流程

拌和流程如图 2 所示。

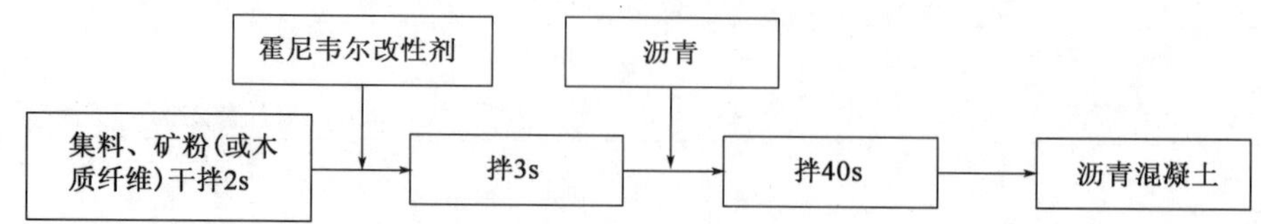

图 2 霍尼韦尔改性沥青混合料拌和流程图

注:AC-20 配合比沥青混合料不添加木质素纤维,SMA-13 沥青混合料添加木质素纤维。

3.2.2 混合料拌和注意事项

霍尼韦尔沥青混合料拌和与普通沥青混合料拌和基本相似,应着重注意以下事项:

(1)尽可能减少集料的含水率,使用烘干滚筒对集料进行加热、干燥。集料和矿料温度控制在165 ~ 180℃。

(2)霍尼韦尔改性剂投放是在拌和前计算好每一缸混合料需要加入的霍尼韦尔的数量,并预先采用塑料袋包装,当集料进入拌和缸后,立即将改性剂直接人工投入拌和缸中(图 3)。

(3)拌和时间也可以从拌出的沥青混合料外观情况进行调整,应达到沥青裹覆均匀,无花白颗粒,颜色均匀一致,无结团成块、粗细颗粒离析现象。

图 3 霍尼韦尔混合料拌和投料和温度控制图

3.3 拌和和碾压温度控制

SBS 改性沥青和霍尼韦尔改性沥青混合料施工温度对比见表 4。

SBS 改性沥青和霍尼韦尔改性沥青混合料施工温度对比表(℃) 表 4

工　序	改 性 剂	
	SBS	霍尼韦尔
沥青加热温度	165 ~ 170	155 ~ 165
集料加热温度	190 ~ 220	165 ~ 180
混合料出厂温度	170 ~ 185	145 ~ 165
混合料最高温度	195	195
混合料储存温度	拌和出料后降低不超过 10	
摊铺温度,不低于	160	135
初压开始温度,不低于	150	130
碾压终了的表面温度,不低于	90	80
开放交通时的路表温度,不高于	50	50

3.4 碾压

(1)为了获得良好的压实效果,碾压需在霍尼韦尔的最低要求压实温度以上,有效地组织使用压路机进行碾压，以最佳组合的碾压方式，使车道整个横断面上的点都获得相同的压实功，尽可能增加有效压实时间。

(2)压实过程遵循"紧跟、慢压、高频、低幅"的原则进行，应严格控制压实温度。要维持恒定的速度。初始碾压时，压路机要紧跟在摊铺机后面，严格控制初压时钢轮的喷水量。复压使用胶轮压路机揉搓碾压，提高密水性。终压使用双钢轮压路机，以消除压路机的痕迹，获得较好的平整度。各阶段压实应保持连续、紧密，并在最低压实温度以上(图4)。

图4 霍尼韦尔混合料摊铺碾压和温度控制图

(3)碾压在不把石料压花的前提下，尽量保证压实，要注意避免过压，如将石料压碎。碾压机械和压实流程见表5。

霍尼韦尔改性沥青混合料碾压机械和流程表 表5

碾压流程	压路机类型	型号	碾压遍数	碾压速度(km/h)
初压	双钢轮压路机	BW203AD	1	静压2~2.5
复压	双钢轮压路机	BW203AD	1	振压4.0~5.0
	轮胎压路机	XP301	2	静压3.0~3.5
	轮胎压路机	XP301	2	静压3.0~3.5
	双钢轮压路机	BW203AD	2	振压4.0~5.0
终压	双钢轮压路机	DD-110	2	静压4~4.5

注：此表为霍尼韦尔AC-20碾压流程，当摊铺霍尼韦尔SMA-13时不使用轮胎压路机，增加双钢轮压路机碾压1~2遍，其余碾压方式不变。

3.5 混合料主要检验技术指标测试

混合料主要检验技术指标标准值与实测值比较见表6，检测试验见图5。

霍尼韦尔沥青混合料检验技术指标准值与实测值比较表 表6

主要技术指标		标准值		实测值	
		SMA-13	AC-20C	SMA-13	AC-20C
车辙试验(次/mm)	不小于	3500	4000	13716	11125
冻融劈裂残留强度比(%)	不小于	80	80	90.4	81.0
二次冻融循环条件下冻融劈裂残留强度比(%)	不小于	75	75	88.1	76.8
马歇尔残留稳定度(%)	不小于	85	85	85.8	89.1
渗水系数(mL/min)	不大于	80	120	32	93

由表6可见，霍尼韦尔改性沥青混凝土路面的车辙试验指标远大于标准值。

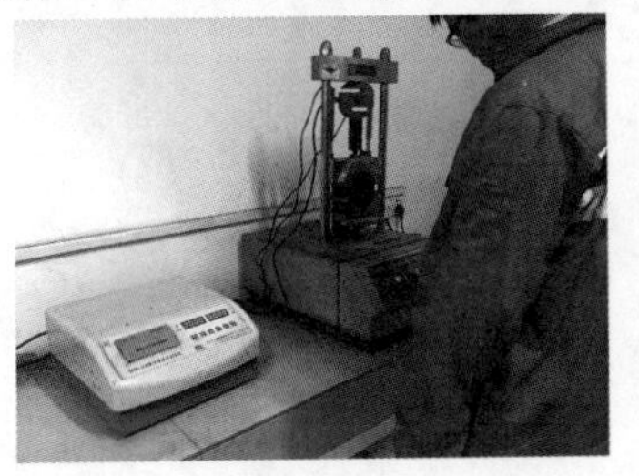

图5 检测试验图

4 结语

本次霍尼韦尔改性沥青试验应用于宁波机场路(青林湾大桥—江北大道)南起青林湾大桥北引桥沥青路面,主线路面结构层由上至下结构形式为:4cm 改性沥青玛蹄脂碎石混合料(SMA-13)和6cm 中粒式改性沥青混凝土(AC-20C)均添加霍尼韦尔改性剂。工程于2016年7月底开始施工,2016年8月底建成。工程结束投入使用以来,路面平整密实、使用良好。

通过霍尼韦尔改性剂的应用,表明有助于提高沥青路面的综合路用性能,包括抗车辙、抗水损性能的大幅改善,从而提高沥青路面的耐久性。而且,相对于传统的沥青路面改性剂或抗车辙剂,降低了生产温度,仅需在普通沥青混合料的生产温度下便可完成添加和生产,使得道路铺设更具有能源效率。同时,霍尼韦尔改性剂的成本与SBS相当,节能减排效果显著,优势明显,具有进一步推广应用的价值。

参考文献

[1] 孙培. Honeywell Titan™聚合物改性沥青混合料性能对比研究[D]. 西安:长安大学,2012.
[2] 郭杨成. SBS/Honeywell Titan™复合改性沥青路用性能研究[D]. 西安:长安大学,2012.
[3] 安清. SBS/Honeywell Titan™聚合物复合改性沥青改性工艺研究[D]. 西安:长安大学,2012.
[4] 胥亮. Honeywell Titan™ 7205 聚合物改性沥青混合料施工工艺研究[D]. 西安:长安大学,2012.
[5] 胡钢. HON 添加温度对 SBS/HON 复合改性沥青性能影响[J]. 公路,2014(10):238-242.
[6] 杨燕青. Honeywell 温拌改性剂在嘉定公路养护中的应用[J]. 市政工程,2014(7):179-183.

彩色沥青混凝土面层的施工和质量控制

于化龙　蒋常龙　姜晓飞　唐林书　王卫东

（宁波交通工程建设集团有限公司　宁波　315000）

摘　要：本文通过彩色沥青混凝土路面工程的施工实践，阐述了原材料选择、拌和温度控制、运输保温和施工操作工艺全过程中的措施，保证了彩色沥青混凝土的颜色保持和质量水平，使彩色沥青混凝土路面起到美化环境、增色风貌和引导道路交通等各方面的作用。

关键词：慢行系统　彩色路面　施工工艺　质量控制

1　引言

城市慢行交通是指步行或自行车等以人力为空间移动动力的交通系统，速度低于15km/h，由步行交通与自行车交通两部分组成。慢行系统是慢行交通的空间载体，是完成慢行活动的各种物质空间要素的总和，空间形态上包括慢行分区和慢行单元、慢行路径、慢行节点等。总体来说，慢行系统不仅仅是交通方式，它也是城市活动系统的重要组成部分，连接与生活、娱乐、交往紧密相关的空间，提供丰富多样的出行体验，隐含着公平、空间品质、健康城市和生活质量的理念诉求，慢行系统的发展关系到整个城市的发展。建设慢行体统不仅可展现城市历史和现代文化，也能保持现代城市的特色风貌，是营造低碳健康的居民生活环境的抓手和举措，也是创建国家生态园林城市的重要支撑。

在城市和城乡接合部或经济发达地区的公路具有城市道路和公路的双重功能，随着城市化和城乡一体化的推进，慢行交通系统日益加快建设和推广普及，并显示出公路和市政道路的特征，已经不仅仅局限于路用性能，功能分区及美观性要求越来越高。而彩色沥青混凝土路面在美化环境，增色风貌，提升城乡一体化的品位和引导道路交通等各方面均有很大的优点，特别针对慢行系统等特殊用途路面采用彩色沥青混凝土作为面层更能凸显其优越性。

由于目前国内彩色沥青混凝土路面总量较少，施工经验相对匮乏，再加上慢行系统宽度较窄，施工设备要求特殊。在宁波市沿海中线北仑春晓段连接线太河路拓宽工程慢行系统施工中，通过对慢行交通系统彩色沥青混凝土原材料、配合比设计、设备选型、温度控制、施工工艺等各个环节的研究和总结实践，供参考借鉴。

2　主要原材料和混合料配合比

2.1　主要原材料

彩色沥青混凝土一般有两种染色形式：一是采用普通沥青，拌和过程中添加无机染料染色，染料用量较大（矿料总量的3%～5%），颜色较暗，色牢度较低，成本较低；二是采用脱色（浅色）沥青，在拌和过程中添加无机染料染色，燃料用量较小（矿料总量的1.5%～3.5%），颜色鲜艳，色牢度高、成本较高。结合本项目特点采用第二种形式。

2.1.1　脱色沥青

沥青采用脱色沥青，该沥青采用普通石油沥青通过脱色［图1a)］、SBS改性（掺量5%）等工艺制备而成。

2.1.2　无机颜料

根据设计要求在拌和过程中人工添加相应颜色的无机颜料配制出彩色沥青，本项目彩色沥青设计为暗红色,采用铁锈红(三氧化二铁)颜料染色[图1b)]。颜料色粉为无机颜料,色彩耐久稳定,除染色效果外还起到填料相应效果。

a)

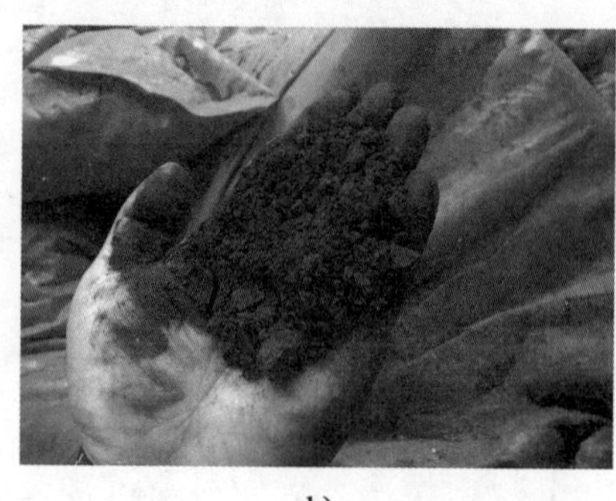
b)

图1 脱色沥青(左)及氧化铁红染料(右)

彩色沥青的颜色需要根据配色试验进行确定。在彩色沥青混合料配合比确定后,采用替代法进行配色试验确定颜料的掺量。

(1)以矿粉用量为基准,按照矿粉用量的30%、40%、50%、60%、70%称量相应的颜料色粉替代这部分矿粉。

(2)按照彩色沥青混合料的配比进行试拌、试铺,分别观察记录拌和时,以及成型后(一般需要1~2d)的颜色和颜色变化。

(3)将最终成型颜色与设计要求颜色进行对比,选出颜色色泽最接近目标颜色的配比。如仍不能满足色泽要求,需要进行调整,调整方法通过外加剂、调色剂,或增加其他辅助颜色,或增加颜色的光亮度等措施。

2.1.3 集料

集料优先选择与设计颜色相近的彩色集料,成品效果较好,不易达到时也可以选择普通集料。本项目采用普通凝灰岩碎石集料。

集料应洁净、干燥、无风化、无杂质,具有足够的强度和耐磨性以及良好的颗粒形状。

2.1.4 填料

填料一般采用石灰岩矿粉,如交通流量较大或通行重型车辆,可采用普通硅酸盐水泥作为填料,以增强沥青与矿料的黏附性,提高彩色沥青的抗剥落能力。

2.1.5 添加剂

如集料为酸性石料,并且彩色沥青混凝土面层交通流量大或通行重型车辆,则需要添加专用抗剥落剂,以强沥青与矿料的黏附性,延长路面使用年限。本项目彩色沥青为慢行系统自行车道,不需添加抗剥落剂。

2.2 混合料配合比设计

混合料可以按照《公路沥青路面施工技术规范》(JTG F40—2004)选择不同的面层级配,常用的级配有AC-13C、AC-13F、AC-10C、AC-10F。彩色沥青混合料配合比设计采用马歇尔方法进行设计,分两步进行,首先进行脱色沥青混合料的配合比设计,以此确定脱色沥青用量;然后再进行配色试验,确定颜料掺配比例。AC-13C彩色沥青混合料生产配合比见表1。

AC-13C 彩色沥青混合料生产配合比 表1

品名	集 料 (mm)				矿粉	颜料	油石比
	11~16	6~11	3~6	0~3			
级配比例(%)	10	35	28	22	1.5	3.5	5.3

3 施工工艺

3.1 混合料拌和

彩色沥青混合料拌和与改性沥青混合料拌和基本相似，应注意以下事项：

(1)拌和前，应将搅拌站的沥青输送管道、拌和缸、运输车等清洗干净，其中拌和缸采用热的集料干拌数次进行清洗(图2)。开始拌和后，第一锅料应及时放料并观察其颜色是否均匀，否则应废弃，直至颜色均匀一致。

图2 清洗输油管道及拌缸

(2)配置脱色沥青专用运输罐车，沥青直接自罐车通过沥青输送管道添加至拌和设备，该运输罐车具有自加热功能，满足沥青拌和初始温度。

(3)拌和前，应计算好每一缸混合料需要加入的颜料的数量，并预先采用塑料袋包装，当集料进入拌和缸后，即将颜料直接人工投入拌和缸中(图3)。

图3 包装好的染料及拌缸投料口

(4)拌和时间应比黑色沥青混合料多10s，一般在60s以上，具体拌和时间以从拌出的沥青混合料外观情况进行控制，应达到沥青裹覆均匀，无花白颗粒，颜色均匀一致，无结团成块、粗细颗粒离析现象。

(5)集料加热温度控制在170～190℃之间，沥青加热温度160～175℃，混合料温度160～175℃，出料温度145～165℃。

3.2 混合料运输

(1)彩色沥青混合料拌和站出料口装料及道路运输与改性沥青相同，需分3次以上移动装料，防止离析，装料前将车斗清洗干净涂刷植物油，装料完成后进行覆盖，并尽快运至摊铺现场。

(2)因慢行系统沥青路面宽度仅为2m，4t以上运输车辆无法进入施工区域，因此，混合料运输采用40t装载车运至施工现场附近适宜场地覆盖卸料，采用装载机转至4t载重量的自卸车上，再由该小型运输车运输至摊铺机进行摊铺。短驳位置铺垫土工布，防止彩色沥青对场地造成污染(图4)。

图4 装载机短驳至小型运输车辆运至摊铺机

3.3 混合料摊铺

慢行系统彩色沥青混凝土路面工作面狭小,线形弯曲多变,路面两侧铺有花岗岩路缘石,边角众多,摊铺困难,需采取特殊措施才能保证混合料摊铺质量。

(1)摊铺前应保证下承面清洁平整,并洒布脱色沥青配制的稀释油作为黏层油。

(2)选择与路面直线段宽度配套的小型摊铺机,摊铺宽度可适当微调。

(3)摊铺机应清洗干净,特别是熨平板应使用染色溶剂清洗或先将彩色沥青混合料摊铺于路面下层直至表面没有条纹为止。

(4)彩色沥青面层摊铺应充分考虑混合料的生产、运输、摊铺和碾压能力,确保摊铺连续,并做到全幅摊铺不间断一次性成型,以保持色泽一致,粒料均匀、美观(图5)。

(5)摊铺过程中铁锹等工具使用的防黏溶剂需事先用染料染色。

(6)在摊铺过程中如有严重污染、离析、色彩差异较大的混合料,应及时清除。

图5 混合料摊铺

3.4 混合料碾压

(1)压路机水箱中的水应在施工前更换,并将压路机钢轮上的铁锈、沙土等杂物冲洗干净,确定碾压设备清洁后,方可允许进行碾压(图6)。

图6 混合料碾压

(2)压路机应停于木垫或土工布上使其不接触黑色沥青下面层,碾压时直接从木垫上行驶至彩色混合料上。碾压可在摊铺后随即进行。在此过程中使用的任何与混合料接触的机具都应清洗干净。

(3)碾压组合方式,与常规沥青混合料相同,遵循“紧跟、慢压、高频、低幅、先静后振”原则,本项目因路幅宽度较窄施工采用两台双钢轮压路机进行碾压中型压路机(10t)压实,小型压路机修边。

(4)碾压在不把石料压花的前提下,尽量保证压实,要注意避免过压,如将石料压碎,将会影响色彩效果。

(5)碾压后的路面严禁人工补料,否则将影响外观质量。

(6)碾压温度初压不应低于120℃,终压不低于100℃。

3.5 边角处理

(1)配备小型手扶压路机用于边角混合料碾压。

(2)混合料落在边角外的混合料用铁锹铲除干净,再用小型手扶压路机压实。

(3)未摊铺到混合料的边角,摊铺机摊铺后及时用铁锹补料,再用小型手扶压路机压实。

3.6 现场维护及开放交通

(1)通过平整度、压实度、取芯等方法进行质量检测,需符合设计和规范要求。

(2)施工过程中现场应有安全员现场巡视,严禁一切车辆及行人进入摊铺路面范围。碾压完成后待沥青面层自然冷却,表面温度低于50℃后,方可开放交通。

4 质量控制

4.1 质量控制依据

本工艺的质量控制标准有:《公路沥青路面施工技术规范》(JTG F40—2004)、《公路工程质量检验评定标准》(JTG F80/1—2004)、《城市道路彩色沥青混凝土路面技术规程》(CJJ/T 218—2014)、《彩色沥青路面技术指南(附条文说明)》(ZBBZH/SZ—2005)、《酸性染料 染色色光和强度的测定》(GB/T 2378—2012)、《染料 相对强度和色差的测定 仪器法》(GB/T 6688—2008)。

4.2 原材料质量控制标准

(1)脱色沥青技术要求见表2。

脱色沥青技术要求 表2

指标			技术要求
针入度		(0.1mm)	40~80
软化点(%)		不小于	46
延度(cm)	15℃	不小于	100
	5℃	不小于	—
60℃动力黏度(Pa·s)		不小于	180
135℃运动黏度(Pa·s)		不大于	3.0

(2)无机染料质量技术要求见表3。

无机染料质量技术要求 表3

指标		要求	试验方法
色差(%)	不大于	1.0	GB/T 2378
200℃加热后色差变化(%)	不大于	2.0	GB/6688
0.075mm方孔筛通过率(%)	不小于	95	—
水悬浮液pH值		5~7	GB/T 5211.1

续上表

指　　标	要　　求	试验方法
吸油量(g/100g)	15～25	GB/T 5211.15
着色率	98～102	GB/T 5211.19
耐光性(级)	≥7	GB/T 1710
色光	近似～微似	GB/T 2377

4.3 质量控制措施

(1)严格按规范要求进行原材料的检测,重点检测脱色沥青的三大指标和色粉、填料的细度。

(2)混合料拌制时必须确保足够的拌和时间,并重点控制染色料投放量,确保颜色均匀。

(3)彩色沥青路面施工前应将拌和站的拌和缸和沥青输送管道、运输车(包括覆盖物)、施工机械设备及工具等与彩色沥青接触的部位清洗干净,防止残留的黑色沥青对彩色沥青造成影响。

(4)严格控制加热温度和加热时间。加热温度过高容易使彩色沥青胶结料老化变黑。彩色沥青胶结料的施工温度宜通过测定黏温曲线确定。缺乏黏温曲线数据时,可参照以下范围选择彩色沥青胶结料的加热温度为160～175℃,不得高于200℃;石料加热温度为165～175℃,每锅料拌和温度差异应小于5℃。为了使颜料分布均匀,应合理确定拌和时间,每锅料的拌和时间要比普通沥青混合料长10～15s,且要保证拌和过程连续进行,不得随意间歇停机,否则温度难以控制。每锅料拌和时间差异应小于3s。

(5)施工过程中使用的植物油溶剂应添加染色料,确保不造成颜色破坏。

(6)正式拌和前应先进行试拌,逐盘检测混合料的颜色,直至外观符合要求后才能运至现场摊铺。

(7)摊铺过程尽量减少人工修补,并做好现场维护,严禁车辆行人进入摊铺范围,确保表观质量。

(8)施工过程中应加强温度控制,采用提高出厂温度、运输过程加强覆盖保温、驳料后尽快摊铺等方式减少混合料温度损失(图7),采用紧跟摊铺机碾压方式,保障混合料在温度较高情况下碾压成型,以达到设计压实度。

图7　彩色沥青混合料出厂温度及摊铺温度检测

4.4 检查验收标准

检查验收标准见表4、表5。

彩色沥青混合料质量技术要求　　表4

指　　标		混合料技术要求
空隙率(%)		3～5
马歇尔稳定度(kN)	不小于	6.0
流值(mm)		2～5
沥青饱和度(%)		65～75
冻融劈裂残留强度比(%)	不小于	75
残留马歇尔稳定度(次/mm)	不小于	80
60℃动稳定度(次/mm)	不小于	1000

彩色沥青混凝土面层主要实测项目　表5

检查项目	检验方法	技术指标	表面层
压实度	现场钻孔试验	压实度	不小于98%(马歇尔密度) 92%~96%(最大理论密度)
平整度	连续式平整度仪	标准差	$\sigma<1.0$mm
抗滑性能	横向力系数测试车	横向力系数	SFC60≥54
	铺砂法	构造深度	TD≥0.55mm
高温稳定性	车辙试验	动稳定度	≥3000次/mm
水稳定性	冻融劈裂试验	残留强度比	≥80%
	浸水马歇尔试验	残留稳定度	≥85%
抗裂性能	弯曲试验	极限破坏应变	≥2500με
渗水系数	渗水仪	渗水系数	≤60mL/min

5　结语

宁波沿海中线北仑春晓段连接线太河路拓宽工程慢行系统为春晓镇慢行系统环线的一部分，自连岛路交叉口(K18+800)至太河路交叉口(K22+150)，全长3.8km，路面宽2m，于沿海中线道路南侧设置彩色沥青面层，设计面积6794.1m^2，自原设计非机动车道向外拓宽，并根据南侧原有绿化景观设置弯道延伸至绿化内，由上至下结构形式为：5cm彩色(暗红色)沥青混凝土(AC-13C)+7cm中粒式沥青混凝土(AC—20)+15cmC20混凝土垫层+15cm级配碎石+素土夯实。慢行系统自2016年4月开始施工，2016年6月建成，工程完成投入使用以来，路面平整密实、颜色鲜艳、线型顺适，使用良好(图8)。

图8　建成通车后慢行系统彩色沥青混凝土路面醒目美观

通过本工程彩色沥青混凝土路面施工，在原材料选择、拌和温度控制、运输保温和施工操作工艺全过程中，保证彩色沥青混凝土的颜色保持、质量水平，厉行优化操作，使彩色沥青混凝土路面在美化环境，增色风貌，提升城乡一体化的品位和引导道路交通等各方面发挥作用，促进使用安全，节约大量资源。同时利用常规拌和设备，使用国产脱色沥青及本地石料，机械化程度高，标准化、规范化施工，提高了劳动生产率，节省了施工成本，取得了良好的经济效益。

参考文献

[1] 陈成芹. 彩色沥青及其混合料路用性能研究[D]. 西安：长安大学，2012.

[2] 王雅儒. 彩色排水沥青路面色彩耐久性研究[J]. 公路交通科技(应用技术版)，2014(2)：21-25.

[3] 曹海波. 彩色沥青路面的色彩分析与应用研究[J]. 石油沥青，2007(10)：1-4.

预制盖梁立柱锚固钢筋拉拔试验研究

周 琪[1] 裘闻亮[2] 韩惠琴[3] 林 智[2]

(1. 温州市交通工程质量监督局 温州 325000;
2. 宁波交通工程建设集团有限公司 宁波 315000;
3. 浙江良和交通建设有限公司 宁波 315000)

摘 要:桥梁下部结构预制拼装是桥梁工厂化、标准化施工的一个发展方向。通过预制盖梁立柱锚固钢筋拉拔试验,为盖梁立柱锚固钢筋的受力情况提供科学依据,并经实际工程应用检验,效果良好。

关键词:盖梁预制拼装 锚固钢筋 拉拔试验

1 引言

桥梁构件预制拼装是桥梁建设的一个发展方向,有利于加快施工进度和标准化施工,提高施工质量和施工安全。目前,虽然预制箱梁等预制上部结构构件设计和施工的工艺成熟,但下部结构预制拼装的应用还较少。欧美日等国家自20世纪60年代就开始了大量预制拼装下部结构的工程应用,日本公共工程研究所于2010年编写了《拼装混凝土桥墩的抗震设计准则》,运用于新型拼装混凝土桥墩。2011年,上海公路投资公司等单位进行预制立柱、盖梁的配套设计技术研究,并在沪翔高速公路S6桥梁工程中成功应用。

甬余线江北段改建工程枫湾桥等3座桥梁桥台盖梁采用预制拼装新工艺(图1),2016年4月建成通车,效果良好。本项目为宁波市交通运输委员会2014年科技计划,从桥台盖梁预制拼装试验研究开始试点,取得经验和成果后再推广到一般盖梁及盖梁、立柱预制拼装。按设计要求,预制盖梁与现浇立柱采用锚固钢筋连接,预制盖梁锚固孔内径6cm,现浇立柱锚固采用精轧螺纹钢筋ϕ32mm。为了了解锚固钢筋的受力状况,委托宁波大学进行预制拼装桥梁下部结构金属波纹管灌浆钢筋连接拔出模型试验,试验结果与实际桥梁的预制盖梁立柱锚固钢筋受力吻合。

图1 预制盖梁立柱锚固钢筋布置图

2 墩柱与盖梁锚固钢筋试验模型

2.1 试验模型试件

制作了S1、S2、S3和S4四个混凝土试件,开展金属波纹管钢筋灌浆连接拔出试验研究(图2)。每个试件的外观尺寸均相同,均为2000mm×420mm×1100mm(长×宽×高),采用C30混凝土,钢筋均为HRB335,ϕ12构造钢筋,防止拔出过程中混凝土开裂;在试件顶部设置ϕ16吊环,用于吊装试件;每个试件中预埋2根1100mm长的内径D60mm金属波纹管,间距1000mm,居中布置。试件制作28d后吊至实验室内部,锚固钢筋分别采用高强套筒压浆材料和普通预应力管道灌浆料，预应力管道灌浆料水灰比 $\alpha=(0.26\sim0.28)/1$，高强套筒压浆料水灰比 $\alpha=(5\sim5.5)/25=(0.20\sim0.22)/1$。压浆 7d 后进行拔出试验。

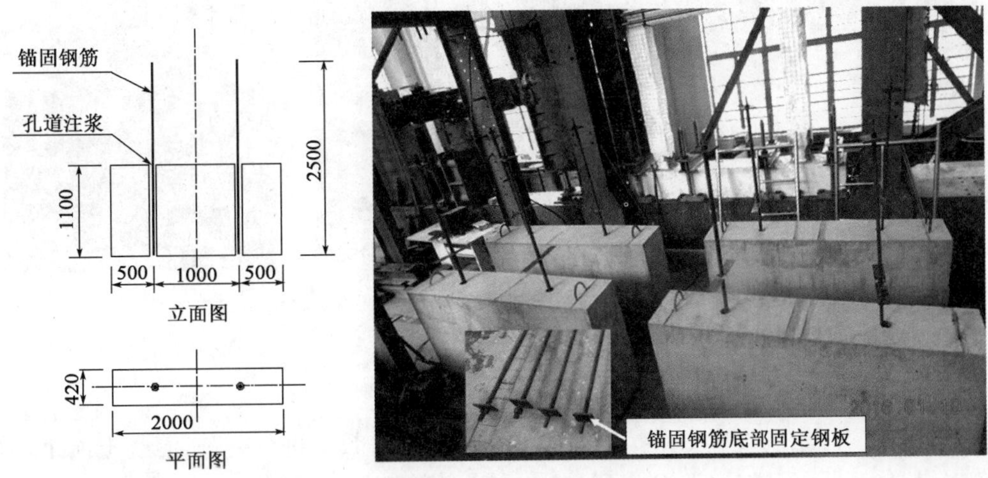

图 2　模型试件尺寸和实物图(尺寸单位:mm)

锚固钢筋为 HRB500。S1 试件中放置 $\phi32$、$\phi28$ 各一根，S2 试件中放置 $\phi25$、$\phi20$ 各一根，长度均为 2475mm(因为底部有竹胶板圆垫片 25mm 厚封底)，S3 与 S1 放置的锚固钢筋相同，试件 S4 和试件 S2 放置的锚固钢筋相同；试件 S1 与 S2 金属波纹管黏结钢筋灌浆料采用高强套筒压浆料，试件 S3 和 S4 金属波纹管黏结钢筋采用普通预应力管道灌浆料。

试件材料性能试验结果统计平均值见表 1。

试件材料性能试验结果统计平均值表　　表 1

材料名称	屈服强度对应应变	屈服强度(MPa)	极限强度对应应变	极限强度(MPa)
C30 混凝土	—	—	0.0185	44.98
高强套筒压浆料	—	—	0.0288	61.22
预应力管道压浆料	—	—	0.0162	43.98
HRB335$\phi12$ 钢筋	0.0119	505.48	0.1031	609.68
HRB500$\phi20$ 钢筋	0.0179	477.73	0.2096	637.44
HRB500$\phi25$ 钢筋	0.0272	432.67	0.2104	602.35
HRB500$\phi28$ 钢筋	0.0309	426.74	0.1825	604.88
HRB500$\phi32$ 钢筋	0.0204	546.87	0.1530	696.39

2.2　试验设备

拔出试验的测量仪器布置如下：

(1) 100mm × 3mm 电阻应变片中心距离混凝土顶面 150mm 的钢筋对应位置混凝土侧面，每侧 1 片，共 2 片。

(2) 3mm × 2mm 电阻应变片布置在拉拔钢筋侧面，中心距离混凝土试件顶面 150mm，每侧 1 片，共 2 片。

(3) 上海振丹传感器仪表厂 LTR-1 型 50t 穿心式拉压力传感器 1 个，布置在张拉千斤顶下方。

(4) 浙江台州佳尔机电百分表 2 个，布置在混凝土顶面，测量位置顶面在距离混凝土顶面 290mm 处。

(5) 数据采集采用东华静态应变测试仪 1 台，IBM 笔记本 1 台。

(6) 张拉设备采用 OVM-60B 张拉千斤顶台，电动油泵 1 台。

(7) D32、D28、D25、D20 钢筋拉拔试验用锚具各 1 套，布置在千斤顶上方。

图 3 所示为钢筋拉拔加载装置所使用的测试仪器和设备图。

图3 钢筋拉拔加载装置所使用的测试仪器和设备图

2.3 试验过程

2.3.1 加载情况

千斤顶加载喇叭试验，绘制拔出力—拔出位移曲线时需要对数据进行处理，混凝土顶面处的拔出位移等于测试位移减去混凝土顶面至铁片(百分表顶端)范围内抗拔钢筋的伸长量。

2.3.2 试验曲线

拉拔试验荷载—位移曲线的初始刚度比拉伸试验高，屈服强度稍低于单纯的钢筋拉伸试验，屈服后强度也稍低于拉伸试验。

2.4 试验结果

对上述四个试件进行了钢筋黏结在灌浆料和金属波纹管中的拔出性能，黏结长度均为1100mm，与盖梁高度相当。单调拉拔试验结果见表2。

拉拔试验结果一览表 表2

压浆材料	锚固钢筋直径	极限拉伸力(kN)	钢筋伸长量(mm)	钢筋与压浆材料滑移	波纹管顶部与压浆材料开裂	混凝土顶部或侧面开裂
预应力管道压浆料	ϕ20 钢筋	<200	80	不明显	轻微	无
	ϕ25 钢筋	>300	80	明显	开裂	开裂
	ϕ28 钢筋	>350	80	滑移	波纹管拔出	开裂
	ϕ32 钢筋	>500	45	不明显	轻微	开裂
高强套筒压浆料	ϕ20 钢筋	<200	60	不明显	轻微	无
	ϕ25 钢筋	300	70	不明显	轻微	侧面开裂
	ϕ28 钢筋	>350	70	不明显	轻微	无
	ϕ32 钢筋	>500	40	无	轻微	开裂

以上拉拔试验中，除预应力管道压浆料ϕ28发生波纹管拔出外，其余均发生钢筋拉伸破坏，局部伴有钢筋与灌浆料之间的相对滑移(图4)。

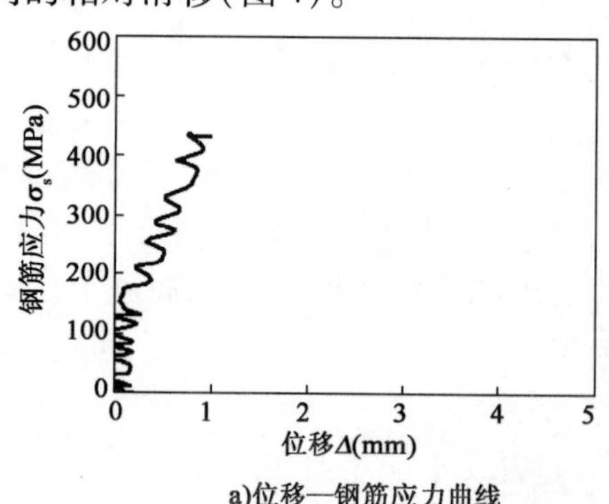

a)位移—钢筋应力曲线

b)顶部波纹管的拔出

图4 ϕ28 钢筋拉拔试验图(预应力管道压浆料)

$\phi32$ 钢筋高强度灌浆料黏结拉拔试验如图 5 所示。

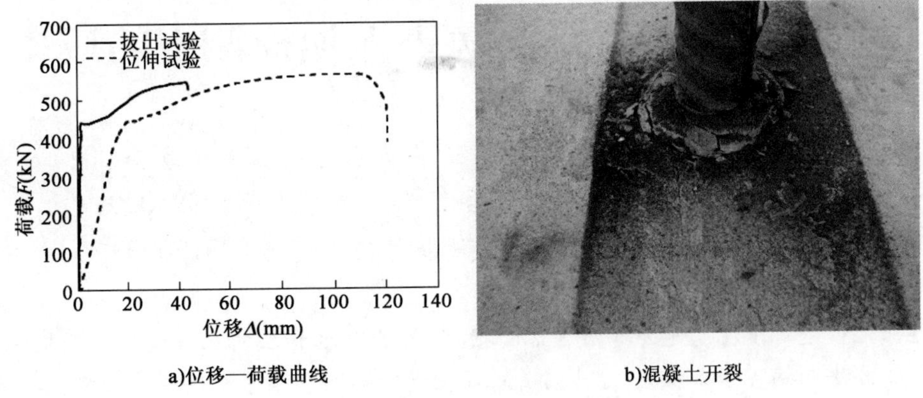

a)位移—荷载曲线　　b)混凝土开裂

图 5　$\phi32$ 钢筋拉拔试验图(钢筋高强度灌浆料)

3　试验结论

(1)大部分试件的破坏形式为钢筋拉断,个别试件发生了金属波纹管的拔出破坏,直径较小的钢筋($\phi20$ 和 $\phi25$)拔出试验终了混凝土无明显裂缝,直径较大的钢筋($\phi28$ 和 $\phi32$)拔出试验终了混凝土发生了明显开裂。

(2)由于本次拉拔试验的试件黏结长度均较长(1075mm),黏结强度均超出了钢筋的抗拉强度,因此未能观察到钢筋拔出的破坏形式和特征。虽然部分钢筋发生了 2cm 以内的相对灌浆料的拔出,但是这个拔出一般认为是灌浆黏结上端钢筋的伸长位移,而下端黏结钢筋并未发生刚体位移,并不能判定为钢筋的拔出破坏。对于 S3 试件中 50MPa 灌浆料 $\phi28$ 钢筋拉拔试验时发生的金属波纹管与混凝土发生相对滑移破坏,需要引起重视,虽然其他 3 个试件没有发生类似的破坏。

(3)对于与预应力管道压浆料配套的金属波纹管的波纹几何尺寸宜进行改进,提高金属波纹管与混凝土之间的咬合力,提高抗剪强度。

4　结语

(1)本次锚固钢筋拉拔试验作为宁波市交通运输委员会 2015 年科技计划项目“预制拼装混凝土桥梁下部结构设计施工关键技术研究”课题的组成部分,为 S319 省道甬(宁波)余(余姚)线江北段(K10 + 025 ~ K19 + 200)预制盖梁立柱锚固钢筋提供技术依据。

(2)根据施工现场特点,依托工程首先进行预制装配式桥台盖梁试验,取得成功经验后再推广到一般盖梁、立柱的预制装配式施工。经本试验验证后,预制盖梁与现浇立柱采用锚固孔内径 6cm,现浇立柱锚固采用 PSB785 预应力混凝土用螺纹钢筋(精轧螺纹钢筋)$\phi32$mm。

(3)依托工程 3 座桥梁 6 片桥台盖梁,已建成并投入运行,结构安全,使用功能正常。

参 考 文 献

[1] 包龙生. 在循环荷载下的节段拼装桥墩实体模型试验[J]. 沈阳建筑大学学报(自然科学版),2013,29(6):1030-1034.

[2] 葛继平,等. 装配式预应力混凝土双柱桥墩抗震性能研究进展[J]. 地震工程与工程振动, 2013,33(3):192-198.

[3] 高聪. 节段预制拼装混凝土桥墩静力行为研究[D]. 北京:北京交通大学,2015.

探地雷达在沥青路面病害无损检测中的应用

池艳艳[1] 周望蜀[2] 郭志奇[3] 柳淑波[3]

(1. 温州市交通重大项目前期工作办公室 温州 325000;
2. 浙江温州甬台温高速公路有限公司 温州 325000;
3. 宁波交通工程建设集团有限公司 宁波 315000)

摘 要: 本文通过探地雷达对宁波高速公路沥青路面损坏、渗透含水和压实程度进行无损检测的实践,提出了具体的检测方法和病害分布状况,可为沥青路面预防性养护和维修提供科学依据,以确保工程质量。

关键词: 探地雷达 沥青路面 无损检测 养护维修

1 引言

公路沥青路面损坏、渗透含水和压实程度具有普遍性、隐蔽性的特点,特别是沥青路面早期水损害对路面的整体结构的危害性尤为突出,现有的检测设施和评价指标体系(车辙、抗滑、平整度、结构强度路面损坏程度等)很难判定其发生、影响和发展,使得预防性养护和维修缺乏严格的科学依据。同时,采用传统的挖除沥青路面的方法检查沥青路面的隐性病害,费工费时,且对高速公路的正常通车有较大的影响,极易引发交通安全事故。

2014 年开始,宁波南接线、象山港、绕东和穿好等高速公路运用探地雷达(GPR)进行沥青路面检测,体现出快速、有效、无损的特点,可以快速、无损、连续地检测全线路面工程质量状况,为高速公路沥青路面预防性养护和维修提供决策参考依据。

2 探地雷达工作原理和检测方法

2.1 探地雷达工作原理

探地雷达(GPR)方法是基于电磁波在不同介质中的传播特性。电磁波的传播取决于介质的电性,介质的电性主要有电导率 μ 和介电常数 ε,前者主要影响电磁波的穿透(探测)深度,在电导率适中的情况下,后者决定电磁波在该物体中的传播速度,因此,所谓电性界面也就是电磁波传播的速度界面。不同的地质体(物体)具有不同的电性,因此,当发射天线发射的高频电磁波遇到介电常数不同的界面时,都会产生反射回波,根据接收天线接收到反射回波的时间和形式,能够确定反射界面的距离及判定反射体的可能性质。基本目标体探测原理见图 1。

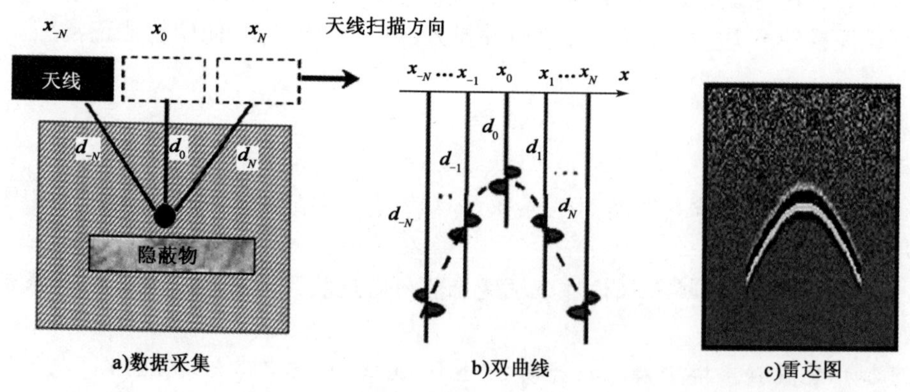

图 1 探地雷达的工作原理图

2.2 现场检测方式

探地雷达的主频天线频率不同,探测深度和分辨率不同。半刚性路面沥青层为18cm,下方为水稳层2×18cm厚,部分路段水稳层会出现沉降和蓄水病害;桥面沥青层一般为10~11cm,问题集中在沥青层,因此半刚性路面采用1GHz天线检测,检测深度60cm;桥面采用2GHz或者2.3GHz高频天线,检测深度20~30cm。

2.3 测线布置

针对车载快速测量和加密测试要求,分别采用单测线测量方式(轮迹线图2中的1线)和封道加密测试采用图2中的1~3线(左右轮迹线和中心线),考虑封道对行车的影响,加密测试路段一般选择最外车道,部分加密路段会复测硬路肩。

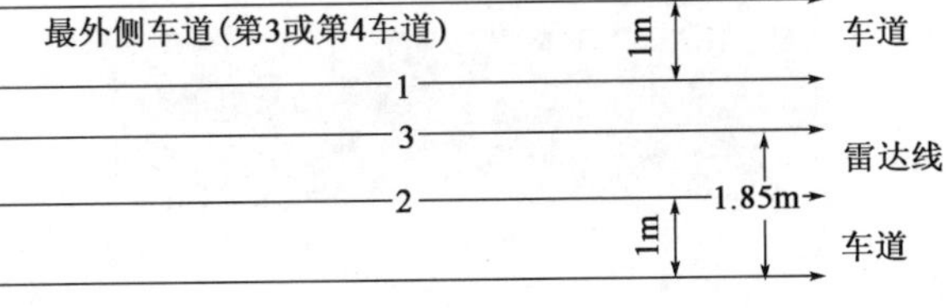

图2 雷达测量测线布置图

检测车和雷达布置见图3。

a)检测现场

b)行车记录编码器

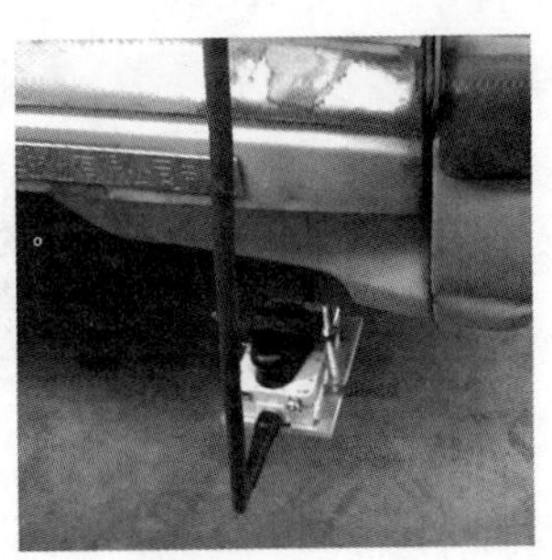

c)雷达天线

图3 检测车和雷达布置图

图4 重点路段的加密测试现场

2.4 重点路段加密调查现场

对于加密测试路段,封道,绘制测线,人行徒步推行测量(图4),测量间距8mm。

2.5 异常图谱区域挖除沥青面层验证,以判断探地雷达检测的准确性

传统取芯机需用水来润滑钻头,这样会影响沥青层含水区域和深度的判断。为此采用电镐破碎的方式来确定水的区域和深度。

图5为异常图谱与取芯现场,结果表明取芯点的含水与图谱分析结果一致。

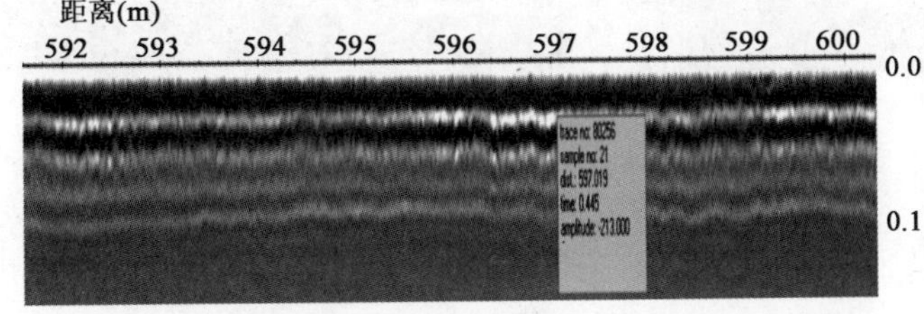

a)探地雷达检测图谱

b)取芯结果

图5 某大桥雷达图谱与取芯结果对比图

3 沥青路面雷达检测病害分析及处治措施

3.1 病害图谱分类示例

(1)局部表层病害见图6。

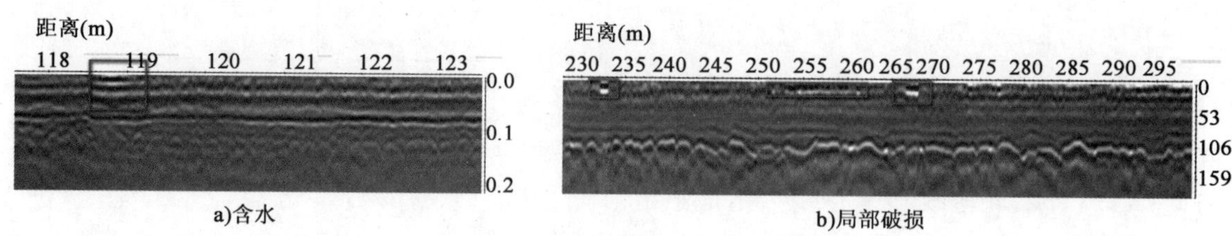

图6 上层沥青层病害图

(2)中层病害见图7。

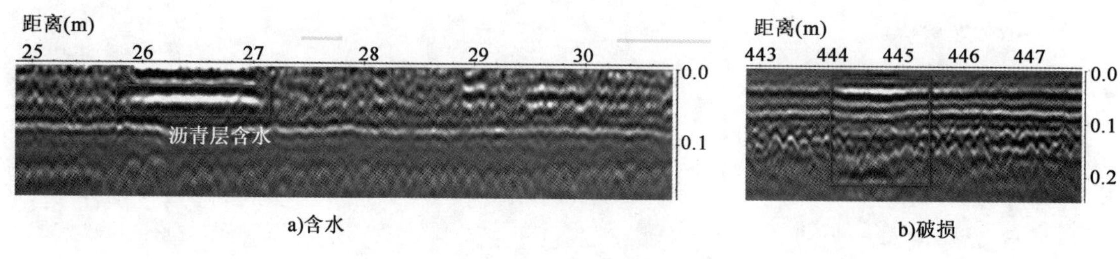

图7 中层沥青层病害图

(3)下层病害见图8。

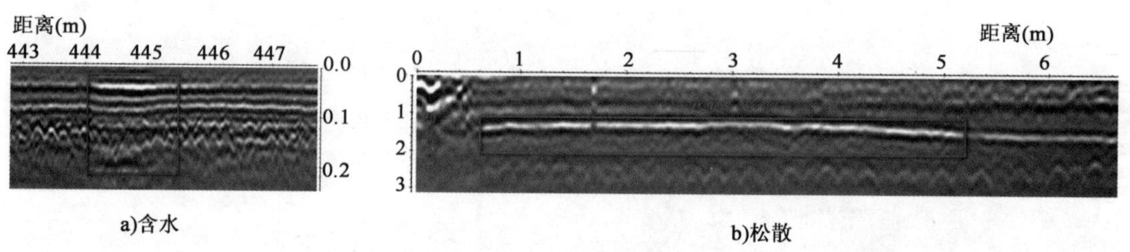

图8 下层沥青层病害图

(4)基层病害见图9。

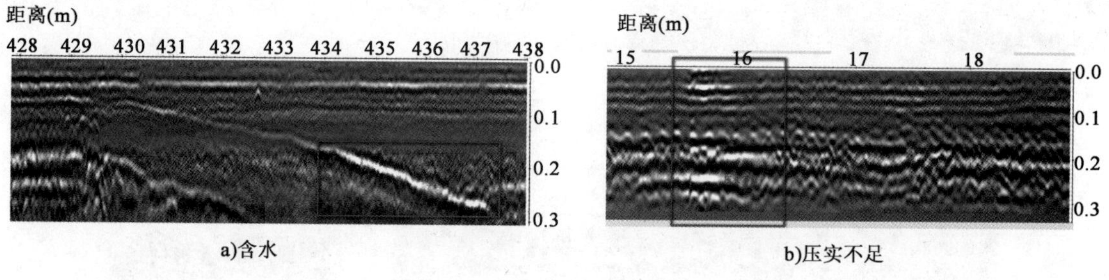

图9 基层病害图

3.2 病害分布图

某大桥仅对左右轮迹线进行测量,病害主要集中在浅层沥青层,引桥浅层沥青层含水,区域较大[图10a)]。检测路段修补坑较多,多集中于坑槽修补过的区域,通过雷达图发现修补坑区域下方含水[图10b)]。

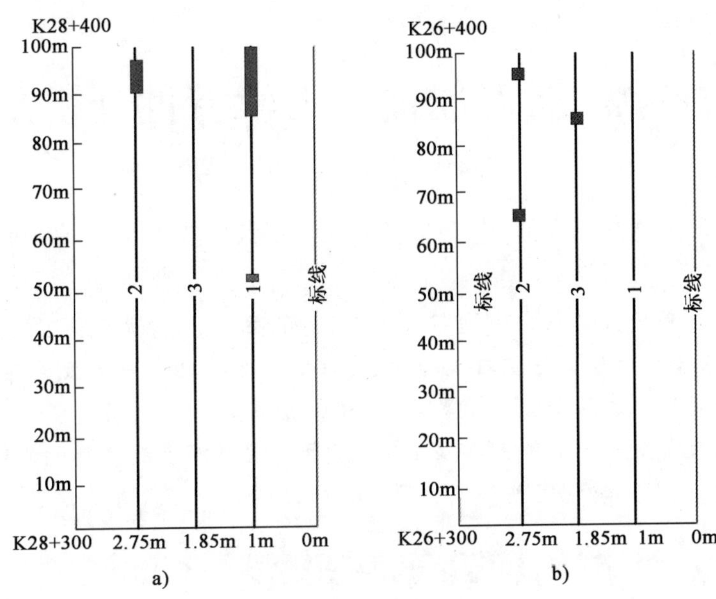

图10　某大桥病害分布图

3.3　处治措施

处理1:混凝土破碎、沉降,影响上层沥青层稳定度,需要对沥青层和混凝土层进行综合治理修补。

处理2:疑似沥青层或结构层含水或破碎,需要通过取芯的方式进行确认,当含水率或破碎程度不大时,可对第一层沥青进行修补处理。

处理3:沥青层或结构层含水,需要进行两层沥青铺设处理。

处理4:沥青层或结构层破碎且含水,需要对两层沥青重新铺设处理。

处理5:浅层沥青层异常或者含水,需要取芯方式确认。

4　结语

(1)探地雷达检测、桥梁铺装层和沥青面层的破碎、含水、压实程度以及损坏情况,重点路段加密检测,能得出定性的检测结果。

(2)异常病害雷达检测图谱区域挖除沥青面层验证,以判断探地雷达检测的准确性,经验证与检测结果吻合。

(3)通过总体和局部的探地雷达检测,摸清高速公路沥青路面的总体病害以及分布状况,为公路路面养护和病害处理提供科学参考依据。同时针对路段病害现象,采用相应的预防性养护和处理措施,提高路面病害处理质量和节约维修费用,产生较高的经济效益和社会效益。

参考文献

[1] 张军等.基于GPR和F-K法的桥面隐性病害无损检测方法[J].中国公路学报,2016(7):110-116.

[2] 伍敏.探地雷达在沥青路面检测中的应用研究[D].西安:长安大学,2014.

[3] 张青山.基于探地雷达技术的沥青路面水损害的检测与养护措施[D].广州:华南理工大学,2015.

[4] 王海涛.路面雷达无损检测技术在沥青路面压实质量检测中的应用[J].施工技术,2011(12):37-39.

路面“白改黑”沥青加铺层力学特性分析及其应用

郭志奇 柳淑波 石 敏

（宁波交通工程建设集团有限公司 宁波 315000）

摘 要：针对旧水泥路面沥青加铺层易出现反射裂缝的问题，本文以宁波329国道（陈华—白峰段）路面改建工程为依托，结合力学分析与室内试验方法，对基于橡胶沥青应力吸收层与高韧度复合改性沥青混合料的综合防裂技术进行研究。结果表明，橡胶沥青应力吸收层使得加铺层底部不存在拉应力，同时使加铺层内最大剪应力降低15.4%；高韧度复合改性沥青混合料的水稳定性、高温抗车辙及低温变形能力优越，尤其是动稳定度指高程达5986次/mm，-10℃弯曲试验跨中应变为4681με；且试验段铺筑效果良好。

关键词：旧水泥路面 沥青加铺层 反射裂缝 高韧度复合改性沥青

1 引言

在旧水泥混凝土路面上加铺沥青面层是一种常用的、有效的路面修复技术，它具有工期短、对交通影响小、修复后路面服务性能好等优点，国内有相当多的道路采用了此类改造方案。这种复合式路面采用沥青混凝土面层作为水泥混凝土路面的加铺层，是一种典型的补强方法，这就是所谓的“白改黑”。该方案的路面结构同时具备两种材料的优点，即水泥混凝土提供了稳定、坚实的基层，沥青路面提供了一个抗滑系数较高、平整度好的面层，从而大大改善了路面的使用性能。但由于这种复合结构结合了刚性、柔性两种路面结构形式，造成材料差异大，容易产生层间滑移、反射裂缝等缺点。

水泥路面白改黑的维修中，需要重点关注三个方面的问题：一是加铺层厚度控制问题，避免过多增加旧路高程；二是加铺层与旧水泥路的黏结问题，确保加铺层与旧水泥路共同发挥强度；三是加铺层抗拉适应性问题，确保加铺层能够适应旧水泥路的变形。因此，加铺层结合层在白改黑中理应发挥承上启下的重要作用。采用合理的沥青改性技术，以满足加铺层下层的韧性、黏结、高温稳定的综合要求，是白改黑能否成功的关键。

本课题以宁波329国道（陈华—白峰段）白改黑路面改建工程为依托，结合理论分析与室内试验方法，对高韧度复合改性沥青在白改黑中的应用进行研究，取得了良好的效果。

2 白改黑路面加铺力学特性分析

2.1 计算模型

白加黑路面结构为：沥青加铺层、结合层、带接缝的旧水泥混凝土路面、30cm水泥稳定碎石、20cm级配碎石和路基。假设路面结构为弹性层状体系，使用ABAQUS软件进行三维有限元分析时，基层和地基采用扩大尺寸来模拟，土工布夹层将采用薄膜单元M3D4R模拟（仅承受拉力，不传递弯矩），其余结构层均用8节点6面体单元C3D8R进行模拟。对各结构层采用如下假设：

（1）各结构层为均匀、连续、各向同性的弹性体，层间水平、竖向位移均连续。

（2）地基底面各向位移为0，侧面水平方向位移为0。

（3）不计路面结构自重的影响。

（4）旧水泥混凝土路面接缝宽度假设为1cm，且接缝处无传递荷载能力。

结构计算模型和单轴单侧双轮荷载最不利位置图见图1，沥青加铺层厚度拟为9cm，旧水泥面板尺寸为

5m(长)×4m(宽)×25cm(厚),地基(包括基层)扩大尺寸为12.01m×6m×9m。由于单轴单侧双轮和单轴双侧4轮荷载对相同路面结构所产生的力学影响相差不大,本文采用单轴单侧双轮荷载进行在最不利荷载位置进行分析计算。采用单轴双轮标准轴载BZZ-100进行加载,轮胎接触压应力为0.7MPa,将单轮当量圆接触面积按作用面积相等原理折算为22.8cm×15.7cm的矩形,双轮中心距为32cm。

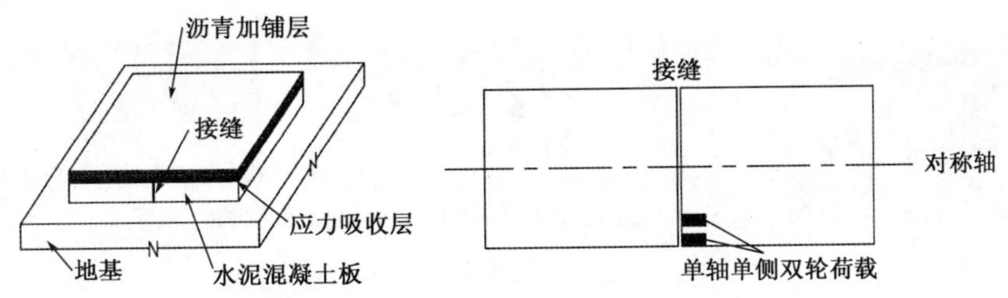

图1　结构计算模型和最不利荷载位置

路面各结构层计算参数如表1所示。

路面结构层计算参数　　表1

路面结构层		结构层厚度 H(cm)	弹性模量 E(MPa)	泊松比 ν
沥青加铺层		9	1200	0.35
防反射裂缝层(可选)	土工布夹层	0.3	1000	0.45
	应力吸收层	2.5	500	0.3
旧水泥混凝土路面		25	30000	0.15
水泥稳定碎石基层		30	1500	0.2
级配碎石底基层		20	250	0.45
地基		870	100	0.35

如图2所示,根据上述路面结构组合和计算参数生成有限元模型并进行网格划分,在接缝和荷载附近对网格划分采取加密处理,从而提高计算精度。

图2　模型网格划分图

2.2　加铺层力学特性分析

分别在无防反射裂缝层、设置土工布夹层和设置应力吸收层三种情况下,对沥青加铺层底部最大拉应力和沥青加铺层内的最大剪应力进行分析,从而对比不同防反射裂缝措施对沥青加铺层荷载应力的影响。

由于水泥混凝土路面存在一定间距的横向裂缝,在车辆荷载及温度作用下会出现水平与竖直方向位移,因此对沥青面层的抗变形能力及抗拉能力要求较高。在有限元三维模型中,拉应力分为S_{11}、S_{22}、S_{33}三种,但通过对比分析可知S_{22}方向拉应力最大,且无防反射裂缝层、设置土工布夹层、设置应力吸收层三种路面结构的沥青加铺层层底应力和最大剪应力云图如图3所示(上图为拉应力,下图为剪应力);数据见表2。

沥青加铺层底部最大拉应力和内部最大剪应力汇总表　　表2

夹层状况	沥青加铺层底部最大拉应力(MPa)	沥青加铺层内部最大剪应力(MPa)
无防反射裂缝层	0.179	0.26
设置土工布夹层	0.027	0.58
设置应力吸收层	压应力	0.22

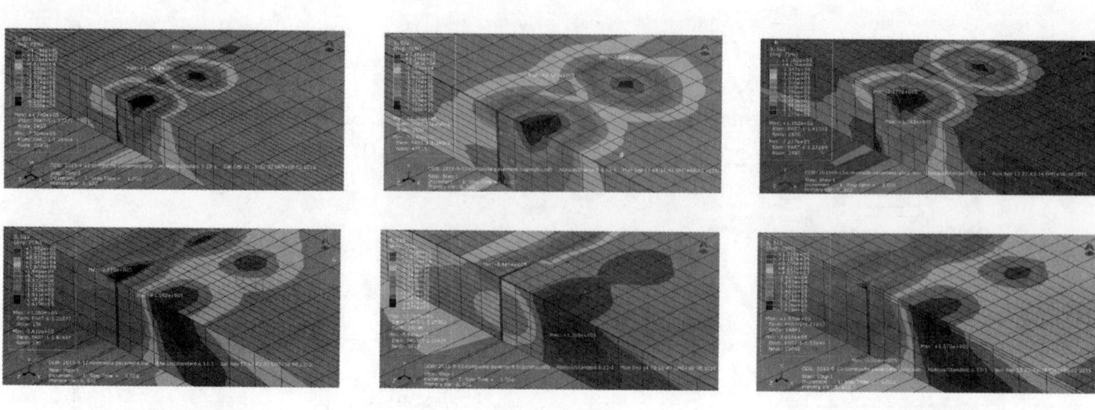

a)无防反射裂缝层　　b)土工布夹层　　c)应力吸收层

图3　无防反射裂缝层模型拉应力云图

模型计算结果表明，设置应力吸收层使得加铺层底部不存在拉应力，同时使加铺层内最大剪应力降低15.4%。设置土工布虽然可使加铺层底部拉应力降低6倍，但无法降低加铺层内部最大剪应力。与普通半刚性基层沥青路面相比，白改黑沥青路面沥青层层底拉应力与沥青层内部剪应力均较大，因此，宜选择黏度高、高温性能优越的沥青作为胶结料，同时需提高沥青混合料的高温抗车辙及低温抗变形能力。

3　高韧度改性沥青混合料设计研究

单方面从结构组合设计并不能较好解决白改黑路面反射裂缝病害问题，而上述研究表明白改黑路面要求沥青面层材料具有更好的路用性能，因此只有结合材料组成设计才能有效防治反射裂缝。

3.1　高韧度改性沥青研究

采用20%的60目橡胶粉、2%混合型SBS改性剂及LDG高韧度沥青改性剂制备高韧度复合改性沥青，并根据《公路工程沥青及沥青混合料试验规程》（JTG E20—2011）试验方法检测其各项技术指标，检测结果见表3。

高韧度复合改性沥青指标检测结果　　表3

项　　目	单　　位	技术要求	实测结果	试验方法
针入度(25℃,100g,5s)	0.1mm	40～60	51	T0604
延度(5℃,5cm/min)	cm	≥30	43	T0605
软化点(环球法)	℃	≥80	86.5	T0606
闪点(开口式)	℃	≥260	292	T0611
黏韧性(25℃)	N·m	≥20	33	T0624
韧性(25℃)	N·m	≥15	28	
动力黏度(60℃)	Pa·s	≥20000	52000	T0620
薄膜烘箱试验(163℃,加热5h)				
质量损失	%	≤0.8	0.18	T0610
5℃延度	cm	≥20	29	T0605
针入度比	%	≥70	82	T0604
质量比(LDG:70号沥青=12:88)				

表3检测结果表明，高韧度复合改性沥青5℃延度高达43cm，软化点为86.5℃，针入度为51(0.1mm)，而国内常用的1-D型SBS改性沥青5℃延度仅要求≥20cm，软化点要求≥60℃。这说明高韧度复合改性沥青具有优越的低温延展性及高温性能，更适用于白改黑路面沥青面层。

3.2 高韧度改性沥青混合料性能研究

由于沥青路面车辙病害主要产生于中下面层，反射裂缝也是从下往上发展，因此白改黑路面对下面层沥青混合料要求更高。本课题采用高韧度复合改性沥青成型 AC-20 型混合料，并对其高温、低温及水稳定性能进行研究，试验结果见表 4。

混合料性能检测结果 表 4

检测项目	单位	检测结果	技术要求
浸水马歇尔残留稳定度	%	92.1	≥85
冻融劈裂强度比	%	91.6	≥80
动稳定度	次/mm	5986	≥4500
-10℃弯曲试验跨中应变	με	4681	≥4000

从表 4 可以看出，高韧度复合改性沥青的浸水马歇尔残留稳定度与冻融劈裂强度比都超过 90%，动稳定度指高程达 5986 次/mm，-10℃弯曲试验跨中应变为 4681με。这说明由于高韧度复合改性沥青具有良好的低温延展性、高温性能及黏附性，因此混合料的水稳定性、高温抗车辙及低温变形能力十分优越。

4 试验段效果评价

根据上述分析结果，并综合考虑工程造价等因素，将试验段路面结构定为 4cm 橡胶沥青混凝土 AC-13C + 改性乳化沥青黏层 + 5cm 高韧度复合改性混凝土 AC-20C + 2.5cm 橡胶沥青应力吸收层，下卧层为原水泥路面。

施工过程中严格控制橡胶沥青应力吸收层与沥青面层的施工质量，尤其是应力吸收层碎石及沥青的撒铺量和沥青面层的压实度。高韧度复合改性沥青施工完毕后，对中面层的弯沉及渗水系数进行测定，检测结果见表 5。

弯沉及渗水系数检测结果 表 5

弯沉检测(0.01mm)			渗水系数(mL/min)	
平均值	路表代表弯沉	设计弯沉	平均值	设计标准
16.16	19.52	35	98	≤100

从表 5 可以看出，采用高韧度复合改性沥青铺筑白改黑路面沥青下面层，路面结构强度能够满足要求，且混合料密实性良好，渗水系数满足要求。同时上面层施工完毕开放交通后，路面完好无损，无反射裂缝发展(图 4)。

图 4 橡胶沥青应力吸收层和高韧度复合改性沥青下面层铺筑效果

5 结语

本文以宁波 329 国道(陈华—白峰段)路面改善工程为依托，结合力学分析与室内试验方法，对旧水泥

路面沥青加铺层综合防裂技术进行应用研究,主要得到以下几点结论:

(1)设置橡胶沥青应力吸收层使得加铺层底部不存在拉应力,同时使加铺层内最大剪应力降低15.4%。设置土工布虽然可使加铺层底部拉应力降低56.5%,但无法降低加铺层内部最大剪应力。

(2)高韧度复合改性沥青5℃延度高达43cm,软化点为86.5℃,针入度为51(0.1mm),具有优越的低温延展性及高温性能。

(3)高韧度复合改性沥青的浸水马歇尔残留稳定度与冻融劈裂强度比都超过90%,动稳定度指高程达5986次/mm,-10℃弯曲试验跨中应变为4681$\mu\varepsilon$,水稳定性、高温抗车辙及低温变形能力优越。

(4)试验段铺筑效果良好,表明橡胶沥青应力吸收层及高韧度复合改性沥青混合料的综合防裂措施适用于旧水泥路面加铺层。

参考文献

[1] 张旭东,等. 高韧度复合改性沥青在白改黑中的应用技术研究[R]. 宁波:宁波交通工程建设集团有限公司,2016.

[2] 原宝盛,彭余华,高明明. 旧水泥混凝土路面沥青加铺层荷载应力分析[J]. 中外公路,2013(02):55-59.

[3] 李淑明,许志鸿,蔡喜棉. 土工织物对复合式路面结构内力影响分析[J]. 中国公路学报,2006(01):28-31.

[4] 袁玉卿,王选仓,李善强. 旧水泥路面沥青加铺玻纤格栅夹层防裂研究[J]. 武汉理工大学学报,2010(12):70-73.

现浇箱梁满堂支架混凝土块+水箱预压技术的应用

徐 敏[1] 冯 杰[2]

(1. 宁波市交通规划设计研究院有限公司 宁波 315000;
2. 宁波交通工程建设集团有限公司 宁波 315000)

摘 要: 传统的满堂支架预压方法主要为混凝土块或沙袋预压,施工风险较大。本文针对余慈高速公路现浇箱梁设计现状,主要介绍采用混凝土块+水箱的新型满堂支架预压方式的应用。

关键词: 满堂支架 混凝土块 水箱 预压 应用

1 引言

余慈高速公路工程全长约17.9km,全线设置3座互通式立交,为双向四车道高速公路标准,设计速度100km/h,桥梁宽度25.5m,设计汽车荷载为公路—Ⅰ级。

本合同段内第一、六、二十联现浇箱梁为跨线变高度设计,跨径35m+60m+35m,桥宽25.5m,梁高由端部3.8m渐变至跨中2.35m,混凝土方量约3000m^3,具体截面尺寸见图1。

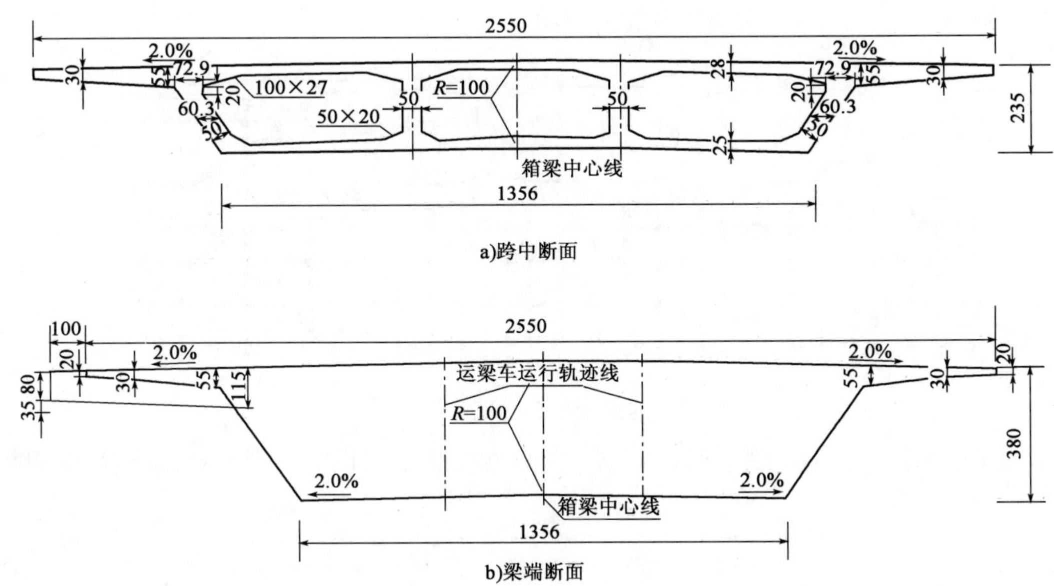

图1 跨中和梁端处断面图(尺寸单位:cm)

2 预压方法

跨线现浇箱梁支架预压采用混凝土块预压为主、水箱预压为辅的方法预压,吊车进行吊运,采用人工辅助进行施工。堆放的混凝土块预压按混凝土施工顺序进行堆载,按设计荷载进行加载预压。最终荷载须达到120%箱梁自重,预压荷载在每个单元内宜采用均布形式。总体要求如下:

(1)预压前准备充足的预压的材料,保证预压的连续进行。

(2)支架搭设完成后,检查支架的布置情况及其连接的可靠性,初步验收后进行观测点的布设,并做好相应的标记。

(3)按设计的加载荷载进行预压,并做好沉降观测及相应的数据记录工作。

(4)及时对记录数据进行整理,当沉降量变化量符合卸载要求且经监理同意后进行卸载。

(5)综合分析整理预压数据,经监理审批后作为后续施工的指导性依据。

(6)各监测点满足最初24h的沉降量平均值小于1mm,72h沉降量平均值小于5mm条件之一就可判定支架预压合格。

(7)混凝土块尺寸为1m×1m×1m,水箱尺寸为5m×2m×2m。

3 预压监测

3.1 观测内容

支架监测包括下列内容:

(1)加载之前测点高程。

(2)每级加载后监测点高程。

(3)加载至100%预压荷载后每间隔24h监测点高程。

(4)卸载6h后监测点高程。

3.2 测点布置

(1)沿结构的纵向每隔1/4跨径布置一个观测断面,即沿纵桥向1/4跨、1/2跨、3/4跨及端部分别设置观测点(图2)。

(2)每个观测断面上的观测点5个,且对称布置。

(3)每组观测点在支架顶部和底部对应位置上布设。

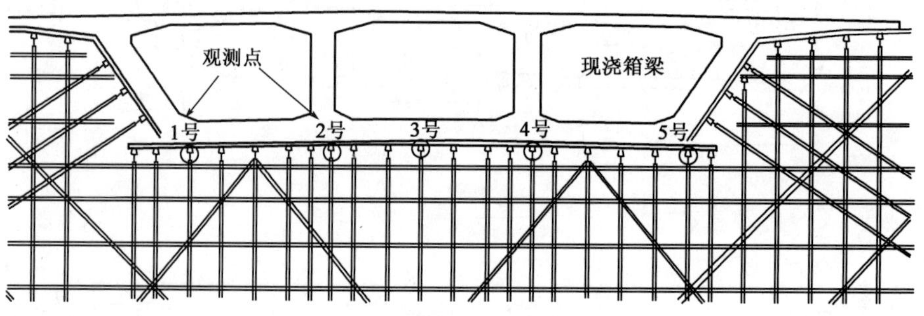

图2 测点布置图

当预压段内支架基础有较明显变化时,如有要求,可在变化处增设一排观测点,以提高观测数据的准确性。

3.3 监测频率

预压监测采用三等水准测量要求进行观测作业。

(1)当观测布设好后、预压荷载加载前,对其进行第一次的初始高程的测量、记录。

(2)加载至60%预压荷载后,对监测点进行高程观测、记录。之后每隔12h对支架沉降量进行一次观测。当监测点12h的沉降量(即前后两次)平均值小于2mm且稳压周期不小于24h,可进行下一级加载。

(3)加载至80%预压荷载,对监测点高程观测、记录。之后每隔12h对支架沉降量进行一次观测。当监测点12h的沉降量(即前后两次)平均值小于2mm且稳压周期不小于24h,可进行下一级加载。

(4)加载至100%预压荷载,对监测点高程观测、记录。

(5)静压24h后,对监测点高程观测、记录,当(4)、(5)两次沉降量平均值≤1mm,即可判定支架预压合格,可申报监理进行卸载,否则继续进行观测。每隔24h观测一次,当全部加载完成后且各监测点最初24h内的沉降量平均值小于1mm或最初72h的沉降量平均值小于5mm时,可判定支架预压合格,经监理工程师同意后可进行卸载。

(6)卸载6h后,再次进行高程观测、记录,作为支架各监测点的弹性变形量的计算依据。

4 加载

4.1 加载要求

预压荷载为设计箱梁自重荷载的120%,按60%、80%、100%预压荷载三级加载预压,预压前,根据箱梁荷载分布特点计算出梁体的加载高度,待箱梁底模安装完成后,按照计算结果逐级加载。每级加载完成,立即开始沉降变形观测,待观测结果表明支架稳定后方可进行下级加载。

每级加载完成后,应每隔12h对支架沉降量进行监测;当支架测点连续2次沉降差平均值均小于2mm时,方可继续加载。支架预压时间不小于3d且要求最初24h内的沉降量平均值小于1mm或最初72h的沉降量平均值小于5mm时,经过监理工程师认可方可停止预压。

加载要求:

(1)混凝土块吊装设专人指挥,上下同步统一,加载辅助人员分工明确。

(2)加载前,先进行试吊,检查起重设备的可靠性,吊装过程中,要严格控制,避免混凝土块或水箱撞击支架的情况出现。

(3)加载以混凝土块预压为主,水箱预压控制为辅,顶底板处混凝土块铺一层,然后在腹板处混凝土块上放置水箱预压。实际预压荷载强度最大值不应超过该区域预压荷载平均值的120%。荷载分布应按设计荷载分布进行适当调整,优化预压工况。

(4)纵向加载时,应从结构跨中开始向支点处进行对称加载。

(5)横向加载时,应从结构中心线向两侧进行对称加载。

4.2 预压60%设计荷载

箱梁混凝土块预压设计荷载60%时,总计布置混凝土块1180块,实际分段预压时,按照总布置图中分段区域数量进行布置。具体布置平面图如图3所示。

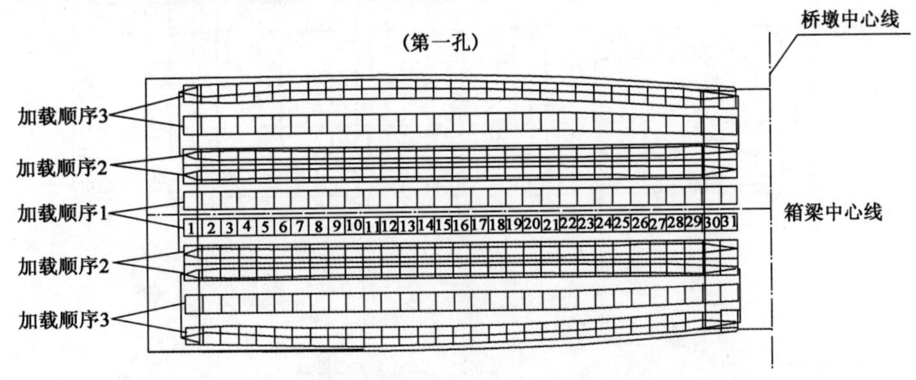

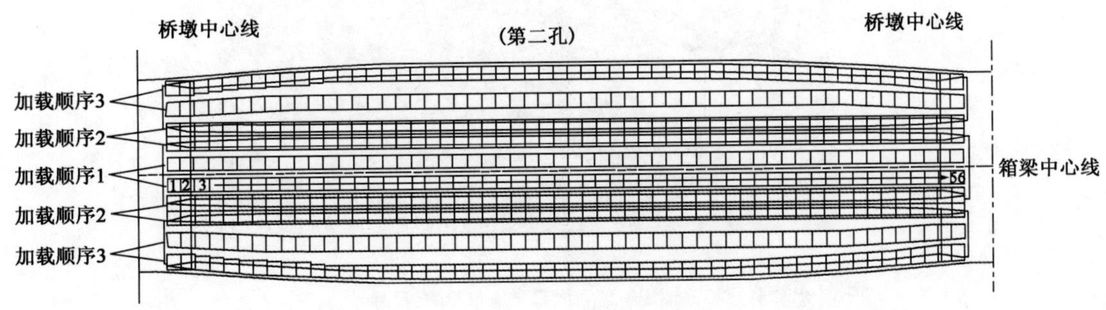

图3 预压荷载布置平面图

4.3　预压 80% 设计荷载

由于箱梁中横梁变高度段荷载较大，预压荷载由 60% ~80% 的荷载都对称布置在中横梁左右 20m 范围内。具体布置立面图如图 4 所示。

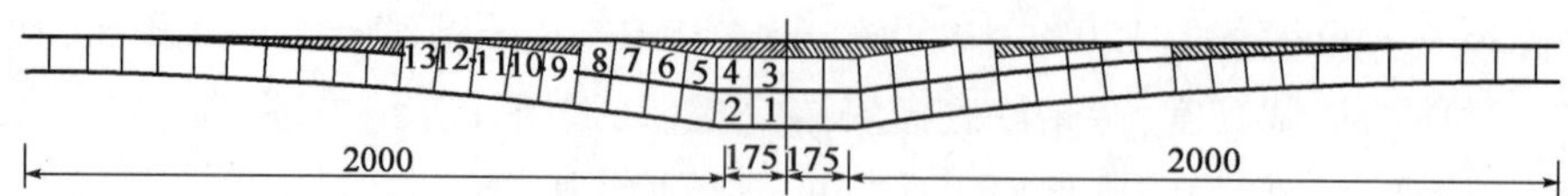

图 4　预压荷载纵向布置示意图(尺寸单位:cm)

图中，数字编号表示单排新增加混凝土块，阴影部分为中腹板处为设置水箱而设置的调平层(可用方木调平)。

每个横梁部分增加 $1m^3$ 混凝土块 8 ×2 =16 块，0.5m^3 混凝土块 5 ×2 =10 块，折算为 $1m^3$ 混凝土块 5 块，合计每排增加 $1m^3$ 混凝土块:(16 +5) ×2 =42 块。混凝土块布置 10 排，则 80% 预压荷载时理论增加 $1m^3$ 混凝土块:420 块。但由于墩顶支座处不能放置混凝土块，则混凝土块实际布置要减少 10 块，合计实际增加混凝土块 410 块。

4.4　预压 100% 设计荷载

第二级(80%)加载完毕并满足要求后，进行第三级加载，加载采用水箱预压，布置在中腹板混凝土块上面，共计两排，每排布置 23 个(图 5)，总计 46 个水箱，每个水箱注水高度 1.7m。

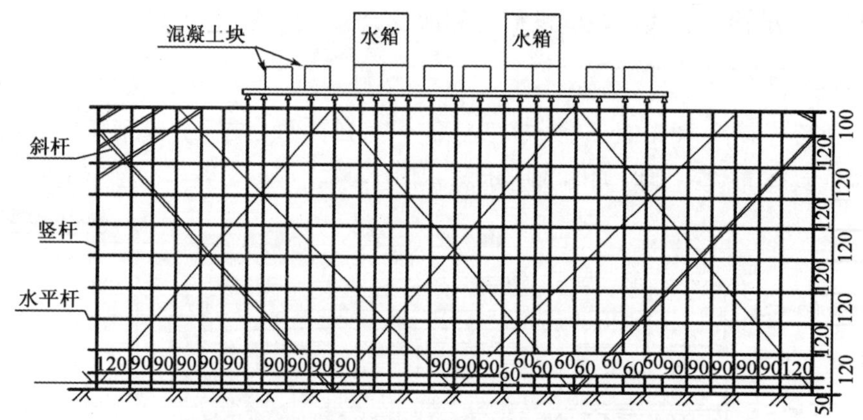

图 5　跨中标准断面预压布置立面和实施布置图(尺寸单位:cm)

预压量计算对比表见表 1。

预压量计算对比表 表1

项目 \ 加载	第一级加载（60%设计荷载）	第二级加载（80%设计荷载）	第三级加载（100%设计荷载）
理论预压荷载(kN)	28440	37920	47400
实际预压重量(t)	2832	3816	4740.6

水箱连接：水箱加工尺寸5m×2m×2m，水箱和水箱之间采用软管(2寸)连通，具体布置示意图如6所示。

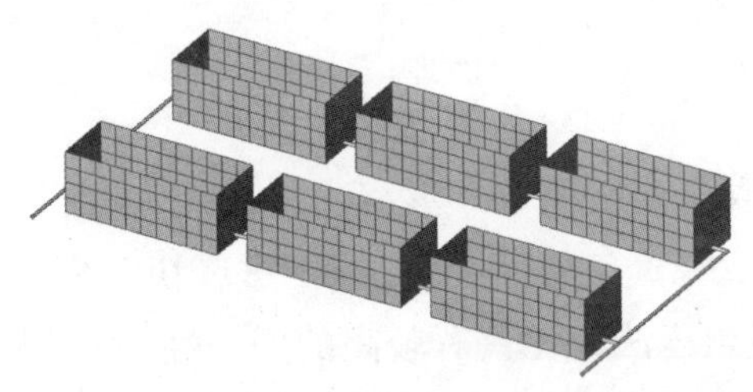

图6 水箱连接模型示意图和实际布置图

5 卸载

预压观测工作结束，对观测数据进行整理分析后，向监理工程师提交监测点布置图和沉降观测记录表，并提出验收申请。申请经监理确认同意后，可进行荷载的卸载作业。

卸载采用分层卸载的方式进行，先把水箱里的水放掉，然后吊走混凝土块，以提高卸载时支架的稳定性及安全性，卸载时应对称、均衡、同步进行。

6 数据处理

根据分级加载及卸载的高程观测值，确定各观测点的弹性变形及非弹性变形，根据数据结果，绘制弹性变形曲线图并回归趋势方程，确定该联(/段)各分段的弹性变形量。

设初始加载前(0%荷载)的观测高程为H_1，加载完成后(100%预压荷载且当次观测数据经分析已符合支架预压合格要求的)的观测高程为H_2，荷载卸载后(0%的荷载)的观测高程为H_3。

$$\text{累计总沉降变形量} = H_1 - H_3$$

$$\text{弹性变形量} = H_3 - H_2$$

$$\text{非弹性变形量} = H_1 - H_3$$

7 底模高程调整

预压卸载后，需再次对模板高程进行调整，设置相应底模预拱度。

底模预拱度计算公式如下：

$$f = f_1 + f_2 \tag{1}$$

式中：f_1——支架体系在荷载作用下的弹性变形(通过观测值计算处理得到)；

f_2——混凝土自重及活荷载一半产生的竖向挠度(由设计提供)。

支架经过预压达到要求，经现场技术自检验收以及监理的审核后，对底模的中心线进行复核，对底模顶面高程进行重新测量，并根据计算所得的预拱度值通过支架可调顶托对其进行调整，使底模控制高程=设计高程+底模预拱度(f)，以保证拆除支架后的结构高程。其中预拱度的设置按二次抛物线法分配，跨中处取最大值(f_x)，即：

$$f_x = \frac{4F \times x \times (L - x)}{L^2} \tag{2}$$

式中：x——该点距支点的距离；

L——该桥跨跨度；

f_x——计算得到的预拱度值。

实际施工中，必然存在一定的施工误差调整，因此底模控制高程应按设计高程＋底模预拱度(f_x)±施工误差调整，进行调整。

8 结语

本文主要采用混凝土块＋水箱的组合预压方式取代传统的单一混凝土块预压方式，水箱预压重量达设计荷载的20%。水箱法预压具有操作简便、需要人工少、经济效益明显、施工进度快和容易调节荷载重量等特点，同时减少混凝土块的数量。水箱预压法与砂袋预压法相比具有较高的安全性，因为水箱一旦制作完成开始加水后人员就可以撤离现场，能有效降低施工风险。

参考文献

[1] 中华人民共和国行业标准. JTG/T F50—2011 公路桥涵施工技术规范[S]. 北京：人民交通出版社，2011.

[2] 中华人民共和国行业标准. JGJ/T 194—2009 钢管满堂支架预压技术规程[S]. 北京：中国建筑工业出版社，2010.

[3] 桑明丽，张志勇. 现浇箱梁支架水箱预压施工工艺研究[J]. 交通科技，2013(6)：28-30.

公路隧道电光蓄能自发光诱导标识的研究与应用

韩惠琴[1]　周　琪[2]　吕宁生[3]　罗炎波[4]

(1. 浙江良和交通建设有限公司　宁波　315000;
2. 温州市交通工程质量监督站　温州　325000;
3. 金华市公路管理局　金华　321000;
4. 宁波交通工程建设集团有限公司　宁波　315000)

摘　要:通过 LED 激发余辉自发光理论,开发研制了 LED 激发余辉自发光部件集成的公路隧道电光蓄能自发光诱导标识,提出公路隧道电光蓄能自发光诱导标识技术指标、检测方法和设置原则,并在多个工程上得到了成功应用,节能减排,经济效益和社会效益显著。

关键词:电激发　蓄能自发光诱导标识　研究应用　设置方法

1　引言

随着交通事业的发展,公路建设不断推进,隧道里程不断增加。至 2015 年底我国已有公路隧道 14006 座计长 1.26 万 km。浙江是公路隧道数量最多的省份之一,截至 2015 年底,全省营运公路隧道 1604 道,共计 1065054 延米,其中中短隧道的数量占总数的 80%。公路隧道是交通事故多发地,尤其是中短公路隧道中,大部分没有安装照明设施,车辆、非机动车和人群混合交通,极易诱发隧道安全事故。

2010 年开始,由金华市公路管理局等单位进行“公路蓄能自发光交通标识”“公路隧道自发光应急逃生系统研究”系列课题研究并通过鉴定,达到国内、国际领先水平,并先后获得 2013 年度中国公路学会科学技术三等奖和浙江省人民政府 2014 年科技进步奖三等奖。2013 年度,被评为全国交通运输行业首批绿色循环低碳示范项目,被列入 2015—2016 年交通运输部科技成果应用推广项目。2011 年以来,科研成果在农村公路、隧道、桥梁共计 1200 余公里路段推广应用。在上述课题研究的基础上,浙江省公路管理局、浙江省交通科学研究院、金华市公路管理局、磐安县公路管理局等单位联合研究的“公路隧道电光蓄能自发光照明诱导系统”(项目编号:2015-2-11),并开发成功新一代的集成型光伏供电激发蓄能自发光诱导标识,经过多个工程实际应用,达到了国际领先水平,并取得了良好的效果。

2　电光蓄能自发光机理

2.1　LED 发光原理

LED 研究始于 20 世纪 60 年代,经过近 50 多年的发展,几乎代替了传统的光源,用途十分广泛。LED (Light Emitting Diode)也称发光二极管,是半导体材料制成的发光组件,材料使用Ⅲ-Ⅴ族化学元素[如:磷化镓(GaP)、砷化镓(GaAs)等]。LED 半导体晶片由两部分组成(图 1):P 型半导体和 N 型半导体,二者相连接处形成一个“P-N 结”。当电流通过导线作用于晶片时,N 型半导体区域的电子会被推向 P 型半导体区域,与 P 型半导体区域的空穴复合后将电能转化为光能而发光,属于冷性发光,寿命长达十万小时以上。LED 最大的特点在于:无须暖灯时间、反应速度很快(约在 10^{-9}s)、体积小、用电省、污染低、适合量产,具高可靠度,容易配合应用上的需要制成极小或数组式的组件,除在照明方面几乎代替传统照明灯具外,还广泛应用于汽车、通信产业、计算机、交通号志、显示器等。

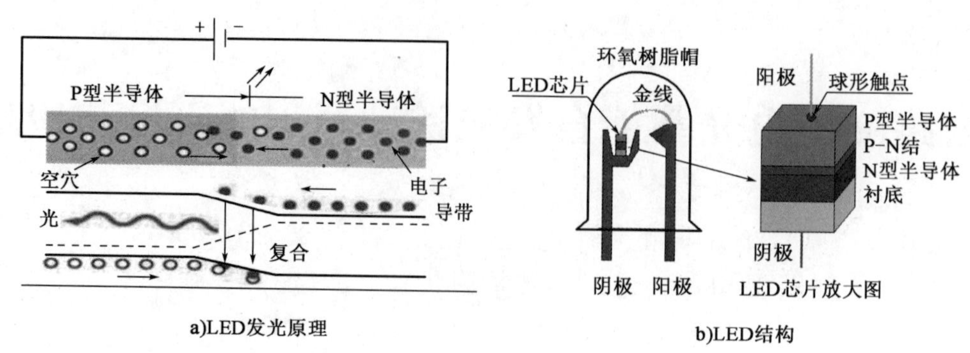

图1 LED 发光原理和结构图

2.2 余辉自发光材料及其原理

2.2.1 余辉自发光的概念

蓄能自发光材料当外界激发源对材料的作用停止后，发光还会持续一段时间，称为余辉。余辉过程也就是自发光过程，自发光时间一般以持续时间 10^{-8}s 为分界，短于 10^{-8}s 的称为荧光，长于 10^{-8}s 的称为磷光，自发光时间最长的可达几十小时。如对于等离子显示板(PDP)、阴极射线管(CRT)用荧光粉，要求余辉越短越好，通常为 ns ~ μs 级别；而对于用于指示标志的长余辉发光材料，则要求其余辉时间越长越好，通常为 0.5 ~20h 级别。余辉时间与陷阱的深度、储存在陷阱的电子数以及电子和空穴复合的概率等有关。在黑暗中，储存于蓄能自发光材料的能量能发出波 520nm 的光，发出光的颜色为黄绿色，人眼能清楚看到。黑暗中因无新能量提供，发光颜料和发光亮度将随时间有比例的下降，在完全黑暗的最初十几分钟，下降最快，30 ~40min 后，下降速度趋于平稳，0.32mcd/m^{2}作为人眼辨识的最低亮度阈值。表 1 中的各标准规定的亮度值，都有一定的激发光源强度和激发时间要求。

各国和国际组织规定的余辉自发光亮度标准 表1

自发光时间(min)	5	10	20	60	执行标准
亮度(mcd/m^2)	—	20	—	2.8	德国 DIN67510
	20	8	3	—	日本 JISZ9100
	—	15	—	2	国际海事组织 A.752(18)

2.2.2 余辉自发光的认识历程

人类很早就注意到存在于自然界中的自发光材料。西方最早的记载此类发光材料的是在 1603 年一位意大利修鞋匠焙烧当地矿石炼金时，得到了一些在黑夜中发红光的材料，以后分析得知，该矿石内含有硫酸钡，经过还原焙烧后部分变成了硫化钡余辉材料。从此以后，1764 年英国人用牡蛎和硫黄混合烧制出蓝白色发光材料，即硫化钙余辉发光材料。1852 年，斯托克斯（Stocks）提出关于光致发光的第一个规律：发射光波长恒大于激发光波长，即发射光相对于激发光出现斯托克斯位移。1867 年贝可勒尔(Becquerel)研究了红宝石的光谱特性。1878 年，有人报道了低气压下真空放电引起的玻璃管壁发光的现象，由此引发了对阴极射线发光的研究。19 世纪末 20 世纪初，对于发光的研究引发了物理学两个重大发现：X 射线和天然放射性。伦琴通过对 BaPt$(CN)_4$ 的研究发现 X 射线，贝克勒则通过硫酸钾铀发现了核辐射。此后，1905 年爱因斯坦用光子的概念揭示了斯托克斯规律的意义。1913 年玻尔提出了原子结构的量子理论，为发光物理奠定了理论基础。

我国也是发现和使用自发光材料的最早国家之一(图2)。据史籍记，史前炎帝、神农时就已发现过夜明珠，如神农氏有石球之王号称“夜矿”。春秋战国时代，如“悬黎”和“垂棘之璧”，价值连城，可比和氏璧。西汉东方朔《海内十洲记》载，西周(约公元前 1066 年 ~ 前 771 年)国王姬满应西王母之邀赴瑶池盛会，席间，西王母馈赠姬满一只碧光粼粼的酒杯，名曰“夜光常满杯”。姬满如获至宝，爱不释手，从此夜光杯名扬千古。唐朝诗人王翰有“葡萄美酒夜光杯”的优美诗句。可能的最早自发光材料应用记载为《四库全书》中的《湘山野录》中，江南润州节度使之少子徐知愕送给宋朝皇帝的贡品中，有一幅特殊的画，白天看画牛在圈外吃草,夜间看画牛在圈内睡觉。这幅画出自汉朝,其秘诀就在于白天显现的部分是用日本南海岸的一种贝类中的珍珠粉混合画成,而夜间显现的部分则是用火山上的石头粉混合画成的。

a)夜明珠

b)夜光杯

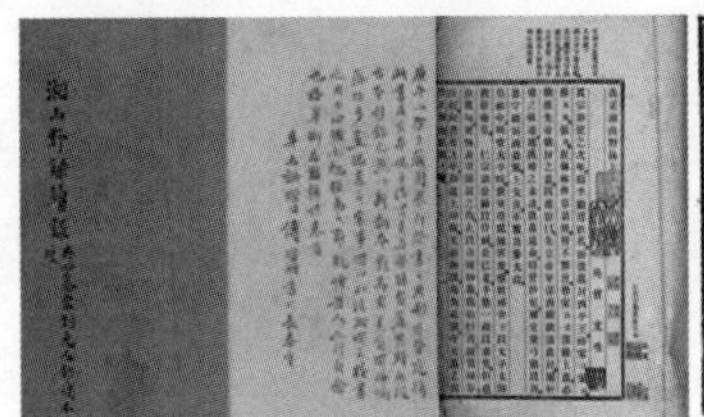

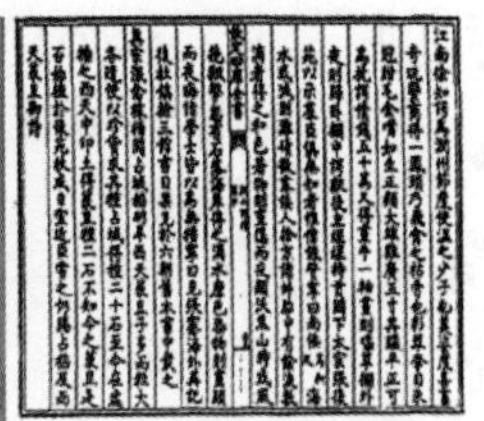

c)《湘山野录》中记载的自发光材料文字

图2　自发光物品和材料文字

欧洲世纪时在意大利的炼金者发现了余辉自发光材料,并将这种物质命名为"Phosphor",意为"承载光芒的工具"。直到现在,人们还在一直沿用这个称谓。人类真正研究并使用长余辉材料,最典型的长余辉材料是"ZnS:Cu",它发出的绿色长余辉在很长一段时间内吸引了众多科学家的注意力,对这一体系的研究发现在发光材料中掺入其他元素可以提高发光强度、延长余辉时间,由于其中的一些有害成分而被停止使用。后来陆续出现了碱土金属硫化物组成的长余辉材料。1993 年以来,在长余辉材料领域相继出现了 $CaAl_2O_4:Eu^{2+},Nd^{3+}$ 和 $SrAl_2O_4:Eu^{2+},Dy^{3+}$,它们因具有超长的余辉时间而备受关注,在短短的几年内,其余辉时间被延长到十几甚至二十小时,从而使长余辉材料的性能得到了提高和应用范围进一步扩大。

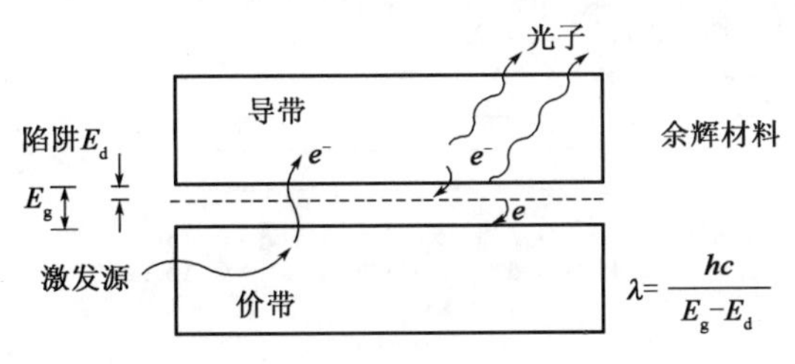

图3　自发光材料的原理示意图

2.2.3　余辉自发光原理

目前一般认为,余辉自发光材料在受激和发光之间存在着一系列中间过程,不同材料在不同激发方式下的发光过程可能不同。但它们的共同之处是其中的电子从激发态辐射跃迁到基态或其他较低能态使离子、分子或晶体释放出能量而发光。蓄能自发光过程主要有三步:自发光材料吸收激发光源的光能⟶激发光能转移到荧光中心⟶由荧光中心发射辐射光子(图3)。

(1)自发光材料吸收光子蓄能计算

自发光材料吸收光子蓄能公式为:

$$I_{(\lambda)}=I_{0(\lambda)}\mathrm{e}^{-K_\lambda x} \tag{1}$$

式中:$I_{(\lambda)}$——光通过厚度为 x 的材料层后的发光强度;

$I_{0(\lambda)}$——波长为 λ 的光照射到材料时的发光强度;

K_λ——吸收系数;

λ——光波长。

(2)自发光材料释放光子能量计算

自发光材料释放光子能量公式为:

$$I_{(\lambda)}=I_0\mathrm{e}^{-\alpha t}=I_0\mathrm{e}^{-t/\tau} \tag{2}$$

式中:$I_{(\lambda)}$——激发停止时间 t 后的发光强度;

I_0——激发刚停止时的发光强度,表示电子跃迁到基态的几率,等于是电子在激发态的寿命;

τ——衰减常数。

由式(2)可知,t 秒以后,发光强度将是初始亮度,通过测量激发停止后不同时间的发光强度,在单对数坐标上作图,所得到的直线斜率就是 α 值,从而可得到衰减常数 τ 值。

2.3　LED 与余辉自发光部件集成及其特性

2.3.1　LED 与余辉自发光部件集成标识

LED 与余辉自发光部件集成如图4 所示,由电光光源、蓄能自发光体、反光体和基体四部分组成。LED

发光后，激发蓄能自发光体蓄能，LED 停止发光激发后，自发光部件余辉自发光。

2.3.2　LED 激发余辉自发光特性

(1)LED 技术指标

工作电压：12～24V。

工作电流：2mA。

功耗：0.25W。

防水等级：IP66。

峰值亮度：600cd/m^2。

发光效果：发光均匀，无突出亮点。

(2)LED 激发方式

根据蓄能自发光材料的特性，设计了针对性的测试方法，通过测试反映蓄能材料的发光特性。测试通过 LED 光源激发不同时长后，测试蓄能材料的发光亮度。激发时长分为 1s、2s、3s，间隔时间分为 10s、20s、30s 和激发时长 1s 间隔 5s 几种模式。光源激发亮度 1000cd/m^2，距离 5mm。选定激发时长分为 1s，间隔时间 10s 激发时长，自发光部件亮度达到 40cd/m^2，满足一般公路隧道 20～50lx 照度要求(图 5)。

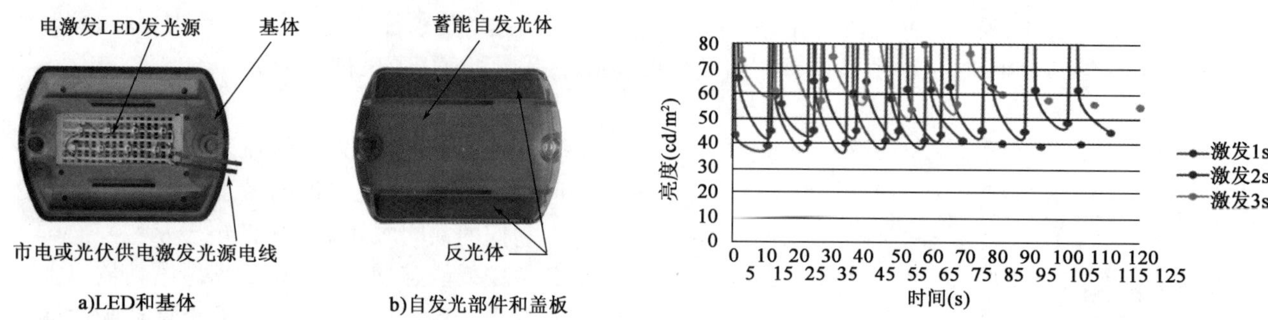

图 4　LED 与余辉自发光部件集成图

图 5　自发光材料激发亮度曲线图

晚间曾于金华近郊绿道上放置电光蓄能自发光诱导标识进行演示测试，用手机手电筒照射数秒钟后，标识中间部分自发光亮度明显增强(图 6)。

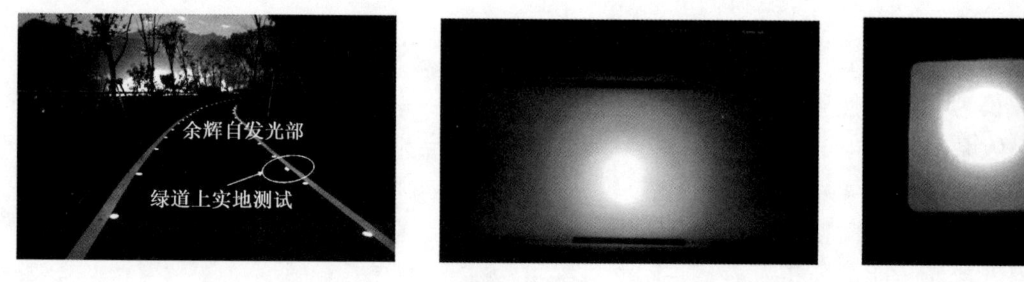

图 6　手机手电筒激发电光蓄能自发光诱导标识演示效果图

2.3.3　能量转换过程

LED 与余辉自发光部件集成能量转化见图 7。

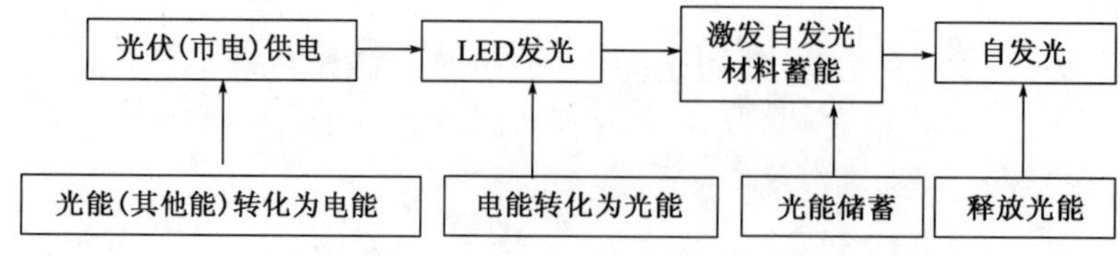

图 7　LED 与余辉自发光部件集成能量转化图

3 公路隧道电光蓄能自发光诱导标识

3.1 标识类型

电光蓄能自发光应急诱导标识的主要种类有:隧道基本信息指示标识、轮廓标识、条形标识、应急通行指引标识、应急设施指引标识、应急辅助照明标识。图8为轮廓标识和应急辅助照明标识。

图8 轮廓标识和应急辅助照明标识

3.2 设置原则和方法

(1)公路隧道蓄能自发光逃生诱导系统的设置应坚持“以人为本、安全至上、环保和谐、经济实用”的原则。

(2)应根据公路隧道的实际情况,合理有效设置应急需求的轮廓标识、警示标识和通道设施标识。

(3)公路隧道蓄能自发光逃生诱导系统的设置不应影响其他公路交通安全设施的设置效果。

(4)同一条公路的隧道蓄能自发光逃生诱导系统采用的设计标准和设计原则宜保持一致。公路隧道蓄能自发光逃生诱导系统的标识之间,其他公路交通标志、标线等交通安全反光设施之间、与公路主体工程及其他沿线设施之间应相互协调,不应产生干扰。

3.3 设置规定

(1)隧道长度≤100m时,选用蓄能自发光逃生诱导标识。

(2)隧道长度>100m时,选用电光蓄能自发光逃生诱导标识。

4 应用实例及效益分析

4.1 应用实例

2015—2016年,公路隧道电光蓄能自发光诱导标识在浙江磐安42省道磨石岭隧道(长度670m)、大磐山隧道(长度1589m)和永康山后胡隧道(长度420m)安装试点,取得了良好的效果(图9)。

4.2 效益分析

4.2.1 LED与余辉自发光部件集成标识激发节电效率

LED与蓄能发自发光器件紧密组装成一体,强光紧贴激发蓄能发自发光材料,与传统的利用自然光或LED远距离激发蓄能发自发光材料相比,电光激发效率大幅度提高。

根据公路隧道光电蓄能自发光诱导标识的激发原理:0.25W LED灯激发1s、后停歇9s,再电光激发余辉自发光部件1s、后停歇10s……循环持续10min电能消耗与LED灯常亮状态比较计算:

LED灯功率 $P = 0.25\text{W}$

每10min钟内激发总时间 $t = \dfrac{600\text{s}}{11} = 54.5\text{s}$

消耗电能 $W_z = Pt = 0.25 \times 54.5 = 13.6(\text{W} \cdot \text{s})$

如单独LED灯点亮消耗电能 $W_L = Pt = 0.25 \times 600 = 150(\text{W} \cdot \text{s})$

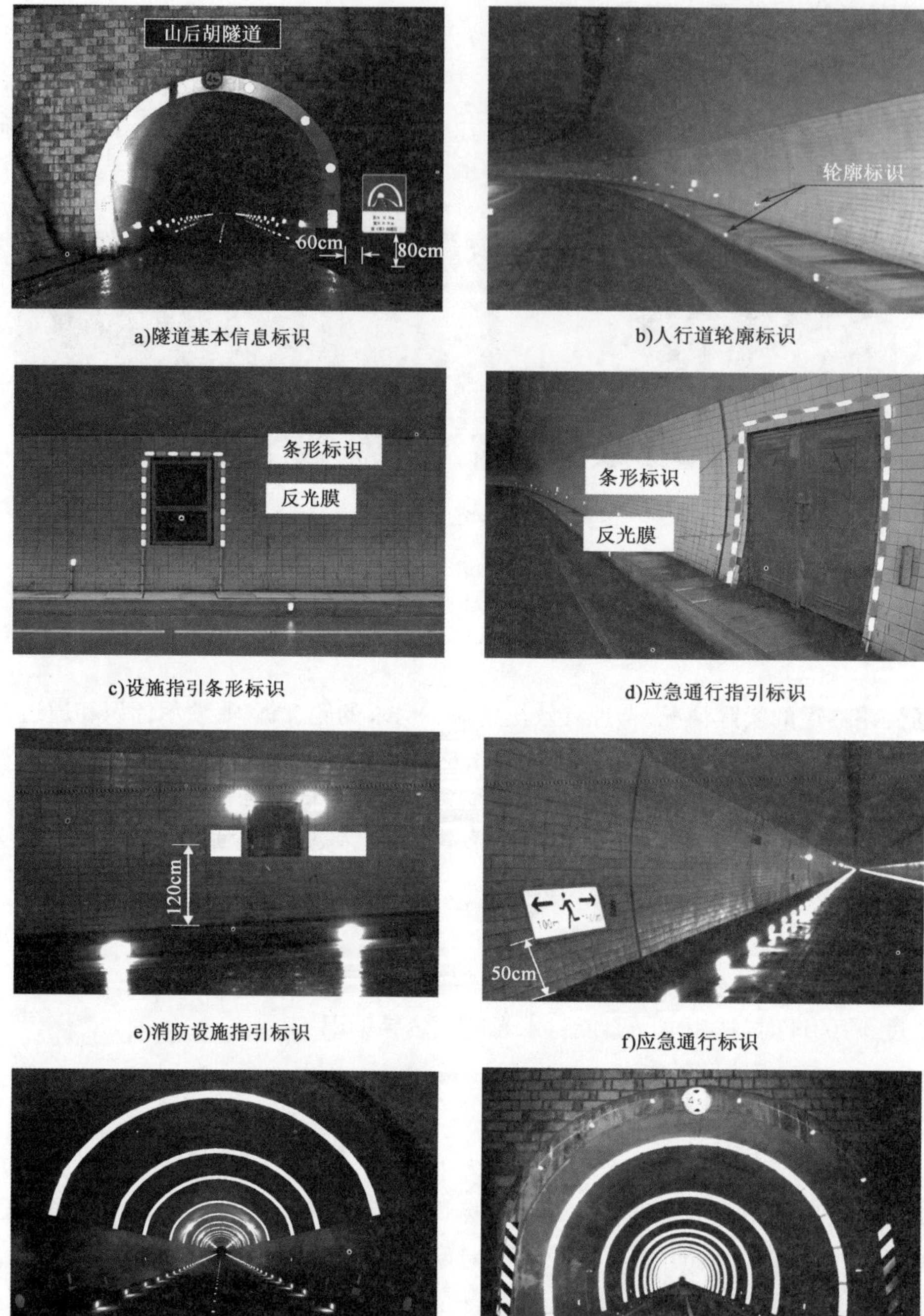

a)隧道基本信息标识　b)人行道轮廓标识

c)设施指引条形标识　d)应急通行指引标识

e)消防设施指引标识　f)应急通行标识

g)应急辅助照明标识（拱部）　h)应急辅助照明标识（全断面）

图9　公路隧道电光蓄能自发光诱导标识应用实例

节电效率 $\eta = 1 - \frac{W_z}{W_L} = 1 - \frac{13.6}{150} = 90.7\%$

4.2.2　间断激发延长了LED灯寿命

高质量的LED灯的寿命可达到$(5 \sim 10) \times 10^4$h。LED灯是由若干构件有机组合成的整体，其寿命受到多种因素的制约：在LED的制造过程中，其他杂质离子的污染、晶格缺陷、后封装工艺过程中的化学污染等是影响LED寿命的首要因素；LED管芯和灯具的整体散热设计对LED灯寿命有关键性的影响；LED灯所用驱动电路的工作质量直接影响其寿命；贯穿于生产制造和安装使用全过程的静电损害严重影响LED灯的寿命。

一般地，LED 灯电能的近 1/3 变成可见光，大多数电能变成了热能，LED 灯的散热系统对寿命影响十分重要。LED 光源 P-N 结处的温度称为“结温”。结温不同，出光率也就不同。美国 Lumileds Lighting 公司 K2 系列 LED 的结温与出光率的关系如图 10 所示。

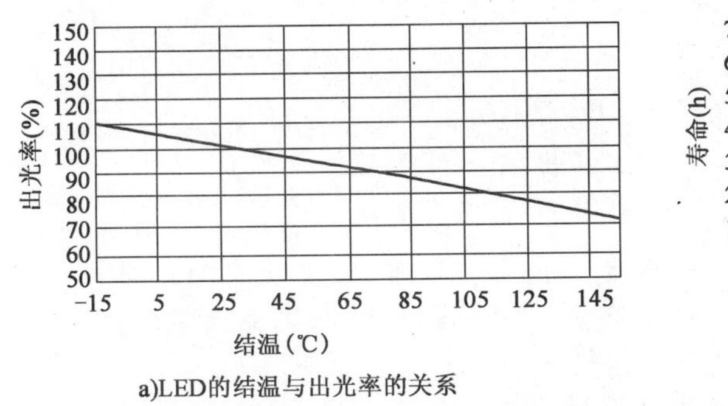

a)LED的结温与出光率的关系

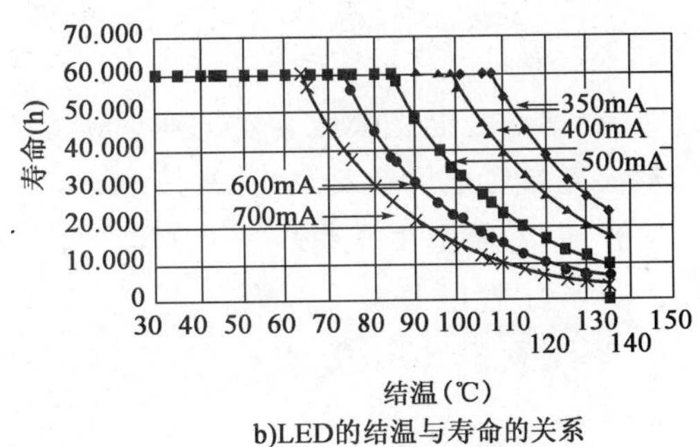

b)LED的结温与寿命的关系

图 10　LED 的结温与出光率及寿命关系图

由图 10 可见，在结温为 25℃时，一般定义此时的出光率为 100%；当结温为 120℃时，LED 发光量为结温 25℃时发光量的 80%（出光率为 80%）。这就是说，LED 的 P-N 结温度降低，不但能大大延长 LED 的有效寿命，还能提高出光率。LED 输出光通量的降低也就意味着 LED 有效寿命的缩短。国内外的研究表明，LED 的寿命会随着结温的升高而呈指数下降，结温从 40℃ 升高到 50℃ 会使得 LED 寿命从 42000h 缩短到 18000h。

现采用以光电激发 1s、后停歇 10s，再光电激发 1s、后停歇 10s……循环持续 10min 的间断激发方式，LED 管芯基本不发热，既提高了 LED 灯的寿命又节约了能源。

4.2.3　应用实例经济效益

以永康山后胡隧道为例：

(1) 太阳能供电如采用单一的 LED 灯具照明，灯具费用 = 0.42km × 18 万元/km = 7.56 万元，每年维护费用 2 万元，一般使用寿命为 6 年，6 年共支出 9.56 万元。

(2) 同样以太阳能供电采用 LED 激发蓄能自发光诱导系统，达到同样效果，标识费用 = 0.42km × 3 万元/km = 1.26 万元，每年清洁保养 1 万元，使用寿命 15 年，折算为 6 年的费用 = (1.26 + 1 × 15) 万元 ÷ 15 × 6 = 6.504 万元。

节约费用 $\eta = \dfrac{9.56 - 6.504}{9.56} = 32\%$。

5　结语

新一代的集成型光伏供电激发蓄能自发光诱导标识的推广应用，将提升我国公路交通安保设施的综合安全服务水平，符合综合交通、智慧交通、绿色交通、平安交通“四个交通”发展的要求，体现“以人为本，安全第一”理念，是通过科技创新实行公路建设由规模、数量向功能、质量转变，是建设平安公路、生态公路，服务民生、服务美丽中国建设的新举措，具有使用方便、适用范围广、成本低廉、易于普及的特点，且有较高的推广应用价值。

研究和应用成果的主要创新为：

(1) 由 LED 发光与蓄能发自发光组合循环激发发光的电光蓄能自发光诱导标识，与单一的 LEd 发光比较，使 LED 从点光源转变成面光源，不眩光，有利于交通安全。

(2) LED 与蓄能发自发光器件紧密封装集成一体，强光紧贴激发蓄能发自发光材料，LED 循环激发亮灯时间短，降低了标识的工作温度，提高了寿命。

(3) 公路隧道电光蓄能自发光诱导标识还具有应急照明功能，为公路隧道提供了一种新的节能环保、经济实用的应急诱导指示标识的设置方法和措施。

本项目为首次研究和应用,在使用过程中需深化研究,积累经验,总结使用方法,以利进一步推广应用,并发挥更大的经济效益和社会效益。

参 考 文 献

[1] 吕宁生,等.公路隧道电光蓄能自发光照明诱导系统[R].2016.

[2] 张中太.无机光致发光材料及应用[M].北京:化学工业出版社,2005.

[3] 肖志国,罗昔贤.蓄光型发光材料及其制品[M].北京:化学工业出版社,2005.

[4] 刘家俊.大功率白光LED灯具寿命与光电特性关系的研究[D].成都:电子科技大学,2015.

[5] 李志杰,张玉峰,吴霄.$SrA1_20_4$:Eu^{2+},Dy^{3+}荧光粉的合成及表征[J].沈阳工业大学学报,2016,38(5):481-485.

[6] 钱敏华,林燕丹,孙耀杰.基于光—电—热—寿命理论的LED寿命预测模型[J].光学学报,2012,32(8):1-6.

沥青路面坑槽溶剂型冷补沥青混合料的研究及应用

谈豪杰[1]　徐志欢[2]　林　瀚[3]
(1.浙江省万里教育集团　宁波　315000;
2.宁波市给排水工程设计研究院　宁波　315000;
3.宁波交通工程建设集团有限公司　宁波　315000)

摘　要:本文主要介绍了一种溶剂型冷补沥青混合料在潮湿环境下,对沥青路面坑槽进行快速修补以恢复路面性能这方面的研究成果,并介绍了相关应用实例,可为同类工程提供参考。

关键词:溶剂型　冷补　潮湿环境　快速修补

1　引言

宁波地区春夏雨量较多,多年平均降水量1480mm左右,主汛期的降水量集中在5~9月,占全年降水量的60%。同时,宁波地区高速公路车流量大,重载车辆较多,在环境和交通的耦合作用下,雨后极易产生坑槽病害,严重影响了交通安全。为解决破损路面坑槽潮湿条件下无法快速修复或短期反复修补的问题,对坑槽修补材料提出了更高的要求。通过溶剂型坑槽冷补沥青混合料的研究和应用,取得了较好的效果。

2　沥青路面坑槽修补效果的影响因素

2.1　修补材料的基本要求

(1)要有足够的强度。修补材料在填补坑槽形成良好的骨架结构,有足够的黏聚力和内摩阻力,形成足够的强度。这样才能弥补原坑槽路段承载力和强度的不足,才能很好地传递交通荷载,使得该路段满足行车安全舒适的要求。

(2)要有较好的耐水性。坑槽病害产生的根源是因为水的存在,水会置换掉裹覆在石料表面的沥青薄膜,使得沥青与集料的黏附性降低,导致粒料松动,在移动荷载作用下极易剥落。修补后的路面结构必须要有良好的水稳定性,这样才能保证坑槽处不会出现二次破坏。

(3)要有良好的高低温性能。沥青路面坑槽修补后必须有良好的高温抗车辙、低温抗开裂性能。夏季高温环境下,行车荷载作用时不出现泛油、车辙等不良现象;冬季低温环境下,能够与原路面结构形成一个整体,不在新旧交界面出现裂缝等不利病害。

2.2　施工质量方面的影响因素

(1)压实度。压实度不足容易导致坑槽段平整度差,修补材料易松散,水稳定性不够等诸多不良因素,影响行车舒适性,而且容易引发交通事故。导致压实度不足的原因主要有压实机具选择不合理、压实遍数不够、压实方法不合理等。选用合适的压实机械,采用科学合理的压实方法是保证压实度的关键因素。

(2)修补料温度。坑槽修补时修补料的温度过低可能导致混合料压实度不足,孔隙率过大,耐水性差,造成坑槽的再次破损;拌和出料温度、运输温度损失等是导致修补料温度不够的主要原因。拌和温度过高会导致在拌和过程中混合料出现老化,影响其性能;运输过程中,应该要采取保温措施,减少温度损失。

(3)施工方法。施工方法主要是指沥青路面坑槽修补很多步骤还是采取人工作业,比如坑槽开挖后的清理,坑槽壁和坑底喷洒黏层沥青,人工作业存在一定的差异性不能保证使用质量,建议使用专门的施工机具用于坑槽修补。

3　溶剂型冷补沥青混合料配合比设计及路用性能

3.1　溶剂型冷补沥青混合料组成

溶剂型冷补沥青混合料是由稀释沥青与一定级配的石料组成。稀释沥青由三部分组成:基质沥青,冷补添加剂,有机溶剂。将制备好的稀释沥青和石料按一定比例经机械拌和,摊铺在需要修补的坑槽中并夯实,随着有机溶剂的挥发,沥青黏度逐渐增大,逐渐形成强度,从而达到路面快速修补的目的。

3.2　稀释剂

稀释剂的选择是生产溶剂型冷补沥青混合料的技术关键。稀释剂的主要作用是保证冷补沥青混合料在常温状态下具有良好的工作性,因此,稀释剂需满足以下要求:

(1)对基质沥青易有较大的溶解能力,且不会使改性剂发生离析现象,使冷补沥青混合料成为均匀的整体,从而达到改善冷补料的工作性。

(2)稀释剂能够及时地从基质沥青中挥发出来。冷补沥青混合料在使用后期要求其强度要好,不发生第二次破坏,这也要求稀释剂随着时间的推移,能够从基质沥青中挥发出来,使冷补沥青混合料的强度达到使用要求。

(3)稀释剂的用量适中且可控。虽然稀释剂能够降低沥青的黏度,但并不代表稀释剂用量越多越好,使用剂量过多会导致冷补料流动性大,黏度低而难以压实成型,且成型时间长;含量过少会导致冷补料的工作性较差,黏度大而难以施工,无法达到改善冷补沥青混合料工作性和和易性的初衷。因此,控制好稀释剂用量也是冷补沥青混合料设计的关键技术之一。

(4)对人体无毒,不影响操作人员的健康,对周围环境影响小。根据国内外冷补沥青混合料资料的研究,可选用的稀释剂种类众多,如煤油、柴油、汽油、航空煤油、轻油和植物油等,可单独一种或者两种共同使用,其使用剂量一般在 15% ~30% 。其中,柴油、煤油、汽油与沥青源出同一原油,极性相似,能很好地保证稀释剂与沥青的相容性。

3.3　基质沥青

对于冷补沥青混合料基质沥青的选择,需考虑气候条件、施工条件、交通量等多种影响因素。北方地区这样的寒区,应选用稠度较低的高标号沥青;而南方地区可以选低标号沥青。不管选用何种标号沥青,在做成冷补液后,都应该有一定的稠度范围,使混合料具有较好的并适应使用条件的施工和易性,并且冷补液经老化处理后的各项指标应符合相关要求。

参考近几年宁波市的气候特征及交通状况,结合规范和项目经验,确定采用蒙古产 70 号基质沥青,作为研发稀释沥青的基质沥青(表 1)。

基质沥青的性能　　表 1

指　标		试验结果	技术要求
针入度(25℃,5s,100g)(0.1mm)		76.8	60 ~80
软化点(R&B)(℃)		50	不小于 45
15℃延度(cm)		>100	不小于 100
闪点(℃)		267	不小于 260
溶解度(%)		99.8	不小于 99.5
相对密度(15℃)(g/cm^3)		1.0257	实测
蜡含量(%)		1.99	不大于 2.2
TFOT(或 RTFOT)后	质量变化(%)	-0.31	不大于 ±0.8
	残留针入度比(25℃)(%)	68.1	不小于 61
	残留延度(10℃)(cm)	38	不小于 6

关于改性剂的种类，目前有40余种改性剂，根据改性剂的不同类型可分为三大类：热塑性橡胶类、橡胶类、树脂类。对于改性剂的使用，以冷补料的特点出发，当加入稀释剂后降低了基质沥青的黏度，冷补料在使用初期路用性能欠佳，如高温性能差、初期强度不够、抗水能力差等，因此加入改性剂来适当提高冷补料初期使用性能。

3.4 溶剂型冷补沥青液制备

(1)结合宁波市的实际环境特征，优选70号基质沥青，采用柴油作为稀释剂，自主研发冷补添加剂作为稀释沥青改性剂。

(2)通过混合料相关性能试验，确定了稀释剂用量，自制溶剂型冷补沥青液。

溶剂型沥青冷补混合料级配确定：

根据《公路沥青路面施工技术规范》(JTG F40—2004)中冷补沥青混合料的矿料级配，确定选用细料式LB-13级配(表2)进行室内试验研究。

溶剂型沥青冷补混合料级配 表2

细粒式 LB-13	通过百分率(%)									
筛孔尺寸(mm)	16.0	13.2	9.5	4.75	2.36	1.18	0.6	0.3	0.15	0.075
级配上限	100	100	95	60	40	20	15	12	8	5
级配下限	100	90	60	30	10	5	0	0	0	0
选用级配	100	95	78	45	25	12.5	7.5	6	4	2.5

确定最佳溶剂型冷补沥青液用量，首先采用经验公式计算得到沥青用量的基参考值，而后进行马歇尔试验法确定溶剂型冷补沥青液最佳用量。

结合国内外研究资料，采用同济大学经验公式，计算经验最佳沥青液用量。经验公式如下：

$$P = 0.021a + 0.056b + 0.099c + 0.12d + 1.5 \tag{1}$$

式中：P——溶剂型冷补沥青液用量(%)；

a——大于2.36mm颗粒质量百分率(%)；

b——0.3～2.36mm颗粒质量百分率(%)；

c——0.075～0.3mm颗粒质量百分率(%)；

d——小于0.075mm颗粒质量百分率(%)。

根据经验公式(1)计算，表2中选用LB-13型级配确定理论沥青最佳用量，为确定溶剂型冷补沥青液的最佳用量，进行混合料马歇尔试验，确定最佳溶剂型冷补沥青液用量。

对溶剂型沥青冷补混合料路用性能的评价，黏聚性试验结果表明混合料的破损率为14.8%，具有较好的黏聚性；混合料的初始强度足以提供混合料初始支撑，成型强度达到17.22kN；动稳定度达到5286次/mm，说明其具有较好的高温稳定性；对自主配制的溶剂型冷补沥青液进行了黏附性试验，其与粗集料的黏附性等级达到4级，浸水残留稳定度达到79.5%。

4 试验路使用情况

先对集料进行筛分，然后进行级配调整。集料的级配根据施工经验确定，结合现行《公路沥青路面施工技术规范》中沥青混合料的推荐矿料级配范围，并经试验确定沥青路面坑槽快速修补施工用溶剂型冷补沥青混合料的级配，如表3所示。

溶剂型冷补沥青混合料级配 表3

筛孔尺寸(mm)	10～15	5～10	3～5	0～3
合成级配	24	38	12	26

采用溶剂型冷补沥青混合料对宁波某高速公路的路面坑槽进行了修补。溶剂型冷补沥青混合料的施工工艺如下：

（1）清理坑槽

将待修补的坑槽内及四周的碎石与废渣清理干净，坑槽内不得存有泥浆等杂物，被修补的坑槽应有整齐的切边，松散料及薄弱部分需彻底清除干净，并用强力吹风机将坑槽内粉尘等杂物吹扫干净。

（2）冷补料的配制

①溶剂型冷补沥青液配制。为了施工方便，同时便于运输，在实验室已按相应比例配置好冷补沥青液，并装于桶中。

②冷补料拌和。冷补料拌和前，需根据所用石料的含水率与当地的温湿度状况，进行试拌，从而确定冷补料的最佳油石比；再根据早期施工经验，确定最佳油石比取 7.5%。冷补料拌和的操作步骤为：a. 根据各档集料的筛分结果，按照目标级配进行组配；b. 按最佳油石比，将配置好的溶剂型沥青液和石料经机械均匀拌和，得冷补混合料。

（3）坑槽回填

在清理干净并满足要求的坑槽内喷涂黏层油（可使用自制水性环氧改性乳化沥青或其他快裂乳化沥青）。将冷补料回填至坑槽内时，应根据压实机具的不同而预留相应的松铺厚度，松铺系数为 1.1 ~1.3。填入坑槽内的混合料，中央处应高于四周路面并呈弧形。如路面坑穴破损深度在 5cm 以上时，填补工作应以每 3 ~5cm 为一层，分层填补、逐层压实。

（4）压实

采用压路机碾压时，钢轮上需要喷洒油或者水，否则冷补料会被粘起带走。

（5）封边整修

为提高新旧材料的黏结性以及防止接缝处进水，采用专用乳化沥青进行封边。灌缝后，可在整个修补表面上均匀地覆盖一层薄薄的干净细砂或石屑，这样不仅可以防止封边材料出现轮印或引起溜滑等问题，而且细料填满表面空隙，使混合料更加密实，加快乳化沥青破乳速度，有助于形成强度，缩短开放交通时间。

（6）验收

修补完的坑槽表面应光洁、平整，坑穴四周和边角压实良好、无松散等现象，压实度应达到 93% 以上。

对施工完成后不同时间段坑槽状况进行对比观察，坑槽修补完成后一个月，使用情况良好。

5 结语

溶剂型冷补沥青混合料可以作为高速公路沥青路面坑槽冷补材料，修补材料具有良好的使用性能，实现了快速修补的要求。目前对试验路的观测时间较短，无法确定其长期使用性能，今后应进一步对该试验路段进行长期的观察，并测试其关键性能指标，以研究溶剂型冷补沥青混合料的长期使用性能。

参 考 文 献

[1] 谭忆秋. 沥青与沥青混合料[M]. 哈尔滨：哈尔滨工业大学出版社，2007.

[2] 夏冬. 基于坑槽修补冷补沥青混合料试验研究[D]. 哈尔滨：东北林业大学，2015.

[3] 中华人民共和国行业标准. JTG F40—2004 公路沥青路面施工技术规范[J]. 北京：人民交通出版社，2004.

连续段含预应力束的简支转连续桥梁的施工优化

陆飞勇　徐建平

（浙江良和交通建设有限公司　宁波　315201）

摘　要：本文通过对简支转连续桥梁施工中不同的施工顺序，分析施工过程中支座反力变化差异，从不同的施工方案中对比选出相对合理的方案，使桥梁体系转换过程中避免造成不利状态。希望对其他类似项目具有借鉴作用。

关键词：简支转连续　预留合龙段　支座反力

1　引言

简支转连续桥梁的结构形式在其施工过程中发生了多次转变，结构体系的转变也导致桥梁结构出现多次的内力重分布。连续段混凝土浇筑后，结构转换为连续体系，现浇部分混凝土达到一定强度后，连续段预应力束的张拉，对整个结构的支座反力、内力及变形都将产生影响，内力重分布的过程造成桥梁结构支座反力的改变，由于支座反力的改变，会引起梁端附近截面剪力值发生突变，导致结构的内力值出现明显的改变。支座反力出现明显的增大表明该支座约束的梁端有着较大的下沉趋势，该支座处梁端上缘混凝土的压应力增大，下缘混凝土的压应力减小。而相邻支座处梁端应力值的变化则是上缘压应力减小，下缘压应力增大，必然导致相邻支座处梁端上缘混凝土容易发生开裂，这是施工过程中不允许出现的工程灾害。根据受力平衡的原理，主梁一端支座反力增大，则相邻另一端的支座会相应减小，支座反力的减小不但会造成桥梁内力的改变，更会直接影响到支座对桥梁的约束作用，造成原结构体系的约束缺失。这种变化所引起的内力、挠度、应力的增量对结构可能是致命的灾害。支座反力的变化越剧烈，对于简支转连续梁桥的破坏就越严重。

鉴于支座反力对于工程的重要意义，本文将以支座反力作为优化指标研究简支转连续桥梁的合理施工工序。

2　支座反力的筛选与评判标准

简支转连续桥梁的施工步骤主要包括连续段混凝土浇筑、连续段预应力钢束张拉、临时支座拆除三个方面。从连续段混凝土浇筑开始，结构已经属于超静定体系，因此每个具体的施工步骤都会导致支座反力出现不同程度的变化。多跨一联的简支转连续桥梁，从吊装梁的简支状态到体系完成支点转换的成桥状态，中间要经历多个施工步骤，由于每个步骤都会导致支座反力值的改变，所以中间需要分析的支座反力值将至少有几十个。如此繁多的数据，需要分析出规律性是较困难的，而且全部的支座反力数据中有大量的数据是没有分析价值的。因此需要对支座反力数据进行一定标准的筛选。主要标准如下：

（1）选取支座出现脱空的支座反力。

（2）选取前后工况中支座反力出现剧烈变化的数据。

（3）选取与该施工步骤最相关的支座反力数据。

具体分析支座反力时，需要一个判别支座反力优劣的标准。由于不同的简支转连续桥梁在跨径、截面形式、预应力束布置、现浇段连续形式、施工工艺上均存在差异，因此仅仅比较支座反力大小有一定的片面性。在本文的支座反力分析优化中，以支座反力差值和百分比变化值作为标准来优化施工方案。

3 预留合龙段方案的提出

现有隔跨施工方案的优点在于,施工所造成的影响只会对相邻两跨的梁板造成较大的影响,而对于隔跨梁板的影响是可以忽略的。

隔跨施工方案的缺点也十分明显:在连续段都浇筑完成后,隔跨张拉连续段预应力钢束,由于预应力束两侧结构存在较大差异,所以连续段预应力张拉对相邻两跨的支座反力会造成差异较大的影响。根据图1中的特例具体分析。所有连续段均已浇筑,采用隔跨原则张拉1号、3号预应力钢束。1号预应力束左右的结构严重不对称,会造成1号两临时支座出现差异较大的反力变化。反力变化差异较大会造成其中一个支座受力过大,而另一个支座处于脱空的状态。1号连续段张拉预应力束时,左侧跨的结构自重和刚度较小,会造成左侧跨较大的上挠,右侧部分由于结构自重和刚度较大,预应力的上挠影响则较小。左侧的上挠趋势会造成0号支座处的梁板有被托起的危险。

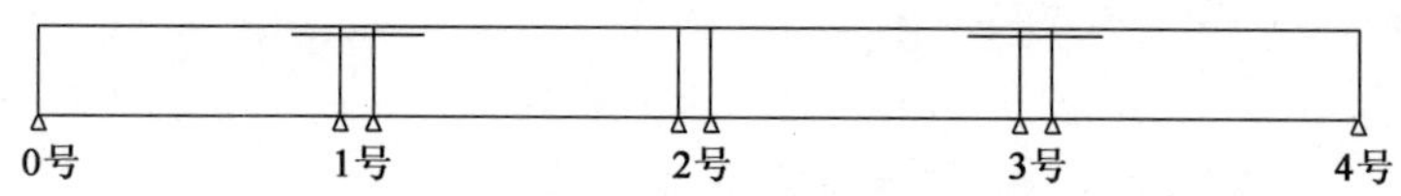

图1 隔跨张拉1号、3号连续段预应力束

通过总结隔跨施工方案的优缺点,并分析造成施工方案不合理的原因,本文提出一种创新性的"组内连续段混凝土浇筑与预应力束张拉—组内临时支座拆除—组间合龙"的三阶段施工方案,即"预留合龙段"施工方案。

图2是四跨一联结构的"预留合龙段"施工方案,该方案同样适用于其他结构形式的桥梁。"预留合龙段"施工方案的主要思想是:

(1)在某一连续段所有施工完成前,不进行另外连续段的施工。

(2)连续段施工的顺序以隔跨为主,并且避免跨数相差较大的两段结构直接相连的原则。

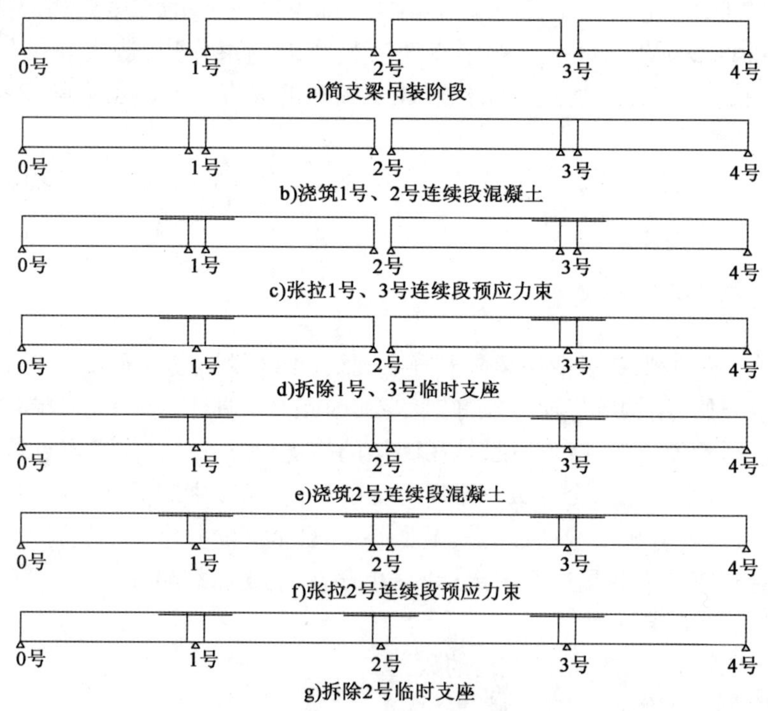

图2 预留合龙段施工方案示意图

"预留合龙段"施工方案的依据:

(1)在传统施工方案中,全部连续段浇筑后才进行预应力束的张拉。因此在边跨连续段预应力束张拉时将不可避免地出现连续段左右结构严重不对称的情形，造成连续段支座反力变化不一致的情况。在“预留合龙段”方案中，这一问题可以很好地避免。根据隔跨施工的原则，可以保证连续段预应力张拉时两侧结构的对称，从而避免支座反力出现较大差值。

(2)预应力钢束张拉过后，连续段相邻两跨的支座反力会出现较大的变化，连续段处的临时支座反力增大，相邻两跨另外一端的支座反力减小。“预留合龙段”施工方案在连续段预应力束张拉过后即拆除该处临时支座，桥梁的支座反力会有一次均匀的重新分配，从而解决了连续段处支座反力增大的问题。

(3)避免跨数相差较大的两段结构直接相连是指要保证简支梁体系循序渐进地转换为连续梁体系，即保证每段现浇段的施工，其两侧结构形式相差较小。

4　预留合龙段施工方案的验证

4.1　工程概况

本文内容以宁波市某高速公路桥的四跨一联桥梁为研究背景，该桥是预应力钢筋混凝土T形梁桥，上跨杭甬高速，桥梁全长860m，跨径组合为$4\times30+4\times30+3\times30+30+(40+40+30)+4\times30+5\times30+4\times30$(m)，结构体系采用简支转连续体系，预制混凝土T梁正弯矩区布置有3束预应力钢束，连续后浇段布置有4束预应力钢束。桥梁主要材料：预制梁及墩顶现浇段部分均采用C50混凝土。预应力钢束：钢束采用国家标准《预应力混凝土用钢绞线》(GB/T 5224—2003)中$\phi^s15.20$mm高强度低松弛钢绞线，$f_{pk}=1860$MPa，$\sigma_{con}=1395$MPa，钢绞线面积$A=140\text{mm}^2$，弹性模量$E_p=1.95\times10^5$MPa，其有关机械性能及伸长率必须符合规范的要求。简支转连续转换过程中的临时支座采用钢管混凝土和里面装有砂子的钢管外套桶，通过调节钢管外套桶里砂子的高度来拆卸临时支座。永久支座采用盆式橡胶支座。下面图片分别是临时支座和盆式橡胶永久支座。

4.2　四跨一联结构有限元分析

利用MIDAS Civil一维梁/杆单元建立结构的有限元模型，建立的模型为单片T梁模型，不考虑其横向连接的影响。如图3所示为建立的整体桥梁模型。

图3　四跨一联一维有限元模型示意图

四跨一联桥梁有限元模型中包含117个独立节点和116个一维梁单元，钢绞线材料、钢束布置等情况与五跨一联结构相同，梁单元的材料采用C50混凝土，自重系数取-1.04。横隔板重量采用等效节点集中力模拟。

图4是四跨一联的示意图，对于四跨一联结构主要考虑如下两种施工方案。

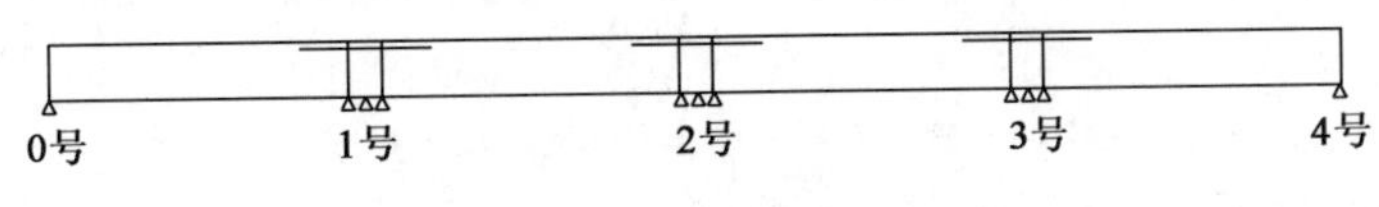

图4　四跨一联结构示意图

施工方案1：

(1)浇筑1号、2号、3号现浇段。

(2)张拉1号、3号现浇段墩顶预应力束。

(3)张拉2号现浇段墩顶预应力束。

(4)拆除1号、2号、3号临时支座。

施工方案2：

(1)浇筑1号、3号现浇段。

(2)张拉1号、3号现浇段墩顶预应力束。

(3)拆除1号、3号临时支座。

(4)浇筑2号现浇段。

(5)张拉2号现浇段墩顶预应力束。

(6)拆除2号墩临时支座。

其中第一种施工方案是设计院给出的设计方案,它主要考虑了施工时的方便快捷,先将所有的现浇段同时浇筑,这样做可以缩短工期,施工很方便,但是同时浇筑时,结构体系会有明显的内力重分布,而且由于混凝土在浇筑过后会有明显的收缩徐变效应,因此,同时浇筑所有的现浇段对于结构体系的转换是不合理的。第二种施工方案是按照“预留合龙段”思想设计的施工方案,先将隔跨的1号、3号现浇段施工完成并完成支点转换步骤,结构变成了两段等长的部分,再进行2号现浇段的施工,将整个桥梁部分连续。在支点转换的过程中设置永久支座与临时支座间有2mm的高差。下面具体分析两种施工方案支座反力的变化情况。

施工方案1的支座反力变化数据图表和曲线图分别如表1和图5所示。

施工方案1支座反力变化情况(单位:kN) 表1

支座位置	0号永久支座	1号临时支座	1号永久支座	1号临时支座	2号临时支座	2号永久支座	2号临时支座	3号临时支座	3号永久支座	3号临时支座	4号永久支座
支座编号	1	2	3	4	5	6	7	8	9	10	11
简支阶段	381	363		364	364		364	364		363	381
工况(1)	382	369		391	381		381	391		369	382
工况(2)	323	56.7		864	279		279	864		56.6	323
工况(3)	323	822		-3.8	382		382	-3.68		821	323
工况(4)	332		819			743			819		332

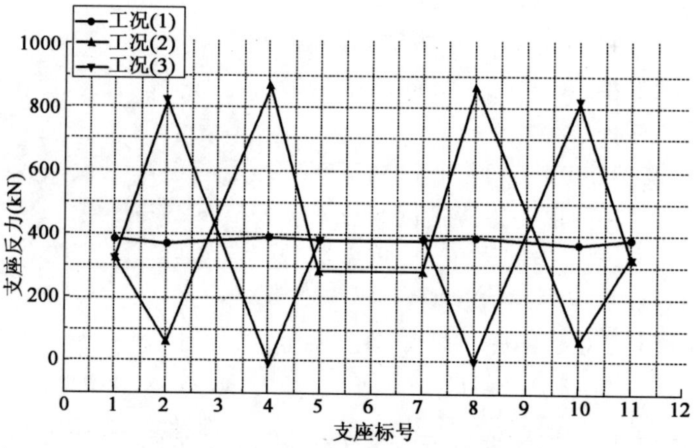

图5 施工方案1部分工况支座反力折线图

施工方案1的主要步骤是先将三跨简支的部分通过浇筑现浇段实现结构连续,然后对称同时张拉1号、3号预应力钢束,再张拉2号预应力钢束,最后同时拆除1号、2号、3号临时支座。在看支座反力数据之前,先初步分析其施工顺序。将现浇段同时浇筑后结构体系虽然实现了连续,但是由于现浇段顶部预应力束没有张拉,因此在连续过程中结构的内力重分布会对连续段上缘混凝土极为不利,施工荷载等因素也会产生较大的拉应力,使现浇段上缘混凝土在预应力张拉之前就出现开裂。在结构三段都浇筑之后紧接着的是1号、3号号墩顶预应力束张拉,此时的2号墩顶还有预应力作用,而1号、3号预应力会对2号墩处的现浇段产生较大的拉力作用,这种拉力作用通过内部预制混凝土传递到2号现浇段上,2号现浇段的左右两边都会受到拉力的作用,这对于刚浇筑还有预应力效应的混凝土结构很不利。

下面来分析一下施工方案1的支座反力变化情况。图5选取了支座反力最不利的三个工况进行分析。从曲线图上看,施工方案1的支座反力变化非常剧烈,支座有两处出现了明显的脱空,即是工况(3)中的1

号右侧临时支座和3号左侧临时支座处，另外还有两处接近于脱空的情况，即是工况(2)中的1号左侧临时支座和3号右侧临时支座。在工况(2)和工况(3)两个步骤中，1号的两个临时支座和3号两个临时支座的支座反力差别很大，差值超过了800kN，巨大的差值会在现浇段处造成较大的剪力，会造成现浇段处出现明显的内力突变。从上面的支座反力分析中可以看出，施工方案1在支座脱空方面、临时支座反力均匀性方面都是不合理的。

施工方案2的支座反力变化数据图表和曲线图分别如表2和图6所示。

表2

施工方案2支座反力变化情况(单位:kN)

支座位置	0号永久支座	1号临时支座	1号永久支座	1号临时支座	2号临时支座	2号永久支座	2号临时支座	3号临时支座	3号永久支座	3号临时支座	4号永久支座
支座编号	1	2	3	4	5	6	7	8	9	10	11
简支阶段	381	363		364	364		364	364		363	381
工况(1)	382	375		384	365		365	384		375	382
工况(2)	323	439		439	305		305	439		439	323
工况(3)	330		870		309		313		870		327
工况(4)	330		871		325		328		871		327
工况(5)	339		783		401		404		783		339
工况(6)	336		794			784			794		336

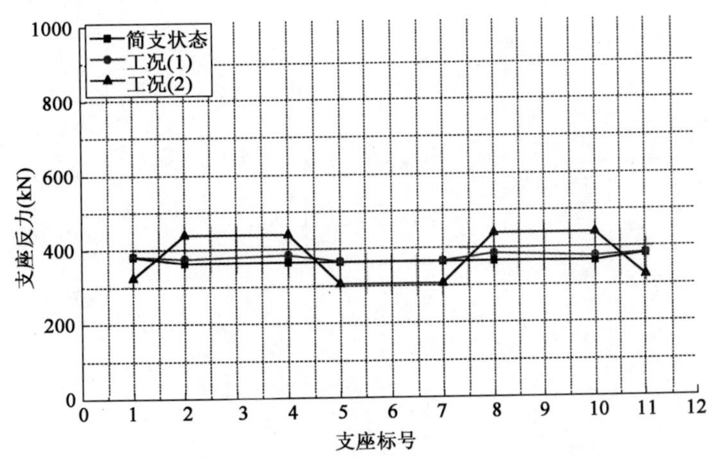

图6　施工方案2部分工况支座反力折线图

表2是施工方案2各施工阶段支座反力数据表格。根据数据表的初步分析，取简支状态至工况(2)重点分析，在此阶段支座反力变化是整个阶段中最为剧烈的。在施工方案2中，各个支座的支座反力变化很对称。从图6中便可发现，在最容易出现支座脱空的是负弯矩预应力张拉的工况(2)，临时支座在预应力张拉过后也没有出现脱空的不良现象，张拉预应力钢束过后的工况中就对结构的支点进行了转换，在现浇段落在永久支座上之后，支座反力就不会再出现负值的情况，从而彻底避免了支座脱空的现象。而且在施工过程中同一墩上的两个临时支座反力的差值很小，差值最大的也只有9kN。从支座反力的情况来看，在施工过程中支座没有出现脱空现象，支座反力值较为均匀，因此在施工过程中施工方案2比较合理。

综合上述两种施工方案的分析对比，可得出对于施工过程支座反力变化最有利的是“预留合龙段”的施工方案2。

下面来分析比较两种施工方案下结构体系完成时的支座反力。

成桥状态施工方案1各支座反力值为819kN、743kN、819kN；施工方案2各支座反力值为784kN、794kN、784kN；两组数据对比结果是施工方案1的支座反力差值为76kN，施工方案2的支座反力差值为10kN，施工方案 2 的支座反力分布最均匀。

上文分析了两种施工方案的支座反力变化情况,从支座反力的变化情况来看,“预留合龙段”的施工方案 2 是最为合理的施工方案。

5 结语

本文研究各施工步骤对支座反力变化的影响,结论是张拉负弯矩预应力钢束对支座反力的变化影响最大;基于传统方案的劣势,提出“预留合龙段”施工方案;四跨一联结构的分析中,分别将“预留合龙段”方案与传统方案进行对比,得出结论:无论是在防止支座反力脱空上,还是支座反力均匀性上,“预留合龙段”施工方案都具有较大优势。

参考文献

[1] 中华人民共和国行业标准. JTG D60—2015 公路桥涵设计通用规范[S]. 北京:人民交通出版社,2015.

[2] 中华人民共和国行业标准. JTG/T F50—2011 公路桥涵施工技术规范[S]. 北京:人民交通出版社,2011.

[3] 周水兴,何兆益,邹毅松. 路桥施工计算手册[M]. 北京:人民交通出版社,2001.

隧道浅埋洞口段特殊地质防坍施工技术措施

朱汉强　蒋炳芳　徐云建

（浙江良和交通建设有限公司　宁波　315000）

摘　要：本文以象山沿海南线大金山隧道左洞出洞口开挖施工为案例，对隧道浅埋洞口段特殊地质防坍施工技术措施进行分析总结，可为隧道洞内极破碎断层带的施工提供参考。

关键词：浅埋洞口段　特殊地质防坍　施工技术措施

1　引言

隧道洞口是隧道施工中最为关键且困难的地段，一般此段处于软硬岩交界处，覆盖层薄，岩层破碎、松散、风化严重，且往往是地表水汇集之处，地质条件极不稳定。洞口段的开挖和支护破坏了山体原有的平衡，该段围岩的受力状态将进行重新分布，若不及时采取有效加固措施，极易发生洞内围岩局部坍塌甚至冒顶事故。本文以大金山隧道左洞工程出洞口为例，介绍隧道浅埋洞口段特殊地质防坍施工技术措施。

2　工程概况

象山沿海南线大金山隧道为双向分离式设计，已建右洞长 1905m。本次新建为左洞（ZK1 + 585 ~ ZK3 + 530），长 1945m，隧道建筑限界净宽 12.0m，建筑限界净高 5.0m，进口端明洞长 18m，出口端明洞长 5m，且均采用墙式洞门。

2.1　左洞出洞口处地形地貌

从山脉走向和俯视来看，左洞出洞口段正处山凹中，地面坡度 5° ~ 15°，自然坡度稳定，植被以低灌木、苗木为主。出洞口左侧与 30m 以上的高边坡相接。

2.2　左洞出洞段地质、水文条件

本工程物探勘察报告反映，出洞口段地质表部为⑧$_1$ 层含砾粉质黏土，可塑，层厚 1.0 ~ 4.0m；下伏⑧$_2$ 层为碎石土，松散，层厚 0.5 ~ 2.0m，局部分布；底部为风化凝灰质砂岩，其中强风化层厚 1.0m、局部缺失，中风化层厚 8.0 ~ 10.0m、节理发育、岩体破碎，以下为微风化层、节理不发育、岩体较完整。该段隧道洞顶覆盖较薄，洞顶以上围岩完整性、稳定性差，隧道围岩基本质量指标修正值［BQ］≤250，围岩级别为 V 级。大金山隧道工程地质平面图、纵断面图如图 1、图 2 所示。

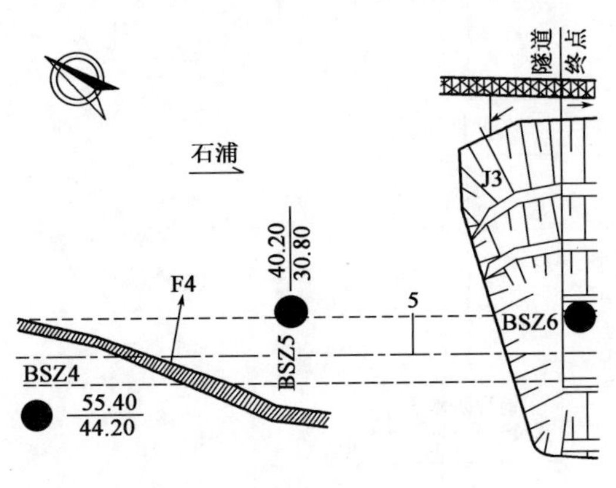

图 1　大金山隧道工程地质平面图

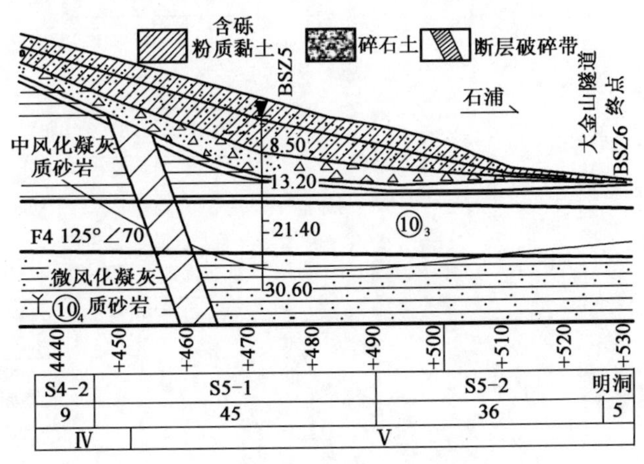

图 2　大金山隧道工程地质纵断面图

地下水以松散岩类孔隙水为主，水量丰富，隧道开挖时洞内渗水严重，并伴有短时涌水。

2.3 出洞口段原设计衬砌结构类型与支护参数

大金山隧道出洞口段原设计衬砌结构类型与支护参数，如表1所示。

出洞口段原设计衬砌结构类型与支护参数表 表1

设计桩号（围岩级别）	衬砌形式	初期支护				C35 二次衬砌	
		超前支护	系统锚杆	C25 喷混凝土厚度	钢筋网(cm)	拱圈厚度(cm)	仰拱厚度(cm)
ZK3 +444 ~ ZK3 +489（45m，V 级）	S5 −1	ϕ42 ×5mm 超前小导管，长4.5m	ϕ25 −5mm 中控注浆锚杆，长3.5m，纵间距0.75m ×环间距1.0m	喷混凝土厚24cm，I18 型钢@0.75m	双层 ϕ6.5，15 ×15	50（配筋）	50（配筋）
ZK3 +489 ~ ZK3 +525（36m，V 级）	S5 −2	ϕ108 ×5mm，超前管棚	ϕ25 −5mm 中控注浆锚杆，长4.0m，纵间距0.5m ×环间距1.0m	喷混凝土厚24cm，I18 型钢@0.5m	双层 ϕ6.5，15 ×15	50（配筋）	50（配筋）
ZK3 +525 ~ ZK3 +530（5m，V 级）	明洞	—	—	—	—	65（配筋）	65（配筋）

3 出洞口段施工方法及作业流程

3.1 施工方法

本隧道长度较长，且工期较紧，施工采用两端双向掘进。出洞口在完成左侧高边坡路堑开挖后开始施工，明洞采用明挖法，暗洞采用新奥法施工，并严格遵循“早预报、勤量测、管超前、弱爆破、短进尺、强支护、快封闭、紧衬砌”的原则。出洞口段 V 级围岩采用上下台阶留核心土开挖法，其中 ZK3 +444 ~ ZK3 +489(45m)采用 ϕ42 ×5mm 超前小导管支护，ZK3 +489 ~ ZK3 +525(36m)采用 ϕ108 ×5mm 超前长管棚支护。

3.2 作业流程

各工序作业流程如图3所示。

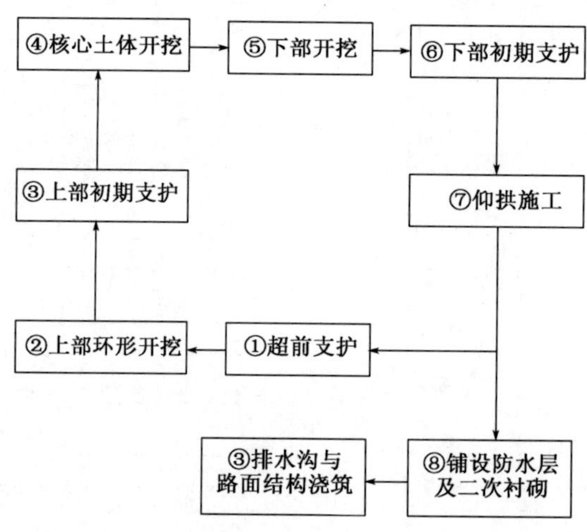

图3 各工序作业流程图

4 施工操作要点

横向施工、纵向施工示意图如图4、图5所示。根据BSZ5地勘点的位置(位于ZK3+472左侧7m)及出洞口左侧高边坡路堑开挖后岩层分布走向,认为BSZ5所描述的地质特征及结论与该区段隧道围岩真实情况存在一定差异,预判拱顶碎石土层会更厚且围岩破碎程度会更严重(图6)。为确保洞口段施工安全,预防坍塌、冒顶事故发生,在洞口段施工前,施工方与本工程参建方进行了充分沟通,并编制《洞口段专项施工方案》,经审批后,决定采取以下主要技术措施。

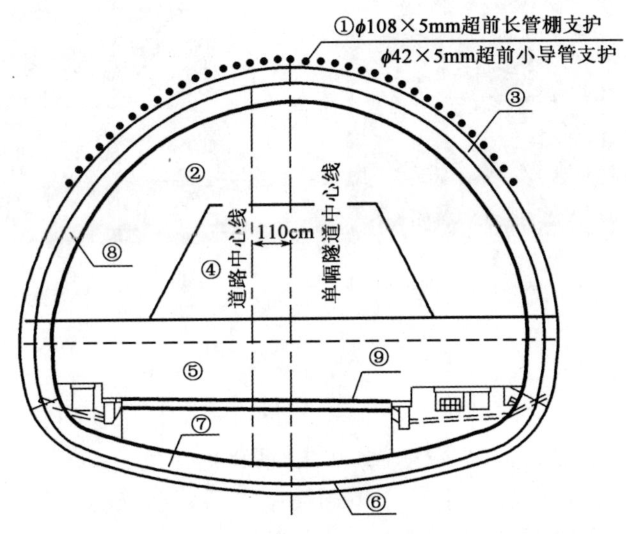

图4 横向施工示意图

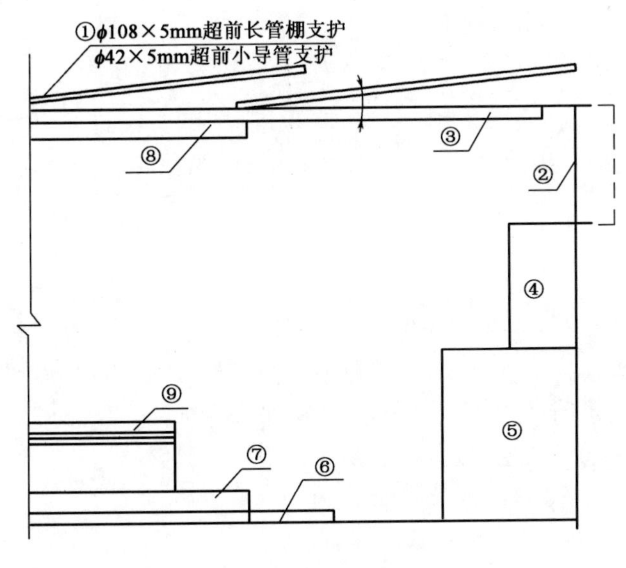

图5 纵向施工示意图

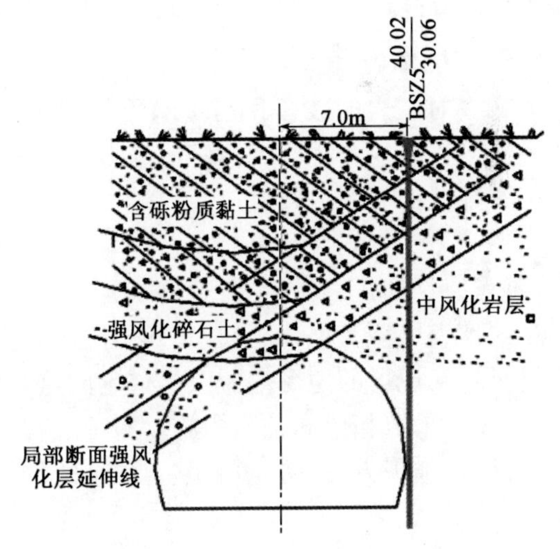

图6 ZK3+472横断面地质预判示意图

4.1 引排水

因施工此段的时间是在梅雨季和台风季(进洞已抢在梅雨季节前),首先在出洞口两侧仰坡处钻引排水孔,尽可能把洞顶土体中的积水引排至洞口外,如引排水效果不佳,则开挖至临近此地段时(进洞30~35m)作地质钻孔超前探测,探测洞顶岩石厚度和土体中含水情况。如出现涌水现象,要及时做好引排水措施。此外,应加强天气预报观测分析,合理安排各工序施工时间。

4.2 超前地质预报及监测

委托浙江省交通规划设计研究院进行超前地质预报及监测，此出洞口段地质超前监测报告见图7、图8，从中判定ZK4+439～ZK4+486区段的实际地质比BSZ5(ZK4+472)地勘结论还差，进一步验证了我方预判的准确性。

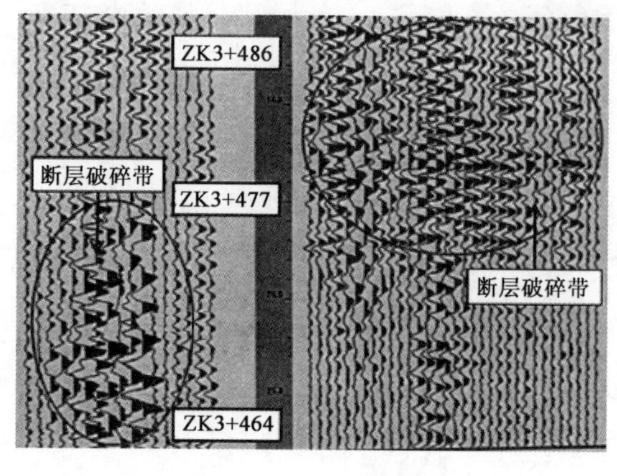

图7 地质雷达剖面图

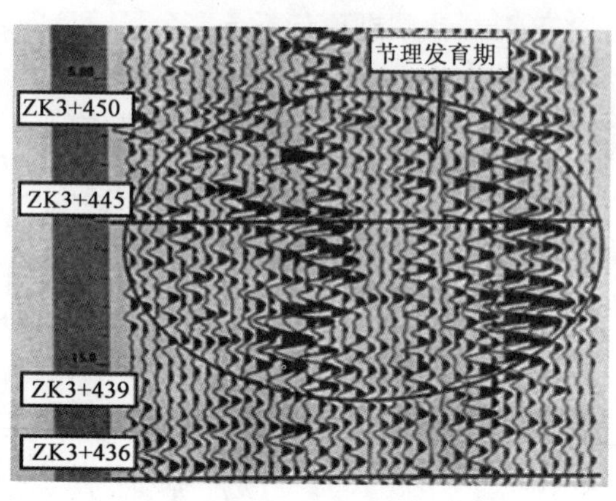

图8 地质雷达剖面图

4.3 加强支护

在拱顶上有3m及以上厚的V级围岩，可以按原设计施工，如果拱顶围岩小于3m，而且局部和拱顶全风化土体相连，其施工的安全风险过大，必须对原设计的初期支护作变更，提高初期支护强度，将单排小导管变更为双排小导管，适当增加拱顶斜锚杆和水平交叉钢筋锚杆，将型钢拱架间距从0.75m调整为0.5m，断层破碎带易剥落的区段应在钢拱架间加密钢筋网片，防止落石伤人。

隧道掘进采用上下台阶预留核心土法开挖施工，爆破后清渣之前掌子面及围岩开挖面必须及时先初喷混凝土，必要时增钢筋网片加厚初喷混凝土，确保临空围岩的稳定。

4.4 开挖方案调整

为减少对围岩的破坏和扰动，确保掌子面和拱顶的稳定，需要采用“弱爆破，短进尺”的方法进行开挖，即在隧道掘进开挖过程中，循环开挖进尺控制在1m以内，采用放小炮、浅孔松动爆破；强风化碎石土及岩层采用机械开挖的方式进行施工。

5 结语

对这种表层覆盖堆积土较厚、碎石土较厚且拱顶基岩较薄的隧道浅埋洞口，不但要仔细理解地勘报告，而且要对施工现场的地形地貌及岩层走向进行认真的调查分析，必要时建议业主进行补勘，以便准确预判地质构造，提前采取相应的技术措施。施工过程中，应加强超前地质预报及监测，并根据开挖后的真实地质情况，及时调整施工方案，防止坍塌、冒顶事故的发生，确保施工安全，减少不必要的经济损失。

参考文献

[1] 吴荣锋. 隧道洞口施工技术[J]. 铁道工程学报,2008(11).
[2] 黄成光，于敦荣. 公路隧道施工[M]. 北京：人民交通出版社,2001.
[3] 中华人民共和国行业标准. JTG/T F60—2009 公路隧道施工技术规范[S]. 北京：人民交通出版社,2009.

隧道施工现场围岩定量细化分级判定研究

牛富生[1,2]　杨　震[1]　方梁正[1]

(1. 宁波市交通规划设计研究院有限公司　宁波　315192；
2. 宁波市交通规划设计研究院有限公司孙钧院士工作站　宁波　315192)

摘　要:针对现行隧道围岩分级存在的问题,引出围岩分级量化细化的必要性。在前人围岩分级细化研究的基础上,综合考虑单轴饱和抗压强度 R_c,岩体完整性指数 K_v,BQ 值(细化值)以及弹性纵波速度 V_p 共四个量化细化分级指标,探讨运用综合模糊判别理论,在施工现场动态快速地判断围岩细化级别,及时修改设计,指导现场施工。最后结合具体工程进行了施工阶段围岩动态细化分级应用示例,对同类隧道工程围岩分级细化判别有一定的参考价值。

关键词:隧道工程　围岩分级　量化细化　动态施工　模糊判别

1　引言

决定地下工程设计、施工最关键的因素之一是洞室围岩的基本分级。特别是对Ⅳ、Ⅴ、Ⅵ级的软弱围岩而言,沿用相关规范计算所得的隧道围岩荷载,因级别不同,其荷载量值的差异过大。现行铁路规范中围岩弹性纵波速度值相互间交叉重叠,选取、使用时有点难以确定;现行公路隧道围岩分级方法,在其实际工程应用过程中,却存在着一些问题,譬如预设计阶段围岩级别判定不准、现场围岩级别变更存在主观差异、围岩级别判定滞后等不足,这常造成工期延误、加大工程造价、影响施工安全等。因此,有必要对隧道围岩分级细化作进一步研究。

采用新奥法修建隧道日益盛行,监控量测已成为反馈围岩和结构动态、优化支护参数、保证施工安全的一个重要手段。前人将监控量测到的围岩弹性纵波速度与围岩的损伤演化分析结合起来,寻求施工现场监控量测与围岩分级指标之间的定量关系,建立在施工现场快速、定量地确定(修正)围岩级别的方法,动态判断隧道在开挖步骤中的围岩级别,参照规范和类似工程的经验及时地进行支护结构设计,指导现场施工。但岩体指标相对单一,其精度有待商榷。

本文在前人围岩分级细化研究的基础上,综合考虑单轴饱和抗压强度 R_c,岩体完整性指数 K_v,BQ 值(细化值)以及弹性纵波速度 V_p 共四个量化细化分级指标,探讨运用综合模糊判别理论,建立各级围岩的隶属度函数,结合具体工程进行了施工阶段围岩动态细化分级应用示例。

2　现行隧道围岩分级存在的问题

2.1　现行铁路隧道围岩分级弹性纵波速度值相互间交叉重叠

隧道围岩分级受人为因素影响较大。在数据处理过程中,主观因素也可能对围岩分级结果产生一定的偏差。由图 1 看出,根据围岩弹性纵波速度进行的围岩分级,各个级别间有相互交叉重叠的现象,这会使围岩分级受主观因素的影响较大,选取、使用时有点难以确定,而不易掌握和难以实际运作。另外,再加上围岩

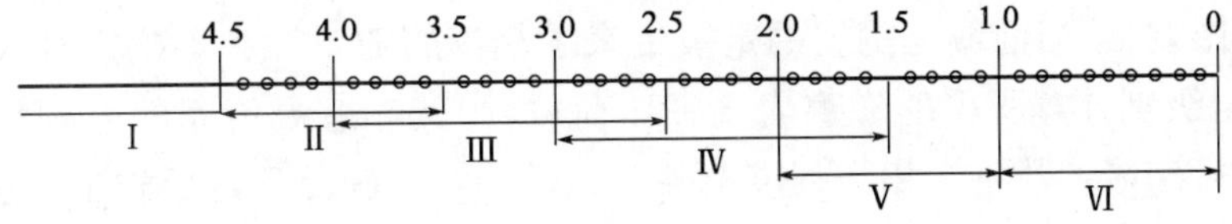

图 1　围岩弹性纵波速度(单位:km/s)

分级定性描述多，定量指标少，具体工作中岩石的强度定性与定量常常产生较多矛盾。现行的铁路隧道围岩分级在实际工作中显得过于粗糙，会出现围岩级别判定错误，其相应的支护形式、衬砌厚度和施工方法也不准确[1]。

2.2 现行公路隧道围岩分级存在的问题

《公路隧道设计规范》(JTG D70—2004)对围岩分级方法进行了较大的修订，采用以定性描述和定量分析相结合的围岩基本质量指标 BQ 值法，合理地考虑了影响围岩稳定性的地质因素、力学因素及施工因素，并在大量经验数据的基础上，用逐步回归、逐步判别等方法建立并检验围岩基本质量指标 BQ 的计算公式。这种定性与定量相结合的方法，相互校核、检验，减少了定性描述的主观因素影响，提高了分级的准确性，得到了大部分同行的认可。但在公路隧道的应用中还存在一些问题如表 1 所示。

规范法与实际分级对照表 表 1

岩体基本质量分级标准			按 BQ 计算分级案例					
级别	定性特征	BQ	R_c(MPa)	坚硬程度	K_v	完整程度	计算的 BQ	分级结果
Ⅰ	坚硬岩，岩体完整	>550	85	坚硬岩	0.76	完整	535	Ⅱ
Ⅱ	坚硬岩，岩体较完整；较坚硬岩，岩体完整	550~451	62 32	坚硬岩 较坚硬岩	0.60 0.76	较完整 完整	426 376	Ⅲ Ⅲ
Ⅲ	坚硬岩，岩体较破碎；较坚硬岩或软硬岩互层，岩体较完整；较软岩，岩体完整	450~351	62 35 18	坚硬岩 较坚硬岩 较软岩	0.36 0.60 0.76	较破碎 较完整 完整	366 345 334	Ⅲ Ⅳ Ⅳ
Ⅳ	坚硬岩，岩体破碎；较坚硬岩，岩体较破碎至破碎；较软岩或软硬岩互层，且以软岩为主，岩体较完整至较破碎；软岩，岩体完整至较完整	350~251	62 32 18 6	坚硬岩 较坚硬岩 较软岩 软岩	0.20 0.20 0.40 0.56	破碎 破碎 较破碎 较完整	326 236 244 248	Ⅳ Ⅴ Ⅴ Ⅴ
Ⅴ	较软岩，岩体破碎；软岩，岩体较破碎至破碎；全部极软岩及极破碎岩	<250						

虽然规范中第 3.6.5 节明文指出，“当定性划分与[BQ]定级不一致时，应重新审查定性特征与定量指标计算参数的可靠性”，但在面对定量指标如此明确和可靠情况下的计算结果，很难有人能不直接采用[BQ]值进行围岩定级，这是导致实际工程应用中围岩定级偏高的主要原因。

2.3 铁路、公路两种隧道规范在围岩分级方面共同存在的问题

铁路、公路两种隧道规范在围岩分级方面共同存在的问题有：

(1)围岩分级的定性与定量确定不一致。

(2)地质勘察资料的代表性低，存在“一孔”之见的片面性。

(3)现行隧道围岩分级间的跨度太大。

这里结合案例重点介绍一下现行隧道围岩分级间的跨度太大的问题。

在深埋隧道设计中，由于现行规范制定的围岩分级的幅度区间取得过大，对分在同一级别的围岩，其相应的岩体强度、岩盘完整性和弹性纵波波速变化等的幅值区间也很大；且又受地下水渗流量、地应力大小和其他相关因素的制约和影响，给当前隧道围岩的定级带来了相当的随意性和不确定性。而对软弱围岩(Ⅳ、Ⅴ、Ⅵ)而言，这种由围岩级别计算所得的隧道岩土围压荷载，则其邻近量值间的差别将会极大。据以设计得到的一次支护和二次衬砌诸参数将在相当程度上关系到设计的正确性和日后施工和运营期的安全和经济性，问题似不可小视。

以某暗挖地铁车站为例，其有关计算参数，如表 2 所示。

某暗挖地铁车站相关计算参数　　表 2

项目 \ 围岩分级	Ⅰ	Ⅱ	Ⅲ	Ⅳ	Ⅴ	Ⅵ
洞室开挖宽度 B(m)	21	21	21	21	21	21
重度 γ(t/m^3)	2.7	2.6	2.4	2.15	1.85	1.6
宽度影响系数 ω	2.6	2.6	2.6	2.6	2.6	2.6
压力拱高度 h(m)	1.71	2.34	4.68	9.36	18.72	37.44
垂直均布荷载 q(t/m^2)	3.16	6.08	11.23	20.12	34.63	59.90
邻级间荷载差(t/m^2)	2.92	5.15	8.89	14.51	25.27	

从表 2 中可清楚地看出，Ⅲ ~ Ⅳ级，荷值差为 8.89t/m^2，Ⅳ ~ Ⅴ级，荷值差为 14.51t/m^2，Ⅴ ~ Ⅵ级荷值差为 25.27t/m^2。

从以上认识和分析，似可认为：如表 2 得出的围岩分级的准确性均值得进一步商榷和改进。为了减少人为因素对围岩分级的影响，Ⅲ、Ⅳ、Ⅴ级必须细化。

3　隧道围岩分级与损伤变量的关系研究及存在的问题

3.1　BQ 法围岩分级与岩体波速的关系

蒋树屏等[3]根据国标《工程岩体分级标准》(GB 50218—1994)、《公路隧道设计规范》(JTG D70—2004)及铁路隧道围岩分级方法等资料，总结 BQ 法与超声波的关系及各级围岩物理力学参数如表 3 所示。

基于 **BQ** 法指标的岩体超声波分级　　表 3

围 岩 分 级	BQ	单轴饱和抗压强度(MPa)	岩体完整性指数	围岩弹性纵波波速(km/s)
Ⅰ	>550	>60	>0.75	>4.5
Ⅱ	550 ~ 451	30 ~ 60	0.55 ~ 0.75	3.5 ~ 4.5
Ⅲ	450 ~ 351	15 ~ 30	0.35 ~ 0.55	2.5 ~ 3.5
Ⅳ	350 ~ 251	5 ~ 15	0.15 ~ 0.35	1.5 ~ 2.5
Ⅴ	<250	<5	<0.15	<1.5

3.2　BQ 法围岩分级与初始损伤的相关性推导

(1)节理岩体初始损伤的定义

采用弹性纵波速定义损伤变量，若为各向同性弹性损伤，则可基于弹性模量定义损伤变量，得到[3]：

$$D = 1 - \frac{\bar{E}}{E} = 1 - \frac{\bar{\rho}(1-\mu)(1+\bar{\mu})(1-2\bar{\mu})}{\rho(1-\bar{\mu})(1+\mu)(1-2\bar{\mu})}\frac{\bar{v}_p^2}{v_p^2} \tag{1}$$

从弹性波波速的解析式来看，弹性波虽与材料的密度$\sqrt{\rho}$成反比，但受材料弹性模量的影响更大。如同一岩体视为各向同性介质，当 D 值较小时，其有效密度 $\bar{\rho}$ 与无裂隙时岩石的密度 ρ 一般差别相对较小；并且，当 D 值较小时，泊松比随损伤发展的变化亦较小，因而可将损伤变量定义为：

$$D = 1 - \left(\frac{\bar{v}_p}{v_p}\right)^2 \tag{2}$$

式中：$\bar{v}_p$、v_p——损伤围岩和无损围岩的弹性纵波速度。

根据弹性纵波速度定义的损伤变量来推求隧道围岩初始损伤。将式(2)中 $\bar{v}_p$ 以节理岩体在自然状态

（基准损伤或初始损伤）下的弹性纵波速度 v_{pm} 替代，得到节理岩体初始损伤 D_0 为：

$$D_0 = 1 - \left(\frac{v_{pm}}{v_{pr}}\right)^2 \tag{3}$$

式中：v_{pm}、v_{pr}——初始损伤岩体和无损岩体（完整岩石）的弹性纵波速度。

（2）围岩分级与初始损伤的相关性

在 BQ 法中，常采用超声波测试得到岩体完整性系数 $K_v = (v_{pm}/v_{pr})^2$，作为岩体质量评价的重要指标之一。结合损伤变量的定义式（3），可定义为 BQ 系统中各级岩体对应的初始损伤 $D_0(BQ) = 1 - K_v$，与 K_v 呈线性关系，进而估算各级岩体对应的初始损伤范围如表 4 所示。

BQ 系统法的岩体初始损伤 D_0 范围 表 4

围岩分级	K_v	D_0(BQ)
Ⅰ	>0.75	<0.25
Ⅱ	0.55～0.75	0.25～0.45
Ⅲ	0.35～0.55	0.45～0.65
Ⅳ	0.15～0.35	0.65～0.85
Ⅴ	<0.15	>0.85

蒋树屏等[3]进行了围岩分级与损伤变量的关系研究，从表 3 中可看出，围岩弹性纵波波速虽无交叉，与《铁路隧道设计规范》（TB 10003—2005）有所不同，但基本上是与《公路隧道设计规范》（JTG D70—2004）相一致，且并未对围岩进行分级细化。表 4 表明围岩分级仅与超声波测试所得的初始损伤岩体和无损岩体（完整岩石）的弹性纵波速度有关，指标单一，其精确度也有待商榷。

4 隧道围岩分级细化

4.1 公路隧道围岩分级细化

王明年等提出了公路隧道岩质和土质围岩亚级分级方法。公路隧道围岩亚级分级方法包括定性分级方法和定量分级方法，在分级过程中分为两个阶段，即先根据基本分级指标进行基本亚级分级，再根据修正指标对亚级进行修正，最终获得围岩亚级级别。公路隧道岩质围岩的亚级定量和定性基本分级方法，见表 5。

公路隧道岩质围岩亚级基本分级方法 表 5

围岩级别		岩质围岩	
基本级别	亚级	主要定性特征	基本质量指标 BQ 值范围
Ⅰ	—	坚硬岩，岩体完整，整体结构或巨厚层状结构	≥551
Ⅱ	—	坚硬岩，岩体较完整，块体结构或厚层状结构； 较坚硬岩，岩体完整，块体结构或整体结构	451～550
Ⅲ	$Ⅲ_1$	较软岩，完整，结构面不发育、结合好或一般，整体结构或巨厚层状结构； 较坚硬岩或软硬岩互层，以硬岩为主，较完整，结构面不发育、结合差，块体结构及厚层状结构	391～450
	$Ⅲ_2$	较坚硬岩，或软硬岩互层，以硬岩为主，较完整，结构面较发育、结合好或一般，块状结构； 坚硬岩，较破碎，结构面发育、结合好或较发育、结合差，镶嵌结构、碎裂结构或中厚层状结构	351～390
Ⅳ	$Ⅳ_1$	软岩，完整，结构面不发育、结合好或一般，整体结构或巨厚层结构； 较软岩或软硬岩互层，以软岩为主，较完整，结构面较发育、结合好或一般，块状结构	311～350
	$Ⅳ_2$	较坚硬岩，较破碎，结构面发育、结合好，镶嵌碎裂结构； 较软岩或软硬岩互层，以软岩为主，较破碎，结构面发育、结合一般，中、薄层状结构	276～310
	$Ⅳ_3$	坚硬岩或较坚硬岩，破碎，结构面极发育、结合一般或差，破裂状结构； 软岩，较完整，结构面较发育、结合好或一般，块状结构	251～275

续上表

围岩级别		岩质围岩	
V	V_1	软岩，较破碎，结构面较发育、结合差或发育、结合好	211～250
	V_2	较软岩，破碎，结构面发育或极发育； 软岩，较破碎，结构面发育、结合一般或破碎； 极破碎各类岩体，破裂结构或散体状结构	≤210
Ⅵ	—	—	—

4.2 岩质围岩各亚级的物理力学指标值

岩质围岩各亚级的物理力学指标值，见表6、表7。

岩质围岩各亚级的物理力学指标值　　表6

岩质围岩		物理力学参数				
级别	亚级	重度 γ(kN/m^3)	变形模量 E(GPa)	泊松比 μ	内摩擦角 φ(°)	黏聚力 c(MPa)
Ⅰ	—	26～28	>33	<0.2	>60	>2.1
Ⅱ	—	25～27	20～33	0.2～0.25	50～60	1.5～2.1
Ⅲ	$Ⅲ_1$	24～25	10.7～20	0.25～0.26	44～50	1.1～1.5
	$Ⅲ_2$	23～24	6～10.7	0.26～0.3	39～44	0.7～1.1
Ⅳ	$Ⅳ_1$	22～23	3.8～6	0.3～0.31	35～39	0.5～0.7
	$Ⅳ_2$	21～22	2.4～3.8	0.31～0.33	30～35	0.3～0.5
	$Ⅳ_3$	20～21	1.3～2.4	0.33～0.35	27～30	0.2～0.3
V	V_1	18～20	1.3～2	0.35～0.39	22～27	0.12～0.2
	V_2	17～18	1～1.3	0.39～0.45	20～22	0.05～0.12
Ⅵ	—	15～17	<1	0.4～0.5	<20	<0.2

岩质围岩各亚级的其他物理力学指标值　　表7

围岩级别		计算摩擦角 φ_c(°)	普氏坚固系数 f	圬工与围岩的摩擦系数	弹性波速 v_p (km/s)
基本级别	亚级				
Ⅰ	—	>78	15～20	0.60～0.70	>4.5
Ⅱ	—	70～78	8～15	0.55～0.65	3.5～4.5
Ⅲ	$Ⅲ_1$	65～70	6～8	0.50～0.55	3.2～4.0
	$Ⅲ_2$	60～65	3～6	0.45～0.50	2.5～3.2
Ⅳ	$Ⅳ_1$	57～60	2.3～3	0.42～0.45	2.5～3.0
	$Ⅳ_2$	54～57	1.7～2.3	0.38～0.42	2.0～2.5
	$Ⅳ_3$	50～54	1～1.7	0.35～0.38	1.5～2.0
V	V_1	45～50	1.1～1.5	0.30～0.35	1.4～2.0
	V_2	40～45	0.8～1.1	0.25～0.30	1.0～1.4

注：表中数字不适用于膨胀性岩体等特殊岩体。

5 对隧道围岩分级细化判定的完善

文献[3]建立了隧道围岩各类分级指标与岩体弹性波速之间的相互关系。运用岩体初始损伤变量的波速定义，研究隧道围岩分级与初始损伤变量 D_0 的相互对应关系，其本质是围岩分级结果仅与现场测试的弹性纵波波速有关系，这样判定的围岩结果难免有失偏颇，有待商榷。另外，文献[3]还总结给出了BQ法与超声波的关系及各级围岩物理力学参数（单轴饱和抗压强度 R_c、岩体完整性指数 K_v）同时并存的围岩分级结果，但没有解决围岩分级细化的问题以及相应的几个细化指标不一致时的判定方法。

王明年[4-7]等提出了公路隧道岩质和土质围岩亚级分级方法：围岩亚级分级是从围岩稳定性考虑所确定的，根据围岩稳定性的特征，进行了围岩亚级的划分。在围岩亚级划分后，还有相应的施工方法、预加固情况、支护参数等因素与之相对应，从而形成了一套较为完整的围岩亚级划分体系。隧道围岩分级细化后，围岩垂直均布压力邻级间的荷载差值比细化前将有较大程度的减小。显然，隧道围岩分级细化后，其垂直均布压力的计算值将更趋合理。但王明年[4-7]没有给出几个细化指标不完全一致时的判定方法，有待隧道施工人员作进一步围岩分级细化判定。

围岩分级逐渐向定量化发展，本文在前人所得有益成果的基础上，综合考虑单轴饱和抗压强度 R_c，岩体完整性指数 K_v，BQ 值（细化值）以及弹性纵波速度 v_p 共四个量化细化分级指标（表 8）。探讨运用综合模糊判别理论，根据隧道围岩各量化指标分级表建立各级围岩的隶属度函数，在施工现场动态快速地判断围岩细化级别，及时修改设计，指导现场施工。最后结合具体工程进行了施工阶段围岩动态细化分级应用示例。

隧道围岩各量化指标细化分级表 表 8

围岩		单轴饱和抗压强度 R_c（MPa）	岩体完整性指数 K_v	BQ	弹性纵波速度 v_p（km/s）
基本级别	亚级				
Ⅰ	—	>60	>0.75	≥551	>4.5
Ⅱ	—	45～60	0.55～0.75	451～550	3.5～4.5
Ⅲ	$Ⅲ_1$	30～45	0.4～0.55	391～450	3.2～4.0
	$Ⅲ_2$	15～30	0.35～0.4	351～390	2.5～3.2
Ⅳ	$Ⅳ_1$	10～15	0.28～0.35	311～350	2.5～3.0
	$Ⅳ_2$	7.5～10	0.2～0.28	276～310	2.0～2.5
	$Ⅳ_3$	5～7.5	0.15～0.2	251～275	1.5～2.0
Ⅴ	$Ⅴ_1$	2～5	0.06～0.15	211～250	1.4～2.0
	$Ⅴ_2$	<2	<0.06	≤210	1.0～1.4
Ⅵ	—	—	—	—	<1.0

6　动态施工模糊判定方法及应用

隧道围岩分级是设计施工的基础（工程类比法就是建立在围岩分级的基础上）。目前地下工程的设计在很大程度上仍处在"经验设计"的阶段，而隧道围岩分级，在特殊的围岩地质条件下，不能确切地给出围岩的级别。本文在分析已有的多因素稳定性分析方法基础上，引入模糊数学中的相关理论，实现了围岩细化分级指标出现特殊时的模糊判断，为类似工程情况提供分析借鉴。

6.1　综合模糊判别理论

根据概率论，设事件 A、B、C、D 独立，某个数值 x 的出现是一随机事件，若给定每个事件的四个区间的总长度为 L_i，则数值 x 出现在某个区间的概率为

$$P_k(x)=1-\left|\frac{E(i)-x}{L_i}\right| \tag{4}$$

式中，$k=A、B、C、D$；$i=1、2、3、4$。

数学期望简称期望，就是出现概率最大的随机变量，越接近期望值，出现的概率也就越大。对于等可能性的离散型数值变量，其数学期望表达式为

$$E=\frac{1}{n}\sum_{i=1}^{n}X_i \tag{5}$$

而对于等可能性的线性连续型变量,其在某一段区间的期望表达式为

$$E=\frac{a+b}{2} \tag{6}$$

式中:a、b——两个端点值。

同时,根据概率论,若 E、F、G 为相互独立的事件,则有

$$P(E,F,G)=P(E)P(F)P(G) \tag{7}$$

根据式(4)、式(7)得到隶属度函数计算公式:

$$P_k(x_Ax_Bx_Cx_D)=\left(1-\left|\frac{E(A)-x_A}{L}\right|\right)\left(1-\left|\frac{E(B)-x_B}{L}\right|\right)\times\left(1-\left|\frac{E(C)-x_C}{L}\right|\right)\left(1-\left|\frac{E(D)-x_D}{L}\right|\right) \tag{8}$$

对于随机事件,要判断它出现在哪一个区间段,就要比较它在每个区间段出现的概率,最大概率出现的区间段就是该数值所处的区间段,其数学表达式为

$$\max(P_k(x_Ax_Bx_Cx_D)\mid,K=A、B、C、D)=P_k(x_Ax_Bx_Cx_D) \tag{9}$$

若计算出 $P_C(x_Ax_Bx_Cx_D)$ 的概率最大,则说明该数值 x 属于事件 C。

6.2 隧道围岩级别细化后的综合模糊判定方法

参考文献[9-10],单轴饱和抗压强度最大值为200MPa,弹性纵波速度最大为5.0km/s,BQ 上限为600。结合综合模糊判别理论隶属度函数式(8)以及表8,建立各亚级围岩的隶属度函数如下:

Ⅰ级围岩:

$$P(R_c,K_v,v_p)=\left(1-\left|\frac{130-R_c}{200}\right|\right)\left(1-\left|\frac{0.875-K_v}{1.0}\right|\right)\left(1-\left|\frac{575.5-BQ}{600}\right|\right)\left(1-\left|\frac{4.75-v_p}{5.0}\right|\right) \tag{10}$$

Ⅱ级围岩:

$$P(R_c,K_v,v_p)=\left(1-\left|\frac{52.5-R_c}{200}\right|\right)\left(1-\left|\frac{0.65-K_v}{1.0}\right|\right)\left(1-\left|\frac{500.5-BQ}{600}\right|\right)\left(1-\left|\frac{4.3-v_p}{5.0}\right|\right) \tag{11}$$

Ⅲ$_1$ 级围岩:

$$P(R_c,K_v,v_p)=\left(1-\left|\frac{37.5-R_c}{200}\right|\right)\left(1-\left|\frac{0.475-K_v}{1.0}\right|\right)\left(1-\left|\frac{420.5-BQ}{600}\right|\right)\left(1-\left|\frac{3.8-v_p}{5.0}\right|\right) \tag{12}$$

Ⅲ$_2$ 级围岩:

$$P(R_c,K_v,v_p)=\left(1-\left|\frac{22.5-R_c}{200}\right|\right)\left(1-\left|\frac{0.375-K_v}{1.0}\right|\right)\left(1-\left|\frac{370.5-BQ}{600}\right|\right)\left(1-\left|\frac{3.3-v_p}{5.0}\right|\right) \tag{13}$$

Ⅳ$_1$ 级围岩:

$$P(R_c,K_v,v_p)=\left(1-\left|\frac{12.5-R_c}{200}\right|\right)\left(1-\left|\frac{0.315-K_v}{1.0}\right|\right)\left(1-\left|\frac{330.5-BQ}{600}\right|\right)\left(1-\left|\frac{2.95-v_p}{5.0}\right|\right) \tag{14}$$

Ⅳ$_2$ 级围岩:

$$P(R_c,K_v,v_p)=\left(1-\left|\frac{8.75-R_c}{200}\right|\right)\left(1-\left|\frac{0.24-K_v}{1.0}\right|\right)\left(1-\left|\frac{293-BQ}{600}\right|\right)\left(1-\left|\frac{2.65-v_p}{5.0}\right|\right) \tag{15}$$

Ⅳ$_3$ 级围岩:

$$P(R_c,K_v,v_p)=\left(1-\left|\frac{6.25-R_c}{200}\right|\right)\left(1-\left|\frac{0.175-K_v}{1.0}\right|\right)\left(1-\left|\frac{263-BQ}{600}\right|\right)\left(1-\left|\frac{2.25-v_p}{5.0}\right|\right) \tag{16}$$

Ⅴ$_1$ 级围岩:

$$P(R_c,K_v,v_p)=\left(1-\left|\frac{3.5-R_c}{200}\right|\right)\left(1-\left|\frac{0.105-K_v}{1.0}\right|\right)\left(1-\left|\frac{230.5-BQ}{600}\right|\right)\left(1-\left|\frac{1.75-v_p}{5.0}\right|\right) \tag{17}$$

Ⅴ$_2$ 级围岩:

$$P(R_c,K_v,v_p)=\left(1-\left|\frac{1-R_c}{200}\right|\right)\left(1-\left|\frac{0.03-K_v}{1.0}\right|\right)\left(1-\left|\frac{105-BQ}{600}\right|\right)\left(1-\left|\frac{1.2-v_p}{5.0}\right|\right) \tag{18}$$

6.3 青岛地铁施工阶段围岩动态分级应用示例

以青岛市地铁一期工程(3号线)湛山站为例，由于各岩土层设计参数建议值有限，现只以⑯$_中$层——强风化花岗岩中亚带为例进行围岩综合模糊判别所属亚级。根据勘察资料，可得到强风化花岗岩中亚带的四个分级指标值:围岩单轴饱和抗压强度为3MPa;岩体的完整性系数为0.05;BQ为225;弹性纵波速度为1.7km/s。由表8单从四个分级指标上看，根据围岩单轴抗压强度围岩、完整性程度、弹性纵波速度单个划分围岩，应该分别为V_1、V_2、V_1、$Ⅳ_3$或V_1。施工人员只能根据经验来判断，判定结果主观随意性比较大。为此，采用综合模糊判断方法，采用式(10)~式(18)分别计算出该层围岩属于各级的隶属度，结果见表9。

各级隶属度的赋值表 表9

围岩级别	Ⅰ	Ⅱ	Ⅲ		Ⅳ			Ⅴ	
			$Ⅲ_1$	$Ⅲ_2$	$Ⅳ_1$	$Ⅳ_2$	$Ⅳ_3$	V_1	V_2
$P_i(R_c, K_v, v_p)$	0.01	0.078	0.186	0.314	0.433	0.565	0.718	0.925	0.699

从表9隶属度计算结果看出，根据式(9)隶属度最大的$\max P_{v_1}(R_c, K_v, v_p)=0.925$，可初步定为$V_1$级。

7 结语

通过分析国内目前现行隧道围岩分级存在的问题以及最新研究成果存在的不足，运用综合模糊判别理论进行施工阶段围岩动态分级应用示例，得出以下结论:

(1)勘察过程中，由于受条件的限制，存在着“一孔之见”，隧道围岩级别判定不一定准确。施工中应根据实际情况具体确定围岩级别，如情况有出入时应进行相应的动态调整。

(2)从初期支护设计压力的计算可看出，隧道围岩分级细化后，围岩垂直均布压力邻级间的荷载差比细化前将有较大程度的减小。显然，隧道围岩分级细化后，其垂直均布压力的计算值将更趋合理。尤其对Ⅲ~Ⅴ级围岩分级作进一步的细化和量化，可望获得更加深入的认识，使隧道围岩分级更接近现场工程实际方面取得长足的进展。

(3)目前围岩分级逐渐趋于定量化，通过对隧道围岩分级指标量化，同时考虑单轴饱和抗压强度R_c，岩体完整性指数K_v，BQ值(细化值)以及弹性纵波速度v_p共四个量化细化分级指标，以模糊数学和概率论为基础，定义了隧道围岩各级别(细化后)的隶属度的计算公式。

(4)采用综合模糊判断方法，分别计算出该层围岩属于各级的隶属度，对隧道围岩级别进行细化后的判定，减少了人为操作的主观随意性。因此，利用概率论方法进行围岩分类是一种综合指标法，对于分级中单指标分级不一致时实现准确判断有重要的意义，具有适用范围广、判断较准确的优点，可以应用于其他类似的工程。

参考文献

[1] 中华人民共和国行业标准. TB 10003—2005 铁路隧道设计规范[S]. 北京:中国铁道出版社, 2005.

[2] 中华人民共和国行业标准. JTG D70—2004 公路隧道设计规范[S]. 北京:人民交通出版社, 2004.

[3] 蒋树屏, 赵明阶, 林志. 公路隧道松弛荷载预测理论与预警系统及设计方法研究[R]. 重庆:招商局重庆交通科研设计院有限公司, 2009.

[4] 王明年, 李玉文. 公路隧道围岩亚级分级方法[M]. 成都:西南交通大学出版社, 2008.

[5] 王明年, 刘大刚, 刘彪, 等. 公路隧道岩质围岩亚级分级方法研究[J]. 岩土工程学报, 2009, 31(10): 1590-1594.

[6] 王明年, 陈炜韬, 刘大刚, 等. 公路隧道岩质和土质围岩统一亚级分级标准研究[J]. 岩土力学, 2010, 31(2): 547-552.

[7] 王明年, 魏龙海, 李海军, 等. 公路隧道围岩亚级物理力学参数研究[J]. 岩石力学与工程学报, 2008,

27(11): 2252-2259.
[8] 中华人民共和国行业标准. JTG/T D70—2010 公路隧道设计细则[S]. 北京:人民交通出版社, 2010.
[9] 沈中其, 关宝树. 铁路隧道围岩分类[M]. 成都:西南交通大学出版社, 2000.
[10] 付正飞, 张世飙, 郭刚, 等. 概率论方法在云岭隧道围岩分类中的应用研究[J]. 岩石力学与工程学报, 2006, 25(增1): 3063-3068.

移动钢桥在执法基地码头内港管理中的应用

杨彦波　王红伟

（舟山市交通规划设计院　舟山　310007）

摘　要：为满足某海监执法基地码头的正常使用功能，在内港船舶进出通道口设置可平行移动钢桥，采用电机传动装置和智能控制系统，有利于码头内港船舶进出管理，同时方便不同码头平台之间工作人员通行。

关键词：内港管理　平行移动钢桥　传动装置　控制系统

1　概述

某海监执法基地新建码头平台2座，前沿分别设置2000t海监船泊位和600t海监船泊位各1个。为了充分利用码头与栈桥围成的内港海域，在码头后侧设置了执法快艇泊位以及浮码头1座，详见图1和图2。为了便于内港船舶进出管理，尤其是违法船只的扣押管制，同时也有利于码头平台P1和P2沟通，在内港通道口设置了平行移动钢桥。

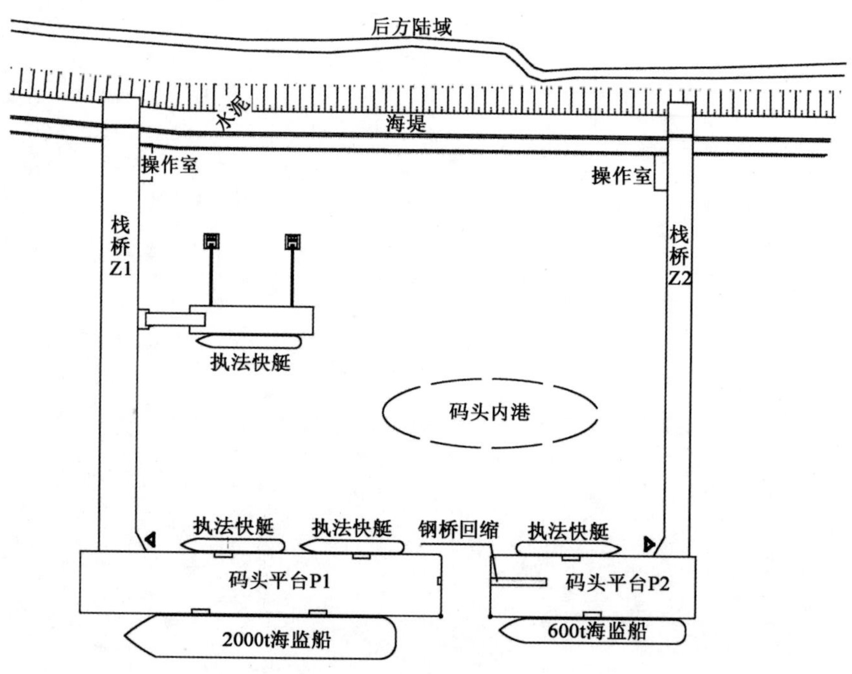

图1　码头平面示意图(一)

平行移动钢桥主要由桁架主体结构、动力系统、平衡压重系统、控制系统组成。钢桥主体采用截面为等边三角形的钢管桁架结构，全长23.1m，其中工作最大悬臂长度16m，钢桥顶面宽1.9m。钢桥主体结构重量为15t，桁架尾部6m范围内设置铸铁压重块30t。钢桥设计人群荷载为3.5kN/m^2，抗风等级为8级。钢桥纵剖图如图3所示。

考虑到钢桥既能在操作室远程遥控，又能在码头平台现场控制，方案中分别在操作室和码头平台设置了远程操作系统和现场操作系统。为避免钢桥回退至平台P2占用码头面空间，影响码头正常作业，同时保证码头面整体美观，将钢桥隐藏于平台面以下并用钢盖板罩面。钢桥横断面如图4所示。钢桥尾端压重如图5所示。

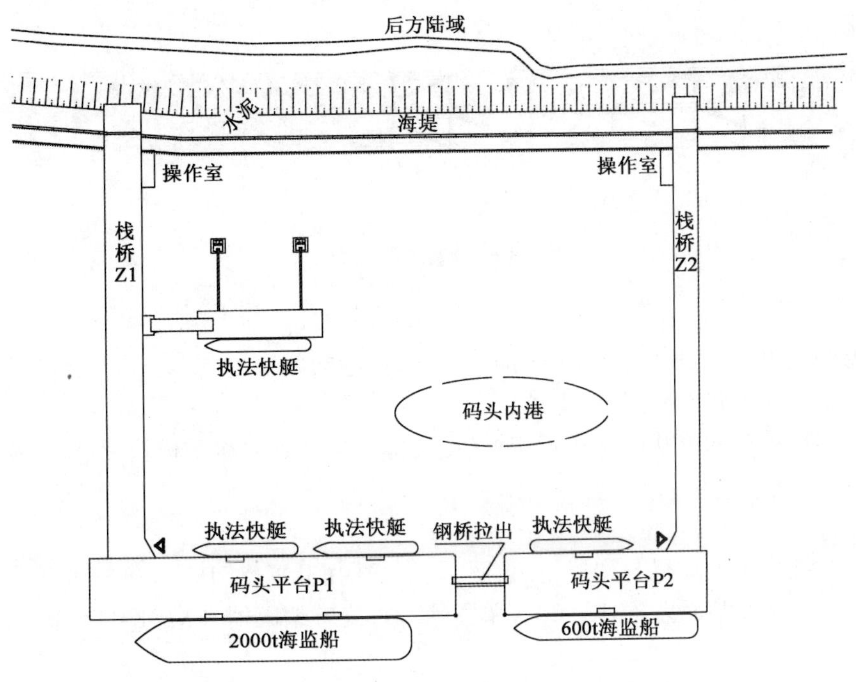

图2 码头平面示意图(二)

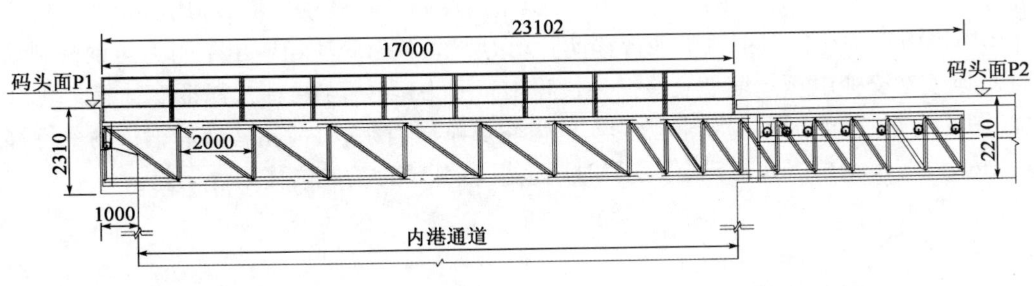

图3 钢桥纵剖图(尺寸单位:mm)

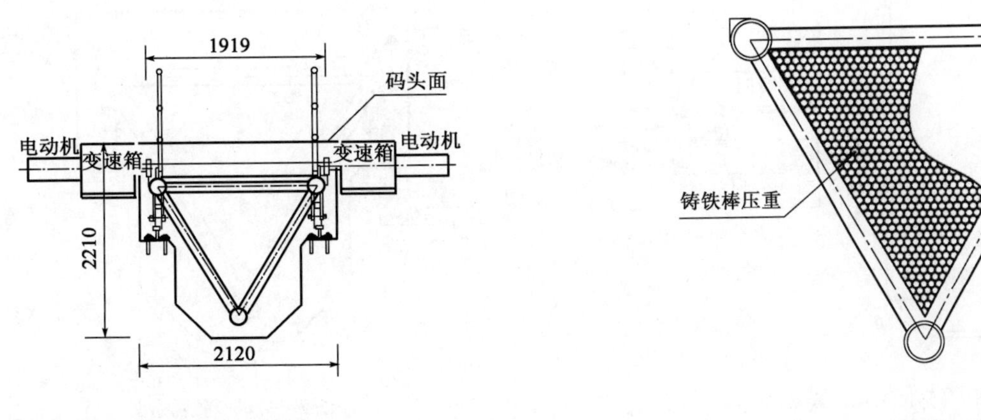

图4 钢桥横断面(尺寸单位:mm)

图5 钢桥尾端压重

移动钢桥兼具内港通道门户和码头平台 P1、P2 连接功能,因此钢桥只有两种正常工作状态。

1.1 工作状态一:连接状态

钢桥伸出,悬臂端部搁置于对面平台 P2 边缘牛腿处。码头工作人员可自平台 P1 通过钢桥到达平台 P2;同时钢桥阻断内港船舶通道,完成内港封闭,起到门户作用(图6)。

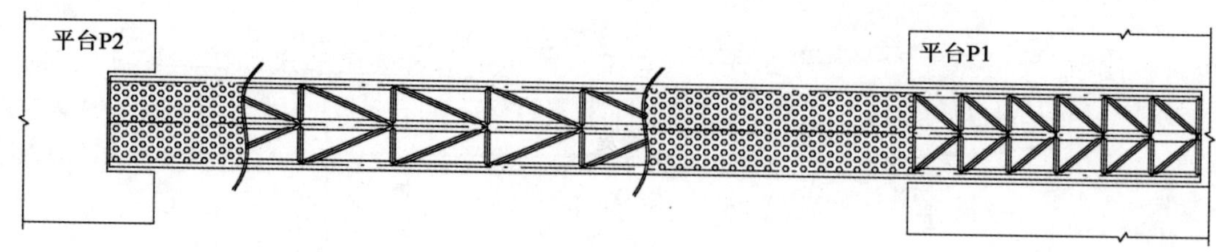

图6　钢桥工作状态一

1.2　工作状态二:回缩状态

在内港船舶需要进出时,钢桥缩进码头凹槽内,解除内港封闭。在恶劣天气如台风等情况,出于结构安全考虑钢桥也需要处于回缩状态,并切断电源(图7)。

钢桥日常维修养护需在回缩状态下进行,钢桥主要部件均为独立拼装模块,维修更换操作简便。

2　传动装置

钢桥平动传动系统采用电动机与变速箱组合装置,主要由3kW YEJ132M-8三相异步电动机、R137同步变速箱、ϕ190传动齿轮、M5贴面齿条、FBL50-s单圈绝对式旋转编码器、LX19K-111限位开关阀、标准钢轨及轮组等组成。

2.1　动力装置

电动机与变速箱提供均匀稳定的齿轮动力,由操作台控制齿轮转动方向,利用齿轮与钢桥顶部贴面齿条的机械啮合作用牵引钢桥在预埋钢轨上平行移动。动力方面考虑变速箱输出牵引力与钢桥制动摩阻力的比值不小于1:2,以使在交变电压周期性衰减循环过程中牵引力恒大于摩擦力,保证变速箱齿轮与钢桥贴面齿条紧密结合(图8)。在速度方面,选择模数为5的齿轮及贴面齿条,将齿轮转换后钢桥的平行移动速度控制在2m/min以内,以缓解钢桥多次启动、停止瞬时产生振动引起的微量位移累计误差。

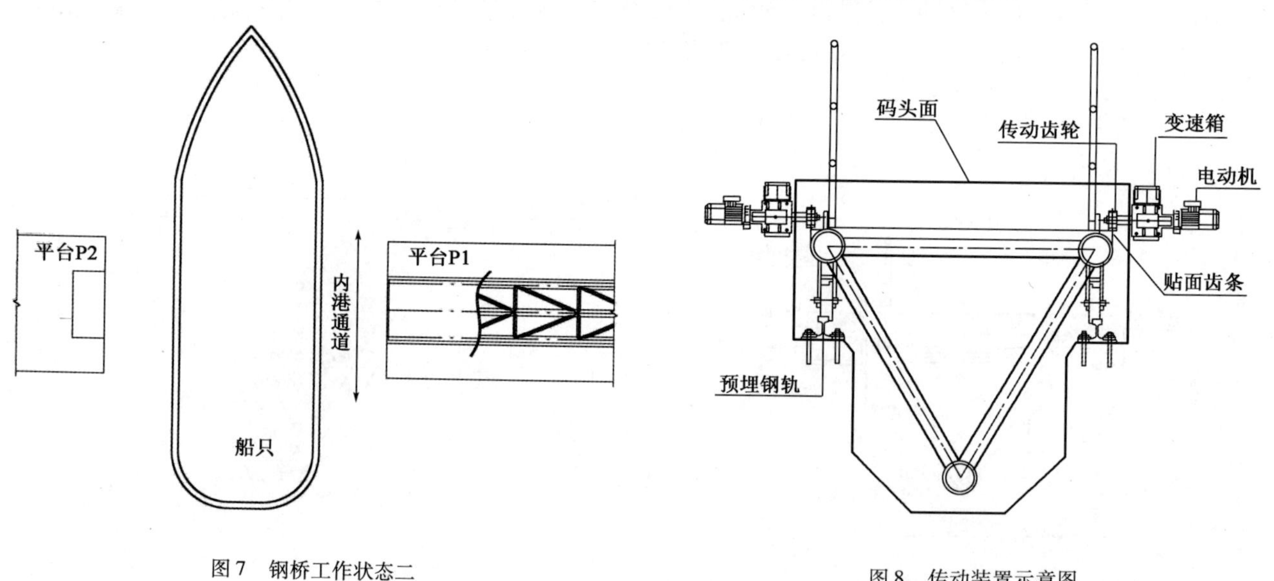

图7　钢桥工作状态二

图8　传动装置示意图

2.2　编码器速差矫正装置

为防止钢桥单侧受力引起较大偏心距,钢桥两侧各设置一套型号相同的动力装置。由于交变电流相位差别,两侧动力装置的输出环境无法达到精确同步,在钢桥多次进、出循环工作过程中可能存在微小误差的累积放大效应。为消除输出误差,在两台电动机轴端安装旋转编码器(图9),并预先设定好等值的编码器转速参数,通过编码器脉冲信号精确控制电动机转子转速,保证两侧动力装置满足同步输出环境。

2.3 限位阀装置

在钢桥正常使用阶段,可能发生由于操作人员疏忽失误或个别部件失灵造成钢桥位移过大与码头混凝土板梁碰撞事故,容易造成桥梁结构变形破坏及电动机、变速箱骤停过载损伤。为防止事故发生,在钢桥首、尾两端分别设置了限位阀和辅助限位电路。当钢桥平移量超过限定值 2cm 以上时触发限位阀,辅助限位电路切断电动机电源并发出警报,操作人员可立即纠正错误指令。限位开关装置如图 10 所示。

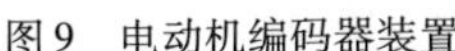

图 9 电动机编码器装置

图 10 限位开关装置

3 平衡压重

钢桥在平移过程中,当悬臂长度达到最大 16m 时,结构稳定安全性达到临界点。为平衡悬臂自重,在钢桥尾部 6m 范围内设置铸铁块压重,铸铁块重量约 30t,可得平衡安全系数 1.68,如图 11 所示。

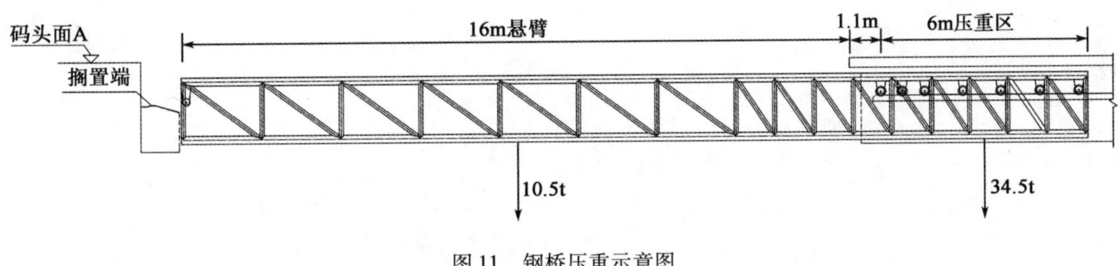

图 11 钢桥压重示意图

4 控制系统

钢桥平移控制系统的主要控制目标为电动机和限位阀,可通过工作室总控制台进行远程控制操作,也可在码头作业区钢桥右侧控制箱进行现场控制操作。

4.1 工作室远程控制操作

当码头内港需要船舶进出时,船舶可向工作室发出进出信号,工作室核实信号无误并通过通道口监控摄像头确认现场安全后,可起动电动机移动钢桥。当钢桥位移达到规定位移触动限位阀,即电动机停止工作,待完成钢桥操作后工作室向船舶发出信号,船舶方可按规定行驶。

4.2 现场控制操作

当码头内港需要船舶进出时,码头现场工作人员在观察船舶位置和钢桥状态安全的前提下,可在现场操作箱起动电动机移动钢桥。当目测钢桥位移达到规定位移时关闭电动机,待完成钢桥操作后工作室向船舶发出信号,船舶方可按规定行驶。

5 结语

平行移动钢桥在该海监维权执法基地码头内港管理中的应用,有利于码头内港船舶进出管理,同时方便码头面工作人员通行。移动钢桥桁架结构受力合理,传动系统运行稳定,控制系统操作简便,同时后续维护保养费用较低,达到了很好的使用效果,具有较好的应用前景。

同时应当指出,由于本项目平行移动钢桥为首次应用,在个别参数取值方面仍存在一定的优化空间,可为今后同类构件应用和提升提供方向:

(1)钢桥主体桁架结构高、宽尺寸偏大,导致自重和平衡压重较大。

(2)钢桥设计人群荷载参照码头面标准荷载值偏大,可根据实际通行荷载优化。

参 考 文 献

[1] 中华人民共和国行业标准. JTS 141—2011 水运工程设计通则[S]. 北京:人民交通出版社,2011.

[2] 中华人民共和国行业标准. JTJ 297—2001 码头附属设施技术规范[S]. 北京:人民交通出版社,2002.

[3] 中华人民共和国行业标准. JTS 152—2012 水运工程钢结构设计规范[S]. 北京:人民交通出版社,2012.

[4] 江克斌,荀明康,王景全. 我国移动钢桥技术研究进展[C]//中国钢结构协会桥梁钢结构分会第五次学术年会论文集,2006.

[5] 许珲. 异步电机矢量控制交流调速系统的研究与实现[D]. 杭州:浙江工业大学,2008.

[6] 常大民,江克斌. 桥梁结构可靠性分析与设计[M]. 北京:中国铁道出版社,1995.

大跨桥梁整体顶升关键技术

刘长卿

(中铁航空港集团杭州工程有限公司　杭州　310000)

摘　要:桥梁整体顶升技术在旧桥改造与利用过程中可减少对周围环境的不利影响。本文结合成都市红牌楼立交桥梁整体顶升施工实践,阐述了桥梁整体顶升系统的工作原理及顶升支撑体系设计,同时对于多点同步顶升超静定问题与等比例同步顶升问题进行了分析研究,对于桥梁结构平移,采取力闭环顶升方式辅以位置闭环。顶升过程中在工控总线网络控制下,所有点控制系统按比例顶升以同时达到新桥梁的设计位置,同时对顶升过程进行全程监控,及时调整顶升过程偏差,结果表明顶升施工质量良好。交替式顶升技术在桥梁整体顶升领域有广泛的应用前景,可为类似桥梁提供借鉴。

关键词:整体顶升　旧桥改造　平移　监控

1　引言

大跨桥梁拆除重建面临施工周期长、对原有交通影响大、成本高以及对周围环境影响严重等问题的困扰,因此旧桥改造与利用显得尤为重要。桥梁整体顶升技术可以尽量减少旧桥改造与利用在施工过程中产生的不良影响,特别是能将工程成本和对周围环境的影响降到最小程度,故而桥梁整体顶升技术开始越来越广泛地应用于旧桥的改造与利用上。本文通过对成都市二环路双楠立交整体顶升实践阐述了采用 PLC 变频同步顶升系统的原理及交替式顶升等关键技术。

2　施工原理

2.1　PLC 液压控制同步顶升系统及工作原理

PLC 控制同步系统由液压系统(油泵、油缸、变频电机、变频器等)、检测传感器、计算机控制系统等几个部分组成。PLC 控制液压同步顶升是一种力和位移综合控制的顶升方法,这种控制方法是建立在力和位移双闭环的控制基础上,由液压千斤顶,精确地按照桥梁的实际荷重,平稳地顶举桥梁,使顶升过程中桥梁受到的附加应力下降至最低,同时液压千斤顶根据分布位置分组,与相应的位移传感器(拉线传感器)组成位置闭环,以便控制桥梁顶升的位移和姿态,同步精度为 ±2.0mm,这样就可以很好地保证顶升过程的同步性,确保顶升时梁体结构安全。

多点同步液压控制系统,采用变频调速比例控制,依靠内置 PLC,组成力或位置闭环回路,因此可以实现各种高精度的多点同步顶升、顶推控制,并满足各点之间力均衡的要求。多点同步液压控制系统采用模块化结构,用户可以根据施工需要,选用一点、两点、四点各种不同的液压控制单元,每台液压控制单元作为一个控制子站,依靠工控总线联结在一起,由一台主控制器控制,协同工作同步运行。

2.2　多点同步的超静定问题

多点同步超过两点共线或超过三点共面时,就会遇到超静定问题,对于小刚度结构只需满足位置同步就能克服超静定问题,但对于大刚度结构就需要使用复杂的力均衡技术才能满足同步要求。所谓小刚度与大刚度,是指构件变形相对油缸位移控制精度而言。

对于桥梁结构平移,由于平移过程中存在地基下沉现象,因此只能采取力闭环顶升方式。力闭环无法控制施工对象的姿态,所以在力闭环工作状态下还要辅以位置闭环。顶升点以直线分布时需两个位置检测传感器来控制施工对象的姿态,顶升点以平面分布时则需要三个以上位置检测控制点。

3 工程实例技术分析

成都市红牌楼立交位于二环路,整个跨线桥由6联预应力混凝土连续梁组成,跨线桥全长570m,为双幅桥梁,单幅桥宽13.75m,单向三车道。红牌楼立交从红牌楼侧往清水河方向,分别顶升台尾1联4跨25m以及北侧桥梁起点段1联4跨25m等高连续梁。

3.1 临时支撑体系设计

支撑体系由支撑钢筒、临时垫块以及水平联系杆等组成。每个墩柱顶升支撑的主体采用精加工 $\phi609\times12$mm(或16mm长度大于1m的节段)钢管作为支撑杆(图1)。钢管上下两端焊接厚度为12mm的法兰,侧面焊有连接用构件。每根钢管支撑下部通过植入M24锚栓与原承台连接。

钢管布置原则为顶升前采用最大钢管高度原则,即首根钢管采用最高值。顶升段采用1m段作为顶升节,每2m一道用方钢和钢板连接成的连接节作为转换连接,连接件侧面及顶部、底部用角钢连接成桁架型,期间支撑采用角钢作为连接杆件,保证焊接牢靠。

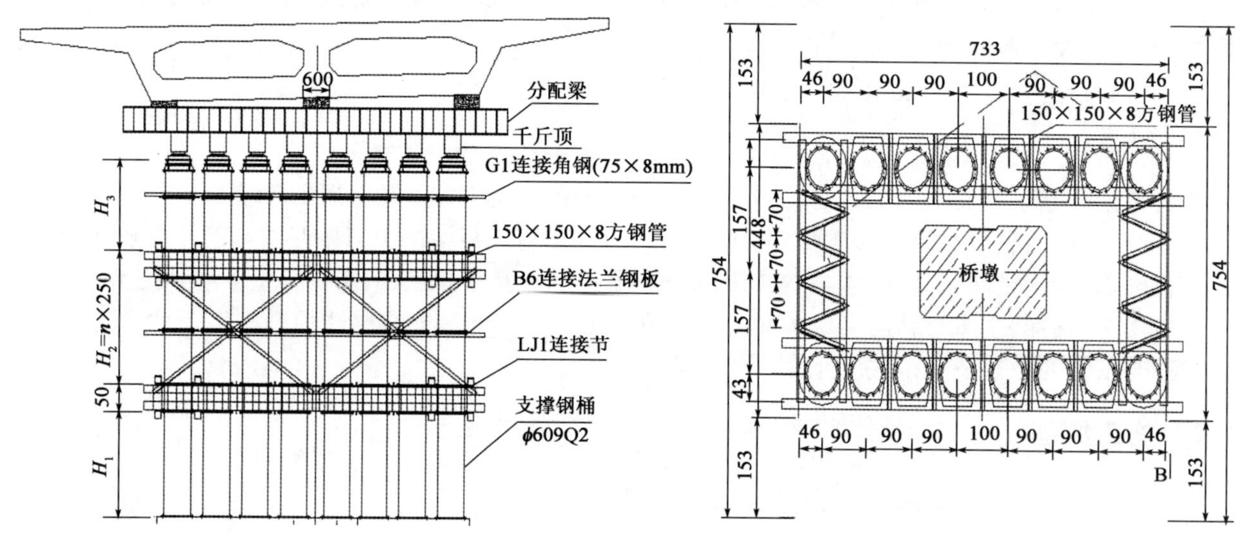

图1 钢支撑体系设计图(尺寸单位:mm)

3.2 横向分配梁设计

分配梁固定在箱梁底部,位于箱梁与千斤顶之间,分配梁直接承担上部梁体的重量,并将力转移给千斤顶(图2)。分配梁需要有足够的刚度、强度及稳定性,保证顶升过程中不产生变形,同时在顶升过程中,梁体有纵向位移时则分配梁随梁体同时移动,千斤顶和下部钢支撑体系位置固定不产生水平位移时则千斤顶与分配梁因有相对滑动需考虑梁体的偏心受压、局部失稳等。采用小型起重机配合将分配梁安装至梁底预埋钢板上,将分配梁与预埋钢板焊接牢固。落梁后,将梁底临时混凝土块破除,用适配好的混凝土砂浆进行修饰。

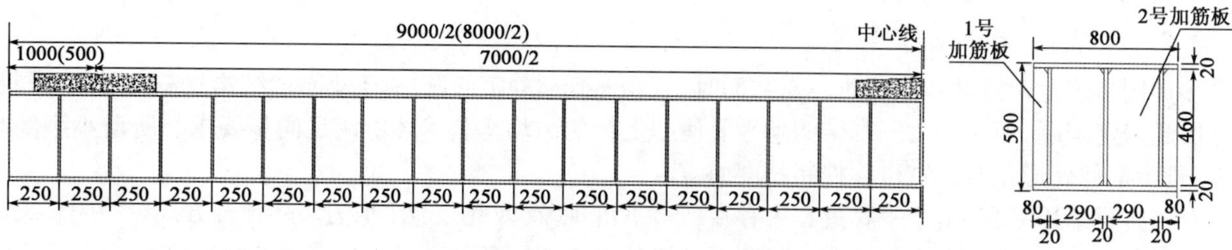

图2 分配梁设计图(尺寸单位:mm)

3.3 千斤顶的选择及安装定位

千斤顶的选用与钢支撑的尺寸、混凝土局部受压、上部梁体受力等有关,同时要考虑一个千斤顶失效时钢支撑、混凝土局部受压及上部梁体受力等是否满足要求。本次顶升选用 12 台 200t 小吨位千斤顶交替同时顶升,安全系数在 3 倍以上。其选用原则主要如下:

(1)因千斤顶在运行过程中可能失效,此时要更换新的千斤顶,通过计算选用 200t 小吨位时在一个千斤顶失效更换时对桥梁本身及支撑系统无影响。

(2)桥梁墩柱部位的最大荷载为 800t,如果选用 400t 的千斤顶,仅需 4 台则可达到 2 倍的安全系数,如果一台失效则安全系数降低为 1.5,同时梁体的受力变得极不对称,偏于不安全,选用 200t 千斤顶,则需要 8 台,同时对梁体的受力影响较小。

(3)桥梁桥台部位的最大荷载为 367t,如果选用 400t 的千斤顶,仅需 2 台即可超过 2 倍的安全系数,如果一台失效则安全系数降低为 1,同时梁体的受力非常不对称,很不安全。

为便于顶升操作,所有千斤顶均按向下方向安装,即千斤顶底座固定在梁下方分配梁上,因梁体旋转后桥台支座部位梁体平面投影伸长 18cm,在开始安装千斤顶时即偏移 9cm,顶升到位后还是偏移 9cm,其他各墩偏移量同样处理。

千斤顶安装时应保证千斤顶的轴线垂直。千斤顶的上下均设置钢垫板以分散集中力,保证结构不受损坏。由于梁体伸长,千斤顶中心会偏离支撑中心,需要将千斤顶调整对中支撑中心,同时梁体旋转时,千斤顶同时有旋转,需要在千斤顶尾部增加楔形块调平千斤顶(图 3)

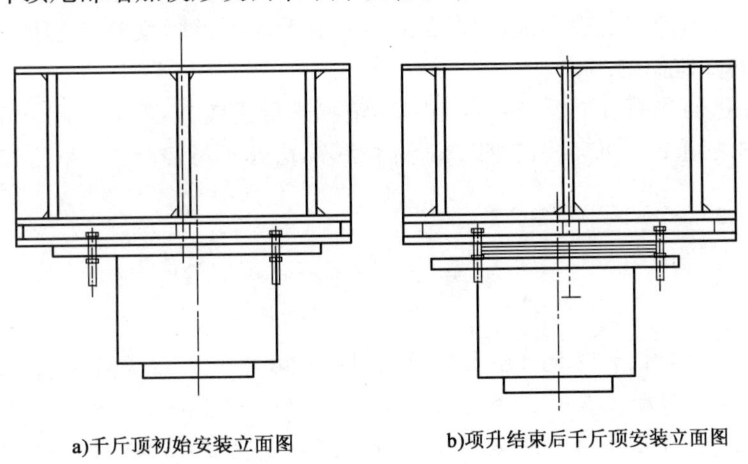

a)千斤顶初始安装立面图　　b)项升结束后千斤顶安装立面图

图 3　千斤顶的安装

3.4 千斤顶分组及监测传感器的布置

每个墩(台)的千斤顶分为二组,共分八组,每组千斤顶设一个监控点,每个监控点设一台监测位移传感器。控制点的划分原则为顶升过程安全可靠,特别注重同步性和桥体的姿态控制。

控制区域设置拉线传感器控制位移的同步性,根据桥梁的结构,位移同步精度控制在 2mm。位移传感器与中央控制器相连形成位移的闭环控制从而实现顶升过程中位移的精确控制。位移传感器固定于墩柱侧面支座中心线上,与梁底相连,顶升梁体时,记录梁体顶升高度并控制梁体的位移及姿态。

3.5 顶升技术

在正式顶升前进行试顶升,试顶升高度 20mm。试顶升过程中密切监视支撑体系的稳定状况及支撑体型的形变对顶升过程产生的影响,检查限位在顶升过程中的工作情况。监测系统的反应数据与实际情况进行比较并且对监测体系进行优化。

试顶升后观察若无问题,便进行正式顶升,千斤顶最大行程为 140mm,每一顶升标准行程为 100mm,最大顶升速度 3 ~4mm/min。通过控制台控制液压泵站驱动其中的第一组千斤顶进行顶升桥梁结构一个行程,同时在顶升过程中逐步加垫 1cm 钢板保护千斤顶失效时支架的稳定,顶升到一个行程后,取出钢板并在第二组千斤顶的活塞下端垫设相应高度的钢支撑垫块;通过控制台控制液压泵站驱动第二组千斤顶进行顶升桥梁结构一个行程,同时控制第一组千斤顶收缸,并在收缸后的第一组千斤顶的活塞下垫设相应高度的钢支撑垫块。重复上述步骤,以进行反复交替顶升,直至将桥梁结构顶升至设计高度。

采用交替式顶升在顶升过程中,梁体处于两组千斤顶交替支撑的状态,两组千斤顶交替支撑时,梁体位移均处于可控状态,在每一组支撑状态下,支撑体系的压缩量几乎不产生变化,因而梁体内力也几乎不产生变化。在这种作业方式下,梁体位移自顶升开始到顶升结束均连续处于受控状态,每个千斤顶压力也均处于连续监控状态,包括梁体在内的整个支撑体系也处于监控状态中,因此可以保证梁体在顶升过程中不被损坏。

3.6 顶升过程监测

过程监测包括结构的平动、转动和倾斜,贯穿于顶升全过程,主要目的为保证桥梁的整体姿态。PLC 顶升控制系统上配置的位移传感器及压力传感器,属于实时监控系统;其他监测,包括承台沉降、桥面标高监测、桥梁中线、伸缩缝宽度、梁体端头纵向位移、支撑压力、墩柱偏移等,属于间断式监测,为顶升控制提供一定的依据。

4 结语

桥梁顶升技术已经不断运用于旧桥的改建设过程中,本文结合工程实例介绍了 PLC 控制液压同步顶升系统整体顶升施工技术,得出以下结论,为同类工程提供参考借鉴。

(1)桥梁结构顶升系统由控制台控制液压泵站驱动两组千斤顶进行反复交替顶升,同时顶升过程中需控制好相互支撑点之间的高差问题。

(2)试顶升过程中注重监测系统的反应数据与实际情况进行比较,不断对监测体系进行优化。

(3)正式顶升过程中两组千斤顶交替支撑时,梁体位移需均处于可控状态,保证支撑体系的压缩量不产生变化。

参考文献

[1] 刘世忠,欧阳永金,等.无铰钢管混凝土拱桥增跨顶升关键技术[J].桥梁建设,2012,42(3):24-30.
[2] 王光六.大跨度钢管拱内混凝土顶升技术[J].建筑施工,2013(7):656-658.
[3] 闫燕红,孙运国,何立忠.天津团泊新桥施工控制[J].桥梁建设,2013,43(1):99-103.
[4] 朱永亮.厦门市仙岳路钢箱梁整体顶升施工技术[J].科技传播,2012(3).
[5] 李品寿.桥梁顶升和加高技术[J].交通科技,2012(10).
[6] 段中星.北江大桥引桥同步顶升施工若干关键技术研究[D].广州:华南理工大学,2012.
[7] 秦艳辉.安新高速公路桥梁高程顶升施工技术[J].交通科技,2011(5).
[8] 张贵义.钢管混凝土顶升技术应用[J].建筑,2010(7):50-52.
[9] 蒋岩峰,蓝戊己.桥梁整体顶升关键技术研究[J].建筑结构,2007(2).
[10] 吴杰.上海吴淞大桥北引桥整体顶升施工技术[J].中国市政工程,2003(5).

辉长岩用于沥青混凝土面层的路用性能研究

刘燕燕[1]　白丽辉[2]　郑竞友[2]　夏玉文[2]
（1. 浙江顺畅高等级公路养护有限公司　杭州　310051；
2. 浙江交工金筑交通建设有限公司　杭州　310051）

摘　要：为了就地取材，降低工程造价，浙江龙泉至浦城高速公路龙泉段将辉长岩用于中面层沥青混凝土中，对辉长岩的各项技术指标和辉长岩沥青混合料的路用性能进行了试验研究，结果表明混合料各项技术指标均能满足现行规范要求，并通过试验路段的铺筑，检测了相关的技术指标，均能达到规范要求，从而验证了辉长岩用于沥青混凝土中面层的可能性。

关键词：辉长岩　沥青混凝土　路用性能

1　引言

随着浙江高速公路建设进入高速发展期，高速公路沥青混凝土需要大量强度高、黏结力好、压碎值低的石料。虽然浙江龙泉属于典型山区，但在浙江“五水”共治下，可开采的矿产少，可用于沥青混凝土的石料紧缺，如采用石灰岩石料，一方面运距远，另一方面方解石含量高。因此，基于因地制宜、就地取材的原则，根据不同矿山的石料质量情况，通过对比，将辉长岩用于沥青混凝土路面，对节约建设成本，降低工程造价，促进施工进度，增加集料品种的可选性，对以后辉长岩在高等级公路的广泛应用具有很大的促进作用。

2　工程概况

龙泉至浦城高速公路浙江段，起点位于龙泉市查田镇白马畈，终点在浙闽交界处的龙泉市花桥村，进入福建境内与福建省浦城至建宁联络线浦城段高速公路相接，路线全长 23.192km。全线采用双向四车道高速公路标准，设计时速 100km/h，路基宽 26m。主线及枢纽匝道沥青混合料面层总厚度为 18cm，上面层为 4cm 细料式 SBS 改性沥青混凝土（AC-13C），中面层为 6cm 中粒式 SBS 改性沥青混凝土（SUP-20），下面层为 8cm 粗粒式沥青混凝土（SUP-25），20cm 水泥稳定碎石基层，32cm 水泥稳定碎石底基层，15cm 级配碎石垫层（挖方段）。由于沿线从质量、供应、料源可控性方面适宜沥青中面层石料厂均无法满足规范要求，为了确保质量。满足施工进度，以最近的福建松溪长岩山的辉长岩用于中面层沥青混凝土，以达到就地取材、降低造价的目的。

3　辉长岩的岩矿鉴定

（1）结构/构造：为不等粒柱晶结构。

（2）矿物成分：辉石，90% 以上（透辉石、紫苏辉石等）；霞石，5% 左右；副矿物，磁铁矿、砼灰石。

（3）镜下描述：岩石具不等粒柱晶结构，主要由辉石组成，辉石中以透辉石为主，呈长柱状，大小不等，杂乱排列，其间存有一些晶粒状紫苏辉石和磁铁矿。另外在一些不规则孔隙中分布少量霞石和砼灰石。个别透辉石产生绿泥石化。这是一种超基性岩。

（4）手标本描述：深灰黑色，致密块状。

（5）鉴定结论：辉长岩。

4　原材料技术指标

4.1　集料

采用《公路工程集料试验规程》（JTG E42—2005）中的相关方法：对集料的各项技术指标进行了检测，结果见表1。

集料技术指标汇总

表1

项目	规格	单位	检测结果	现行规范要求
表观相对密度	0~2.36 2.36~4.75 4.75~9.5 9.5~16 16~31.5	g/cm³	2.888 2.888 2.876 2.871 2.862	JTG F40—2004 表面层≥2.60 其他层≥2.50
针片状	4.75~9.5 9.5~16 16~31.5	%	11.6 9.4 7.2	其中粒径大于9.5mm,不大于15 粒径小于9.5mm,不大于20
压碎值		%	15.9	≤28
磨耗值		%	19.6	≤30
磨光值		psv		半干区≥38 干旱区≥36
软石含量		%	0	≤5
坚固性		%	6	≤12
黏附性		级	5	≥3级

由检测结果可以看出,辉长岩各项技术指标均能满足规范《公路沥青路面施工技术规范》(JTG F40—2004)中的相关要求,也能满足浙江省厅指导性要求。

4.2 沥青

该路面中面层采用SBS改性沥青(基质沥青为SK70号),其技术指标见表2。

SBS改性沥青技术指标

表2

试验项目		单位	技术指标	检测结果	结果判定
1	针入度(25℃)	0.1mm	50~70	62	合格
2	针入度指数(PI)	—	≥0	0.3	合格
3	延度(5℃)	cm	≥25	33	合格
4	软化点	℃	≥65	75.5	合格
5	运动黏度135℃	Pa·S	≤3	1.943	合格
6	闪点	℃	≥230	315	合格
7	溶解度	%	≥99	99.84	合格
8	弹性恢复25℃	%	≥80	97	合格
9	黏韧性	N·m	—	—	—
10	韧性	N·m	—	—	—
11	储存稳定性离析,48h软化点差	—	≤2.5	1.3	合格
12	质量变化	%	≤±1.0	-0.087	合格
13	残留针入度比(25℃)	%	≥65	67.7	合格
14	残留延度(5℃)	cm	≥20	22	合格
15	密度	g/cm³	—	—	—

4.3 矿粉

矿粉试验结果及技术指标见表3。

矿粉试验结果及技术指标　表3

试验项目		技术指标	检测结果	结果判定
1	相对密度	≥2.6	2.658	合格
2	密度(g/cm^3)	—	2.653	—
3	含水率(%)	—	—	—
4	亲水系数	≤1	0.76	合格
5	液限 w_L	—	17	—
6	塑限 w_P	—	15	—
7	塑性指数 I_P	≤4	2	合格
8	加热安定性	实测记录	该矿粉在加热前后没有明显变化，其加热安定性满足施工要求	—
9	粒度范围(%)	<0.6mm <0.15mm <0.075mm	100 90～100 75～100	100 90 83

5　配合比设计

5.1　矿料级配

通过大量的室内试验，最终确定SUP-20中面层的目标配合比的矿料级配通过百分率，见表4。

各级矿料通过百分率　表4

筛孔尺寸(mm)	26.5	19.0	16.0	13.2	9.5	4.75	2.36	1.18	0.6	0.3	0.15	0.075
通过率(%)	100	95	88.6	78.5	63.3	38.3	24.9	15.8	11.9	8.4	6.5	4.4

5.2　试验级配的评价

根据目标配合比设计最佳沥青用量4.06%，以及采用沥青用量4.06% ±0.3%进行旋转压实仪成型试件，设定旋转压实仪的单位压力为0.6MPa。根据高速公路Superpave设计经验，选择压实次数 $N_{初始}=8$ 次，$N_{设计}=100$ 次，$N_{最大}=160$ 次。根据Superpave的设计标准，将旋转压实次数设定在 $N_{设计}$，本次试验为 $N_{设计}=100$ 次，选择最佳沥青用量以及最佳沥青用量±0.3%进行旋转压实试验结果汇总于表5。三次沥青用量试验结果汇总于表6。

三种试验级配旋转压实试验结果汇总表　表5

沥青用量	计算最大理论密度	试件编号	高度(mm)		空气中重(g)	水中重(g)	饱和面干重(g)	毛体积密度(g/cm^3)	$N_{初始}$	$N_{设计}$
			8次	100次						
3.76	2.685	1	127.1	114.2	5068.3	3086.2	5075.6	2.548	85.3	95.0
		2	127.0	114.0	5051.2	3081.2	5058.3	2.555		
4.06	2.671	1	126.8	114.1	5046.9	3082.5	5051.2	2.564	86.5	96.0
		2	127.0	114.4	5060.7	3095.2	5066.9	2.567		
4.36	2.658	1	126.1	113.9	5030.6	3073.5	5035.2	2.564	87.0	96.4
		2	126.2	113.8	5042.8	3079.2	5046.9	2.563		

三次沥青用量试验结果评价表　表6

沥青用量	空隙率(%)	VMA(%)	VFA(%)	粉胶比	压实度(%)
3.76	5.0	13.4	62.8	1.31	85.3
4.06	4.0	13.2	69.9	1.20	86.5
4.36	3.6	13.5	73.7	1.11	87.0
设计要求		≥13.0	65～75	0.6～1.2*	≤89.0

注：*表示当级配通过禁区下方，粉胶比可增加到0.8～1.6。

5.3 选择设计级配的沥青用量

设计级配确定后，由表6并根据设计经验中3.76%、4.06%、4.36%三个沥青用量的体积性质，得到设计空隙率为4.0%时的沥青用量为4.06%。ρ_f、MS、VV、VFA、FL、VMA与油石比的关系图，见图1。

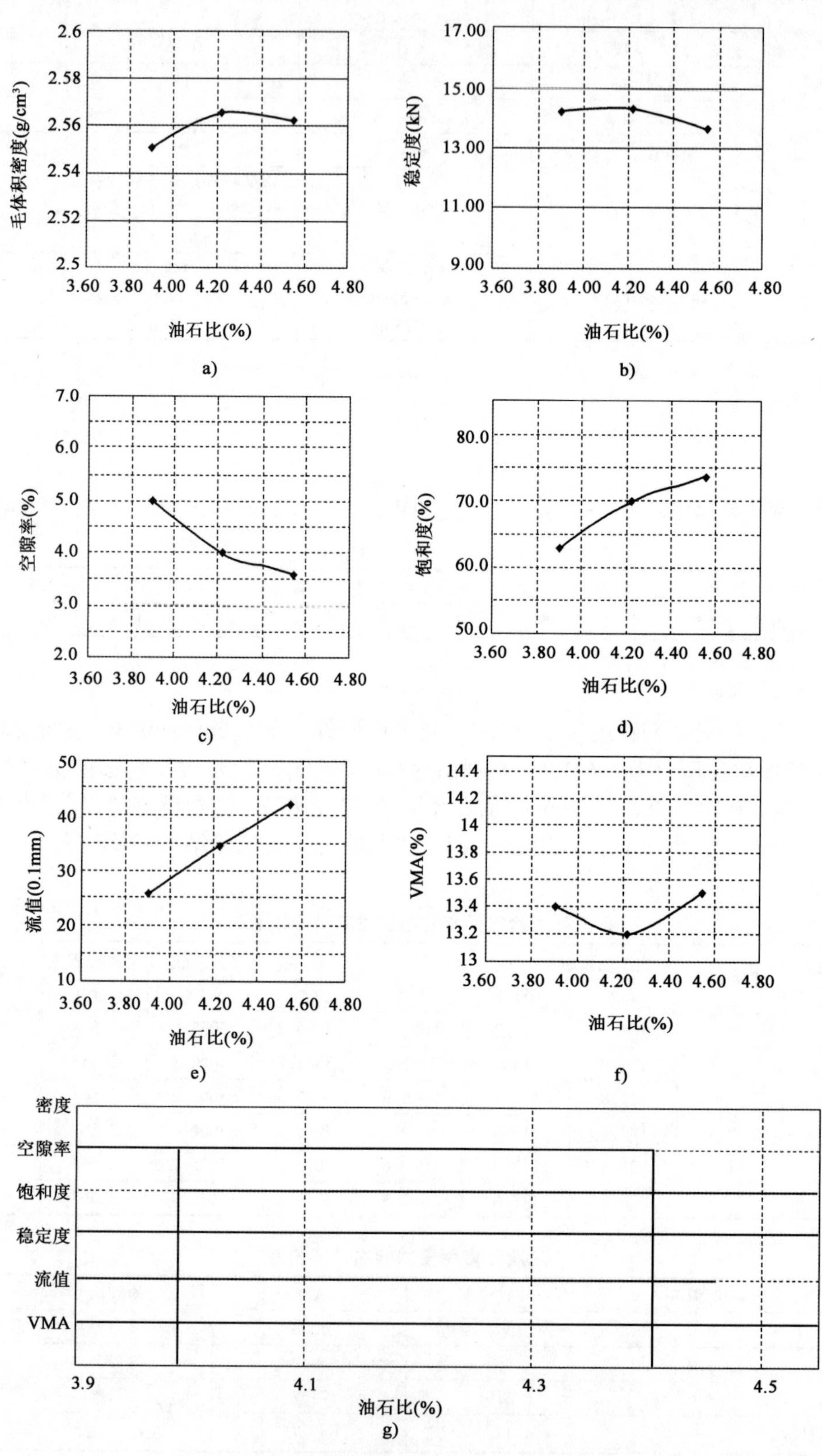

图1 ρ_f、MS、VV、VFA、FL、VMA与油石比的关系图

5.4 设计级配沥青用量的验证

依据第4.3节中得到的设计油石比4.23%，沥青用量4.06%成型试件，验证4.06%的沥青用量在压实次数设定在$N_{最大}$($N_{最大}$=160次)时对应的体积性质指标，试验结果汇总于表7。

设计沥青用量验证试验结果表 表7

沥青用量(%)	$N_{设计}$压实度(%)	VMA(%)	VFA(%)	粉胶比	$N_{初始}$压实度(%)	$N_{最大}$压实度(%)
4.06	96.0	13.2	69.5	1.20	86.0	97.6
设计标准		≥13.0	65~75	0.6~1.2*	≤89	≤98

注：*表示当级配通过禁区下方，粉胶比可增加到0.8~1.6。

5.5 设计结果

通过以上试验和分析，配合比为1号(19~26.5mm)∶2号(9.5~19mm)∶3号(4.75~9.5mm)∶4号(2.36~4.75mm)∶5号(0~2.36mm)∶矿粉=15%∶25%∶20%∶13%∶25%∶2%，沥青用量为4.06%。其对应的混合料特性见表8，马歇尔试验体积指标见表9。

混合料体积性质表 表8

混合料特性	设计结果	设计标准
VV(%)	4.0	4.0
VMA(%)	13.2	≥13
VFA(%)	69.5	65~75
粉胶比	1.12	0.6~1.2*
%Gmm(初始)	86.0	≤89
%Gmm(最大)	97.6	≤98

注：*表示当级配通过禁区下方，粉胶比可增加到0.8~1.6。

混合料马歇尔体积指标表 表9

混合料特性	设计结果	设计标准
沥青用量	4.06	—
试件毛体积相对密度	2.549	—
计算最大理论相对密度	2.671	—
VV(%)	4.6	4~6
VMA(%)	13.8	≥13
VFA(%)	66.9	65~75
稳定度MS(kN)	14.62	≥8
流值FL(mm)	3.52	2~5

表8、表9表明，确定设计级配的沥青混合料特性以及马歇尔试验体积指标满足设计要求。

6 辉长岩沥青混合料路用性能

6.1 高温性能

采用4.06%的沥青用量成型车辙试件，进行车辙试验。试验方法参照《公路工程沥青及沥青混合料试验规程》(JTG F20—2011)中的沥青混合料车辙试验标准，试验温度为60℃，试模尺寸为30cm×30cm×10cm，试验结果见表10。

高温性能试验结果 表10

混合料类型	沥青用料(%)	动稳定度(次/mm)				设计要求
		1	2	3	平均	
SUP-20	4.06	4286	4065	4172	4174	≥3000

由试验结果可知，所设计的辉长岩沥青混合料的高温性能可以满足现行《公路沥青路面施工技术规范》(JTG F40—2004)中的相关要求。

6.2 水稳定性能

根据确定的沥青用量和矿粉级配，进行混合料的水稳定性验证，试验结果见表11。

水稳定性试验结果 表11

混合料类型	浸水马歇尔残留稳定度(%)	冻融劈裂试验的残留强度比(%)
SUP-20	89.7	84.3
设计要求	≥85	≥80

由试验结果可见，设计混合料的残留稳定度为89.7%，冻融劈裂残留强度比为84.3%，均满足现行规范中的相关要求。

7 试验路段检测

7.1 渗水试验

该项目于2015年8月31日在K11+795~K12+220.5左幅铺筑了425.5m试验段，并在铺筑完成后的第二天进行了渗水试验。

渗水试验随机抽取了10个测点，最小不渗，最大80mL/min，具体见表12。满足《公路工程质量检验评定标准》(JTG F80/1—2004)的要求，表明试验段的实际空隙率较小，具有较好的密实性。

渗水试验检测结果 表12

桩　　号	渗水系数(mL/min)	桩　　号	渗水系数(mL/min)
ZK12+190距中5m	不渗	ZK11+980距中3.5m	不渗
ZK12+170距中3m	不渗	ZK11+940距中6m	50
ZK12+155距中10m	不渗	ZK11+880距中1.5m	不渗
ZK12+110距中2.5m	不渗	ZK11+820距中10.5m	不渗
ZK12+040距中10.5m	不渗	ZK11+800距中7m	80

7.2 孔隙率监测

在铺筑完成后的第二天，还进行了现场钻芯，并采用蜡封法检测了芯样密度，测定了芯样空隙率，结果见表13。

芯样孔隙率检测结果 表13

序　　号	蜡封密度(g/cm^3)	理论密度(g/cm^3)	空　隙　率
1	2.5508	2.6710	4.54
2	2.5455		
3	2.5535		
4	2.5561		
5	2.5455		
6	2.5375		
7	2.5401		
8	2.5561		
9	2.5535		
10	2.5588		
平均值	2.5497		

由检测结果可见,现场芯样的密度高达 2.5497 g/cm^3,孔隙率为 4.54,表明混合料具有较好密实性。

其他检测指标如压实度、平整度、弯沉值、厚度、中线平面偏位、纵断高程、宽度等均符合设计与规范要求。

8 结语

通过大量的室内外试验,以及混合料的试拌试铺,可以得到如下结论:

(1)原材料性能试验结果表明,福建松溪长岩山的辉长岩各项物理力学性质技术指标,均符合现行《公路沥青路面施工技术规范》(JTG F40—2004)以及浙江省高速公路沥青路面规范化施工与质量管理指导意见中的相关要求。

(2)配合比设计结果表明,所选用的 SUP-20 级配在沥青用量为 4.06% 的情况下,混合料各性能均满足现行《公路沥青路面施工技术规范》(JTG F40—2004)以及浙江省厅指导性文件要求。

(3)混合料试拌试铺结果表明,满足配合比设计要求的混合料,具有较好的密实性,各项性能指标均符合中面层的使用要求。

(4)实际使用过程中,应做好拌和、摊铺、碾压等各工序要求,确保混合料的各项性能符合设计要求。

(5)经过检测的数据采集,各项指标均满足设计及规范要求,同时经过一段时间的运营效果检验,使用辉长岩作为沥青路面的中下面层集料完全能满足沥青路面的各项性能要求。说明本次辉长岩集料的使用是比较成功的,为类似集料在沥青路面中的使用积累了宝贵的经验。

参 考 文 献

[1] 中华人民共和国行业标准. JTG E42—2005 公路工程集料试验规程[S]. 北京:人民交通出版社,2005.

[2] 中华人民共和国行业标准. JTG F40—2004 公路沥青路面施工技术规范[S]. 北京:人民交通出版社,2004.

[3] 中华人民共和国行业标准. JTG E20—2011 公路工程沥青及沥青混合料试验规程[S]. 北京:人民交通出版社,2011.

[4] 中华人民共和国行业标准. JTG F80/1—2004 公路工程质量检验评定标准[S]. 北京:人民交通出版社,2004.

大功率压路机在填石路基施工中的应用研究

王正军　刘炳东　王　鹏　李雄辉

（浙江交工宏途交通建设有限公司　杭州　310051）

摘　要：本文通过对填石路基试验路段的压实效果的研究，分析了大功率压路机在大厚度压实层施工成效，结果表明利用大功率压路机作业，填石路基有效压实厚度可以达到50～80cm，一般强振6次便可达到标准要求，压实效率较高，可显著提高施工质量，明显加快施工进度。

关键词：大功率压路机　填石路基　施工应用

1　引言

近年来，在我国山区高速公路施工中，填石路基施工是最常见的施工工艺，而填石路基质量直接影响公路的整体质量。无论是水泥混凝土路面还是沥青混凝土路面，路基施工质量缺陷是导致其路面质量不佳，影响行车安全和舒适度的一个重要因素。目前在高等级公路路基施工中，常采用强夯法或冲击法来保证路基压实度及稳定性。但因为这两种补强碾压方法存在效率低、场地要求高、施工工艺复杂、横向挤压变形大等缺点，很难在实际施工中得到应用和推广。工程实践表明，大功率、大激振力自行式压路机完全可以替代强夯法和冲击法进行常规碾压作业，压实质量容易得到保证，施工进度大大提高，施工成本也能明显降低。本文通过对填石路基试验路段的压实效果进行研究，分析了大功率压路机在大厚度压实层施工技术的应用效果。

2　工程概况

本项目为都（匀）香（格里拉）高速贵州境内六盘水至威宁段高速公路工程，起于六盘水市双嘎乡，止于威宁县猴场镇阿罗寨，终点桩号为YK32+700，全长8.6km。项目内挖方段表层为薄层黏土、下伏强风化岩和中风化岩，路基拟采用填石路堤。结合现场实际情况以及桥涵分布情况，选定水淹坝互通A匝道AK0+290～AK0+390段作为填石路堤试验路段，总长度100m，满足《公路路基施工技术规范》（JTG F10—2006）对路堤试验路段铺筑长度的要求（不小于100m），填筑材料拟采用路基挖方段石料填筑。路基施工前作好原地面临时排水设施，地面横坡或纵坡陡于1:1.5的地段应挖成台阶，台阶宽度不小于2m，且向外倾斜利于排水。

3　试验路段施工工艺

3.1　试验目的

通过试验段，确定本项目内填石路堤施工所适宜的压实方法，达到规定的密实度所压实遍数、压实厚度、松铺系数、沉降差等试验参数，作为今后填石路堤施工质量控制的依据。

3.2　施工准备

试验室提前做出取石场石料强度和填方段填前碾压的压实度，其中填前碾压压实度需达到90%。清表后，进行填前碾压和压实度检测，合格后在本段每隔20m设定一个检测断面，每一断面设四个测点作为沉降差的固定检测点，并进行实测地面高程（每层摊铺后立即放样恢复该固定测点并用带钉子的钢板打入地面以保证测点位置平整、稳固）。按照复测的原地面高程，根据设计图纸上横断面的桩号间距进行放样，定出填筑边桩（插竹竿），并在每个断面的竹竿上画出90cm的填石高度控制标志并在记号处拉设带线三角彩旗以明确松铺高度控制线,最后撒白灰作为填石边线。试验路段机械设备组合见表1;振动压路机工作性能见表2、表3。

填石试验路段机械配备

表1

机械设备名称	设备型号	数量	用途
挖掘机	小松 PC240	1	石方开挖及装车
推土机	徐工 140/中联 160-3(功率 120kW)	1	初平
自卸卡车	红岩重卡(载重 40t)	4	装运填料
压路机	YZ36 压路机(自重 36t)	1	路基碾压
压路机	XG6207M-I 压路机(自重 20t)	1	路基碾压

YZ36 型压路机工作性能表

表2

项目	参数	项目	参数
整机质量(kg)	72000	振动频率(Hz)	20~28
额定功率(kW)	245	振幅(mm)	1.9
爬坡能力(%)	35	激振力(kN)	800
最小离地间隙(mm)	480	振动轮宽度(mm)	2300
行驶速度(km/h)	6	最小转弯半径(mm)	7600

XG6207M-I 压路机工作性能表

表3

项目	参数	项目	参数
整机质量(kg)	20000	振动频率(Hz)	30/36
额定功率(kW)	140	振幅(mm)	1.7/0.9
爬坡能力(%)	25	激振力(kN)	350/250
最小离地间隙(mm)	430	振动轮宽度(mm)	2130
行驶速度(km/h)	10.6	最小转弯半径(mm)	4700/6800

3.3 碾压过程质量控制方法

水淹坝互通 AK0+290~AK0+390 试验路段分两层填筑,松铺厚度为60cm 及 90cm,每层小半径曲线段由内侧向外侧、由两边到中间均按照直线段纵向进退式进行碾压;前后相邻两区段一般纵向重叠 1.0~1.5m,横向接头对振动压路机一般重叠 0.4~0.5m。对边角部分,大型压路机不能碾压的,应用小型机具进行夯实。

3.3.1 碾压顺序

松铺厚度 90cm:先以时速 3~5km/h 静压一遍,然后以时速不大于 2.5km/h 弱振一遍,再以时速不大于 3km/h 强振碾压,直至目测无沉降、表面无明显轮迹。

松铺厚度 60cm:先以时速不大于 3km/h 静压一遍,然后以时速不大于 2.5km/h 弱振一遍,再以时速不大于 2km/h 强振碾压,直至目测无沉降、表面无明显轮迹。每次碾压完毕后测量人员用水准仪测量断面高程并根据碾压前后的顶面高差计算本次碾压的沉降值。

3.3.2 碾压效果

松铺厚度 90cm:经测量工程师实测前后两次碾压后沉降差≤5mm,表面无明显轮迹时进行压实效果检测。

松铺厚度 60cm:经测量工程师实测前后两次碾压后沉降差≤2mm,表面无明显轮迹时进行压实效果检测。

3.3.3　压实效果检测

当前后两次沉降差满足要求且收面后表面平整无轮迹时，试验室按照灌水法检测石方路基孔隙率相关要求进行检测。当沉降差及孔隙率均满足要求时，压路机静压收面，该层试验路段现场施工完毕。

4　结果与分析

通过在碾压前测量填土表面高度和碾压后测量填土表面高度，计算各碾压层的沉降量及松铺系数，见表4，可知在60～90cm的松铺层厚范围内，应用大功率压路机碾压后的填石路基均大于1.20，有效压实层厚可达到50～80cm，填料孔隙率均小于22%，压实效果显著。

试验路段数据汇总表　　表4

压实遍数	填筑层数	填料类别	填方面积(m^2)	松铺层厚(cm)	压实层厚(cm)	累计沉降量(cm)	松铺系数	测点个数	孔隙率(%)
8	1	坚石	2000	91.5	75.5	16.0	1.21	21	21.3
8	2	坚石	2000	91.5	74.6	16.9	1.23	21	21.2
8	1	坚石	2000	58.9	49.3	96.0	1.20	18	21.3
8	2	坚石	2000	58.9	49.0	99.0	1.20	18	21.2

通过测量每遍强振前后的数据，得出该试验段沉降差与强振遍数关系，如图1～图4所示。由图可知，沉降差与强振遍数呈现明显的负相关关系：松铺层厚在60cm，填筑一层的函数关系式为 $y=-3.5x+21.4$ ($R^2=0.9481$)；松铺层厚在60cm，填筑二层的函数关系式为 $y=-3.8x+23$ ($R^2=0.9576$)；松铺层厚在90cm，填筑一层的函数关系式为 $y=-7.2571x+42.733$ ($R^2=0.9316$)；松铺层厚在90cm，填筑二层的函数关系式为 $y=-9.5143x+53.8$ ($R^2=0.9096$)。由此可见，压实遍数是决定填石路基沉降差的关键。由图1～图4可知，在松铺层厚在90cm时，前后6次强振压实后沉降差均≤5mm；在松铺层厚在60cm时，前后6次强振压实后沉降差均≤2mm，均已达到压实度要求，则根据试验结果最终确定达到试验段填石路基压实度要求的碾压遍数为压路机静压1遍，弱振1遍，强振6遍。

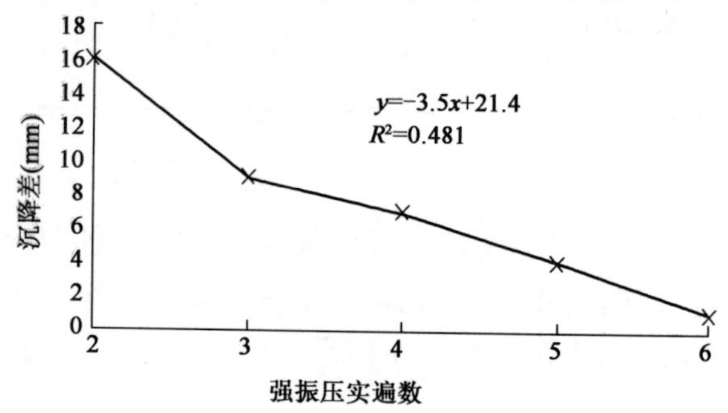

图1　沉降值与强振压实遍数关系图(60cm，填筑1层)

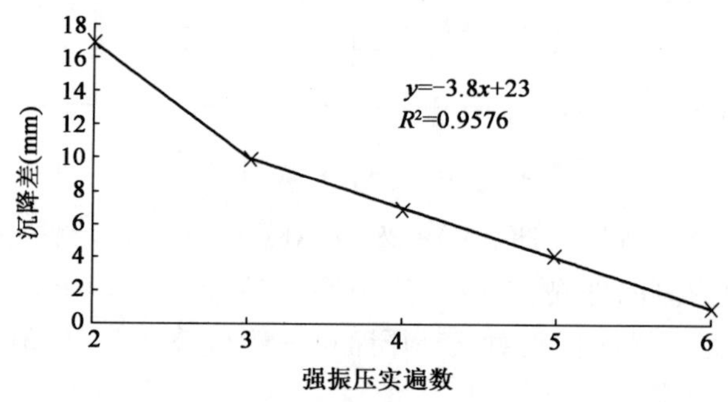

图2　沉降值与强振压实遍数关系图(60cm，填筑2层)

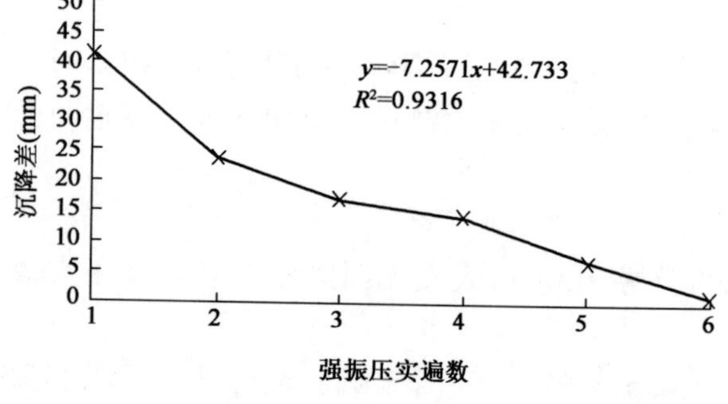

图3　沉降值与强振压实遍数关系图(90cm，填筑1层)

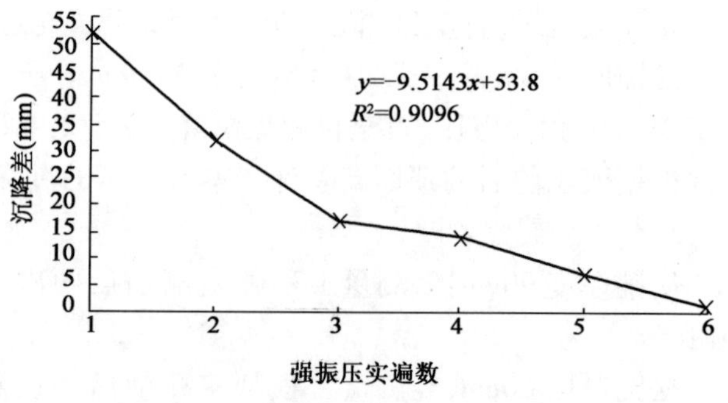

图4　沉降值与强振压实遍数关系图(90cm，填筑2层)

5 结语

本项目利用大功率压路机对填石路基压实。试验结果表明:相对于强夯和冲击压实施工,大功率压路机的施工工艺简单,可往返作业、定位压实,速度可控,密实度均匀,无盲区、弱区;压实效率较高,可显著提高施工质量,明显加快施工进度;有效压实厚度可以达到50~80cm,强振6次便可达到标准要求,石块破碎效果显著,可有效解决填石层厚、粒径难控制的质量通病。

参考文献

[1] 王朝江,李天飞. 浅析公路施工中填石路基施工技术[J]. 黑龙江交通科技,2014(1):68,70.

[2] 刘东. 大吨位压路机在崇左至靖西高速公路填石路基中的运用[J]. 公路交通科技,2015(11):45-46,50.

[3] 卢大峰. 大功率压实机械在路基大厚度压实中的应用[J]. 公路与汽车,2013(5):138-140.

[4] 中华人民共和国行业标准. JTG F10—2006 公路路基施工技术规范[S]. 北京:人民交通出版社,2006.

盾构施工土压控制技术

陶然位[1]　叶亚虹[2]
(1. 浙江交工集团股份有限公司地下工程分公司　杭州　310051；
2. 浙江交科工程检测有限公司　杭州　310051)

摘　要：土压平衡盾构机利用土仓内的土压力平衡刀盘前方土压力从而控制刀盘前方的地表沉降，确保周边建(构)筑物的安全，但在地质条件较复杂的情况下，盾构机处于拼装状态时，土仓内的土压力下降，无法平衡刀盘前方土压力，地表沉降容易超限。本文从土仓压力的设定、利用膨润土浆液控制土压原理、工艺流程及其操作要点介绍盾构施工土压控制技术。

关键词：盾构　土仓压力　膨润土浆液　工艺原理　操作要点

1　引言

软土地区地下水位较高，盾构施工容易引起地表沉降，对周边建构筑物造成危害，影响严重。为了确保周边建构筑物的安全性和使用性，软土地区都对盾构施工引起的地表沉降提出了较高的要求。控制地表沉降是盾构施工的关键技术之一，影响地表沉降的关键因素是盾构掘进过程中的土压力控制。

土压平衡盾构属封闭式盾构，盾构推进时，其前端刀盘旋转掘削地层土体，切削下来的土体进入土仓。当土体充满土仓时，其被动土压力与掘削面上的土、水压力基本相同，掘削面实现平衡(即稳定)。故仓内土压力的分析和控制对于稳定掘进工作面，确保盾构顺利推进十分重要。

2　土压控制常用方法

土压盾构中的泥土压控制系统如图1所示。为了确保掘削面的稳定，必须保持仓内土压力适当。

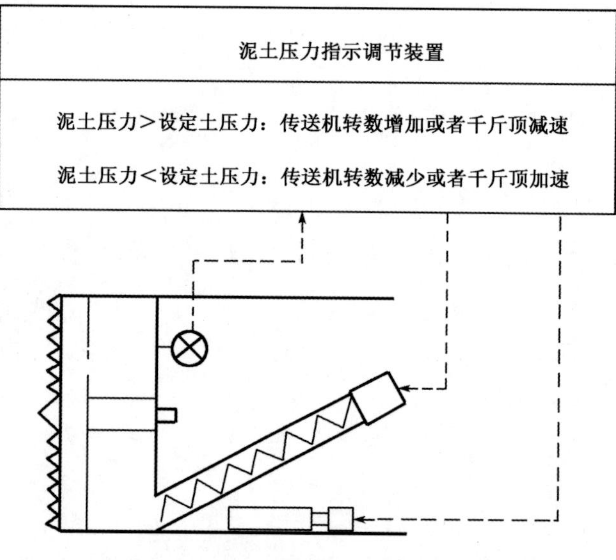

图1　土压力平衡盾构泥水压控制系统

2.1　土仓压力的计算方法

土仓压力可按下式计算：

$$泥土压力=地下水压力+土压+预压力$$

2.1.1　地下水压力

地下水压力，即掘削面地层中的孔隙水压力，使用观测井的观测值，这是因为以钻孔调查孔内水位为基础设定的地下水压力无法正确区分掘削面地层的孔隙水压力和季节变化致使的水位变化。而对于本工程所在的杭州地区，由于地层分布主要为黏土，通常是把地下水压力计在土压力中。

2.1.2　土压力

这里的土压力是指掘削面上的水平向的作用土压力。典型的计算方法如表1所示。表中的基准荷载与土质状况、参数有关，可以是全部覆盖土层厚度对应的竖直土压力，也可以是松弛土压力。水平土压力计算中使用的土压系数采用主动土压力系数或静止土压力系数。

土压力计算方法　　表1

土压力计算方法	基准荷载	土压力类型	计算公式	适用土质
掘削面前端水平土压力法	全部覆盖土层的荷载（竖直土压力）	主动土压力	$p_a=\gamma\cdot H\cdot\tan^2\left(45^\circ-\frac{\varphi}{2}\right)-2c\cdot\tan\left(45^\circ-\frac{\varphi}{2}\right)$ $p_a=\gamma\cdot H\cdot\tan^2\left(45^\circ-\frac{\varphi}{2}\right)$	黏土砂土
		静止土压力	$p_0=\gamma\cdot H\cdot(1-\sin\varphi')$	黏土
	松弛土块荷载	松弛土压力	$p_e=\frac{K_aB(\gamma-c/B)}{K\tan\varphi}\cdot(1-e^{-K\tan\varphi\cdot H/B})+K_aW_0e^{-K\tan\varphi\cdot H/B}$	砂土硬黏土

(1)采用主动土压力的情形

对于覆盖土厚度 $H<D$（盾构直径）的无法形成拱效应的软黏土或砂土（$N<10$）的地层而言，由朗肯土压力理论知道，若把作用在掘削面前端的水平土压力定为主动土压力（图2），不仅可以保证掘削面稳定，同时还有一定的经济型（泥水加压设备不会过于庞大）。

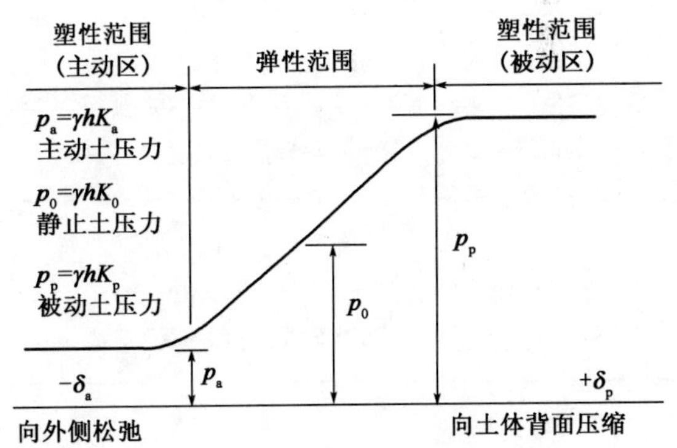

图2　土压力与土体变位的关系

主动土压力的计算公式如下：

$$p_a=\gamma\cdot H\cdot\tan^2\left(45^\circ-\frac{\varphi}{2}\right)-2c\cdot\tan\left(45^\circ-\frac{\varphi}{2}\right)\quad(1)$$

式中：p_a——土压力（kPa）；

γ——地层的土体重度（kN/m³）；

H——面上顶到地表的覆盖土层的厚度（m）；

c——土体的黏聚力（kPa）；

φ——土体内摩擦角（°）。

$$p_a=\gamma\cdot H\cdot\tan^2\left(45^\circ-\frac{\varphi}{2}\right)\quad\text{（无黏性土）}$$

(2)采用静止土压力的情形

由于静止土压力>主动土压力，故采用静止土压力时，掘削面会更稳定（相对采用主动土压力的情形），掘削面的变形更小，地表沉降也小。

$$p_0=K_0\cdot\gamma\cdot H\quad(2)$$

式中：p_0——静止土压力；

K_0——静止土压力系数，计算公式如下：

$$K_0=1-\sin\varphi'\quad(3)$$

式中：φ'——有效内摩擦角。

采用静止土压力的情形，多在下述情形下使用。即 $H<D$ 无法形成拱效应的软黏土，且施工要求地表沉降极小的情形。

(3)采用 Terzaghi 松弛土压力的情形

对 $H>D$ 的密实地层(砂层、砂砾层、硬黏土层)而言,因地层存在一定的拱效应,故可把 Terzaghi 松弛土压力 p_a(指掘削面顶部的覆盖土的松弛领域)当作竖直土压力。然后按下式确定作用在掘削面前端的水平主动土压力 p_a:

$$p_a = K_a \cdot p_e$$

式中:

$$p_e = \frac{B(\gamma - c/B)}{K\tan\varphi} \cdot (1 - e^{-K\tan\varphi \cdot H/B}) + W_0 e^{-K\tan\varphi \cdot H/B}$$

K_a 为主动土压力系数:

$$K_a = \tan^2\left(45° - \frac{\varphi}{2}\right) - 2 \cdot \frac{c}{\gamma \cdot H} \cdot \tan\left(45° - \frac{\varphi}{2}\right) \quad (黏土)$$

$$K_a = \tan^2\left(45° - \frac{\varphi}{2}\right) \quad (砂土)$$

2.2 预压

预压是考虑地下水压力和土压力的设定误差及送、排泥设备中的泥水压变动等因素,根据经验确定的压力,通常取值为 20 ~ 30kN/m^2。

不同地层的泥水压管理基准如表 2 所示。

不同地层的泥水压基准(参考值) 表 2

地 层 土 质	泥水压基准(参考值)
冲积层软黏土	上限值 = 劈裂压力 + 水压力 + 预压力 下限值 = 静止土压力 + 水压力 + 预压力
松砂土 ~ 砂砾(冲积层)	上限值 = 静止土压力 + 水压力 + 预压力 下限值 = 主动土压力 + 水压力 + 预压力
中等团结黏性土(洪积层)	上限值 = 静止土压力 + 水压力 + 预压力 下限值 = 主动土压力 + 水压力 + 预压力
中等密实砂质土(洪积层)	上限值 = 静止土压力 + 水压力 + 预压力 下限值 = 主动土压力 + 水压力 + 预压力

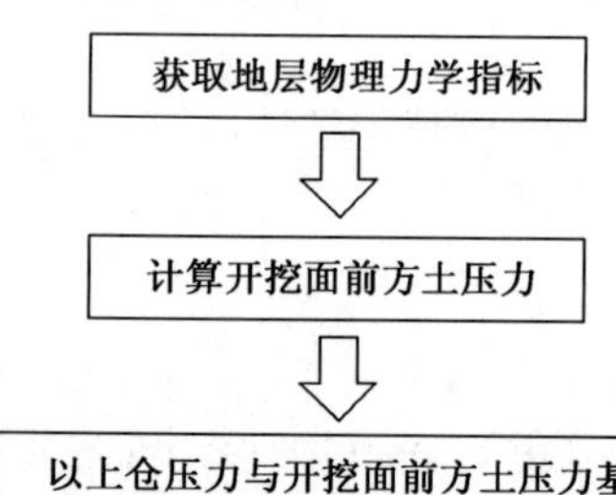

图 3 土压平衡盾构土仓压力的设定流程

在土压平衡盾构土仓隔板上安装有土压力传感器,土仓压力值由土压力传感器测得并输送给可编程控制器(PLC),PLC 将测得的土压力值与设定的土压力值相比较后输送电信号调控液压控制系统中的比例流量阀,以此改变螺旋输送机转速或推进液压缸的伸出速度,使土仓压力的设定值与设定土仓压力相等。

盾构在土压平衡模式施工时,以开挖面前方土体土压力计算值为主要依据,土仓压力设定值与开挖面前方土体土压力基本相等;通过控制土仓压力的实测值与设定值基本相等,实现开挖面土压力平衡。

故土仓压力的设定的方法可以按图 3 所示的流程进行。

根据现场工况,可以得到地表处土的抗剪压力为 10kPa,故通过计算得到为保证掘削面稳定,土仓压力上限为 490kPa,下限为 200kPa。实际工程施工过程中,为保证地表微扰动,基本按照土仓压力上限值控制。

3 利用膨润土浆液控制土压原理

利用盾构机加泥加水系统,在盾构机刀盘加水箱体内注入按照比例预先配制好的膨润土浆液,利用刀盘的旋转将切削下来的土体和预先注入的膨润土浆液搅拌成具有较强可塑性的均匀浆液,由于在刀盘厚度的整个掌子面范围内形成的该浆液区域,其渗透性较原土体小,土体性质均匀,使掌子面前方形成一个保护层。通过在盾构机保持推进的同时,不断加注膨润土浆液,而螺旋机不出土,使得该保护层具有一定的压力,该保护层保证了土仓内的土压力满足推进时设定的土压力,从而确保盾构施工安全和周边建(构)筑物安全。

4 利用膨润土浆液控制盾构土压工艺原理

4.1 施工工艺流程

施工工艺流程如图4所示。

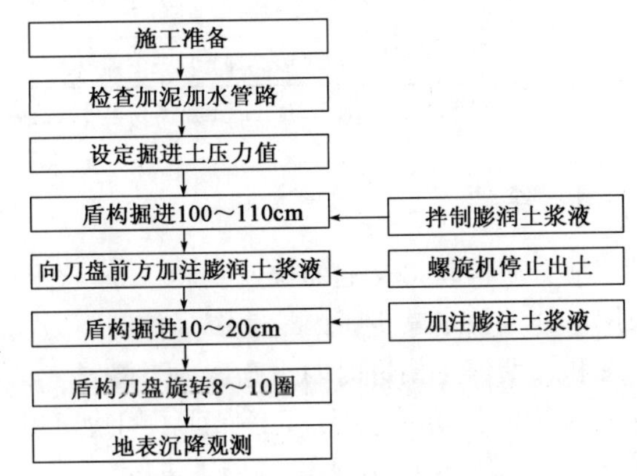

图4 施工工艺流程图

4.2 工艺流程施工要点

4.2.1 施工准备

购置满足施工要求的膨润土,并检验合格后使用。

4.2.2 检查加泥加水管路

通过流量观测,确认管路是否畅通,若管路有堵塞应及时疏通。

4.2.3 设定土压力值

根据刀盘前方地表沉降观测结果确定土体侧向土压力系数和盾构机中心埋深,确定掘进过程设定的土压力值。

4.2.4 膨润土浆液拌制

膨润土浆液与刀盘切削下来的土体搅拌均匀,这在改善土体渗透性、形成掌子面的保护膜过程中起到至关重要作用,因此膨润土浆液的质量必须得到保证,配比为(钠基膨润土:水,质量比)1:12(浆液通常为3.6m^3水箱放置300kg钠基膨润土搅拌),膨润土主要技术参数见表3。

钠基膨润土技术参数

表3

技术参数	75μm筛余(%)	水分(%)	膨胀指数(mL/2g)
数值	10～15	≤12	≥10

4.3 操作要点

(1)严格按照施工比例配制膨润土浆液。

(2)膨润土浆液配制时,必须搅拌均匀,充分膨化,防止因搅拌不均匀产生堵塞注浆管,影响施工进度。

(3)严格控制开始加注膨润土浆液的时间、流量、加注方式。

(4)防止放置时间过长膨润土浆液沉淀堵塞管路。

(5)盾构掘进100～110cm。

按照预先设定的土压力值进行不间断掘进,掘进速度设置为3～5cm/min,掘进过程不加注膨润土浆液。

(6)加注膨润土浆液。

将预先拌制好的膨润土浆液加注至刀盘前方的土体内,利用刀盘旋转将膨润土浆液和切削下来的土体搅拌均匀,主要注意加注的时机和加注的浆液量。

(7)螺旋机停止出土,掘进至120cm停止掘进。

掘进至100～110cm后,关闭螺旋出土闸门,停止皮带传输,进行推进,推进过程中刀盘保持正常转速进行掘进,推进过程中注意观察土仓土压力。

(8)继续旋转刀盘。

掘进至120cm后,停止掘进,盾构刀盘保持正常转速,旋转8～10圈。

(9)地表沉降监测技术与分析。

盾构掘进过程中要严格对隧道周边建(构)筑物进行监测,及时了解建构筑物的沉降和差异沉降,以及动态沉降,确保工程建设安全顺利,及时反馈指导施工。主要的监测内容参见表4。

监测项目汇总表 表4

序号	监测项目	监测频率
1	隧道上方地表沉降监测	开挖面距离监测面前后 <2D,1次/d; 开挖面距离监测面前后 >2D、<5D内,1次/2d; 开挖面距离监测面前后 >5D,1次/周
2	隧道周边建筑物沉降	
3	地下管线沉降监测	
4	穿越桥梁监测	
5	管片沉降监测和管片变形监测	盾尾后15m内,1次/d;15~30m,1次/2d;>30m,1次/周

注:D为隧道开挖直径,取6.3m。以上监测频率可视监测点变化情况及施工工况做适当调整。

5 结语

随着城市轨道交通的快速发展,在厚软土地基条件下利用土压力平衡的地铁盾构施工方法越来越频繁,采用本施工技术减少了因地表沉降控制不力而采取的二次注浆的材料和人工等费用;解决了盾构机在拼装状态和长期停止掘进时的土仓压力下降过大的问题;较好地控制了地表沉降引起的系列问题,减少了对建(构)筑物的扰动,最大程度上保证了周边建(构)筑和管线的正常使用,本施工技术成本较低,操作方便,无需额外增加施工人员,不影响施工进度,质量可靠,不影响地面道路交通的使用功能;为今后类似问题的解决提供了工程经验。

参考文献

[1] 中华人民共和国国家标准.GB 50446—2008 盾构法隧道施工与验收规范[S].北京:中国建筑工业出版社,2008.

[2] 中华人民共和国地方标准.DG/T J08-2041—2008 地铁隧道工程盾构施工技术规范[S].

[3] 中华人民共和国地方标准. DG J08-233—1999 盾构法隧道工程施工及验收规范[S].

[4] 苏健行,龚国芳,杨华勇.土压平衡盾构掘进总推力的计算与试验研究[J].工程机械,2008(1):13-16.

[5] 蒋卓.土压平衡盾构机掘进参数的确定[J].山西建筑,2011(3).

结构物常见外观质量通病形成机理及其对策研究

陈叶刚　方宏志　徐建国

（浙江交工路桥建设有限公司　杭州　310051）

摘　要：混凝土是结构物承受荷载的主体之一，其质量直接关系到结构物的安全性、耐久性和美观性。通过对结构物混凝土常见外观质量通病表现特征的判断，分析其形成机理，从而采取对应措施予以防治，以创建内在质量和外在品位有机统一的品质工程。

关键词：混凝土　外观　质量通病　原因　措施

1　引言

混凝土质量通病是制约结构物工程质量的一个重要方面，是当前创建“品质工程”必须首先解决的问题，以适应现代工程管理发展的新要求。当前混凝土常见外观质量通病主要有蜂窝、麻面、裂缝、气泡、缺棱掉角等形式。这些通病直接影响结构物的耐久性和安全性，降低了其可靠性和有效使用年限，因此，必须分析其产生原因，制订相应对策，杜绝在后续工程中出现。

2　技术分析及解决措施

2.1　蜂窝

2.1.1　表现形式

混凝土表面粗集料未被砂浆充分包裹，集料之间未连续、有空隙，砂浆含量严重不足，形成蜂窝状的孔洞。

2.1.2　原因分析

(1)混凝土配合比不合理，粗细集料或胶凝材料数量计量有误，或用水量未准确控制，造成混凝土级配不合理，骨料数量偏多。

(2)未按规定顺序向搅拌机内进料或混凝土搅拌时间短，未充分拌和，混凝土和易性差。

(3)混凝土下料未遵照施工规范要求，离浇筑面高度超过2m未使用串筒或在钢筋密集区下料，导致混凝土离析，或下料过于集中而采用振捣棒赶料，使砂浆与粗集料分离，局部混凝土砂浆数量不足。

(4)模板安装不严密或不牢固，振捣混凝土时模板移位，造成严重漏浆。

2.1.3　处理方案

混凝土表面出现深度小于1cm的蜂窝，可先清理表面松散物，清水冲洗干净，水分刚收干后，立即用1∶2或1∶2.5水泥砂浆修补。出现深度大于1cm的蜂窝，则必须将蜂窝区域完全凿除，清除松散物，再用清水冲洗干净，水分刚收干后，立即用强度等级比原混凝土高一级的细石混凝土（材料产地尽可能一致，以确保外观色泽）浇捣密实，立即覆盖，保湿养生7d以上。

2.1.4　预防措施

严格控制混凝土的配合比设计，每次所用材料必须与配合比相符；及时根据材料含水率调整混凝土生产配料比；定期维护和标定搅拌机的电子计量系统，保证材料计量准确。

搅拌机内投料顺序应先加粗集料和细集料，再加胶凝材料和水，并保持所需的搅拌时间。

下料时，混凝土自由倾落高度一般不得超过2m，否则需通过串筒、溜槽等辅助设施下料，防止离析。对于无法下放串筒或溜槽的区域，以及钢筋密集区，应避开直接下料，可从边上迂回包抄。

模板加工及安装必须符合要求，拼缝严密、支撑牢固，预留孔洞处和预埋钢筋处注泡沫胶，并加塞止挡块固定，防止漏浆。混凝土振捣时必须有专人看护，附着式振捣器，在未下料时严禁启动。

2.2 麻面

2.2.1 表现形式

结构物混凝土表面有粗糙的片状小塌陷，深度一般不大于1cm。

2.2.2 原因分析

(1)模板表面温度过高或混凝土浇筑时间过长，且未使用串筒，导致先期浇筑的混凝土内局部砂浆飞溅、黏结在模板上，并提前硬化，与后期浇筑的混凝土黏结不良，拆模时这部分砂浆脱离混凝土。

(2)模板表面脱模剂涂刷不均匀，有漏涂现象，局部地方模板黏结混凝土。

(3)模板表面不平整或粗糙，粘有干硬砂浆，在模板与混凝土面之间产生夹层，拆模后侵入混凝土表面的砂浆随着模板脱落。

2.2.3 处理方案

麻面有损于结构物外观质量，一般不影响受力，可采用表面修补的方法处理：清理麻面区域，经充分湿润，刚收干后立即用与浇筑的混凝土相同的水泥净浆抹刷，并立即覆盖，保湿养生7d。

2.2.4 预防措施

避开高温时段或采用模板外面洒水以降低模板内部温度等措施；混凝土下料时采用串筒，并及时清理飞溅、碎落在模板表面的砂浆；选用优质、专用脱模剂，并采用气压喷涂工艺，确保模板表面涂刷均匀，无漏喷；认真清理模板表面杂物，检查表面平整度，修理局部不平整处。

2.3 裂缝

2.3.1 表现形式

混凝土表面出现规则或不规则、宽度和深度不一的缝隙。

2.3.2 原因分析

(1)水泥安定性差，导致混凝土凝固后体积发生不均匀变化。

(2)水泥在凝固过程中发生水化反应，出现大量的水化热，使混凝土表面形成与内部较大的温差，产生超过承受极限的拉应力，使混凝土表面开裂。

(3)混凝土的粗细集料级配不合理。

(4)混凝土原材料(粗集料)中针片状含量高或粗细集料含泥量大。

(5)昼夜温差过大，导致混凝土产生收缩裂纹。

(6)混凝土初凝后养生不及时或方法不当。

2.3.3 处理方案

对于宽度小于0.2mm的非受力裂缝，可进行简单的表面处理，在清理干净后，再湿润，涂刷水泥净浆予以封闭；对于宽度大于0.2mm的裂缝，则需进一步观测，视其发展情况，分别处理。继续发展的受力裂缝，需仔细分析其结构受力情况，必要时会同相关部门予以返工或补强处理。非受力裂缝在终止发展后，可向裂缝内进行针筒式压注环氧树脂等浆液加固，并进行表面处理。

2.3.4 预防措施

(1)严格控制进场水泥品质。水泥使用前，必须进行安定性试验。超过3个月时间或温度过高的水泥不得使用，不同品种水泥不能混用。

(2)把好材料进场关，严格控制粗细集料质量，加强对粗集料针片状、含泥量和细集料含泥量的检测，超过规范要求的材料，不得使用于混凝土工程。

(3)混凝土避开高温、大风天气施工。对于大体积混凝土，还需采用喷水降低粗细集料温度、加冰水、运输罐车包裹保温布等措施，以降低混凝土入模温度。同时，可在混凝土内埋设冷却管，以通水降温，保持内外温差小于10℃。

(4)控制混凝土坍落度,以减少浮浆数量,同时增加抹面次数,使混凝土体积收缩一致。

(5)加强混凝土养生,采用合适的养生方法,确保养生时间和效果。

2.4 气泡

2.4.1 表现形式

混凝土表面有椭圆形或圆形的孔洞,一般最大深度小于1cm。

2.4.2 原因分析

(1)混凝土中掺入外加剂的引气作用,导致混凝土中含气量增加。

(2)混凝土中掺合料增加混凝土的黏度,引起气泡的外排困难。

(3)混凝土品质差,坍落度损失较大 ,影响气泡的排除。

(4)使用黏度较大的脱模油或脱模剂,在模板表面涂刷不均,局部太厚,影响混凝土与模板之间的气泡上升,部分气泡滞留。

(5)混凝土振捣时间不足,在气泡未排尽时就拔出振捣棒。

(6)混凝土分层下料厚度太大,致使振捣效果欠佳,气泡更难于排出。

2.4.3 处理方案

清理气泡内的杂物,再湿润。将黑白水泥比例1:2的水泥砂浆捏成丸状,待气泡内水分收干后立即填入,表面压平。

2.4.4 预防措施

(1)调整混凝土配合比,适当增大水泥用量和砂率。

(2)比选外加剂品种,减小外加剂掺量,以降低混凝土黏度。

(3)严格控制混凝土原材料质量,严禁使用针片状含量超标的粗集料和含泥量超标的细集料等不合格材料。

(4)选用黏度较小的脱模剂,优先采用专用脱模剂,或工业级色拉油、轻质机油,并严格控制涂刷厚度。

(5)加强混凝土振捣工艺控制。振捣棒振捣应“快插慢拔”,在混凝土停止下沉、表面泛浆,不再冒气泡后方可缓慢拔出,振捣点间距最大不得大于50cm,进入下层混凝土面不得小于10cm。

(6)严格控制混凝土浇筑过程中的分层下料厚度,底层厚度不大于50cm,其他层厚不得大于30cm。对于钢筋密集区,需要适当增大振捣时间。

2.5 缺棱掉角

2.5.1 表现形式

结构物边角处局部混凝土缺损,棱角有不规则的缺陷。

2.5.2 原因分析

(1)在混凝土强度未达到拆卸要求时强行拆除模板,造成棱角破损。

(2)模板表面脱模剂局部漏涂,结构物转角处混凝土黏模。

(3)模板安装不严密,振捣导致混凝土胀模、漏浆,导致棱角不规则。

(4)混凝土振捣不密实,边角处局部漏振,导致强度降低。

(5)拆模后,混凝土养护不到位,边角处水化反应不彻底,导致强度降低。

2.5.3 处理方案

凿除棱角处松散的混凝土,钢丝刷刷净,清水冲洗充分湿润。对于影响范围较小的缺棱掉角,在水分收干后立即用较干的1:2或1:2.5水泥砂浆修补整齐;对于影响较大的缺棱掉角,安装相应的角模,再用比原混凝土强度等级高一级的细石混凝土浇筑,保湿养生7d以上。

2.5.4 预防措施

(1)混凝土强度未达到2.5MPa时不得拆除侧模,未达到设计强度值的75%时,不得拆除底模。模板拆除时,不能用力过猛过急,撬棍不得在棱角处发力,模板或设备不得碰撞棱角。

(2)模板表面脱模剂涂刷须均匀,无漏涂。模板安装后与混凝土浇筑时间间隔过长,脱模剂流失时,必须拆除模板,重新涂刷。

(3)严格按照施工方案要求加工和安装模板。浇筑混凝土时,人员、机械不得站立或放置于模板对拉螺杆上。施工平台、人行爬梯必须与模板支撑体系分离。

(4)加强混凝土振捣工艺控制,严格按照操作规程进行混凝土振捣。

(5)结构物拆模后,必须立即覆盖、包裹土工布进行洒水养生,棱角处不得透风。

3 结语

通过对结构物混凝土常见外观质量通病的调查和分析研究,科学制订和部署有效合理的应对方案、工艺、措施,强化施工精细化管理,必定能全面提高工程质量。

参 考 文 献

[1] 殷义明.混凝土质量通病产生原因及防治处理措施[J].青海科技,2011(03):104-106.

[2] 邱炳学,等.混凝土施工的质量控制及混凝土质量通病防治[J]. 价值工程,2012(18):90-91.

[3] 张继营.混凝土外观质量缺陷产生原因及预控措施[J]. 安徽建筑,2014,21(06):68-70.

关于桥梁混凝土配合比设计缺陷的研究

王端贵　李宝珍　傅建红

（浙江交工路桥建设有限公司　杭州　310051）

摘　要：本文明确了桥梁工程配合比设计的重要性，清楚配合比设计的要点、手段、方法、注意事项；针对工地配合比设计报告里的可疑、无效数据进行进一步分析，查找原因，纠正理解偏差，查找配合比设计的缺陷和不完善地方；补充、完善配合比设计，与推荐配合比进行比较，找出优化方向，以降低成本；对现场混凝土质量控制存在的问题进行梳理，查找原因，落实责任部门，提出自己的解决思路。

关键词：入模坍落度　坍落度损失速率　入模时长

1　引言

当前，桥梁工程混凝土结构的耐久性存在诸多问题，重者如垮塌、开裂，轻者如强度偏低、提前碳化、外观泌水流沙、混凝土离析花纹、孔洞等缺陷，其中一个重要因素，是与配合比设计、施工过程质量控制相关。公路工程混凝土配合比设计是工程结构施工的重要前置环节，其设计质量的好坏与工程质量息息相关，混凝土施工过程质量的控制是配合比设计的有效延续，因此，为保证混凝土施工质量，必须加强配合比设计与施工控制的科学性与有效性。

本文从配合比设计的工作性能、强度、耐久性情况、经济性比较等方面进行针对性说明、分析和管控。

2　新拌混凝土工作性能方面分析

明确配合比设计工作性能的控制目标之一是入模坍落度。入模坍落度控制的难点、要点：首先应该在配合比设计时根据施工要求以入模坍落度作为一个目标并确定范围，这个范围可以满足项目部不同班组的施工工作性需要，同时能满足结构物外观要求；其次要重视坍落度损失是一个动态的过程，损失速率与每天气温变化、水分蒸发快慢、胶凝材料成分引起的水化快慢、外加剂的成分选用有关，坍落度损失值还与到场入模所用时间关联（克服集料吸水引起损失条件下）。因此配合比设计时要求在满足强度耐久性基础上，根据不同的施工季节适当调整胶凝材料掺配比例（粉煤灰、矿粉用量），以调整混凝土水化速度，要求厂家配置适合对应季节的外加剂（如夏季需配置缓凝和保坍性能好的外加剂，以减小坍落度损失速率）；在此基础上在不同季节温度环境下，相对应的施工配合比（外加剂成分、胶凝材料比例按对应季节设计调整）应试验、确定坍落度损失速率，另外需考虑各施工班组离拌和楼的距离、浇筑准备充分与否，浇筑程序熟练与否，浇筑入模时间长短等因素，具体确定所需要的运输、等待时间，并对应当天的气温环境条件按损失速率表确定坍落度损失值，以此来计算、控制所需要配置的拌和混凝土的出机坍落度（表1）。

现针对配合比设计相关指标统计结果对4个典型工地试验室进行原因分析。

入模坍落度相关指标统计结果汇总表　　表1

结构部位	项目名称	运送距离（km）	新拌坍落度（mm）	入模时长（min）	入模时长判定标准（min）	入模坍落度（mm）	坍落度损失（mm）	坍落度损失标准	数据判定
桩基/C25	××	0.1～1.5	160	30	≤30	150	10	≤20	可疑
	××	0.1～1.5	220	30	≤30	220	0	≤20	可疑
	××	1～2	210	20～60	≤30	210～190	0～20	≤20	可疑
	××	1～6	210	30	≤30	210	0	≤20	可疑

续上表

结构部位	项目名称	运送距离(km)	新拌坍落度(mm)	入模时长(min)	入模时长判定标准(min)	入模坍落度(mm)	坍落度损失(mm)	坍落度损失标准	数据判定
立柱、承台/C30	××	0.1~1.5	160	30	≤30	150	10	≤20	可疑
	××	1~2	160	20~60	≤30	150~140	10 ~20	≤20	可疑
	××	1~2	160	20~60	≤30	150~140	10 ~20	≤20	可疑
	××	5	150	30	≤30	140	10	≤20	可疑
梁板/C50	××	2	175	30	≤20	160	15	≤20	可疑
	××	0.2	180	15	≤20	180	0	≤20	可疑
	××	0.5	180	30	≤20	165	15	≤20	可疑
	××	0.1	150	5~15	≤20	150~145	0~5	≤20	可疑

设计缺陷、原因分析：

(1)灌注桩配合比设计应考虑首罐混凝土的流动性,设计时长需适当考虑混凝土开拌到灌注桩混凝土浇筑完成的总时间。

(2)针对使用的是水洗法机制砂,为保证其合适的流动性,掺加了粉煤灰,水化热速度较慢,且机制砂饱水状况较好,吸水率较低,坍落度损失较小;但在施工配合比补充说明中应完善在不同季节掺加外加剂成分变化及掺量调整的情况,不同季节坍落度损失速率应表述,以计算具体的坍落度损失值。

(3)设计时测定了出机坍落度与入模坍落度的差值,但由于运输距离变化大,其坍落度损失值差异大,故配合比设计时应试验测定其坍落度损失速率,计算不同时间点的损失值。

(4)配合比还需测定不同季节温度的坍落度损失速率,以计算、控制出机坍落度。

(5)梁板/C50 配合比设计缺陷、原因分析:设计时长明显偏短,设计时应适当考虑整片梁板浇筑完成所需时间,试验测定不同季节温度下坍落度损失速率,计算不同时间点的坍落度值,避免梁板混凝土上下层分层浇筑坍落度的差值大,导致混凝土色差严重、外观不佳等缺陷情况(如预制箱梁浇筑时,由于底板混凝土与侧板混凝土入模时间前后,坍落度损失速率大时,容易产生施工缝,影响此处的密实效果);另外设计时应充分考虑不同季节相对应的混凝土凝聚时间,凝聚时间必须大于整梁浇筑完成时间,否则部分先入模混凝土初凝后出现浇筑振动、扰动,脱模后产生裂缝;配合比没有明确冬季低温环境施工情况,如早强型外加剂的掺配以缩短拆模时间等说明。

3 现场混凝土工作性能质量管控

坍落度损失是一个动态的过程,损失速率与每天气温变化、水分蒸发快慢、胶凝材料成分引起的水化快慢、外加剂的成分选用、掺量有关,损失值还与到场入模所用时间关联;工作性能的控制目标之一是入模坍落度,按配合比试验值估计每天各混凝土拌和物的坍落度损失速率,大致确定拌和到入模所需时间,计算损失值,以此来测算、确定拌和楼混凝土的处机坍落度控制值。管控原则:保持新拌混凝土的各成分基本稳定,参与水化反应的单位用水量不变,适当调整外加剂掺量,根据需要配置混凝土的初始坍落度。

如何保证进场原材料的稳定是现场混凝土质量控制的前提,大型拌和场地建设在规范化、标准化基础上要求水泥罐配备足够数量(5 个以上),以便混凝土拌和掺加多种胶凝材料,粗细集料各档规格料尽量设置 A、B 仓(一仓使用、一仓备料检测,交替进行)。

现对各项目部现场混凝土质量管控存在的问题进行如下梳理。

项目部 1:该项目部拌和场地受地形及建设用地所限,场地建设定位、策划存在局限性,导致拌和楼原材料堆场偏小,粗、细集料储存数量不足,进场材料存在边进、边检测、边使用现象,新拌混凝土用水量控制难度大。

项目部 2:水泥的稳定性问题导致与外加剂的适应性存在偏差,不能稳定地相容,新拌混凝土质量控制难度大。

项目3:该项目混凝土碎石采用隧道出渣自加工方案,碎石石粉含量受天气影响较大,导致集料级配不稳定。碎石破碎设备布置安装方案需考虑粉尘控制措施,保证集料的稳定。

4 集料最大粒径对混凝土的影响

混凝土中集料最大粒径控制的影响和重要性:碎石分档综合考虑桥梁上部结构与下部结构的碎石最大控制粒径,使料源加工场的碎石规格能满足各结构物混凝土的浇筑需要。桥梁施工中,对集料最大粒径的确定主要基于以下方面:灌注桩根据导管直径的1/8;下部结构是最小边尺寸的1/4,钢筋最小间距的3/4(包括波纹管在内);梁在以上基础上,还包括保护层厚度。

5 原材料温湿度对混凝土影响

理解配合比设计时,原材料温湿度检测的意义:①施工实际水泥的高温,将对混凝土产生初始坍落度速度降低,加速坍落度损失,配合比设计验证应考虑夏季高温水泥拌和的混凝土的工作性能变化情况,检测初始坍落度变化及损失速率;②理解工程实际中砂石水分的意义,分为饱和面干以内含水率及以外含水率,实际拌和中饱和面干以内含水率这部分水,是不参与坍落度活动的;检测集料饱和面干含水率,配合比设计建立在集料饱和面干含水率基础上进行;施工时作为用水量加减调整基数。

6 混凝土耐久性能分析

对配合比水胶比与胶凝材料用量与规范进行核对,均符合相关条款规定,满足耐久性要求;各项目配合比均使用粉煤灰等胶凝材料,以降低水化热,减小坍落度损失、减少混凝土的温度应力裂缝,提高混凝土的密实度,有利于结构抗侵蚀能力的提高。对力学性能的验证包括以下几个方面:①对下部结构、梁板进行的回弹检测、桩基芯样抗压推算的抗压强度,验证设计的符合性;②观察、检测梁板起拱度,梁板的弹性模量测定与张拉、后期梁板的预拱度变化,技术指标按《公路钢筋混凝土及预应力混凝土桥涵设计规范》(JTG D62—2004)确定。

7 混凝土经济性统计分析

混凝土配合比的经济性优化方向:

(1)原材料性能及稳定性要求:C50、海工混凝土建议用硅酸盐水泥P·Ⅱ52.5,以保证水泥成分的单一,可以加大粉煤灰的掺量,降低成本,P·O水泥需厂家提供掺和料比例,以确定其性价比;外加剂在满足工作性能和耐久性、质量稳定性基础上,优选性价比高的外加剂;控制砂细度模数和超粒径含量,以适当降低砂率,减少成本;控制碎石针片状含量,保证良好的级配,以减少空隙率,同样浆集比有较好的流动性;保证粉煤灰质量的可靠性、稳定性是加大掺量的前提。

(2)结合施工技术,混凝土性能具有较好稳定性,以减少浇筑环节时间长短的施工缺陷,提高外观质量。

(3)设计技术方面:依据规范,结合施工工艺,最大限度地利用原材料特性,进行原材料性价比的优选,合理选择外加剂成分和掺量,充分利用粉煤灰的矿物掺合料。

8 混凝土质量管控措施

8.1 提升混凝土配合比设计水平,控制工程质量,有效降低混凝土生产成本方面

(1)进一步加强规范工地试验室标准化建设工作,特别是新项目工地试验室以高标准、创新形象要求组建:布局合理,环境整洁,仪器设备先进、齐全,内业资料完善,试验内部管理进一步创新,试验检测流程规范、清晰、可控;配备配合比设计所需仪器设备方面,计划自查与工地试验室检查相结合,要求配齐配合比设计原材料检测、混凝土拌和物性能、强度、外观检查所需的仪器,如含气量测定仪、泌水试验仪等,并检查配合比设计试验环境、试验设备安装质量。

(2)在加强对混凝土配合比设计质量的宏观监管,切实提升管控水平方面,要求完善混凝土配合比设计审核制度,上报审核的混凝土配合比设计信息需统一规范、完整,并填写统一的混凝土配合比审核信息表,使信息完整,审核有效,如结构耐久性指标、配合比使用环境条件(冬季、夏季)、结构尺寸,配筋情况,最大骨料粒径;结构外观要求、原材料特性,外加剂特性、施工工艺、机械设备、拌和物性能指标要求等;主管部门认真填写统一的审核表,注明审核意见、注意事项、配合比适用范围、配合比可以优化条件方向等内容,并要求按项目部分类建立配合比设计审核台账。

在配合比成本分析方面,首先应考虑原材料质量的稳定性和供货可靠性,在此基础上进行综合评价。

(3)对工地试验室配合比设计能力培训方面:需拓展、熟悉配合比设计试验项目,了解当地材料特点、使用特性,切实加强结构首件制总结整理工作,及时上报成果应用情况,技术主管部门进行具体评价、指导,使广大技术人员得以在实践中提高。

8.2 改进原材料采购方法,实现质量与效益的双控方面

(1)切实保证质量与成本的有机结合,如在适用过程中发现原来材料的适用性有局限,应及时进行变更,发现混凝土综合成本可以下降时,进行灵活组合选择。

(2)严把原材料质量关,分类建立材料供方诚信名录、供货渠道、售后保障、技术服务情况。对于受地方势力影响较大的地材供货情况,必须守住质量的底线,确保混凝土质量,有效控制综合生产成本。

(3)分类制定原材料采购与验收流程和技术标准。水泥需进行成分比例确认,粉煤灰进场后先由机料部门核对发货单与质保单一致性,试验室及时按要求进行外观、细度、密度、需水比、烧失量等指标检测,检测合格方可使用;加强外加剂检测工作,按《混凝土外加剂应用技术规范》(GB 50119—2013)中的外加剂相容性快速检验方法进行检验,保证检测的及时性和有效性。

8.3 在加强质量监督管理,切实提高混凝土质量措施方面

(1)对结构混凝土质量监督管控方面主要工作包括:加大原材料进场质量管控工作,保证材料批量进场与原来样品的一致性,招投标文件应明确以次充好的处罚措施,并应得到严格执行。砂、石材料要充分重视料源选择的重要性,保证其稳定,否则混凝土配合比很难实施。

(2)督促、培养项目质量技术人员要具备解决一些质量缺陷的能力,如遇到以下问题的考虑思路、查找原因和解决的方法:

①发现混凝土现场坍落度损失较快。

②混凝土泌水离析、浮浆多的原因分析和解决办法。

③混凝土发生堵泵、水下灌注桩灌注困难、断桩。

④混凝土结构表面流砂、气泡很多、色差很大、光洁度不足等外观缺陷。

⑤混凝土回弹强度偏低等。

参考文献

[1] 中华人民共和国行业标准. JGJ 55—2011 普通混凝土配合比设计规程[S]. 北京:中国建筑工业出版社,2011.

[2] 中华人民共和国行业标准. JTG E30—2005 公路工程水泥及水泥混凝土试验规程[S]. 北京:人民交通出版社,2005.

[3] 邱佳伟. 浅谈在水泥混凝土配合比设计中应注意的问题[J]. 汕头科技,2007(3).

[4] 侯京华. 混凝土桥梁裂缝施工控制措施探讨[J]. 科技风,2013(11).

二、交通工程安全技术

旅客上下液压升降平台在陆岛交通码头中的应用

王红伟　杨彦波

（舟山市交通规划设计院　舟山　310005）

摘　要：沿海陆岛交通高桩梁板码头供旅客上下船多采用钢筋混凝土踏步形式，其缺点为底端高程较低，在施工期间需候潮且费用高，在运营期间踏步湿滑泛苔，严重影响旅客安全。为解决上述问题，经过实地调研，推出了一种由液压油缸控制的可升降式双层钢结构踏步平台，利用液压油缸悬挂升降踏步平台，随着潮位的涨落控制升降平台的上升和下降，方便旅客安全快捷的通行。

关键词：陆岛交通码头　升降平台　液压设备　控制系统

1　概述

一直以来，我市陆岛交通码头多数采用了浮码头或高桩梁板码头的结构形式。其中，浮码头多应用于风浪掩护条件较好的地区，旅客上下安全便捷；而高桩梁板码头多用于风浪掩护条件较差的地区，为方便旅客上下，一般在码头平台前设置踏步。根据多年施工和使用经验，现有高桩梁板码头的常规踏步（图1）虽然结构上经久耐用，但存在以下几个问题：

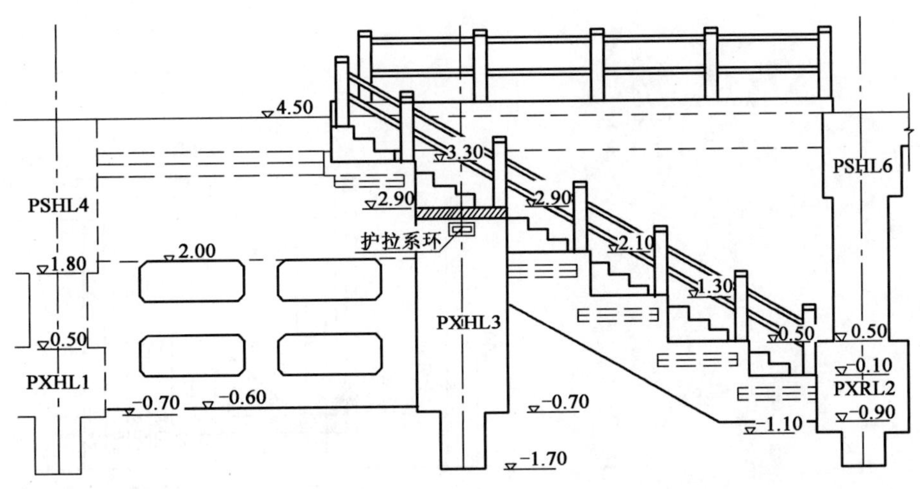

图1　某码头常规踏步立面图（高程单位：m）

（1）踏步平台与船舶旅客上下甲板高差较大，上下困难。

（2）踏步下段将长时间浸没在海水中，导致下沿平台和台阶附着淤泥和青苔，容易打滑，不仅影响旅客上下安全，而且影响美观。

（3）为满足低潮位时旅客上下的需求，踏步下沿高程相对较低，导致踏步底部须候大潮低潮时段施工，需历经多个大潮汛，施工面和施工难度均较大且费用高。目前洛迦山客运码头低端踏步施工措施费高达250万～300万元。

随着客运船舶升级换代，航速和舒适性明显提高，硬件服务设施有了很大进步。但旅客上下船舶通过固定踏步方式，其安全性和便捷性未得到改善（图2、图3）。

为解决上述问题，经过实地调研，我们设计出了一种由液压系统控制的可升降式两层钢结构踏步平台，在码头平台上设置框架式钢柱，利用液压设备悬挂升降踏步平台。这样能使升降平台底端与船舶的旅客甲板等高程对接，旅客由船舶平稳过渡至升降平台，并沿着平台上的踏步上行至平台上层，再通过平台与码头面的钢桥到达码头面。方便旅客上下船舶，提高安全性。

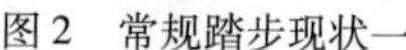

图2　常规踏步现状一

图3　常规踏步现状二

2　升降平台及工作状态

设备运行状态和技术参数可发送至控制室及设备厂家的云数据库，实时对设备运行状态进行监控和调整，使设备处于正常运行状态。设计方案中对该套设备的可行性、可靠性和可操作性做系统分析。液压升降踏步平台立体图如图4所示。底层平台尺寸、立柱及油缸位置俯视图如图5所示。

图4　液压升降踏步平台立体图

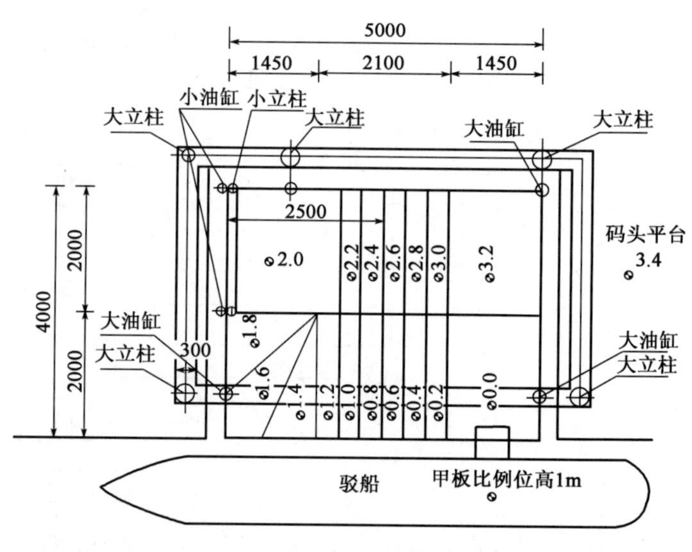

图5　底层平台尺寸、立柱及油缸位置俯视图(尺寸单位:cm)

具体使用情况可分为以下两类。

(1)第一类情况：低潮位时

此情况下，旅客由船舷甲板至升降平台后，经过平台上三段阶梯，从第二层平台上下码头，钢桥与第二层踏步平台相接(图6)。

(2)第二类情况：高潮位时

此情况下，旅客由船舷甲板至升降平台后，经过平台上一段阶梯，从第一层平台上下码头，钢桥与第一层踏步平台相接(图7～图11)。

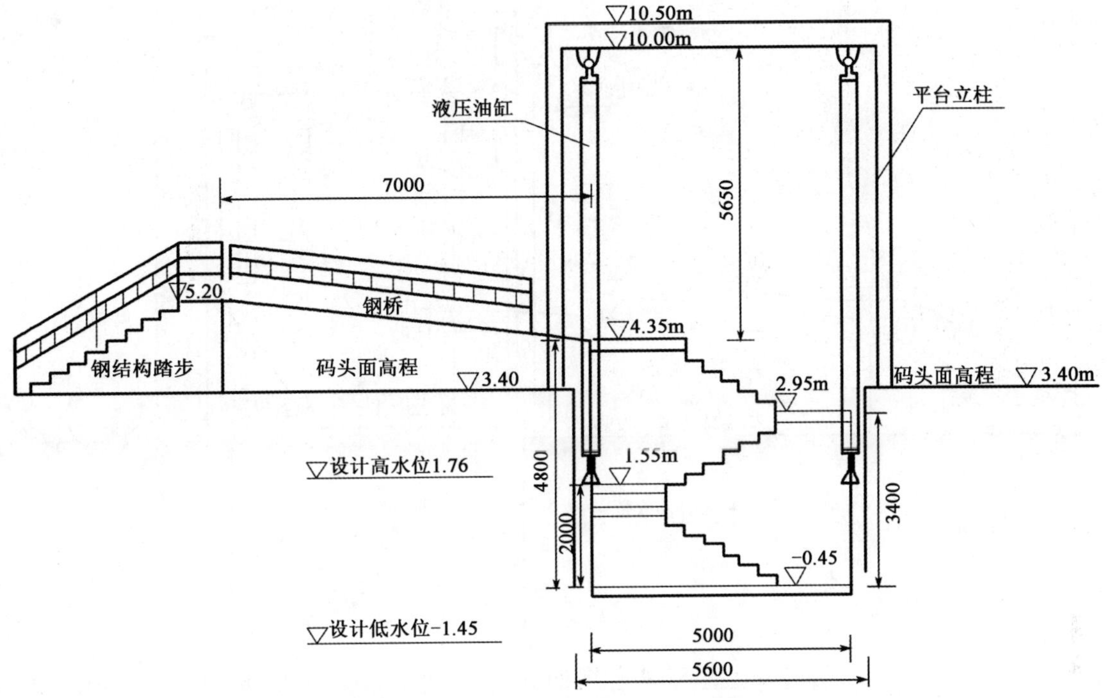

图6　设计低潮位工况(尺寸单位:mm;高程单位:m)

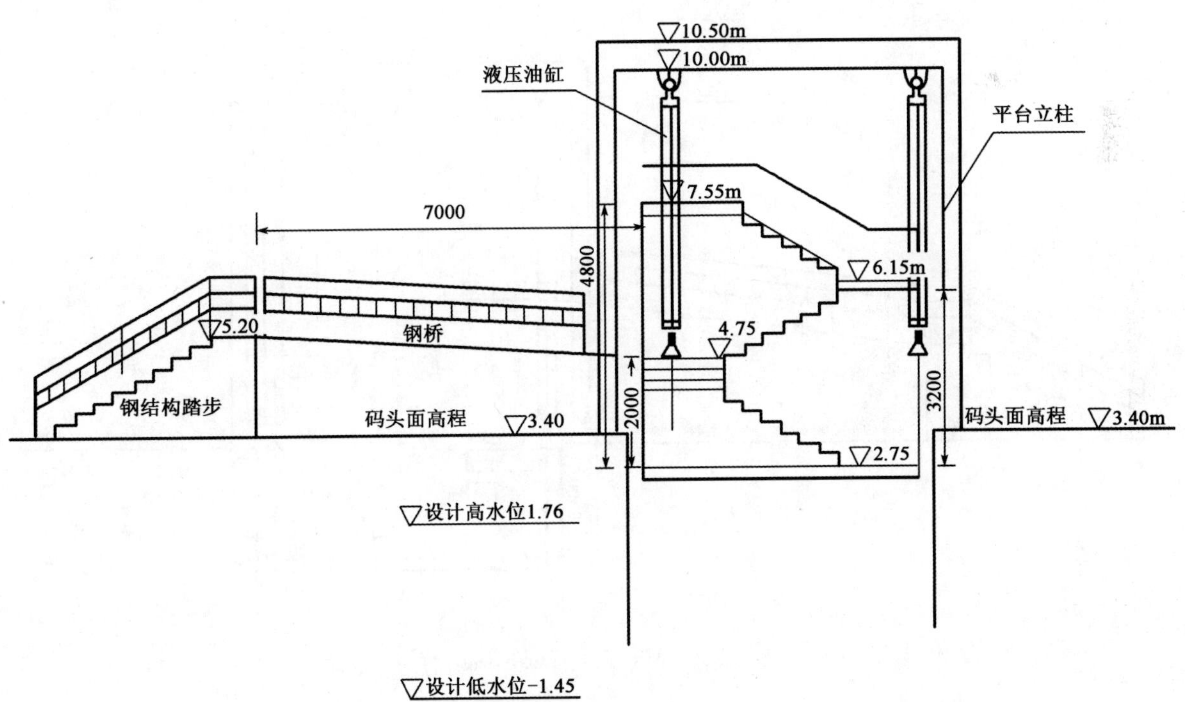

图7　设计高潮位工况(尺寸单位:mm;高程单位:m)

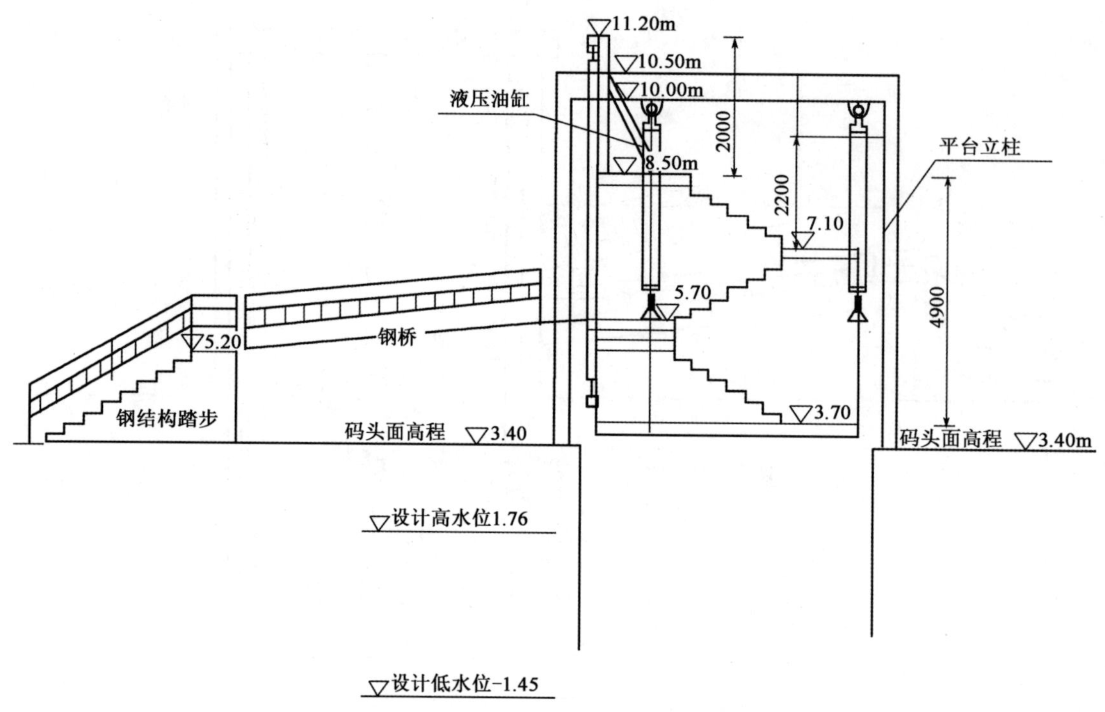

图 8　检修机位工况(尺寸单位:mm;高程单位:m)

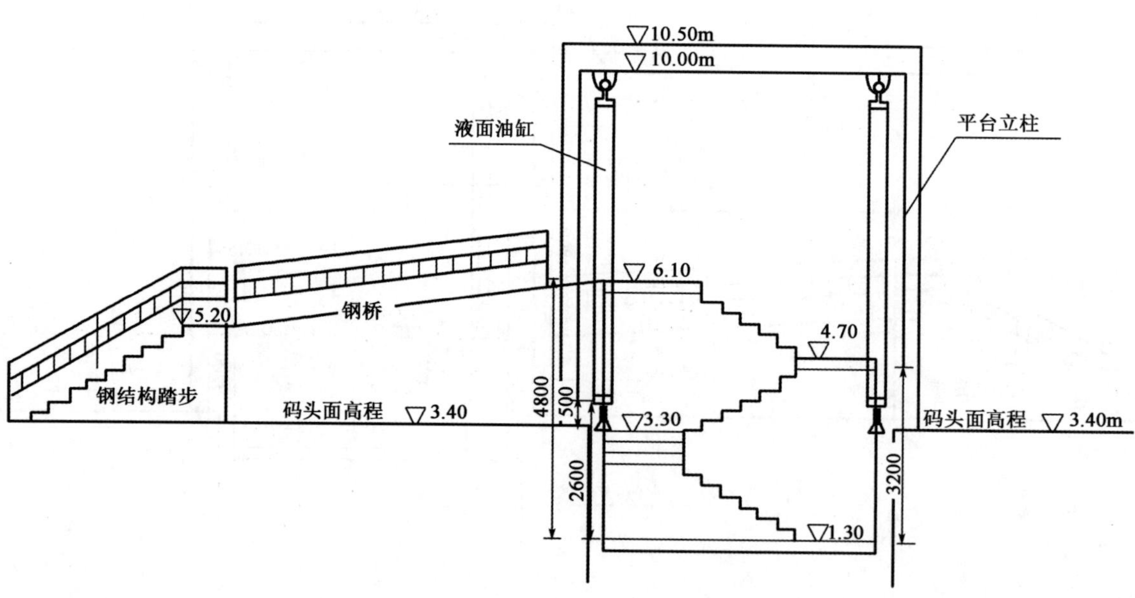

图 9　高位转换低位前工况(尺寸单位:mm;高程单位:m)

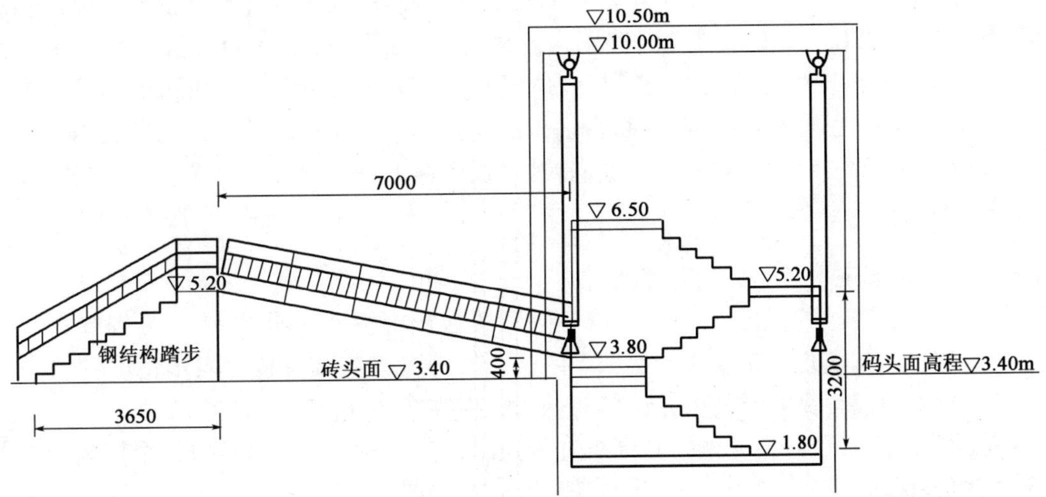

图 10　高位转换低位后工况(尺寸单位:mm;高程单位:m)

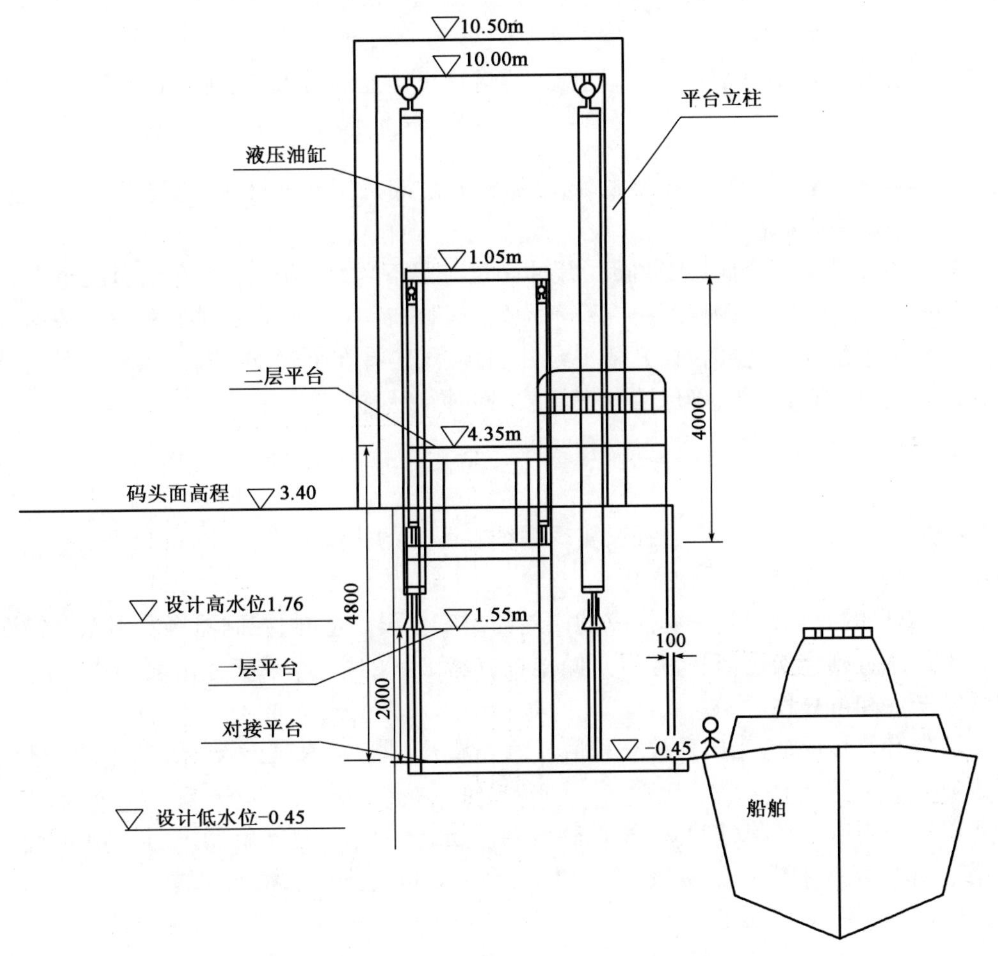

图 11　液压升降踏步平台侧视图(尺寸单位:mm;高程单位:m)

3　液压设备

平台升降系统采用液压操纵,液压设备由液压泵站、PLC 操作控制台、油缸装置、传感器、液压管路等组成。液压泵站提供高压液压油,由操作台操纵其流向,以控制液缸的伸缩,使升降平台适应潮位变化。

工艺系统工作特点为：工作状态时由水位传感器检测水位高度，液压升降系统根据水位传感器信号及油缸位移传感器信号通过 PLC 程序确定船与升降平台位移差，液压系统驱动平台油缸同步伸缩达到升降平台与船甲板适合的位置，人行桥根据每层的升降平台位置通过 PLC 程序确定人行桥伸缩高度，通过液压系统驱动人行桥油缸同步伸缩达到升降平台与人行桥适合的位置。非工作状态，防台风时，液压升降系统驱动升降平台油缸同步提升至最高点，然后紧固装置侧向拉紧，从而保证整个液压升降平台的安全。

3.1 液压系统

液压系统的作用是实现平台构件的升、降动作。

系统选择一台高压液压泵配备 4 台平台升降油缸和 2 台行走桥升降油缸，液压泵带有 6 个比例电磁换向阀，通过比例电磁换向阀实现升降动作。液压泵的选择充分考虑到其流量对同步精度的影响。整个系统只选用一台液压泵站，可以提高系统的可靠性、简化操作、提高效率、降低成本。

每个油缸的同步动作都由一个比例控制阀组进行控制，保证各点的同步精度，每个控制阀组采用模块化设计，体积小、安装方便。

液压系统形式为双泵双电机一备一用配置，确保设备长期稳定使用。

液压泵站液压元器件采用国内知名品牌，重要元件如比例电磁换向阀等采用进口品牌，保证系统安全性及可靠性。

液压泵站油箱及管路采用不锈钢材质，满足现场恶劣环境作业的需求，提高设备的安全性及可靠性。

3.2 液压油缸

液压油缸按 2 倍以上的安全系数重载型设计，活塞杆及缸底采用锻打材料加工，所有油缸密封件采用进口品牌，保证设备的使用安全可靠。

每组油缸的有杆腔安装有平衡阀（缓冲阀），缓冲阀具有以下功能：确保油缸在受负载重量的情况下，油缸不至于下落，无杆腔不会吸真空；确保系统在受不均匀负载或者冲击荷载时，油缸的绝对安全；确保如软管意外断裂或接头损坏时油缸仍然能够拉住升降平台，同时该阀还有在负载支撑时更换软管的功能，保证同步顶升的安全性；油缸上安装有安全阀，确保油缸在超载时的物理保护。

4 控制系统

PLC 控制系统进行测量、传输、设定、控制，实现系统各部分的协调动作。

触摸屏显示，一键式操作和按钮手动操作。

出于安全、高可靠性的要求，当某一受控点的误差超出安全设定值时，控制器将发出系统错误报警，同时控制主泵将停止工作。直到错误被修复，并得到操作者重新工作的指令，系统才恢复动作，这有效地保证了升降平台过程的安全性和可靠性。

所有的传感器带有信号反馈，当出现故障和信号电缆断开时，实施安全锁定系统，系统会智能自动识别并准确显示其故障点。

主要电器元器件采用进口品牌，如 PLC 采用德国西门子，按钮指示灯接触器采用 ABB 或施耐德品牌。

电气控制箱采用不锈钢材质，防护等级 IP56 以上，可很好地防止海水浸入和腐蚀。

5 结语

相比常规踏步结构，该种新型钢踏步具有如下几个优点：

（1）踏步施工不受潮位限制，系统材料基本为钢杆件制作模块结构，施工进度快，便于更换。

（2）使用过程中，踏步位置可根据实际潮位升降调节，避免了常规结构因受淹而带来的一系列问题。

（3）台风天气，升降踏步平台作为钢杆件桁架结构，受风面积小，固定后抗风能力强。

（4）液压设备如果不在状态，其油缸会在当前伸展长度下自动锁住，不会出现滑降等情况，安全可靠。

参 考 文 献

[1] 中华人民共和国行业标准. JTS 141—2011 水运工程设计通则[S]. 北京:人民交通出版社,2011.
[2] 中华人民共和国行业标准. JTJ 297—2001 码头附属设施技术规范[S]. 北京:人民交通出版社,2002.
[3] 中华人民共和国行业标准. JTS 152—2012 水运工程钢结构设计规范[S]. 北京:人民交通出版社,2012.
[4] 吴国娣,华国荣. 客运码头液压升降桥[J]. 水运工程,1993(03).
[5] 何兆钧,董广昌. 沿海码头用推移式旅客舷梯[J]. 起重运输机械,1985(03).
[6] 赵春会. 液压同步系统在升降桥中的应用[J]. 组合机床与自动化加工技术,2002(08).

三、经营与管理

基于移动互联网的交通养护管理系统应用研究

姜　亮　谭汉江　吴慧燕

（余姚市交通标志设施有限公司　宁波　315400）

摘　要：交通建设行业一般都有基于计算机应用的养护管理系统，此类系统虽然融合了信息化技术，但其传统的设计模式和应用环境带来了较多的问题，比如信息追溯困难、施工现场情况不能及时进入系统、养护管理情况混乱等。本文根据当前移动互联网的大背景和实际工程经验介绍了一种可以在手机上应用的 APP 管理系统，该系统具备操作简单、在 4G/3G 网络下可实时更新数据资料、综合实用性强、信息可追溯，是“互联网 +”在交通行业的具体应用。

关键词：移动互联网　交通养护管理　手机 APP

1　引言

传统的交通养护管理系统一般基于本地计算机，是典型的客户端/服务器应用模式，数据通过计算机录入保存到数据库服务器中。这种模式可以把产品生产数据、检验数据等常规信息通过计算机进行录入保存。但是交通养护管理系统除了初期的生产信息外，重点应该是交通现场的养护日志信息，比如安装时现场的情况、养护时的状态等，这些在传统的养护管理系统上都无法及时体现，一般是需要现场负责人当场记录到本子上，然后回到驻地再输入到计算机中保存，这势必造成信息的严重滞后，并且非现场处理的模式也往往造成信息的遗漏，最重要的是，当养护人员对现场某个产品比如标志牌杆件进行养护需要查询该产品的安装信息时，身边没计算机，抑或有计算机但是没有网络也查询不到之前安装时的信息，这就形成了较多的信息障碍点。

开发一套适合于交通养护的手机 APP 交通养护管理系统，在当前全国范围内基本普及 4G 网络的情况下，加上智能手机几乎人手一个，在移动互联网大发展的前提下该系统可完全适应新形势下交通养护管理的时效性、可追溯性、信息对比性等各类要求，确保交通养护信息的现场特征充分。

2　应用准备

该系统首先必须是建立在计算机上，前端应用主要在手机端上。所以首先系统要运行在计算机上，包括一个数据库服务器，一个基于 Web 应用的服务器；其次才是在手机上应用的 APP 系统，对于前端操作人员来说，手机 APP 将是唯一的应用操作入口，计算机上的系统应用只对系统的研发人员开放。

2.1　计算机上的客户端/服务器

一台基于微软 WINDOWS SERVER 2008 操作系统的服务器，在该服务器上配置 IIS WEB 应用组件，并开发一套 Web 信息管理系统作为手机 APP 的后台系统，要求稳定持续运行。并配置一台基于 SQL SERVER 2008 的数据库服务器。客户端浏览器可任意，一般以 IE 浏览器为主。

2.2　手机端 APP

由于现在全球的智能手机，主要以基于 IOS 系统的苹果手机和基于 Android 系统的各类智能手机为主，而这两个手机操作系统互为独立，所以手机端 APP 应用程序必须开发两套系统，一套是运行在苹果手机上，另外一套运行在 Android 手机上。

2.3　产品条形码

交通行业的具体应用产品，比如交通标志杆件、信号机都需要贴上一个条形码标签，手机 APP 系统可以通过扫码获取该产品从生产到养护的阶段信息。

3 系统组成

3.1 物理结构

物理结构见图1。

3.2 手机APP系统模块

手机APP系统模块如图2所示。

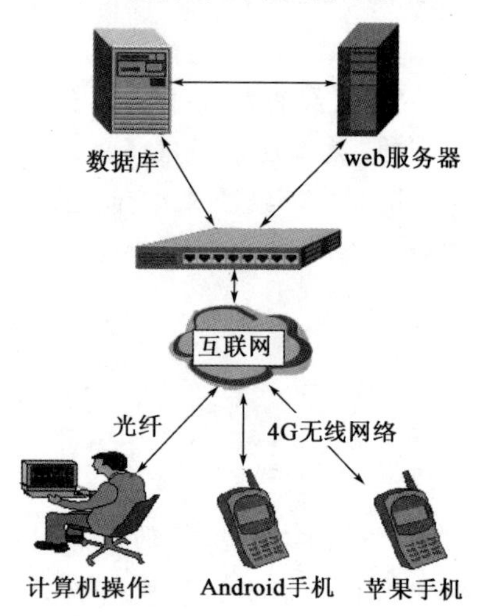

图1 物理结构

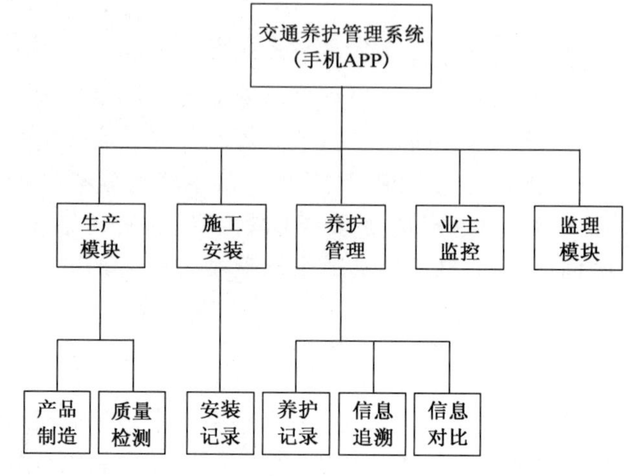

图2 手机APP系统模块

4 操作要点

后台Web系统和数据库方面对前端用户来说视为不可见,所以这里不再阐述。对手机端APP,即用户在手机上打开的应用程序,有必要做一个详解。

产品生产过程中,比如标志牌杆件生产过程中的阶段性信息,从电焊、除锈、镀锌直至可以出厂安装,这些中间信息首先与唯一的条形码进行绑定,这一步可以在本地计算机中进行录入绑定,也可以在手机APP应用程序中进行绑定,绑定后条形码粘贴在产品上。这一步类似于超市商品,超市里的商品都有一个条形码,用扫描枪扫一下就能知道该产品的基本信息,当然最重要的是价格。那么本文介绍的基于移动互联网的交通养护管理系统也是需要条形码,手机通过对条形码的扫描来跟踪这个产品的前世今生,了解它的生产信息、安装信息和养护信息。

由于交通行业还有很多工程中,很难对一个部位进行生产和安装等过程的详细标定,比如路面,由于路面浇筑时根本没有具体的产品形态,只有水泥或者沥青摊铺过程,成形后根本无法用条形码对其进行信息绑定,考虑到此类问题众多,本文介绍的交通养护管理系统采用了区域范围叠加经纬度的模式进行识别,比如用K2+500~K2+550点位来表示这一区域的路面范围,辅之以具体的经纬度范围(手机APP中可以自动定位)。也就是说,出厂后的形态和安装后的形态一致的产品用条形码进行标定,施工前后形态不一致的则采用区域范围和经纬度标定。

系统要点如下:

(1)用条码机按照设计规则打印出唯一的条形码,由于条形码最后是要固定粘贴在产品表面,而交通行业的产品,比如杆件、护栏、桥梁重点部位等,都是在室外,所以条形码必须具备防雨防潮且条码标签符号至少可以保持十年以上不褪等强制性特点。

(2)对无法用条形码来具体标定某个物件的情况,采用区域范围及经纬度进行标定识别。比如前文提到的路面,则可能会缺少路面成形前的原材料信息,但是后期养护记录仍然可以通过手机APP应用程序比较明确地进行记录。

(3)交通养护管理系统在手机上打开后,首先注册账号,通过手机实名认证方式进行,并确定单位属性,系统将根据单位属性来分配操作权限。比如施工单位，不能查询后面养护单位的养护记录信息。但主管单位比如公路局或者交通局可以对所属工程进行综合性检索。权限属性由该系统的维护人员进行人工确定，这是为了防止不相关的用户进行恶意注册。登录后界面如图3所示。

(4)在图3所示的主界面中，点击“工程管理”，则会显示对应公司的工程信息，如图4所示。

图3　登录后主界面　　　　图4　“工程管理”界面

(5)施工单位在安装时，需要把安装记录通过手机实时上传保存到服务器中。由于4G网络已经基本普及，手机APP应用上网及与服务器系统信息交互已经十分方便快捷。如图5所示，点击应用界面底部的“产品”菜单，按下“添加”按钮，就可以上传产品安装前后的图片记录和文字记录，确保信息的完整和及时。图5主要是标志牌的安装过程记录。每条记录可以点进去查看详细信息，如图6所示。

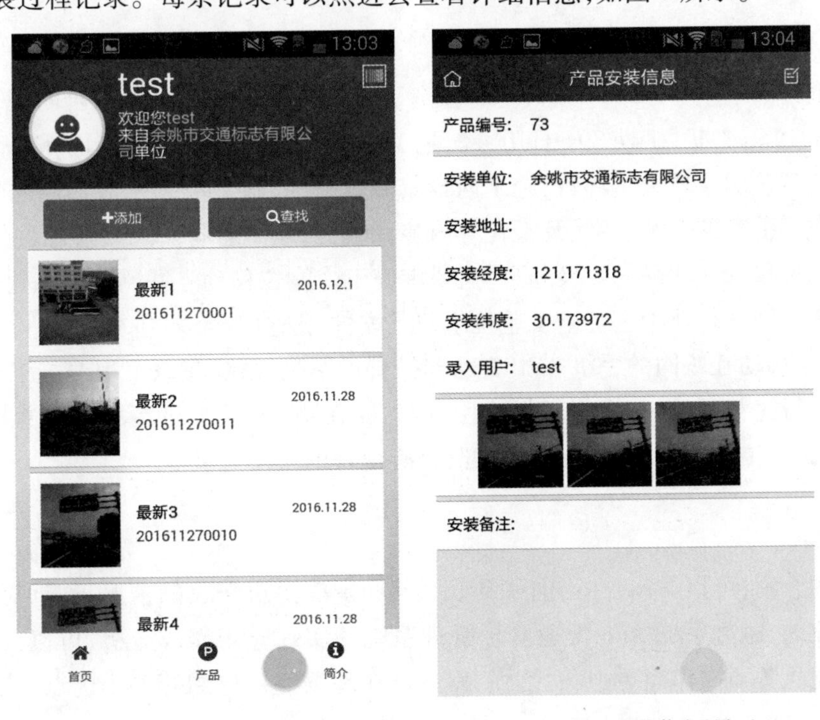

图5　标志牌的安装过程记录　　　　图6　“产品安装信息”界面

(6)养护时,可以通过对产品条形码的扫描或其他查询条件的查询,来检索该产品之前的安装信息。多次养护后,可以检索出本次养护前的养护记录信息。如图 7 所示,条形码搜索框右边的符号,点击可以扫描产品的条形码,通过条形码直接检索出各类信息。

(7)通过时间检索条件,可以追溯产品在各种情况下的信息记录,比如安装记录和养护记录等,之后可以追加更新记录,确保养护记录的完善。通过时间检索产品界面如图 8 所示。

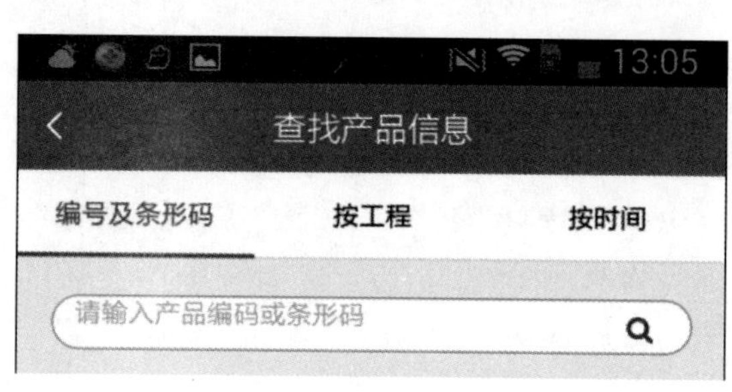

图 7 “查找产品信息”界面

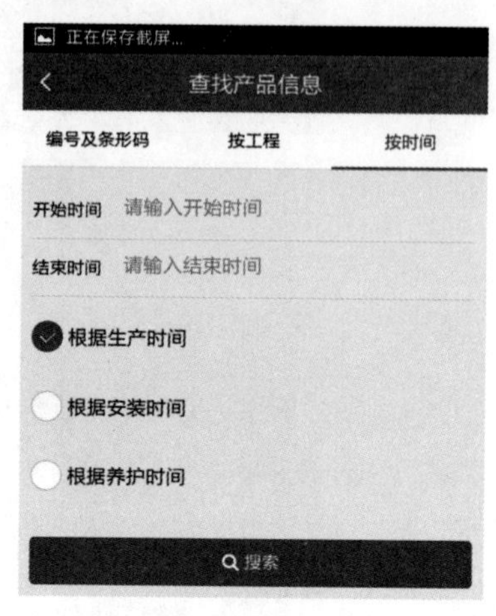

图 8 通过时间检索产品

5 性能控制

(1)空间大小。手机端交通养护管理系统,应用程序本身所占空间小巧,大小不超过 15M。

(2)响应时间。在普通千元智能机和 4G 网络畅通的条件下,打开应用程序的时间不超过 5s,信息录入包括养护时的图片上传到服务器人为不感觉卡顿。

(3)稳定性能。手机端 APP 交通养护管理系统稳定性满足运行闪退率低于千分之一次。

6 应用实例

余姚市 329 国道(K99 +110 ~ K124 +355 段)改造工程(交通安全设施)第二合同段,合同金额 21977876 元,开工时间 2015 年 12 月 1 日,工期 394 日历天。施工作业地点位于余姚市境内 329 国道线上,考虑到本工程在交通安全设施行业属于较大型项目,施工内容较多且繁琐,施工清单包括了标志牌的安装、信号灯的安装、护栏的安装、电子警察的安装、标线及渠化等内容,加上当地交通局认为交通行业在传统的信息化管理上始终处于落后于当前移动互联网的发展新形势,要求施工方能在移动互联网的信息化管理上作出突破,并能推广到交通行业其他细分行业中去。施工单位组织了软件开发人员和具备交通行业管理知识的项目经理协调配合,研发了基于移动互联网的手机 APP 交通养护管理系统,系统在该工程的施工过程中逐步应用,并不断根据实际情况进行完善,经过一系列现场应用,认为能在 4G 网络下进行施工和养护现场的实时操作,得到了业主单位、施工单位和养护单位的一致欢迎,具有很好的实用意义。

7 结语

通过以上内容的介绍,可以看出,在当前移动互联网和智能手机普及的情况下,针对交通行业传统的养护管理系统的弊病梳理,通过手机 APP 交通养护管理系统的实际应用操作分析,可以发现基于移动互联网的交通养护管理系统具备了操作简单、实时性强、信息可在现场直接追溯等多个优点,该系统将极大地提升交通行业的管理水准。

参 考 文 献

[1] 张斌,刘利,陈良明,等. 基于移动互联网的高速公路路网监测系统研究[J]. 中国交通信息化,2015(3).

[2] 陈天德,刘治聪,孙高文. 基于移动互联网的公众交通信息服务系统[J]. 中国交通信息化,2013(5).

[3] 宋斌. 浅析移动互联网技术在智能交通公共服务当中的应用[J]. 无线互联科技,2015(14).

高墩大桥现浇墩身施工监理实践

吴发强

（台州市公路水运工程监理咨询有限公司　台州　318000）

摘　要：本文从分析现浇墩身的施工特点入手，研究了高墩大桥现浇墩身施工中所涉及的各个环节以及每个环节中的操作重点与注意事项。同时，结合实际施工情况，向工程监理人员提出了监理实践过程中应该注意的一些问题。

关键词：高墩大桥　现浇墩身　施工监理　钢筋

1　引言

社会经济的发展带动了基础设施的建设，也推动了我国桥梁事业的快速发展与进步。随着桥梁种类及其应用范围的不断增多，作为衡量桥梁质量最重要的墩身在类型、质量与施工方式等方面也发生了较大变化。现浇墩身作为高墩大桥建筑中的一种施工选择，在一些特殊环境下桥梁的建筑工作中发挥着十分重要的作用。

2　现浇墩身的施工特点

从操作流程上看，高墩大桥建设中的现浇墩身施工指的是先在陆上港口附近完成墩身的钢筋规划与建工工作，而后将其装船运达海上施工现场，在海上施工平台上的多功能作业船上完成钢筋绑扎、模板支立等环节的操作，分多次对墩身混凝土进行浇筑的一项工作。墩身浇筑工作难度大、工程量大、操作复杂的特点在一定程度上对施工产生了影响，也对专业人员的技术水平提出了更高要求。

2.1　施工条件恶劣

受桥梁建筑环境及海面环境影响，现浇墩身的施工流程会在较为恶劣的自然环境下持续较长的时间。首先，钢筋部分的施工需要在距离海面较近的工厂内进行，这在一定程度上限制了地点的选择，而海水周围潮湿度大、天气多变的环境也可能对钢筋部分施工造成影响，导致工程延期。在海面平台施工环节，施工方必须综合考虑该地区的自然环境与气候环境，在海面风浪较大，海水波动较大，大雨及雷暴等天气条件下暂停施工。可以说，自然环境条件的限制在一定程度上缩短了施工作业的有效时间，导致了施工工期的延长与施工安全风险性的增加，给施工单位及工人带来了一定的作业负担。

2.2　施工难度高

从高墩大桥现浇墩身施工的应用范围来看，由于桥体经常存在于地势险峻，无法直接进行施工或施工风险较大的区域，所以施工方必须在实际操作环节中对墩身长度与其重量进行增加，以适应恶劣的使用环境。举例来说，某新建大桥现浇墩身工程中，高度超过25m的墩身就有19个之多，较大规模的项目在一定程度上增加了施工单位的人力与施工负担，也对工程设计和施工提出了更高的要求。

2.3　模板调配与钢筋安装上存在困难

受自然条件限制及桥体规划方面的影响，每次浇筑的高度都会随着桥墩高度的不同而不同。这种随着环境变化而变化的建筑尺寸调整对模板调配与钢筋安装工序的质量与执行程度提出了更高的要求。在实际施工环节中，需要结合施工现场的实际情况对施工方案进行调整，保证钢筋安装与施工现场的契合。

2.4　整体质量要求更高

在进行墩身模板的加工时，必须严格按照设计内容进行相关操作，结合施工现场的自然环境与气候环境,在保证加工精度的同时兼顾墩身外观的质量,以此来实现高墩大桥整体施工质量的保障。另外,由于墩身现浇环节中需要使用到大量的混凝土,所以在进行这个步骤的操作时,应该采用一定的温度控制措施,以此来保证工程的顺利进行与现浇环节的执行质量。

3 高墩大桥现浇墩身施工的步骤

3.1 施工准备环节

在高墩大桥现浇墩身的施工准备环节中,工作人员首先要进行墩身及模板的制作,在工厂内完成模板的统一设计与加工,并根据施工现场及工程规划的实际情况来决定模板的尺寸以及数量。另外,在进行模板加工时还必须保证其强度与刚度达到相关要求,确保板面的平整度与尺寸结构与施工技术的要求能够保持一致。对于加工定型后的模板,应将其尺寸误差控制在不影响正常使用与桥体质量的范围内,保证板面平整度、对角线误差等指数的误差标准,避免可能影响模板对接质量的各种可能的发生。

测量放样工作也是准备环节中十分重要的一环。在准备环节中,需要对工程承包单位所提出的现浇墩身施工测量方案进行审查核对,在专家审核确认其可行性之后,经由测控中心审批方能在有关部门的监督下进行实施。进行测量时,可以选择常规的测量仪器来完成墩身测量工作。需要注意的是,测量前必须对测量设备进行精确度的检查,以此来保证检测结果的精确度与准确性。测量工作应交由两人或两人以上进行,当这些专业测量人员用不同的技术手段以及方法对数据进行核验和校对,反复确认数据并确保其正确后即可开始下一步的使用工作。

在现浇墩身的准备环节中还应该做好支架搭设与清理工作。安全防护与基本清理工作的进行能够在一定程度上加快施工的进度,保证施工环节的整体效率。对主桥墩身进行施工时,需要在桥墩外侧搭建槽钢支架,以此来减少钢筋和模板的安装难度,保证施工人员的人身安全。

3.2 模板制作安装环节

从施工流程上看,钢筋加工、混凝土搅拌、模板制作与供电等操作的实行都必须在水上施工船舶以及路上施工基地进行完成。结合施工现场的实际情况与墩身高度的设计标准,在模板制作环节中,需要进行一系列的非标准调整高度与变截面组合操作。

在模板制作环节开展之前,操作人员必须明确模板制作的相关工艺,严格按照设计规范进行操作。可以说,只有对每个模板都十分熟悉与了解并明确制作流程,才能在验收环节之前准确把握每个模板的设计规范以及加工要求。

模板验收环节中,相关工作人员必须明确这项工程的每一个数据要求及其质量标准。此时,应确保结构表面外露的模板挠度与模板构件跨度的比值为1:400,并保证支架受载后的弹性挠度与相应机构跨度的比值与前者的比值保持一致。另外,还要将钢模板的面板允许变形程度控制在合理范围内,同时避免钢棱和柱箍出现变形过大的情况,始终将模板的高度与倾斜程度控制在2mm以内,只有这样才能满足施工现场的实际需求。

需要注意的是,在正式安装墩身模板及塔柱支架以前,施工单位需要在陆上进行依次试拼,在自检合格并通过了监督人员的审查及验收之后,再将检验合格的产品运送到施工现场,进行实际拼接与安装工作。需要注意的是,现场安装环节中,需要在模板浇筑混凝土之前完成脱模剂的粉刷工作,必须选择品质较高的脱模剂而不能用废机油进行代替,以为品质不佳的脱模剂会影响混凝土浇筑的质量,造成钢筋混凝土表面的污染。

实际检查环节中,专业人员必须考虑墩身高度较高、受水平向风荷载影响较大这一特点,要求工程施工单位在进行外力模操作之前必须在墩身的四角进行骨架支撑操作,借助劲性钢支架底部与墩身顶面预埋件的连接来完成空间刚性构架。这一操作能够在较大程度上保证外模在混凝土浇筑以及架立过程中的抗风性,同时也能够保证施工人员的人身安全。

3.3 钢架制作与安装环节

在钢筋加工环节开展之前,可以采用常规绑扎钢筋施工,同时要确保钢筋表面的凭证与光滑,避免出现表面锈蚀、掉皮、油渍等情况，即必须加强使用绑扎之前的检查工作，确保其符合施工要求。

由于高墩大桥的墩身高度都较大，所以在进行现浇墩身施工时必须将这项工作分两次进行，将第一次浇筑高度控制在建筑总高度的60%，第二次浇筑到盖梁底部的位置，二次施工能够在一定程度上降低施工难度及操作人员的工作量，降低钢筋制作的难度。需要注意的是，应该采用闪光焊来完成主筋的焊接工作，确保焊接质量与绑扎的牢固程度，避免可能出现的安全质量事故。

钢筋制作与安装环节的监理要点在于，首先要用普通钢筋与环氧涂层钢筋两种材料共同完成墩身的钢筋安装工作，确保原材料选择、加工工艺及质量检验结果符合行业标准并满足施工现场的实际需要，同时必须保证其具有出厂质量证明与实验报告单。简单来说，只有从源头上保证了钢筋的质量与使用合理性，才能确保现浇墩身施工环节的顺利开展。

其次，必须保证钢筋的加工形状与实际尺寸符合设计规范的要求。在对冷弯环氧涂层钢筋进行处理工作时，必须保证在每个与涂层钢筋支座和芯轴的接触处都有尼龙套筒或者其他适合的材料进行辅助配合。在安装使用环节中，应合理移动及使用环氧钢筋，避免磕碰其表面的涂层。

在钢筋焊接环节，需要结合施工条件进行现场试焊，在保证质量与焊接合理性之后才能开展后续工作。而在钢筋绑扎环节中，则必须要保证所配置的钢筋级别、数量、规格间距以及混凝土保护层的厚度都与施工设计要求及施工现场的实际环境相吻合。只有保证钢筋骨架不存在变形、松脱等情况，才能保证钢筋搭接与锚固环节的稳定性。实际安装过程中，还应避免出现预埋件遗漏以及安装位置偏差等方面的问题，保证环氧涂层钢筋表面防护膜的完整，以此来避免锈蚀损坏等情况的发生。不得直接使用金属丝进行绑扎操作，同时也要杜绝环氧涂层钢筋与无涂层钢筋之间可能发生的有电连接现象。

3.4 混凝土浇筑环节

高墩大桥现浇墩身施工过程中，墩身一律采用分节浇筑的方式，在其顶部曲线部分进行第一阶段的浇筑，在直线部分采取分次浇筑，随后结合翻模法开展后续施工。进行混凝土配比时，需要根据设计要求及不同施工材料的实际情况进行配比，对于地处海洋环境的墩身浇筑工程，则需要使用耐腐蚀性更高的海工耐腐蚀混凝土，并保证每标准节墩身所使用混凝土的量基本相等。因为只有在混凝土配比和搅拌环节中严格控制好各种用料的用量和坍落度，才能达到提升混凝土可泵性与和易性的目标。

在混凝土浇筑环节中，监理人员必须严格遵守技术要求进行砂石、钢筋水泥以及其他添加材料的抽检与平行检查工作，确保原材料的各项指标能够通过工程开展前的标准试验。不能因为施工方进行自检就忽略了二次检查这道工序，应尽量将抽检频率控制在自检频率的四分之一左右。

在混凝土浇筑准备环节中，施工单位需要对混凝土浇筑项目进行审批并提前告知有关单位浇筑环节中的用料情况，严格规范用料情况，避免出现冗余或浪费等情况。在浇筑过程中，监理人员应该始终参与生产流程，并对混凝土的配比情况、用量情况、质量情况、称量用料情况、搅拌时间以及搅拌程度等方面的内容进行逐项检查。只有确保每项工程的有序开展，才能有效提高现浇环节的效率与工作质量，减少返工等情况的发生。

4 高墩大桥现浇墩身施工监理环节的注意事项

现浇墩身施工是一项涉及内容多，工序复杂，对综合质量有着较高要求的操作。在施工监理环节中，监理人员需要从原料、工序、设计等环节入手，细化对每个环节的监管，以此来减少安全事故发生的可能。

首先，必须严格检查施工现场的安全保护措施，对于设计高空作业、海面作业与夜间作业的工程，必须对其中可能存在的安全隐患进行逐一排查，并敦促施工单位建立牢固可靠的施工安全通道，以此来方便作业人员的上下。另外，监理人员还应该敦促施工单位做好承台等成品的保护工作，以此来适应海面上多变的气候环境，在水位超过承台顶面高程时，需提醒通行船只远离。

其次，现场监理工程师必须对工程有一个整体上的认识和了解。监理人需要对施工单位的工作项目进行详细检查，督促其对每日的施工进度以及施工用料等环节做好原始记录，同时填写结构物水泥混凝土原始记录表。在监理人员确认所填写内容与实际施工情况一致后，应签字确认，避免出现事后填写相关记录、施工过程记录混淆等情况。

5 结语

随着高墩大桥在国内的广泛建造，现浇墩身施工方式也有了很大的变化与发展。在施工监理环节中，相关人员必须加强管理，强化施工环节中的每个部分，以此来保证大桥的建设质量。

参考文献

[1] 潘胜强，张东洋. 道路桥梁冬季混凝土浇筑施工方法技术探析[J]. 技术与市场，2015(10):89-90.

[2] 姜斌. 冬季道路桥梁施工中混凝土浇筑方法分析[J]. 民营科技，2015(08):45-46.

[3] 周建宝. 浅析冬季道路桥梁施工中混凝土浇筑技术[J]. 黑龙江科技信息，2014(19):21.

工序信息化在品质工程创建中的应用研究

方宏志　林　春　徐　刚

（浙江交工集团股份有限公司　杭州　310000）

摘　要:本文主要是以交通运输部提出的品质工程创建为目标,探索、创新品质工程创建的专项举措。通过对传统质量管理模式的分析和研究,查找目前在建在品质工程创建过程中存在的主要困难和短板,充分运用"互联网＋交通基础设施"的管理理念,创新研发一种专门用于现场工序自检审批的信息化管理系统,突破传统质量管理模式,逐步改变广大现场质检员的质量检验习惯,实现对工序质量的分级把关,保证工序质量,夯实工程质量基础,切实提升工程实体质量,提高工程耐久性和全寿命周期,打造品质工程。

关键词:工序信息化　品质工程　应用研究

1　引言

1.1　品质工程

品质工程是践行现代工程管理发展的新要求,追求工程内在质量和外在品味的有机统一,以优质耐久、安全舒适、经济环保、社会认可为建设目标的公路水运工程建设成果。其具体内涵是建设理念体现以人为本、本质安全、全寿命周期管理、价值工程等理念,管理举措体现精益建造导向,突出责任落实和诚信塑造,深化人本化、专业化、标准化、信息化和精细化;技术进步展现科技创新与突破,先进技术理论和方法得以推广运用,包括先进适用的新技术、新工艺、新材料、新装备和新标准的探索和完善;质量管理以保障工程耐久性为基础,体现建设与运营维护相协调、工程与自然人文相和谐,工程实体质量、功能质量、外观质量和服务质量均衡发展。

1.2　工序信息化

工序信息化是指工序自检审批信息化的简称,即每个工序完成后现场质检人员自检合格,用移动设备以照片(或视频)形式上传,上传到上级人员在线审批,通过后自检完成。

2　工序信息化系统在品质工程创建中研发与应用

2.1　研究背景

2016年是我国品质工程创建的启动之年。交通运输部下发《关于打造公路水运品质工程的指导意见》,明确提出了推进品质工程创建的相关意见和要求。品质工程创建工作,一方面是贯彻落实国家五大发展理念和建设"四个交通"的重要载体,是今后一个时期推动工程质量和安全水平全面提升的有效途径。对于交通工程施工企业来讲,品质工程创建对于企业的发展更有着深远的意义,一家工程企业只有向社会提供优质耐久、安全舒适、经济环保、社会认可的工程产品,企业才能得到社会的认可,才能在行业内保持竞争优势,也才能实现可持续、长期稳定的发展,从这个意义上讲,品质工程的创建是推动企业长效发展的不竭动力,由此可见品质工程创建对于企业发展的重要性。

为此,2016年浙江交工集团开始大胆践行品质工程创建工作,积极探讨工序信息化在品质工程创建中的实践路径和管理模式。众所周知,一项工程是由无数个分项工程(或分项工程单)组成,而组成每一个分项工程(或分项工程单元)的基本单元则是施工过程中无数道施工工序,每一道工序的施工质量的优劣,最终将直接决定整个工程质量的优劣。以此为切入点,浙江交工集团对目前项目质量管理模式进行了深入的分析和总结，以探求切实有效的品质工程创建举措，从目前的施工现状和取得的成效看，其标准化施工已经走在了全省的前列。在全面应用钢筋数控设备、预应力智能张拉、压浆设备及工艺的基础上，近两年又先后引入多台隧道凿岩台车、湿喷机械手、宽幅沥青路面摊铺机等先进设备，并在“四新”“五小”和“微改造”方面取得了诸多创新成果，有效助推了项目品质工程的创建。

在建筑业行业内，由于施工作业班组技术水平参差不齐，加之质量意识、责任心、激励机制等种种原因的影响，目前工程项目在精细化管理方面尚存有不足，对项目品质工程创建造成一定阻力；同时现场质检人员由于主、客观原因，对于各分项工程的工序自检审批把关容易出现疏漏，是项目质量管理过程中的一个薄弱环节。有鉴于此，浙江交工认识到现场工序质检程序的重要性和存在的薄弱因素，并以品质工程创建为目标，深入探索和尝试，力求突破传统质量管理模式，强化工序质检薄弱环节，探求一种高效、便捷、透明、可追溯，能有效保证现场工序质量检验的可行办法，进一步夯实质量管控基础，有效防控质量风险，打通质量管控的“最后一公里”。在充分运用“互联网 + 交通基础设施”思维的指引下，浙江交工集团工序信息化系统的研发应运而生。

为此，浙江交工集团专门组建了以施工经验丰富的技术人员和软件公司研发人员为主的以工序自检审批为核心的工序信息化系统研发团队，以乐清湾高速公路 4 合同段为实施载体，根据项目现场质量管理特点和实际需要，充分考虑软件公司技术支撑能力，对工序信息化系统进行自主研发。工序信息化系统的实施，将有效实现项目质量网格化管理，使项目分项工程质检做到全覆盖、无盲区管理，有效落实各级质量管理责任，切实提升工程实体质量和品质，最终提高工程耐久性和全寿命周期管理，这也是品质工程创建的最终目标。

2.2　目的意义

通过构建工序信息化管理平台，实现浙江交工集团各个项目施工现场工序质量检验流程的公开化、透明化，便于各级质量管理人员监督项目部各层级人员质量管理职责的落实，打通现场质量管理“最后一公里”，杜绝质检漏洞，及时消除质量隐患，使实施过程更加透明和直观，系统中实现两级把关；同时进一步强化质量管理过程中工序自检的薄弱环节，互联网快速、便捷、数据共享等特点，切实发挥信息化在质量管控中的重要作用，使质量监管网络覆盖面实现纵向到底，横向到边，确保工程质量目标实现。

2.3　功能定位

工序信息化是工序自检审批信息化管理系统的简称，是在交通工程施工过程工序质量检验审批流程环节，通过研发的工序信息化系统，在每个分项工程的每一道工序完成后，由现场质检员对工序施工质量进行自检，合格后用移动设备拍摄照片（或视频），通过在移动设备上安装的“工序质检云管”APP 客户端（工序信息化），将自检合格的工序照片（视频）上传系统，提交给审批人进行在线审批。审批人对下一级管理人员提交的工序自检照片反映的工序质量若存有疑义，将由审批人亲自到现场或委派专职质检人员现现场进行复检确认，合格则通过审批，否则退回整改后再行审批；工序自检合格审批通过后，工序自检程序完成，方可进入下道工序，由此确保工程每一道工序质量合格，以每一道工序质量保证分项工程质量，以分项保分部，以分部保项目，以项目保集团，最终实现浙江交工集团提出的“交工建造，必是精品”的品牌战略目标。工序信息化系统的应用，可实现在建项目现场工序质检审批流程公开、透明、快捷；同时实现工序质量检验的远程监控。

2.4　硬件设置

工序信息化系统，设置移动端“工序质检云管” APP 端口和电脑 MES 两个使用端口，MES 端口利用浙江交工集团已经研发使用的项目管理系统增加“工序信息化”管理模块来实现，在移动端 APP 上传图片、在线审批、查询等功能基础上，其他扩展功能，均在电脑 MES 端口实现。移动端 APP 系统以项目现场质量管理人员使用为主，电脑端以录入数据、查询和下载数据等功能为主。两个端口都能实现各管理层级人员分权限的在线查看审核把关功能，也能实现在线监督功能，有利于质量责任的落实和工序检验质量的把控。

2.5 主要功能

2.5.1 工程概况信息导入

项目部应将工程的基本信息根据系统设定格式录入 MES 系统,包含工程规模、关键工程、工期、造价及工程难点、关键质量风险点等重要信息。

2.5.2 质检体系导入

项目部应及时将质量组织机构体系框导入 MES 系统。项目部应按照集团要求,建立健全项目质量管理体系,并特别明确质检科及其专职人员的配备情况,项目质检科是工序信息化系统实施的主体人之一和主要监管部门,对工序信息化的推动至关重要。

2.5.3 项目部应将本项目质量网格化分工表导入 MES 系统

按照各岗位质量管理职责,确定项目质量管理网格化分工,明确各岗位职责范围,现场质检员应细化到具体段落和分项工程,且分项工程须全覆盖,无盲区。

2.5.4 首件验收计划导入

根据工程特点,梳理本项目需实施首件认可制的分项工程,编制首件计划表导入系统,便于过程对照监督。

2.5.5 信息上传单元确定

本系统是根据目前在建项目质量检验评定中使用的单位、分部、分项工程划分表为基础,对每个分项工程的工序进行梳理和明确,工序信息化系统使用时,要求上传人按照每个分项工程施工过程的各道工序,将其自检合格后的照片通过系统上传给审批人进行在线审批,实现工序质量检验的复检把关和便捷审批,提高功效。

2.5.6 突出重点,确定功能模块

根据分项工程重要程度,分别设置首件工序检验、班组首件工序检验、隐蔽工程工序检验、常规工序检验四个功能模块,其具体操作方法为:

(1)首件工序检验。工序信息系统中设立单独的首件工序检验模块,项目实施时,使用人员直接进入首件工序检验模块进行数据的上传和审批。项目首件由项目总工到现场进行工序质量检验,合格后上传每一个分项工程首件的工序质量验收照片(或视频)到首件工序检验模块中,报项目经理审批,通过后方能进入下一道工序。

(2)班组首件工序检验、隐蔽工程工序检验。与首件工序检验模块功能类似,单独设置,由质检科长对各作业班组首件工程、重要隐蔽工程到现场进行工序质量检验,合格后上传每一个分项工程首件的工序质量验收照片(或视频)到专门的模块中,报项目总工审批,通过后方能进入下一道工序。

(3)常规工序检验。除项目首件、班组首件、重要隐蔽工程工序检验模块外,其他的分项工程工序检验均使用专门的常规工序检验模块。即由现场质检员现场验收,合格后上传每一个分项工程的工序质量检验照片(或视频)到专门模块中,报质检科长审批,通过后方能进入下一道工序。

2.5.7 项目完工自检模块

系统中设置项目完工自检模块。待项目完工后正式交工验收前,项目部组织质量自检,由质检科上传每个问题部位照片,并注明具体情况;问题整改完成后由质检科上传整改后的闭合效果照片,由项目总工现场验收,通过后由项目经理审批。

2.5.8 扩展功能

(1)设置通知公告、奖罚公示。在系统中单独设置一个模块,作为信息公开的园地,展示项目部重要通知公告,以及月度、季度质量奖罚等信息,起到激励和鞭策作用。

(2)设置法律法规、标准、规范、制度文件知识库。在系统中设立单独模块,将国家、行业、地方、集团有关质量的法规、标准、规范、制度等文件导入到系统中,方便项目部随时在线查看,有利于制度文件的贯彻落实。

2.5.9 查询、监督功能

本系统为实现集团、公司、项目部三级管理人员对各在建项目日常工序检验执行情况的监督和审核把

关,研发团队对移动端 APP 端口和电脑 MES 系统操作界面进行针对性的研发,各级管理人员均可通过两个端口按照管理者不同权限对在建项目各工序检验情况进行查看和监督。该系统操作界面、功能模块设置清晰、流程简洁、路径简短,移动端 APP 最大限度减少了现场质检员上传工作量,简化操作流程,在少量增加质检员工作量的前提下,实现工序质量检验流程的简洁化、透明化、直观化。两个端口,各级管理人员都能够很便捷地进行数据导入和在线工序质检照片的查询,能有效实现质量检验的可追溯性。项目完工后,历史数据可直接从系统导出,作为竣工档案永久保存。

2.5.10 效果验证

对系统本身功能的验证,采用分层、分级方式验证。软件开发完成后,由研发团队的工程技术管理人员和集团信息管理人员以乐清湾高速公路第 4 合同段项目为应用实例,首先现场全体质检员安装移动端 APP 系统进行了应用,系统在该项目中使用基本正常,并在 2 月 28 日"全国公路水运品质工程现场推进会"中进行了集中展示,受到与会代表肯定。通过该项目使用验证后,研发团队又集中在集团 15 个重点项目进行了试应用,并以此收集使用意见,进一步加以完善和优化。通过在建项目现场质检员的应用反映,工序信息化系统作为一个新型的质量管理手段已经基本得到项目部的认可,试用项目也已经基本正常使用,系统的功能和使用效果基本达到研发团队预期。

3 启发和思考

根据浙江交工集团 15 个重点项目近四个多月的使用情况来看,系统功能基本正常,目前已发布 2.0 版,系统功能基本稳定。浙江交工集团目前已经在国内重点项目中全面推广使用。尽管如此,对于新的系统,研发团队认为还存在较大的进步和优化空间,研发人员将深入探索下去,对系统做进一步的优化和升级,使其成为品质工程创建的有力抓手,有力助推交工集团品质工程创建。下一步,将在以下几个方面做进一步优化提升:

(1)目前系统中对已经检验审批完成的工序照片查询效率较低,主要是系统速度较慢,后续有待软件工程师对后台数据进行进一步整合优化(现有项目管理系统包含多板块内容,后台数据庞大,影响速度),进一步提高查询效率,使信息传输更加快捷。

(2)目前安卓版移动端 APP 上传照片时不能直接拍照后上传,而只能从照片库中查找到照片,勾选后才能上传,此问题也有待程序员进一步优化。

(3)目前移动端 APP 和电脑端对已经完成工序自检审批照片的查询系统仅支持条件模糊查询,尚不能按照每个项目单位、分部、分项工程划分进行一对一的快捷查看,后期将对移动 APP 和电脑 MES 端口进行优化,实现模糊查询和指定目标查询功能相结合,以满足各层级权限人员管理的需要。

4 结语

目前,工序信息化系统的研发才真正迈出了第一步,后续优化、升级、扩容的工作尚大有所为。工序信息化系统的研发是对传统质量管理模式的一种新的探索和尝试,期望能通过现代化的技术和手段,创新质量管理模式,提高工程精细化管理水平,精益建造,以每道工序质量最终确保整体工程质量,做到"每项必精",切实提升工程实体质量,大力创建品质工程,努力创建精品工程,将交通运输部品质工程创建的各项目标和要求落到实处,为社会建造更加优质耐久、安全舒适的工程产品,履行好国有企业的社会责任,努力创建精品工程。

参考文献

[1] 骆汉宾. 工程项目管理信息化[M]. 北京:中国建筑工业出版社,2011.

[2] 曲爱珍,王洪兴. 建设工程项目管理信息化发展问题研究[J]. 工程建设标准,2015(10).

[3] 丁力. 浅析工程项目管理信息化建设[J]. 中国科技信息. 2011(12).

[4] 李宁远. 浅谈工程项目管理的信息化[J]. 市场周刊(理论研究),2007(7):72-73.

[5] 崔慧钦. 工程项目管理信息建设模型和方法的实践与探索[J]. 施工技术,2005,34(2):25-27.